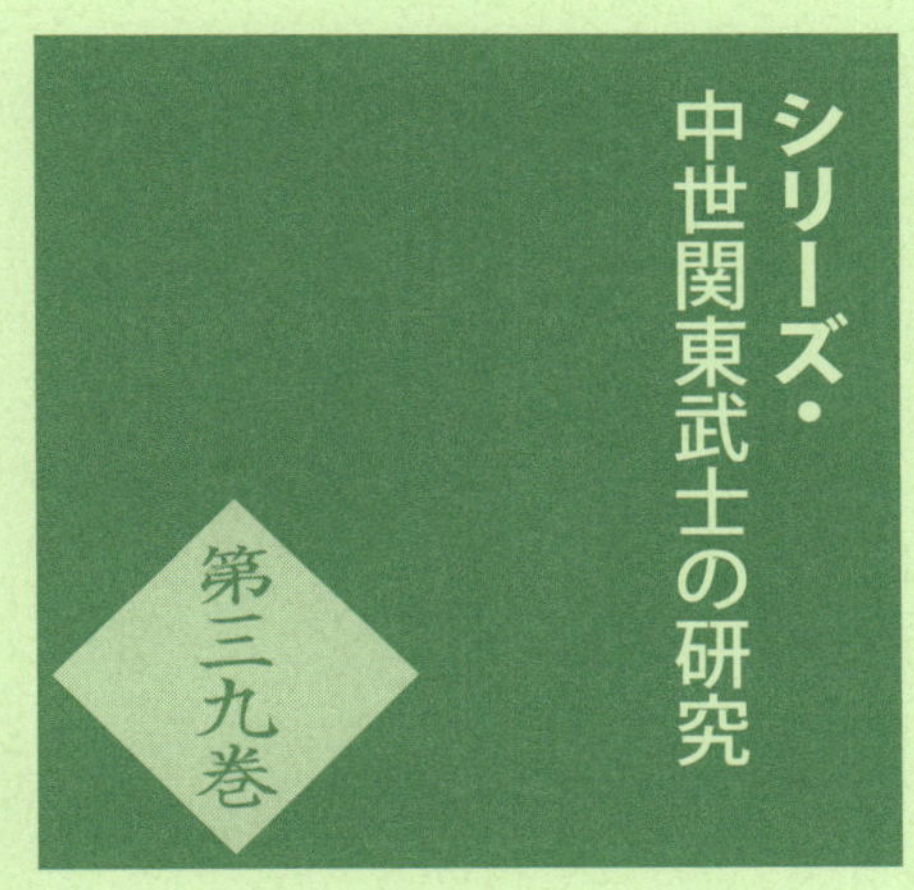

戎光祥出版

武田勝頼

平山　優　編著

序にかえて

武田勝頼は、武田信玄の四男でありながら、その後継者となり、元亀四年（天正元年・一五七三）四月に父の死後、家督を相続し、天正十年（一五八二）三月十一日に滅亡を遂げるまでのおよそ十年にわたり、戦国大名武田氏の当主として活動した。当主となった勝頼は、織田信長・徳川家康・北条氏政と死闘を繰り広げ、長篠合戦での大敗を経験したものの、父信玄時代を超える、武田氏最大の版図を誇る領国を形成することに成功した。だが、専門家を除き、この事実を知る人は意外に少ない。それは、勝頼は父信玄と比較してあらゆる面で大いに劣り、家を滅ぼした愚者、凡将というレッテルが貼られているからであろう。

暗愚な当主、凡将というイメージは、近世に台頭し、近代になってさらに強まり、戦後発達した映画、小説、テレビなどのマスメディアによって一般に流布し、定着したものである。だが、専門家のなかでも、勝頼の人物評について「最近急上昇してきている勝頼再評価論には、贔屓の引き倒しの感を強くする」「勝頼の施策には一貫性がなく、しかも信玄期の政策の踏襲が基本となっており、独自の新機軸といった面は少ないように思われた。とりわけ統一期にあった当時の全国的な客観情勢を静視し、時代を先取りするような側面がみられず、父信玄から引き継いだ旧体制の保守のみに終始していたように思われる。そうした意味で戦国武将・大名としてとりわけ傑出した人物とは思われず、典型的な三代目といった印象が強く残った」（柴辻俊六『武田勝頼』あとがき）と酷評する論調もみられる。

しかしながら、勝頼期の領国支配、外交、軍事に関する研究が深化、精緻化するにつれ、信玄時代にはみられなかった新機軸や、大国へと成長し、天下人となった織田信長との対決に備え、様々な対策を講じていたことが明らかになってきている。

勝頼といえば、長篠合戦での敗戦が常に想起されるが、近年の勝頼研究では、大敗からの立て直しと、その後の動向の分析結果をもとに、戦国大名としての「器量」を基軸に据え、勝頼の事蹟を再検証する傾向が強まっている。この視点からいえば、長篠敗戦という未曾有の大敗北から軍団の立て直しをわずか数ヶ月で実施し、織田・徳川軍の反攻に対応して、味方の喪失と領国の失陥を食い止めたという事実が重視される。実際に、織田・徳川との抗争での領国の失陥は、長篠敗戦直後を除けば、滅亡直前の天正九年三月まで動くことはなかった。逆に天正八年には、沼田領を始めとする北上野を制圧し、武田氏最大の版図を実現している。大敗からの立て直しと、領国の拡大は、戦国期においで、とりわけ天正期になると極めて稀少な事例といえる。こうした勝頼の威勢と「器量」は、北条包囲網の形成と氏政の動揺、天正九年十月の駿河・伊豆国境での北条重臣笠原政晴の武田氏従属という事態を生むことになる。

それゆえに、勝頼の「器量」は、武田家中の一門、譜代はもちろん、国衆や民衆が彼を自分たちの政治的・軍事的安全保障を委ねるに足ると認識されてことが指摘されるようになった。だが、大名当主の「器量」は、情勢によって変化し、頼りになる存在か否か、命運を託せるかどうか、という評価は常に揺れ動く。勝頼が一門、家臣、国衆らに離叛されたのは、彼の「器量」を見限ったからだということになるだろう。その契機が、長篠敗戦ではなく、天正九年三月の高天神城失陥（「高天神崩れ」）であることが、近年注目されているところである。

だが、勝頼期の政治・経済・軍事・外交などは、まだ不明確な点が非常に多く、人物評に拘泥しない冷静かつ客観的な研究が求められている。勝頼像の変化は、まちがいなく二〇〇〇年代の研究をもとに始まった。私たちは、その到達点と研究の諸課題の所在を知り、その地平よりさらなる前進をせねばならない。その過程で、新たな事実が発掘され、既知の事象との関連が追求され、部分から全体への認識や評価の変化が果たされていくことであろう。

そこで本書は、現在の勝頼および武田氏研究の現状を踏まえたうえで、武田勝頼に関する研究成果を概観し、今後の研究の進展に寄与することを意図して編集した。編集に際し、研究者個人の論文集や今も市販されている論集に収録されているものを除き、執筆者の許諾を得ることができた二〇本の重要論文を、勝頼像の変化に着目した第1部「武田勝頼像の変遷」、勝頼だけでなく、広く武田氏と諏方の関係に着目した研究を収録した第2部「信濃諏方と武田氏」、勝頼の領国支配の実態と軍事力編成の内実に迫る研究を収録した第3部「武田勝頼の領国支配と軍事力編成」、勝頼外交の多彩さとその実績を追求した第4部「武田勝頼の外交政策」、長篠合戦や高天神城攻防戦、新府城に新視点をもたらした重要論考を収録した第5部「武田勝頼の合戦と城郭」の構成とし、それぞれ収録した。このほかにも、収録したい論考は多くあったが、紙幅の関係と諸事情により果たせなかったのは残念である。それらについては、総論において紹介するよう心がけた。本書に、論考の再録をお許しくださった執筆者各位に、深甚の感謝を申し上げたい。

そして、本書冒頭には、編者による総論「武田勝頼の研究」を掲載した。この総論は、あくまで編者の私見と関心にもとづく研究史の整理と概括であり、言及できなかったことも多かったが、研究の現状と課題を把握できるよう叙述した。

本書の刊行により、武田勝頼と武田氏研究がいっそう発展し、戦国大名や戦国期研究の進展に繋がることを切望する。編者は、昭和末期から平成にかけての研究の激流に際会してきた。その成果が、今後の研究をどう変化させ、歴史像が書き換えていくかを楽しみに、日々の研究生活を送っている。後世、本書を振り返ったときに、研究の里程標としての役割を担ったと述懐できることを切望し、擱筆する。

二〇二五年二月

平山　優

目次

序にかえて　平山優　1
総論　武田勝頼の研究　平山優　8
第1部　武田勝頼像の変遷
Ⅰ　武田勝頼　徳富蘇峰　66
Ⅱ　勝頼、決して侮るべからず　山路愛山　69
第2部　信濃諏方と武田氏
Ⅰ　戦国時代の諏訪湖の漁業と諏訪社
——「船別銭」と「網渡銭」を中心にして　小林純子　72
Ⅱ　武田勝頼の諏訪社再興政策　小林純子　107
Ⅲ　天正六年の諏方社造宮事業と造宮帳作成について　長谷川幸一　120

第3部　武田勝頼の領国支配と軍事力編成

Ⅰ　武田勝頼の領国経営　黒田基樹　150

Ⅱ　武田勝頼の駿河・遠江支配　柴 裕之　161

Ⅲ　武田勝頼の上野支配　栗原 修　170

Ⅳ　戦国大名武田氏の西上野支配と箕輪城代
——内藤昌月宛「在城定書」の検討を中心に　丸島和洋　180

Ⅴ　武田勝頼の軍事力編成　平山 優　206

第4部　武田勝頼の外交政策

Ⅰ　武田勝頼の外交政策　丸島和洋　222

Ⅱ　甲相同盟と勝頼　黒田基樹　236

Ⅲ　越甲同盟再考　田中宏志　247

Ⅳ　御館の乱に関わる新出の武田勝頼書状　海老沼真治　253

Ⅴ　武田・毛利同盟の成立過程と足利義昭の「甲相越三和」調停
　　——すれ違う使者と書状群　丸島和洋　257

第5部　武田勝頼の合戦と城郭

Ⅰ　長閑斎考　平山　優　296
Ⅱ　長篠合戦における織田方の首注文　木下　聡　300
Ⅲ　高天神城攻城戦と城郭
　　——天正期徳川氏の付城を中心に　土屋比都司　304
Ⅳ　武田勝頼と新府城　山下孝司　361
Ⅴ　「隠岐殿」という地名と遺跡
　　——隠岐殿遺跡出土の戦国期のかわらけに関する予察　閏間俊明　372

初出一覧／執筆者一覧

武田勝頼

総論　武田勝頼の研究

平山 優

はじめに

武田勝頼は、元亀四年（天正元年・一五七三）四月十二日、父信玄が病歿したことを受けて家督を相続し、天正十年（一五八二）三月十一日に滅亡するまで、およそ十年にわたって戦国大名武田家の当主として活動した。戦国武田三代の当主の治世は、信虎が三四年、信玄が三二年であったのに比べて、勝頼のそれははるかに短い期間であるものの、その発給文書（判物、朱印状、書状）は信虎・信玄期の総数に匹敵する規模であり、戦国大名当主として精力的な活動を物語っている。

勝頼を含む戦国大名武田氏に関する史料環境は、一九九〇年代から二〇〇〇年代前半にかけて劇的に整備された。それまでは、山梨県では甲斐叢書刊行会編『甲斐叢書』全十二巻（朗月堂・一九三二～三六年）、萩原頼平編『甲斐史料集成』全十二巻（甲斐志料集成刊行会・一九三二～三五年）、荻野三七彦・斎藤（柴辻）俊六編『新編甲州古文書』全三巻（角川書店・一九六六～六九年）、清水茂夫・服部治則編『武田史料集』（戦国史料叢書十三・人物往来社・一九六七年）、長野県では信濃史料編纂会編『信濃史料叢書』全五巻（同会・一九一二～一四年）、『伊那史料叢書』全四巻（信濃教育会下伊那部会・一九一五～二〇年）、諏訪史料叢書刊行会編『諏訪史料叢書』全三八冊（同会・一九二五～三五年）、

中村元恒・元起編『蕗原拾葉』全二十二輯（上伊那教育会・一九三五～四五年）、栗岩栄治編『奥信濃古文書』（下高井郡・下水内郡教育会・一九三七年）、信濃史料刊行会編『信濃史料』全三二巻（一九五二～七二年、武田三代の時期に該当するのは巻九～十五、補遺編上も参照のこと）、同会編『新編信濃史料叢書』全二十五巻（信濃毎日新聞社・一九七〇～七九年）、伊那史料叢書刊行会編『新編伊那史料叢書』全六巻（歴史図書社・一九七五年）、静岡県では、静岡県編『静岡県史料』全五輯（同県・一九三二～四一年、角川書店復刊・一九六六年）、清水市編『清水市史資料四　穴山梅雪文書集』（吉川弘文館・一九七一年）、新宮高平編『駿河志料』全四巻（歴史図書社・一九四七年）、愛知県では渡辺政香『参河志』全二巻（歴史図書社・一九六九年）、新潟県では高橋義彦編『越佐史料』全六巻（一九二五～三一年、名著出版復刊・一九七一～七二年）、そして武田氏全体では、高島緑雄編『甲斐武田氏文書集』一巻（地方史研究協議会・一九六五年）、柴辻俊六編『甲斐武田氏文書目録』甲府市史調査報告書２（甲府市・一九八六年）などを参照するほかなかった。二〇〇〇年代までは、武田氏の発給文書や受給文書の体系的な集成は行われておらず、研究の目安として柴辻俊六氏の編集による『甲斐武田氏文書目録』を手がかりに史料の収集をするほかなかった。とりわけ、群馬県の戦国期史料へのアクセスは困難を極めており、『群馬県史』資料編７中世３（編年資料２）が一九八六年に刊行されるまで、研究の立ち後れは否めなかったのである。

武田氏研究を一新させる史料環境の整備は一九九〇年から二〇〇〇年代前半までに実現された。まず、『静岡県史』資料編７中世三が一九九四年に、同資料編８中世４が一九九六年にそれぞれ刊行され、『静岡県史料』段階の史料収集状況が飛躍的に改善された。次に、『山梨県史』資料編４中世１県内文書が一九九八年、同５中世２県外文書上が二〇〇四年、県外文書下が二〇〇四年、同６中世３上 県内記録が二〇〇一年、同下 県外記録が二〇〇二年にそれぞれ刊行され、少なくとも山梨県内の中世文書や記録はほぼ集成がなされた。そして、柴辻俊六・黒田基樹編『戦国遺文武田氏編』全六巻（東京堂出版・二〇〇二～六年）、丸島和洋編「戦国遺文武田氏編補遺」（『武田氏研究』四五号・二〇一二年）、同「戦国遺文武田氏編補遺 その2」（同五〇号・二〇一四年）によって、編年による戦国大名武田氏の発給・受給文書が集成されるに至ったのである。その後、丸島和洋氏による高野山の過去帳が相次いで翻刻、公表され、文書や記録だけでは把握できなかった武田家臣の歿年や居住地などが明確になった(1)。

以上のような史料環境の進化を踏まえて、武田氏研究会編『武田氏年表』（高志書院・二〇一〇年）、柴辻俊六・平山優・黒田基樹・丸島和洋編『武田氏家臣団人名辞典』（東京堂出版・二〇一五年）が相次いで刊行され、武田氏の政治・軍事史や一族、家臣、僧侶、神職などの事績に関する基礎研究が達成されたのである。このように、戦国大名武田氏は、基礎史料の集成と基礎研究が最も進んだ大名になったといえるだろう。

こうした状況であるにもかかわらず、勝頼研究は二〇〇〇年代に入ってから活発化してきてはいるが、信玄のそれと比較するといまだに低調であることは否めない。そもそも、勝頼期の研究は、信玄期の延長か補完、もしくは総体として扱われることが多く、論文のほとんどが、戦国大名武田氏の研究としての性格を色濃く持つ特徴がある。そのため、勝頼期のみに焦点を当てた論文は極めて少ない。このような制約もあり、本書に収録する論考の選定は困難を極めた。すでに、各研究者の単著に収録されているものや、まだ論集などが刊行中であるものは除外したが、後者のものに収録されている論考には重要な内容のものが多かったので、今回収録を見送らざるをえなかったのは残念である。それらについては、本稿のなかで紹介していくことにしたい。

本書に収録した論考は、勝頼に関する基礎研究、それぞれのテーマにおいて勝頼期を概括する研究、合戦や外交に関する新知見を含む研究などに絞った。これらの論考を、「武田勝頼像の変遷」「信濃諏方と勝頼」「武田勝頼の領国支配と軍事力編成」「武田勝頼の外交政策」「武田勝頼の合戦と城郭」に分類、掲載することで、勝頼研究の現状と課題を見通すことができるよう意図した。

なお、本稿では、出典を略記と文書番号で明記した。それらは、『戦国遺文武田氏編』（戦武＋文書番号）、『信濃史料』（信＋巻数＋頁数）、『戦国遺文房総編』（戦房＋文書番号）などである。

一、武田勝頼像の変遷

武田勝頼の世上の評価は、二〇一六年以降、変化が見られるものの[2]、いまだに芳しくない。それは、①武田家を滅ぼした不肖の息子、②奸臣を登用し、信玄以来の宿老たちや武田一門の諫言を聞き入れず、家中の糶鬩を買い、それが後の離叛につながった、③「強すぎたる大将」と『甲陽軍鑑』（以下『軍鑑』と略記）で評されるごとく、猪突猛進の傾向が強く、それが長篠合戦のような無謀な作戦を選択することにつながった、④御館の乱に際し、上杉景勝からの黄金贈答などを受けて、上杉との同盟を選択し、北条氏政との断交に繋がった、⑤勝頼は外交に不得手で、織田・徳川同盟（いわゆる清須同盟）に対する有効な手段を打つことができなかった、⑥勝頼の救援を待ち続けた遠江国高天神城を見捨ててしまうなど、味方への支援を行わなかった、などに集約されるだろう。

このような勝頼評は、すでに近世初期には流布していたらしい。例えば、『本阿弥行状記』には、光悦の覚書として「上様始め諸大名がた、御傍に御召仕被遊候近習衆別而御目利大切かと奉存候、太閤様御気に入、曾呂利新左衛門、武田勝頼公の出頭跡部大炊、長坂長閑、近くは毛利家の安国寺など、甚だその阿諛逢迎の趣は色々違ひ候へども、甚だ不礼邪智の者にて、大炊、長閑が不埒より武田家も亡び、毛利家も安国寺が邪智により御国数減じ候など、元春公、隆景公在世に候はゞ、あれほどの不覚もあるまじく」との記述があり、勝頼は奸臣跡部勝資、長坂光堅を重用したがために亡びたと認識していたらしい。光悦がそのような考えを持つ至った情報源は、同書の他の部分をみると「勝頼公、家老どもが申事を用ひ給はゞ、天下一統の功も建給ふべきに、みな長篠合戦に打死、ざん念なる事なり、漸く信州の河中島在城に高坂一人生残り、諌言申上るといへども、長坂・跡部がさゝへにより忠言も取上給はず、甚だ是を残念がり、弾正甲陽軍鑑といへる書をえらみ、死後勝頼公へ上よと遺言、甚だ古代の物にて、俗書ながらあつぱれ忠義の武士なり、まゝ武家方にて見申事也、これなど板におこして、広く武士たる人に見せたき書なり」とあることから、まだ刊行される以前の『軍鑑』であった(3)。

実のところ、前記のような世上に今も流布する勝頼評は、『軍鑑』の勝頼観が背景にあり、それが近世において一般的となったものである。特に、御家の存続と繁栄を重視する近世武家社会の倫理観においては、勝頼は家を滅ぼした暗愚の当主との評価は避けられなかったといえる。これは、近代に入っても、家の存続と繁栄を美徳とする近代家父長制と家制度の時代にあって、さらに強化された評価と考えられる。既述のような、従来の勝頼像は、ほとんどが『軍鑑』の影響によるものであり、それらに前記①の「不肖」「暗愚」といったイメージが付与されていったのだろう(4)。念のため、戦国期の史料をみると、勝頼を暗愚ゆえに滅んだとする言説は確認できず、織田信長、徳川家康、上杉謙信は彼を高く評価しており、その滅亡は「運が尽きた」「不運であった」と考えていたことが指摘されている(5)。

本書の冒頭に、徳富蘇峰と山路愛山の論考（本論集第1部Ⅰ・Ⅱ）を掲載したのは、戦前の勝頼評を概観するためである。但し、徳富、山路両氏の勝頼評は、世上のそれとは一線を画すものといえる(6)。彼らは、勝頼滅亡の原因を、①父信玄があまりにも偉大であり、かつ重臣層はその薫陶を受けてきたがゆえに、勝頼との関係がうまくいっていなかった可能性があり、②勝頼が跡部・長坂らを重用した原因もそこにある、③織田信長、徳川家康の勢力が拡大した状況下で家督を継いだ勝頼は、最初から不利な条件のもとでの戦いを強いられており、その打開は信玄存命であったとしても難しかった可能性がある、④勝頼の失敗は外交にあり、織田・徳川・北条を敵に回したことが最大の失点である、⑤勝頼期の武日氏は、金山の枯渇など財政危機に陥っており、それを重税で切り抜けようとしたことで、領国の人々の不満を買ってしまった、⑥そして武田領国は山国であり、領国民はもともと我が強く、一致協力する気概に乏しかった、⑦これらが背景にあり、敵国が大挙侵攻してきた時に、身分の区別なく、勝頼の不満を持つ人々が離叛し、領国の瓦解を招いてしまった、と総括している。そして、両人はともに、勝頼を信玄の後継者に相応しい器量の持ち主で、武勇など信長、家康と比べても見劣りするものではないと評し、世上に流布する「暗愚」「凡将」論には与していない。

ところで、勝頼については、戦前でもその事績を分析した論考は存在せず、一般書や俗書において言及されるにとどまっていた。そのため、世上の勝頼評の当否を考えるうえで必要な歴史研究はなされぬままであった。この傾向は、戦後もほとんど変化せず、むしろ歴史小説、ドラマ、漫画などにおいて「勝頼凡将論」が近年まで流布され、それが一般の人々の勝頼像の固定化に繋がっていたと思われる。

勝頼研究が、戦前、戦後を通じて低調のままであったのは、世上の評価が影響していた可能性はあるだろう。戦前において、勝頼の事績をまとめた単著は、土屋操（節堂）『史談 武田落』（磯部甲陽堂・一九一三年、後に歴史図書社復刊・一九七九年）しかなく、これは武田勝頼の興亡の過程を、軍記物などをもとに描いた読み物としての性格が強い。戦後、勝頼の単著は、内藤末仁『武田勝頼』（中央図書出版・一九六三年）が最初であるが、これも研究書ではなく、読み物の類いであり、その勝頼評は従来の枠を出ていない。

このような状況に一石を投じたのが、上野晴朗『定本武田勝頼』（新人物往来社・一九七八年）である。上野氏の著書は、勝頼の生涯とその事績を追究した最初の研究書であるが、当時の研究水準では、天正三年から同九年までの、駿河・遠江・上野国の情勢の推移がほとんど明らかにされていなかったこと、上杉・北条・佐竹など周辺の戦国大名との外交史が進められていなかったこと、穴山信君（梅雪）や小山田信茂を始めとする地域的領主制（今日の国衆）研究が大きく立ち後れていたこと、などの制約もあり、勝頼の事績や動向を明らかにできていない。それは、既述のような史料環境の未整備などのため、古文書や記録を用いながらの叙述には限界があり、かなりの部分を『軍鑑』の記述に依拠しなければならなかったことも背景として存在する。しかしながら、当時としては画期的な勝頼の評伝であった（上野氏はその後、一般向けに書き下ろした『落日の武将武田勝頼』山梨日日新聞社・一九八二年を刊行している）。

上野氏が著書で強調したのは、①勝頼が、家督相続直後から重臣層との関係構築に苦慮したのは、彼が諏方頼重の後継者とみなされていたことが大きく、②さらに、勝頼が信玄の後継者にならざるをえなかったのは、兄義信が失脚した「義信事件」が原因であり、家中に亀裂を生じさせたこの出来事が、彼と家臣との関係に微妙な影を落としていた可能性が高いこと、③奸臣とされる跡部勝資、長坂光堅は、信濃国諏方郡、伊那郡との関係が深く、勝頼が彼らを重用していく素地がすでに信玄の時代には存在していたこと、などである。勝頼を諏方氏の血を引く人物として見据え、ほんらいは「伊那郡代」（高遠城主）で生涯を終えるはずの彼が、義信事件によって後継者を失ってしまった父信玄により、甲府に呼び戻されたところに、武田氏滅亡の背景があると論じた点は、その後の勝頼研究に大きな影響を与えたといえるだろう(7)。

その後、勝頼研究は、柴辻俊六『武田勝頼』（新人物往来社・二〇〇三年）、柴辻俊六・平山優編『武田勝頼のすべて』（新人物往来社・二〇〇七年）、笹本正治『武田勝頼』（ミネルヴァ書房・二〇一一年）、平山優『武田氏滅亡』（角川新書・二〇一七年）、丸島和洋『武田勝頼 試される戦国大名の「器量」』（平凡社・二〇一七年）が刊行された。

このうち、柴辻氏の著書は、文書や記録などにもとづいた本格的な勝頼の通史である。また、柴辻・平山編は、

『戦国遺文武田氏編』が完結した直後に出版されたものであり、一部作家の文章を除いて、ここに収録された論考は、勝頼の基礎研究として今も重要である。そのため、本論集では、多くの論考を採録した。

平山の著書は、おもに天正三年五月の長篠合戦後から、天正十年三月の勝頼滅亡までの政治・軍事・外交史を、二〇一六年までの研究と史料状況を踏まえて叙述したものである。[8]最後の丸島氏の著書は、高野山関係の供養帳を始めとする新史料や、多くの研究を踏まえた新知見が多く披瀝された意欲的な労作である。これらの著書で指摘された事象は、次章以下の各論で紹介していくこととしたい。

二、信濃諏方と武田氏

(1) 諏方勝頼の立場と地位をめぐる諸問題

周知のように、武田勝頼は、天文十五年（一五四六）に誕生した信玄の四男で、生母は諏方頼重息女（乾福寺殿、諏方御料人と呼称される）であった。[9]『軍鑑』によると、彼女は、父頼重滅亡後に、信玄に嫁いだといい、その時十四歳であったという。その翌年の天文十五年に勝頼が誕生したとの記述が続くので、生年は享禄二年（一五二九）と推定される。[10]丸島和洋氏は、『軍鑑』は頼重滅亡を天文十四年と誤記しているので、確定できないと指摘しているが、[11]乾福寺殿が信玄に嫁いだ翌年を天文十五年とし、その年に勝頼が誕生したとしているので、『軍鑑』のこの部分の記述には整合性が認められるだろう。同書によると、勝頼は生まれながらに諏方氏の跡目に据えられ、それゆえに諱が「勝頼」になったとされる。信玄の息子で、唯一、武田家の通字「信」ではなく、諏方家の通字「頼」を戴いているのは、こうした経緯があると記述されている。

ところで、勝頼が祖父諏方頼重の跡目を継ぎ、諏方氏惣領職をはたして継承したかどうかについては、実のところ確証がなく、『軍鑑』などをもとに、そのようにいわれているだけに過ぎない。ただ、通説のように、勝頼が諏方氏惣領職を継承していたとするならば、次のような課題が浮かび上がってくる。それは、①勝頼は、諏方本宗家の慣例である諏方大社上社大祝職に就任していない、②それどころか勝頼は、武田家の当主になるまで、諏方大社の祭祀や造宮に関与していない、③勝頼は、諏方氏惣領職継承者の居城である上原城を与えられていない、④諏方氏惣領職ならば実行すべき諏方郡の統治にも関与していない、⑤諏方一門や諏方衆の統括や指揮も行っておらず、これらは諏方満隣〈竺渓斎、諏方頼満〈碧雲斎〉の弟、頼重の叔父〉の系統によって統括されている、ことなどである。[12]

この点について、問題となるのは、勝頼の叔父にあたる寅王丸〈千代宮丸、諏方頼重の嫡男〉の存在である。寅王丸は、頼重と禰々〈信玄の妹〉との間に誕生した嫡男で、頼重滅亡時、一歳であった。信玄は、天文十一年九月、諏方に乱入してきた伊那郡高遠城主高遠諏方頼継と戦うために、頼重遺児寅王丸の取り立てを掲げて、諏方衆を味方に付けた経緯があった。[13] その後、寅王丸の生母禰々が、天文十二年一月十九日に十六歳で死去すると、彼は史料から姿を消してしまうのである。

天文十五年八月二十八日に、諏方満隆〈薩摩守、頼満〈碧雲斎〉の子で、満隣の弟、頼重の叔父〉が謀叛を起こし、自害させられた。[14] 満隆謀叛の理由は判然としないが、この年、勝頼が誕生していることが絡んでいるのは間違いなかろう。[15] これは、諏方頼重の跡目問題をめぐる武田氏と諏方衆との紛争が表面化したとみられ、それは当然のことながら、寅王丸擁立か勝頼擁立かという問題であったと考えられる。

結果として、信玄は諏方衆に約束した寅王丸擁立を反故にし、彼を出家させたと考えられる。[16]

一方で、信玄はこの出来事が影響して、勝頼の処遇を変則的なものにしたのではないかといわれる。勝頼が、諏方ではなく、伊那高遠城主となり、伊那郡代（上伊那郡司）となったのは、このような背景があったからではないかとの学説がある[17]。

この学説に対し、丸島和洋氏は、①高野山成慶院が作成した『武田日牌帳 三番』は、武田勝頼の関係者の供養帳であること、②その冒頭に、折本の一面を使って、高遠諏方頼継（天文二十一年五月二十六日歿）が記され、勝頼外祖母御大方（頼重側室）、勝頼生母乾福寺殿、勝頼正室龍勝院殿（織田信長養女、遠山直廉息女、武田信勝生母）が続き、武田勝頼の供養（天正十七年の追善供養）がなされていること、③勝頼の記載は、冒頭の頼継と同じく折本の一面を使用した特別な扱いであること、④これらのことから、勝頼が家の当主として供養すべき先祖を、頼継と認識していたと推定される、⑤すなわち勝頼は、諏方本宗家の家督ではなく、高遠諏方家の家督であったこと、⑥しかしながら、『軍鑑』などが永禄五年（一五六二）に勝頼が、頼重の跡目を継ぎ高遠城主に任命したとあるので、これは惣領職の継承を意味すると考えられること、⑦勝頼が、諏方本宗家の惣領職を継承した根拠として、彼の諱が、高遠諏方家の通字「継」ではなく、諏方本宗家の「頼」を引き継ぎ、父信玄からは「勝」の偏諱を授けられたことの意味を、武田との繋がりをも保持することであると明示した（「勝」は、信玄の幼名勝千代に由来すると推定される）、⑦信玄が、勝頼に「信」を授与しなかったのは、生母の出自と正室三条氏出生の男子との待遇に差をつけたこと、⑧さらに信玄が「信」の通字を勝頼に授与しなかったのは、嫡男義信に配慮したことも想定されること、などを指摘している[18]。

（2）高遠領時代の諏方勝頼

諏方勝頼が、高遠城主に就任した時期について、『軍鑑』は永禄五年六月、十七歳の時のことと記述している。現在、確認できる諏方勝頼の高遠領支配の初見文書は、永禄五年九月二十三日付の埋橋弥次郎宛の知行安堵状であり

（戦武七九八号）、それと矛盾しない。諏方勝頼による高遠領支配については、丸島和洋氏の他に、柴辻俊六氏の研究がある。[19] 勝頼が統治した高遠領とは、高遠領、箕輪領（箕輪城〈福与城〉主藤沢氏の旧領）、上伊那領の総称である。[20]

この高遠領時代で特筆されることとして、二つの事実が注目されている。まず、諏方勝頼は、永禄七年十一月、信濃国二宮小野神社に梵鐘を奉納しており、そこに「郡主神勝頼」「大檀那諏方四郎神勝頼」と記されていることである（戦武九一六号）。この記述から勝頼は、諏方家の惣領職と高遠諏方氏の家督を継承していることから、武田氏の「源」姓ではなく、「神」姓を称していることが確認できる。[21]

次に、永禄十一年十一月一日付で、成慶院（高野山）に宛てた朱印状である（戦武一三二四号）。この朱印状は、勝頼が高遠領の人々が高野山を訪れた際に、成慶院を宿坊とすることを定めたものである。注目されるのは、勝頼が印文「勝頼」を持つ、直径四センチ余の二重円形朱印を使用していることである。当時、武田領国の国衆で、これほど大きな朱印を使用している事例は極めて少なく、永禄期において朱印状の発給を確認できるのは、穴山武田氏（信友・信君）、小山田氏（信有・信茂）、木曾氏（義昌）に限られ、彼らは武田氏の御一門衆か、準一門衆という家格である。[22] 他の国衆に、朱印使用の事例はなく、あっても西上野の小幡氏のように黒印であった。このことから、諏方勝頼は、国衆当主としての側面と、武田氏の御一門衆の側面を併せ持ち、かつ穴山武田氏に比肩する政治的地位があったと推察されている。[23]

この他にも、勝頼の政治的地位を窺わせる事例は多い。永禄七年六月、信玄は木曾義昌に対し、甲府出仕の返礼として、信玄自らか嫡男義信が参上しようと考えていたが、それが実現できなければ、勝頼を派遣しようと考えていた。これは結局、三人とも関東出陣となってしまったため、実現しなかった（戦武一〇五九号）。

また、勝頼は、永禄十年から同十一年にかけて、父信玄の関東、北信濃出陣中に際し、甲府留守居役をつとめ、隣

国の動向を探り、逐一信玄に伝達している。(24)

これらの事例から、諏方勝頼は、信玄の息子として、嫡男義信に次ぐ地位を保持し、武田典厩家（信豊）、武田逍遙軒家（信廉〈信綱〉、麟岳）、穴山武田家（信君〈梅雪〉、勝千代）という武田御一門衆よりも上位に位置づけられていたことを示唆している。

（3）兄義信と諏方勝頼の武田復姓問題

その後、諏方勝頼は、永禄八年十一月、織田信長の養女（東美濃遠山直廉息女、龍勝寺殿）を正室に迎えるが、この前月に兄武田義信のクーデター未遂（義信事件）が発生している。この事件は、信玄が、織田信長との甲尾同盟締結の証として織田との婚姻を受諾したことに、義信が反発し発生したものと指摘され、これが有力な学説となっている。(25)ただ近年、これに異儀を唱える学説も登場しており、今後の検討課題といえる。(26)

兄義信の廃嫡と死去（義信の死は永禄十年十月十九日、享年三十）に伴い、諏方勝頼が、信玄の後継者として、高遠から甲府に呼び戻されることとなった。その時期については、『軍鑑』などによる元亀二年説が通説となっていた。ただ、義信の死から勝頼の武田復姓と後継者認定までの期間が空いている理由については、明らかになっていない。

その理由と、勝頼の武田復姓の時期について、黒田基樹氏は、①義信の廃嫡から勝頼の後継決定（武田復姓）までの期間が空いているのは、信玄も正室で義信生母の三条殿もどうすればよいか逡巡していたこと、②勝頼をすぐに後継に指名しなかったのは、彼が庶出であり、すでに他家を相続していたことや、三条殿が支持しなかったからである、③信玄と三条殿は、三条殿の管轄下にあった妾油川殿が生んだ仁科信盛を、本来の後継者に想定していた可能性がある、④元亀二年になってさすがに信玄も自らの年齢を考えて決断せざるをえなかった、⑤勝頼の武田復姓は、元亀二

年と想定されること、と主張している。(27)

ただ、勝頼の武田復姓は、元亀元年十二月十五日以前のことであるのは確実である。それは、本願寺顕如が同日付で勝頼に宛てた書状に「武田四郎殿」とあるからだ（戦武四〇四二号）。そのため、黒田説の②との関連が想定されるが、丸島氏が注目する（永禄十三年）四月十日付の武田信玄判物も無視できない（戦武一五三五号）。これは、将軍足利義昭の側近一色藤長に宛てたものであるが、この中で信玄は、義昭に対し「愚息四郎官途幷御一字事」と記し、官途と偏諱を申請している。このことは、勝頼が武田に復姓し、信玄の後継者と家中に示した後のことでなければならないだろう。そのため、諏方勝頼から武田勝頼となったのは、永禄十三年四月以前と想定する丸島説に説得力がある。それでも、義信の死から二、三年を要している理由についてははっきりせず、今後も検討していく必要があるだろう。

(4) 勝頼と諏方大社

勝頼が、諏方郡や諏方大社との関係を密接にするのは、やはり家督相続後のことである。勝頼の諏方郡統治については、信玄期とあわせて研究が進められているが(28)、諏方大社と勝頼の統治の関係については、まだ研究が立ち後れているといえるだろう。

特に、勝頼が諏方大社の式年造宮に当たる天正六年に開始し、翌七年までかけて実施された諏方大社造宮事業は、多くの関係史料が残されていながら、武田信玄が永禄八年から九年にかけて、同じ式年造宮の際に実施した、神事祭礼再興事業とともに、ほとんど研究がなされてこなかった(29)。そうしたなかで、本論集第2部Ⅰ・Ⅱの小林論文のほか、井原今朝男氏(30)、田村正孝氏(31)、本論集第2部Ⅲの長谷川論文は重要である。

本書に収録した小林論文は、永禄八年から九年にかけての武田信玄による神事祭礼再興事業と、天正六年から七年にかけての勝頼による諏方大社造宮事業の概論であり、その全体像を摑むうえで有益である。信玄の神事祭礼再興事業は、俗に「信玄十一軸」と呼称される永禄八年十一月から同九年九月にかけて、十一通の長文の下知状にその内容が網羅されている。また、勝頼の造宮事業は、天正六年二月から同七年二月にかけて作成された九冊の帳簿（「造宮帳」）と、天正六年二月十二日ごろに大量発給された「造宮手形」や、武田家朱印状などによって把握することができる。これらはすべて、『戦国遺文武田氏編』に収録されており、容易に参照することができる。小林氏は、勝頼の事業について、永禄期に実施された信玄の神事祭祀再興事業を踏襲しながらも、信濃の郷村に積極的に向き合い、造宮役の実態調査を武田氏と諏方大社が共同で実施し、先例をもとに郷村との調整を図っているとする。そのうえで、当初の造宮役の催促は諏方大社側の社家衆が行うが、未納や納入拒否に直面した場合は、武田氏が後ろ楯となり積極的に介入していたと指摘する。これは、武田氏の支援なくしては、諏方大社は造宮事業や神事祭祀の実施そのものが困難であったことを物語っている。そのうえで、勝頼はこの造宮事業を通じて、長篠敗戦後の領国経営の立て直しと、自身への求心力を強めようとしたと評価している。

その後、井原今朝男氏は、「造宮帳」や「造宮手形」などの分析を通じて、「造宮帳」が造宮役の収納帳と下行帳の性格を併せ持ったものと指摘した。そして、造宮役の徴収は、当事者である諏方大社が実施すべきものとみなされており、武田氏はそれを保障していた。それは、室町幕府と有力寺社の造営と同様のシステムであったとされる。

また、田村正孝氏は、帳簿の分析を通じて、造宮役の退転が多数にのぼり、とりわけ高井郡や水内郡では壊滅的であったことを指摘した。そのうえで、造宮役や神事祭礼銭の徴収が実現できたのは、結局のところ、武田領国のみであって、敵地との境目は不能であったし、領国内部でも郷村の未納や拒否は多かったこと、そして武田氏は諏方社を支えるための介入を強めたものの、それがかえって神事祭礼役などの退転を加速させてしまったとしている。その理由として、武田氏が諏方社の保護・統制に積極的になったが故に、その造宮事業や神事祭礼役などが、民衆にとって公的性格を薄めてしまったことによると想定している。

こうした先行研究に対し、長谷川幸一氏は、本論集第2部Ⅲにおいて、天正六年作成の「造宮帳」五冊は、造宮役や神事祭礼役などの「先例」や徴収の現状を調査しまとめた「清書帳」であること、天正七年作成の「造宮帳」は、天正六年作成の「清書帳」に基づく「取帳」であることを指摘した。いっぽうで武田氏は、造宮奉行を任命し、諏方大社との調整や要請を聴取しつつ、造宮役などの収納を支えていただけでなく、天正六年作成の「清書帳」に印判を捺していた。これは、「清書帳」が、今後新たな「末代之御神前帳」と諏方大社側が決定し、その証明と保障を武田氏に求めたものであったと述べている。

本書では紙幅の関係で掲載できなかったが、長谷川氏はこれに続く論文において、造宮役などの徴収の実態を追及し、田村正孝氏が指摘するように徴収不能な地域もみられるが、武田領国のほとんどにおいては、徴収が実現されたばかりか、要求額（先例額）を超えた収納があった事例も少なくなく、実際に多くの建物が造営されたことを確認している。(32) つまり、諏方大社の造宮役、神事祭礼役の退転が加速したとは評価しえないということになろう。いっぽうで、武田氏は造宮役をめぐる諏方大社と郷村との争論を裁許し、支配を強めつつ、諏方郡における検地なども並行して実施することで、諸役賦課の再編をも行っていたと述べている。勝頼による諏方大社造宮は、武田氏の信濃支配の強化と再編の意図を含んでいたと評価できるだろう。

諏方大社を通じて、税制の整備や設定、そして民衆支配のシステムを形成したことを分析した研究として、本論集第2部Ⅰの諏訪湖の漁業と税に関する小林論文は貴重な成果である。戦国期の諏方では、諏訪湖を利用し漁業を営む人々に対し、「船別銭」と「網渡銭」という公事が賦課されていた。これらのうち、「船別銭」は鎌倉期の文書に登場し、それを諏方社（八劔神社）の造宮費用に充てる慣例が確立していたとされる。ところが、こうした鎌倉期の文書は偽文書であり、漁業者たちが、自らの生業と諏方社とを結びつけ、出漁の特権を主張し、「船別銭」を負担しない者を諏訪湖の漁業から排除しようとの意図が垣間見える。

いっぽう、「網渡銭」は、武田氏の統治下で設定された新税で、それは冬期の諏訪湖結氷の時期における「氷引（氷曳）」に対するものであるという。この氷曳は、結氷の下で網を引き漁業を行う方法である。つまり、「船別銭」が明海（あきうみ）（夏から秋にかけての氷のない時期）漁業、「網渡銭」は氷上（冬から春にかけての結氷期）漁業（但し氷上漁業が解禁されるのは、御神渡りが済んでからという慣習があった）に賦課する公事であったという。

この二つの公事の徴収の徹底を図ったのは信玄であったが、勝頼は「船別銭」に対し、船の大きさによる差額を設定し、上の舟は諏方升で二升、中の舟は一升五合、下の舟は一升の米の納入を義務づけている。このことは、諏訪湖の漁業が次第に盛んになり、大小様々な船舶数が増加したことを示唆するとともに、それに伴い、同額の「船別銭」賦課に対する反発が強くなったことへの対応を意味しよう。

また徴収された「網渡銭」は、すべて諏方大社下社の造宮費とされた。当時、諏方大社下社は、大祝職金刺氏が没落し、諏方氏に支配されていた影響からか、経済的基盤をほとんど喪失していたらしい。それを補填すべく、武田氏が設定した税が「網渡銭」であった。なお、小林氏は、「網渡銭」を負担するのは郷村であり、しかもそれらはいずれも武田氏の御料所の可能性を指摘している。

いずれにせよ、「船別銭」と「網渡銭」は、それを負担することで諏訪湖の漁業に参入できたばかりか、それらが諏方社の再興と維持に使用されることで、諏方大明神との負担者を取り結ぶステイタスとして機能したといえる。そして、それらを徴収した武田氏は、諏訪湖の漁業と漁民統制および諏方大社の保護を同時に実現したわけである。

三、武田勝頼の領国支配と軍事力編成

（1）勝頼期の領国支配の方針

勝頼期の元亀四年（天正元年）から天正十年三月までの領国支配については、その内容は基本的に信玄期の継承と捉えられている。

まず、税制の点でいえば、その中心となっていたのが棟別役である。武田氏の棟別役は、棟別（家・屋敷）単位で賦課された諸々の課役（武田領国では「諸役」と総称された）のことをいい、それらは①春・秋の年二回賦課される棟別銭（春棟別は八月晦日、秋棟別は翌年二月晦日までが納入期限）、②人足普請役（郷次・町次・宿次などのように、村や町宿ごとに賦課された）、③臨時の公事賦課（「点役」と呼ばれる、竹火縄などの臨時徴収）、④伝馬役の負担、⑤「機役」（機織り機に対する課税だが棟別賦課）、などであった。棟別役の賦課基準たる棟別の認定は、村や町宿における家格が前提として存在し、それは本家（本屋、地下人と呼ばれた村や町宿の有力者）、新家（新屋、本家に従う血縁者や非血縁者の家屋）、片屋（母屋の傍らにある家もしくは片屋造りの家のこと、本家に従う血縁者や非血縁者の家屋）、明家（明屋敷、居住者が死亡、逃亡し誰も住んでいない家屋、家が壊され屋敷地のみになっても課税対象となっていた）、などである。これらは、武田氏による「棟別改」によって作成された「棟別帳」に登録された。この帳簿をもとに、武田氏は村や町宿ごとに、家屋の区分にもとづく家数を集計し、それぞれの課税基準額を乗じて、全体の課税額を明記した「棟別日記」を交付している。「棟別日記」の交付を受けた村・町宿は、期限内にその納入が義務づけられ、延滞の場合は倍額の納付が指示されていた[33]。

次に、武田領国では、段銭は甲斐・信濃には存在せず、駿河など旧今川領国において賦課された。これは、室町幕府による各国守護を通じて、応永期に実施された図田帳（大田文）の作成と密接な関係がある。この図田帳は、領国の国衙領（守護領、公田）、寺社本所領（荘園）、武家領（国人領）を調査し確定する作業であった。そして、時期を同じくして、守護は、地頭御家人役（所領高〈年貢高〉を根拠とする）の賦課・徴収も請け負っており、国内の武家の所領把握を進めていた。これらは「国役」と呼ばれていた(34)。ところが、この肝心な時期に、当時守護武田氏は、甲斐国から没落しており、内乱が続いていたため、段銭賦課に向けた基礎作業を欠いたままになったのである（これは信濃守護小笠原氏も同様）。

段銭を欠いた甲斐・信濃では、田地に賦課する課役は存在しなかったのかといえば、そうではない。それは「田役」（田地役）の存在が指摘されているからである。現在のところ、史料の希少性もあって、その詳細な内容は明らかではないが、①「田地銭」という銭貨を年貢とは別に武田氏の御蔵へ納入する、②「田地役之普請」という文書が存在するので、棟別役とは別個に人足普請役も賦課された、ということが指摘されている(35)。

(2) 勝頼期の領国支配に関する問題

このような税制を前提に、勝頼は領国支配と軍事力編成を実施していった。その方向性は、父信玄期と同じである。問題なのは、その賦課・徴収が、次第に過重になっていた傾向である。信玄期も、信濃侵攻初期段階では、過重な課税と軍役賦課により、逃散などが発生し、税制改革が実施されていたことは、すでに指摘されており(36)、棟別銭も前借りという形式で賦課、徴収していた事例も存在する（戦武八一三号）。

武田氏滅亡時、織田方は勝頼があっけなく滅びた要因の一つとして、民衆が重税に悩み疲れており、また裁判の不公正などで、民心が離れていたことを挙げている。『信長公記』には「先々より百姓共、己々が家に火を懸け、罷出で候なり、子細は、近年武田四郎新儀の課役等を申付け、新関を居、民百姓の悩尽期なく、重罪をば賄を取りて用捨せしめ、かろき科をば、懲の由申候て、或は張付に懸け、或は討たせられ、歎き悲しみ、貴賤上下共に疎果、内心は信長の御分国に仕りたしと、諸人願ひ存ずる砌に候間、此時を幸いと、上下御手合せの御忠節仕候」と記されている。このうち、裁判の不公正などについては、今のところ確認できない。

また、勝頼期の内政を検討した柴辻俊六氏は、特に根拠を挙げていないが、内政は破綻していたとし、民衆の負担は過重であったと総括している(37)。

(3) 勝頼期の棟別役

勝頼期になると、確かに恒常的な課税の強化が認められる。例えば、棟別銭は、信玄期の初期(弘治元年・一五五五)では、本家一間につき二〇〇文、新家は五〇文、片屋は一〇〇文であった。ところが、勝頼期の天正四年を初見に、新家は五〇文から一〇〇文へと倍額に引き上げ、明家への課税も始まった(戦武二六九四号)。さらに、天正八年十一月には、本屋が一間につき約二四二文へと増額され、明屋敷にも一間につき約一五八文が賦課されている(同三四五二号)。この他に、武田氏滅亡直後、徳川家康の安堵状に「本棟別之外懸銭」の文言が散見され(県内四二五号他)、棟別に対する「懸銭」という臨時賦課が恒常化していたことを窺わせ、これは勝頼期の状況を示すと考えられる。

次に、人足普請役についても、勝頼期になると課税強化の方向が明瞭である。それは、「一国一統之御普請」「国中一統に仰付らるる御普請」「惣国次」という賦課方式の登場である。武田氏は、奉公する軍役衆、商人、職人や、寺社(戦勝、武運長久祈願などへの見返りと、建物の修繕、維持のための原資としての課税免除)に対し、棟別役などの諸役免許という特権を与えていた。ところが、勝頼期になると、このようなほんらいは諸役免許特権を許されていた人々に対しても、「一国一統」「国口一統」（国全体に賦課される普請役）や、「惣国次」（武田領国全域に賦課される普請役）については、免許特権の効力を認めず、負担しなければならなかった。「一国一統」の事例としては、天正元年十一月に「上州一統之御普請」（上野国全体に賦課された御普請役）に触れた文書があり（戦武二二二一号）、勝頼期早々には、それが想定される事態がすでに始まっていたことが確認できる。このような人足普請役の動員が強化されたのは、いうまでもなく織田・徳川氏（天正七年からは北条氏も）との抗争が激化していたからであろう。

実際に、天正六年四月に、駿河国八幡神社に対し、八幡領におけるそれまでの人足普請役の免許特権を縮小すると通知した武田家朱印状には「諸城之御普請無際限」とあり、城普請の増加が免許特権の縮小の理由だと記されていた（戦武二九六四号）[38]。

（4）勝頼期の軍役

こうした勝頼期の課税強化の傾向は、軍役にも現れている。すでに指摘されていることであるが、武田氏の軍事力強化は、信玄晩年の元亀二年から一貫して実施されている[39]。しかし、やはり天正三年五月の長篠合戦後から、軍役改定や動員の強化などは顕著である。信玄期の継承から、その改定に至る内実については、本論集第3部Ⅴの平山論文を参照して欲しい。ここでは、その論文であまり触れられなかった論点について述べておきたい。

勝頼は、村・町宿から合戦に参陣する軍役衆の募集を、常に行っていた。それは、①棟別役の免除、②隠田の承認と免許（検地の免除と年貢等の免除、事実上の給与化）、③地頭への年貢・公事の全面的か一部免除とその給分化（「名田」〈知行地〉として認定）、を骨子とするものであり、この方法は、信玄期とまったく同じであった。

そのいっぽうで、天正三年五月以降、勝頼は「当家興亡」の危機に対処すべく、「一揆を催す」「土民百姓を催す」と呼ばれる動員方法を、武田氏として初めて採用している。これは、領国の村や町宿に居住する十五歳以上、六〇歳以下の男子を、二十日間に限り、動員するというものであった[40]。こうした動員方法は、戦国大名が危機に直面した際に採用されたもので、北条氏では村ごとに人改めを行って「一揆帳」を作成し、ここに十五歳から六〇歳までの男子を登録したうえで、動員を命じている[41]。

勝頼も、天正三年十月ごろには、「一揆を催す」ための人別帳（一揆帳）の作成を始めていたらしく、駿府商人衆に宛てた三ヶ条に及ぶ朱印状において、御普請役、郷夫役、人質提出の免除と並んで「一揆之事」も免除特権として認めている（戦武二五三六号）。この「一揆」とは、一揆帳への登録、つまり一揆という動員から除外することを約束したものだ。

長篠合戦では、譜代家臣（寄親）とその家来、国衆当主とその家来、足軽大将や傭兵（足軽）、在村被官（軍役衆〈寄子・同心衆を構成〉）などの多くが戦死した。そのため勝頼は、戦死者の兄弟や一族から家督を継がせる男子を選定させたうえで、これを取り立て、軍団の再編成を急いでいる。その結果、天正三年八月までには、一万三千余の軍団を編成し、九月には遠江に出陣している。これは、徳川氏を驚かせたが、軍勢の量はともかく、質的低下は覆いようがなく、敵方にも看破されるありさまであった。

これと並行して、勝頼は、天正三年に軍法（家臣の武装内容と禁止事項などを規定した法度）を、天正四年から五年にかけては軍役改定を実施している[42]。それまで勝頼は、軍法については、父信玄が永禄十年十月に制定した軍法を基本法として引き継いだが、家督相続直後の元亀四年十一月には、騎馬には「馬介」（馬鎧）の装備を義務づける規定を加えた。その後、天正三年十二月の新軍法では、①軍役の人数をあらゆる方法を用いて増加させること、②寄親や国衆の家中の人々（親類、被官、武勇名誉人）の名簿を提出させ、戦功次第では武田氏から直恩を与えること（陪臣の直臣化）、③無駄な費えを排除し、武装を揃えたり新調すべきこと、④その武装の内容や統一については武田氏の指示に従うこと、⑤弓・鉄炮の支度や訓練を怠りなく行い、特に鉄炮の玉薬は規定以上の準備をすれば忠節と認定すること、などが盛り込まれている（戦武二五五五・六号）。

また、長篠戦後、家臣に対し新たに発給された軍役定書においては、鉄炮の装備が重視され、しかもそれまで武田氏の軍役定書にはまったく規定のなかった、鉄炮の玉薬の分量指定（一挺につき玉薬三〇〇発を準備すること）が明記されている[43]。

則竹雄一氏は、武田氏の軍隊は、乗馬と鑓を基本に、弓・鉄砲が加わる編成であったが、信玄晩年の元亀三年ごろから、鑓を減らし、弓や鉄砲を増やす複合的な軍隊構成へと変化し、さらに弓や鉄砲などの武装と数量は、家臣が独自に裁量して持ち出すという方式から、武田氏が武装内容と数量を統一的に指定する方式へ転換していったことを指摘している。天正四年以後の、勝頼による軍役改定は、まさにその方式を推し進めたものであり、弓・鉄炮は必ず装備、持参させることを重視するものであった。

なお、武田氏の軍役は、知行貫高のうち、定納貫高に対応して賦課された。これまでの軍役の研究においては、貫高と騎馬、鑓、持鑓、弓、鉄炮、旗などの装備との数字上の賦課の割合（定率軍役負担）を分析することに主眼が置かれていた[44]。このことについて、則竹氏は、定納貫高に応じた定率軍役負担の原則というものは存在しなかったのではないかと疑問を投げかけている[45]。この批判については、今後も検証が必要であろう。

（5）勝頼期の財政不如意と金山経営問題

勝頼期の財政不如意を示す事例として、甲州金山（とりわけ黒川金山）の枯渇が挙げられる。天正五年二月、勝頼は黒川金山衆に対し「於金山黄金無出来」との状況に直面したため、彼らの救済措置として一月に馬一疋分の諸役を免除すると伝えている（戦武二七六七号）。この文書を根拠として、勝頼期の甲州金山の衰退が通説として扱われてきた。[46]

ところが、この通説に対しては、中世考古学や中世鉱山史の研究より疑問が提起されている。[47]まず、この武田家朱印状の解釈については、①この文書をもとに、黒川金山全体、あるいは甲州金山全体の衰退に結びつける解釈は飛躍ではないか、②その解釈の前提には、武田領国の金山は、山全体を佐渡金山のように直轄化していたという誤解がある、③当時の金山経営は、個々の金山衆が独立して活動し、それぞれが間歩（堀間、坑道のこと）を所有したうえで、採掘や精錬など一連の工程を実施している、④こうした武田時代の金山経営の実態をもとにすれば、この文書は、黒川金山全体の衰退ではなく、個々の間歩での産金減少に対応したものと考えるべきである、⑤また、同内容の文書は、天正八年、同十一年にも勝頼や家康が発給しており、個々の間歩への対応と理解を補強する、との批判がある。

こうした批判の前提には、黒川金山や湯之奥金山の発掘調査により、勝頼期はまだ金山の活動は最盛期を迎えていること、その時期に急激に衰退をしたとは到底認めがたいことが、厳然と指摘されているからである。また、黒川金山の廃絶期は寛永年間、湯之奥金山のそれは元禄年間と推定されており、金山衆は織豊期には早川、雨畑方面や丹波山舟越金山などでも採掘を開始していて、武田氏滅亡後は各地の金山開発が活発であった様子が窺える。

ただ、武田氏と金山開発との関わりについては、例えば、三河国津具金山（愛知県設楽町）には、黒川金山型の石臼が確認されており、武田氏の領国拡大と並行して、甲斐の金山衆が投入され、いわば技術移転が実施されていたことを窺わせる。すなわち、武田氏の軍事行動は、鉱山の獲得という動機も無視できないのではないかと思わせる。[48]

但し、武田氏が金山からどれほどの恩恵を受けていたかについては、検討課題が多い。現状指摘されていることは、①武田氏は金山衆に諸役免許特権を与え、彼らの産金活動を支援しつつ、②金山衆の所有する間歩の権利を保障し、③産金の一部を運上させたと推定される、④ただ注意したいのは、世上に流布するような金山が武田氏の莫大な財源になっていたという証拠はどこにもなく、慎重な検証が必要であること、などである。いわれてみれば、金山＝武田氏の主要財源というイメージは、多分に小説の類いに由来し（代表的なのは、新田次郎『武田信玄』『武田勝頼』であろう）、必ずしも実証されているわけではない。甲州金山研究の現状を踏まえれば、勝頼期の金山枯渇と財政の逼迫を関連づけ、論じることには慎重でなければならない。

（6）勝頼期の新関設置問題

次に、勝頼は、前掲の『信長公記』が記すような、新関の設置を盛んに行い、民衆を苦しめたという事実は存在したのか。このことについては、諏方大社造宮に際し、確かに新関が設けられた痕跡がある。武田氏の関銭については、史料が乏しく、判然としないが、永禄九年十二月、信濃国二宮小野神社造宮のために、信玄は七年に一度の商人関の設置を認めている。その時の関銭は、商人一人につき五銭、馬一疋につき一〇銭であった（戦武一〇四九号）。いっぽう、天正六年の諏方大社造宮に際して、勝頼が設置を認めた関銭は「関銭定之儀者、壱駄十銭宛、かち荷五銭宛、駒之口百廿文、如此前々相定申候」（『下諏方春秋両宮造宮帳』戦武二九一七号、『下諏方秋宮造宮帳』同二九二二号）と記録されている。これをみると、天正六年の関銭は、馬に乗せた荷物は一駄一〇銭、歩行荷物は五銭、馬一疋は一二〇文であり、商人一人への課税はないが、すべての荷物を関銭の対象にしているばかりか、馬への課税も過重になっていることは瞭然である。勝頼期に、新関を設置したという事実は、この他に確認できないので、『信長公記』が記す民衆の怨嗟を買った新関は、このことなのであろう。だとすれば、勝頼が諏方氏の血を引き、諏方物領職の継承者として、さらには武田家の当主として、諏方大社造宮事業を成し遂げることで、その権威と求心力を強め、信濃支配を強化しようとしたことが、まったく裏目に出てしまったことになるだろう。だが、諏方大社造宮の関所と関銭は、勝頼がまったく新規に指示したわけではなく、引用史料にもあるように、先例どおり(「如前々」)決定したものに他ならなかった。しかし、諏方大社造宮事業が退転して久しかった時代にあって、勝頼はそれを推進したのだが、その記憶を失っていた信濃の民衆にとっては、「新儀」(新規)事業としか映らず、諏方大社のためとはいえ、生活を圧迫するものと捉えられてしまったのではあるまいか。

(7)勝頼期の朱印と文書発給体系の整備

最後に、領国支配システムとしての、勝頼期の朱印について紹介しておこう。武田氏の朱印とその使用区分については、戦前の相田二郎氏の研究が著名であるが[49]、その後、新たな朱印使用の確認など、いくつかの新見解が出されている。

とりわけ、勝頼期に使用が開始された朱印としては、「獅子」朱印、「勝頼」朱印、「船」朱印があるが、それ以前より使用されていた「龍朱印」、「晴信」朱印、「伝馬」朱印をそのまま継承している。

まず、龍朱印は当初は、信玄の花押の代用にも使用されたことがあったが、次第に武田家の家印としての性格を持ち、花押の代用は「晴信」朱印へと切り替わった。勝頼が、朱印について、大幅な変更をしなかったのは、自らを父信玄の後継者であることを内外に示し、その権威を最大限に活用しようと考えていたからだと推定されている[50]。また信玄期に、勘定方の朱印として永禄六年から使用が始まった「精」朱印も、そのまま継続して利用されている[51]。

また勝頼は、父信玄の「晴信」朱印を、自らの花押の代用として使用するとともに、龍朱印に次ぐ公的な朱印として扱ったらしく、例えば上杉景勝との外交文書（「条目」）に捺されている（戦武三一六五号）。ところが、上野国衆北条芳林に宛てた「条目」には、龍朱印が使用されているのである（同三三一九号）。このことは、家印たる龍朱印よりも、「晴信」朱印を上位に位置づけていた可能性を示唆する。これは勝頼が、父信玄の権威をなおも利用しようとしていたためであろう。

このような朱印使用を継続しつつ、天正三年五月の長篠合戦後、勝頼は文書発給体系の変更を推進したと主張したのが、本論集第３部Ⅰの黒田論文である。黒田氏は、天正三年十二月二十三日を初見に使用が始まった「獅子」朱印に注目した（戦武二五五九号他）。この朱印は、「獅子」の図柄を刻んだ縦長方形の朱印である。この「獅子」朱印が捺された朱印状は、物資、人足の徴発、御料所からの給分支給などにほぼ限定され、宛所も一部の例外を除き、郷村、町宿、職人などに向けて発給されたものが多い。ただ、そうした文書であるにもかかわらず、龍朱印が使用される事例も散見されることから、「獅子」朱印の役割や龍朱印との使い分けについては、なお検討の余地があると指摘するが、武田氏の新たな家印の一つとなったことは重要である。

また黒田氏は、「伝馬」朱印の使用方式の改革が、勝頼期に実施されたという注目すべき指摘を行っている[52]。それによると、天正三年十月十六日付の駿河国蒲原宿宛の定書を初見に、伝馬手形についての規定を変更したという（戦武二五三九号）。その内容は、①武田氏の伝馬手形は、それまで朱印を一つ捺すだけで、手形の本文に公用（無賃）か私用の区別が記されていた、②勝頼は、以後は公用伝馬については「伝馬」朱印を二つ捺すことにした、③これに対し、私用伝馬は「伝馬」朱印一つを捺すだけとした、④この改革により、伝馬手形を一見するだけで、内容の精査をせずとも公用・私用の区別ができるようにした、とした。この改革の背景として、黒田氏は「おそらく伝馬を務める者たちから、文面を細かく確認しなければならないなど紛らわしいとの訴訟があり、それに対応したものであろう」と指摘している。私はその他にも、長篠合戦後のおもに東海地方の軍事的危機が、伝馬利用の増加という現象を生み出しており、利用の迅速化が求められていたからではないかと考える。

なお、勝頼期の伝馬朱印の使用が、かなり問題を抱えていたことが指摘されている。(53) これは、勝頼が定めた、天正七年一月二十四日付の「伝馬法度之事」により明らかとなる。この伝馬法度の条文のなかに、「伝馬」朱印の引き継ぎと管理を徹底するよう指示する内容が含まれていた。この文書から、①「伝馬」朱印は当主勝頼自身が保持、管理するのではなく、担当の奉行らが管理していた、②印判は鑰のついた箱に保管されており、担当の奉行は、その鑰の引き継ぎをすることで、管理の交替を行っていた、③ところが、当時、奉行らは自分たちで印判の鑰を引き継ぎするのではなく、又被官や小者といった身分の低い家人に行わせていた、④それゆえ、「伝馬」朱印の管理が杜撰になり、勝頼の決済を経ぬまま伝馬手形が濫発される事態が発生していた、⑤彼は問題を把握すると、ただちにこれを停止させ、伝馬手形の発給は勝頼の決済を経てから実行することを徹底するようにした、というものである。この事件は、武田氏の朱印管理と文書発給の手続きなどを知るうえで、恰好の事例とされる。

そして、天正八年になって、勝頼は朱印の変更を実施した。それが、「勝頼」朱印の創設である。「勝頼」朱印は、天正八年六月十二日を初見に使用が始まった（戦武三三五七号）。それまで使用していた、父信玄の「晴信」朱印は、天正八年四月二十五日を終見としている（戦武三三三二号）。勝頼が、自らの諱を印文に刻むのは、高遠時代に次いで二度目であるが、明確な相違は、高遠時代が円形であったのに対し、今回の朱印は父信玄の「晴信」朱印と同様の方形朱印であり、父のものを踏襲したことが瞭然である。この「勝頼」朱印の創出と、「晴信」朱印の退場は、勝頼の権力基盤が揺るぎないものになっていたことや、北条氏への攻勢を優位に進めていたことを背景とする、彼の自負心の表れと推察されている(54)。

(8) 勝頼期の領国支配に関する新研究

この他に、本論集では、武田領国の各国の支配をめぐる論考のうち、その概要を摑むことのできる論文として、柴裕之「武田勝頼の駿河・遠江支配」(本論集第3部Ⅱ)、栗原修「武田勝頼の上野支配」(同Ⅲ)、丸島和洋「戦国大名武田氏の西上野支配と箕輪城代」(同Ⅳ)を収録した。このうち、柴・栗原両氏の論文は、勝頼の勢力拡大と支配の概要を知るうえで重要である。その後の研究の進展については、黒田基樹『増補改訂 戦国大名と外様国衆』(戎光祥出版・二〇一五年、初版は一九九五年)、柴裕之『戦国・織豊期大名徳川氏の領国支配』(岩田書院・二〇一四年)、小笠原春香『戦国大名武田氏の外交と戦争』(岩田書院・二〇一九年)、平山『武田氏滅亡』(角川選書・二〇一七年)、同『戦国大名と国衆』(角川選書・二〇一八年)、飯盛康弘『戦国期上野の城・紛争と地域変容』(岩田書院・二〇二二年)、村岡幹生『戦国期三河松平氏の研究』(岩田書院・二〇二三年)を参照して欲しい。また、武田氏の信濃支配については、丸島和洋『戦国大名武田氏の権力構造』(思文閣出版・二〇一一年)が詳細である。

とりわけ、武田勝頼の領国支配については、各地域の統治を担った郡司(郡代)の存在が重要であり、それが統治と軍事を担っていたことが明らかにされている。とりわけ、本論集第3部Ⅳの丸島論文は、西上野郡司に内藤昌月が就任した時期と、その権限に関する新史料をもとに、丸島氏が確立した郡司論を補強する研究として重要である。

また、信玄・勝頼期にまたがる内容ながら、領国支配(検地、公事〈諸役〉、経済政策、軍事力編成)に関する新たな取り組みを示す研究として、平山優・丸島和洋編『戦国大名武田氏の権力と支配』(岩田書院・二〇〇八年)、柴辻俊六編『戦国大名武田氏の役と家臣』（岩田書院・二〇一一年）、磯貝正義先生追悼論文集刊行会編『戦国大名武田氏と甲斐の中世』（岩田書院・二〇一一年）、鈴木将典『戦国大名武田氏の領国支配』（岩田書院・二〇一五年）に収録されている諸論文は、今後の研究の指針として重要である。

四、武田勝頼の外交政策

（1）低調であった勝頼の外交研究

勝頼の外交政策については、史料環境の問題や研究の稀少なこともあって、二〇一〇年代にようやくその全貌が知られるようになった。例えば、戦国期武田三代の通史として著名な、小林計一郎『武田軍記』（人物往来社・一九六五年）は、長篠合戦後は、信玄の葬儀（天正四年）、甲越同盟成立（天正七年）、高天神城陥落（天正九年）、武田氏滅亡（天正十年）という構成になっており、外交の状況はほとんど記述されていない。その後、上野晴朗『定本武田勝頼』において、甲相同盟の強化（天正四年）、甲相同盟の破綻（天正七年）が加わり、勝頼外交の理解は進んだが、佐竹義重を始めとする北関東の諸大名や安房里見氏、さらに安芸毛利輝元との関係などには、触れられていない。(55)

この状況は、柴辻俊六『武田勝頼』において、右のうち佐竹義重との甲佐同盟の記述が組み込まれ、織田信長との甲江和与にも関説されたことで改善はしたものの、詳細には取り上げられていない。

こうした状況を打破した研究として注目すべきは、黒田基樹「甲相同盟と勝頼」（本論集第４部Ⅱ）、丸島和洋「甲佐同盟に関する一考察」(56)、同「武田勝頼の外交政策」（同Ⅰ）、同「武田・毛利同盟の成立過程と足利義昭の「甲相越三和」調停――すれ違う使者と書状群」（同Ⅴ）である。

(2) 将軍足利義昭による甲相越三国和睦工作

まず、これまでほとんど注目されてこなかった、将軍足利義昭による武田・北条・上杉氏の三国和睦工作について、重要な発見がなされたことは、勝頼外交を知るうえで大きい。天正元年、信長によって京からの没落を余儀なくされた将軍足利義昭は、紀伊国に滞在し、ここから信長打倒と上洛(室町幕府の再建、「天下再興」)のために、活発な外交活動を開始した。このなかで、甲相越三国和睦や甲相越賀和睦(武田・北条・上杉・加賀一向一揆の四和)に向けた工作が始まった。

実は、将軍義昭と武田・北条・上杉が個々に行った外交交渉の文書は、『戦国遺文武田氏編』『同後北条氏編』『上越市史別編1上杉氏文書集一』にそれぞれ収録されていた。ところが、武田・北条氏の史料は、天正四年との年代比定がなされ、その部分に収録されており、通説ではこの和睦構想は、天正四年八月に始まり、同年末に流れたといわれてきたのである。ところが、上杉関係の史料では、天正三年と同四年に分かれて収録されており、双方の関係がよくわからない状況になっていたのである。

本論集第4部Iの丸島論文は、この通説を覆し、三国和睦交渉の詳細を明らかにした画期的な研究である。丸島氏は、新発見の武田勝頼と毛利輝元の往復書状の写本五通を分析し、既知の史料とあわせて検討したところ、三国和睦交渉は、天正三年の将軍義昭単独の調停工作と、同四年の将軍義昭と毛利輝元による調停工作の二度にわたっていたと結論づけたのである。その結果、『戦国遺文武田氏編』『同後北条氏編』に収録されていた関係文書の一部は、年次比定が天正四年ではなく、天正三年のものと修正されることとなった。

かくて、二度にわたる甲相越三国和睦工作は、まず天正三年十月の甲越和睦を成立させ(北条氏の賛意があったことにより実現した）、さらに甲相同盟の強化（天正四年）という成果を残したのである。[57]なお、甲相同盟は勝頼にとってあまり有効に機能しておらず、むしろ北条氏にとって援軍派遣などで恩恵があった意外な事実を、本論集第４部Ⅱの黒田論文は指摘している）。

そして、天正四年に実施された二度目の交渉は、勝頼と毛利輝元の同盟（甲芸同盟）をもたらすこととなった。また同年四月ごろには、謙信と本願寺の和睦が成立し、五月には、謙信と加賀一向一揆との和睦（「越賀一和」）、謙信と毛利の同盟も成立し、謙信と信長が断交した。すでに勝頼は、父信玄以来、本願寺と同盟関係にあるので、上杉と本願寺・一向一揆の和睦は、対織田・徳川戦を有利にするはずであった。だが、これらの成果は、天正六年、上杉謙信の急死と御館の乱によって暗転することとなる。

（3）甲佐同盟、甲房同盟と勝頼

甲佐同盟は、丸島和洋氏が名付けた研究概念であるが、その成立過程と対北条戦での連携などが明らかにされたことは大きい。天正期に、佐竹を盟主とする宇都宮、結城、小山氏ら連合は「東方之衆」と呼ばれるが、勝頼はこれらとも個々に盟約を結んでおり、北条包囲網を形成することで、東上野をほぼ制圧することに成功し、北武蔵にも触手を伸ばすほどになったのである。勝頼は、天正八年末に、信玄期を超える最大の版図を誇るに至るが、それは甲佐同盟を軸とする「東方之衆」との連合が背景にあった。[58]

また、甲佐同盟は、安房里見氏との連携をもたらすこととなり、天正七年から佐竹氏の呼びかけで始まった、武田と「東方之衆」との同盟に、里見氏の参加を促す活動は、天正八年に勝頼自身が同盟参加を呼びかけたことで、遂にこれが実現している（甲房同盟）。里見義頼との同盟成立の経過や、武田・里見両氏の連絡のやりとりなども、少しずつではあるが明らかにされており、北条包囲網の形成と展開の推移と、勝頼による対北条戦とが、ようやく関連づけて検討できるようになったといえるだろう[59]。

（4）御館の乱と甲越同盟問題

勝頼外交において、最も謎に満ち、課題が多いのは、御館の乱における勝頼の動向と、上杉景勝との甲越同盟締結である。御館の乱における勝頼外交については、①上杉景勝と景虎の和睦調停を熱心に推進した意図はどこにあったのか、②上杉氏からの領土割譲はどの範囲であったのか、③甲越同盟締結の前提として、景勝側から勝頼側に黄金の贈答は存在したのか、④勝頼が甲越同盟締結に踏み切ったのはなぜか、などが議論されている。ただ、実のところ、甲越同盟の過程やその内実についての研究はそう多くない[60]。

御館の乱への武田氏の介入状況については、平山『武田氏滅亡』が、上杉方の内情については今福匡『上杉景虎』が、それぞれ現段階で最も詳細な分析を行っているといってよかろう。両著ともに、軍記物に影響された武田・上杉の動きを、一次史料をもとに再検討している。また、上杉方との外交交渉を担った武田方の取次役については、丸島和洋氏の研究が定説となっている。

さて、ここでは前記の①から④の論点について、研究状況を略記しておこう。

①と④について、『新潟県史』通史編中世は、勝頼は上杉景虎が家督を継げば、北条・上杉との結びつきが強くなり、この両氏と織田・徳川が結びつけば、敵に包囲される危険が出てきたため、景勝と結んだと述べた。その後、勝頼の意図を推定したのが、須藤茂樹氏である。須藤氏は、勝頼が甲相越三国同盟の成立を目指し、関東での主導権を握ろうとしたと述べた。

その後、海老沼真治氏の史料紹介と論考（本論集第４部Ⅳ）が公表され、勝頼が六月一日に武田方へ和睦の打診を行った上杉景勝の提案を受け、軍勢を率いて越後に侵入しつつも、景勝方と並行して景虎方とも交渉を開始し、和平（景勝・景虎の和睦）を打診していたことを明らかにした。しかも、勝頼が返答のない景虎方を気にして、再度使者を派遣していることも示された。このことから景虎方は、味方と認識していた勝頼が、軍事力で景勝方を撃破する意図が稀薄であることに不満をもっていた可能性を示唆するものだろう。

ただ、これまでの甲越交渉をめぐっては、天正三年十月に、将軍足利義昭の調停と、北条氏政の承認を得て、甲越和睦がすでに成立しており、謙信死後もそれは破棄されていなかった点を、念頭に置いていないことである。景勝が、勝頼に同盟締結を持ちかけたのは、甲越和睦がすでに前提にあり、それを同盟に昇華させようというもので、いきなりの申入では必ずしもなかったことである。海老沼氏の指摘により、勝頼は景勝の提案を受けて、景虎とも交渉を開始し、両者の和睦、内乱の早期終結を当初から推進していたことが明らかとなった。その究極の目的については、史料では明らかにならないが、天正三年から同四年にかけて成立寸前まで進められていた甲相越三国和睦だったのではなかろうか。

次の②については、北信濃の飯山領割譲が甲越間の取り決めであったことはほぼ確定された。問題は、東上野の割譲であるが、それは軍記物にみえるだけで、根拠がないことを指摘したのが、田中宏志氏の論考である（本論集第４部Ⅲ）。東上野の領有は、上杉景虎滅亡後、北条氏政が宣言するが、すでに東上野の武士たちのなかには、武田方の調略に従ったりする者たちも現れ始めており、このことに氏政が立腹し勝頼に善処を強く促すなど、甲相関係に暗い影を落とし始めている（戦武補遺四九号）。田中氏は、景勝自身は東上野の領有にあくまでもこだわり続けていたが、内乱の激化と織田方との対決という情勢がそれを許さず、事実上放棄せざるをえなかったと述べている。このような情勢下で、甲相同盟の決裂とともに、勝頼による東上野の経略が始まるわけであり、その動きは甲越同盟とは無縁であったといえる。

なお武田方による御館の乱への介入に伴い、仁科盛信（勝頼の弟）が信濃国安曇郡から越後に侵攻し、西浜一帯を制圧したこと、武田方の市河信房が、旧領回復を目指して、越後国妻有方面に進出してその地域を制圧したこと、なども明らかにされている。勝頼は、その後、景勝に武田方の自力による越後国内の占領地の実効支配を認めさせ、武田領国は遂に日本海沿岸に達したのであった[61]。

③の黄金の贈答問題は、勝頼の評価に常に結びつけられる課題である。しかしながら、この黄金授受を賄賂とするのは、すべて『軍鑑』を始めとする軍記物のみで、史料では確認できない。ただ、天正八年四月二十六日付で長坂釣閑斎光堅・跡部越中守勝忠の連署で、長井昌秀（菊姫の侍臣）に対し「御兼約之黄金五拾枚御未進候、此所先使催促被申候処」と催促しており、黄金の授受の約束があったのは事実である（戦武三三三五号）。この黄金贈答の約束について、前年に景勝のもとへ輿入れした菊姫（勝頼妹）の結納金と捉えるべきであるとする説も提起されている。興味深いのは、武田氏が黄金の未払いを上杉氏に催促した際に、その差し止めを指示していたのが「其　御前様有御意之由」とあるように、菊姫自身の意向であったということである[62]。

これに対し、黄金贈答を甲越同盟時の条件とみなす学説も根強い。もし、そうであるとするならば、この贈答が勝頼外交への悪印象を生んだ理由として、戦国期の贈答の慣例を遥かに超えたものだったからではないかとの推定がある[63]。実は、戦国大名間において、和睦や同盟が締結された場合、申し入れをした側が相手に対して礼銭を支払うのが慣例であった[64]。当時の社会通念からして、景勝が勝頼に贈る約束をした黄金の額が破格過ぎたことが、あらぬ噂を呼んだ可能性もあるだろう。いずれにせよ、黄金贈答に目が眩んで、勝頼らが甲越同盟締結に応じたとの説を今日支持する研究者はいないが、その実態はなお検討課題といえるだろう。

（5）勝頼と織田信長の和睦交渉

勝頼と織田信長・信忠との和睦交渉は、「甲江和与」「甲濃和親」として、天正七年から同九年にかけて、最初は甲佐同盟を締結していた佐竹義重を仲介に、後には南化玄興ら臨済宗妙心寺派の高僧に依頼して実施している。そして、この時勝頼は、元亀三年十一月以来、武田家の手元に確保していた、信長の四男御坊丸（武田家のもとで元服し、織田源三郎信房となる）を佐竹を通じて、織田のもとへ送還している[65]。これは、勝頼も不本意であったようだが、織田のもとに帰った信房は、しばらくの間、尾張国で武田・織田の和睦交渉に関与していたらしい。その間、信長は帰国した息子信房と対面していない。武田色が強い信房を、和睦交渉中は避けていたのかもしれない[66]。

織田との和睦交渉中の出来事として重要なのは、天正七年末、勝頼の嫡男武王丸が元服し、太郎信勝となったことである。これを契機に、武田御一門衆や重臣らは、天正七年末から同八年にかけて、受領や官途を一斉に変更したことはよく知られている。それは、例えば武田左馬助信豊→武田相模守信豊、穴山玄蕃頭信君→穴山陸奥守信君、真田喜兵衛尉昌幸→真田安房守昌幸、内藤修理亮昌月→内藤大和守昌月などである。この受領・官途変更は、すでに指摘されていたことであるが[67]、その背景については、信勝元服を契機としていることや、敵国北条氏への対抗意識があるとの指摘がなされている[68]。

また、この時に、勝頼が隠居して「御隠居様」となり、信勝が「御屋形様」になった可能性が提起された[69]。この動きは、織田との和睦交渉を有利に進めるための勝頼の意図ともとれるが、確定できていない。

この織田との和睦交渉は、天正九年三月、高天神城が陥落すると、まもなく打ち切られている。この和睦交渉は、関東では幾度か合意間近との噂がながれており、それは信長が高天神城を包囲する徳川家康を支援するために、勝頼に和睦受諾を匂わせるような動きをしていたか、勝頼が強気の発言を関東の諸大名にしていたかのどちらかであろう。ここで注意したいのは、勝頼がなぜ高天神城救援に赴かなかったかという問題を説明しうる論点ということである。筆者は、勝頼は信長と和睦したうえで、家康とも和睦し、高天神城の籠城衆を救おうとしたと想定した。そして、救援に出陣しなかったのは、駿豆国境で牽制の動きに出る北条軍を考慮せざるをえなかったこともあろうが、高天神城救援に出陣すれば、織田・徳川軍と軍事衝突する可能性が高く、それゆえに和睦交渉が流れてしまうことを懸念したからではないかと主張している(70)。この想定について、今のところ批判はないが、引き続き検討すべき課題であろう。

五、武田勝頼の合戦と城郭

(1) 勝頼期の合戦研究

勝頼が家督を担った元亀四年(天正元年)から天正十年三月までの合戦(軍事史)については、おもに長篠合戦を軸に研究が積み重ねられてきた。しかしながら、そのほかの研究は大きく立ち後れていた。

三河・遠江・駿河での軍事史は、一九九八年に大塚勲氏が論文を公表するまで、ほとんどその実態は明らかになっていなかった(71)。大塚氏の研究は、『静岡県史』資料編資料編8中世4が一九九六年に刊行されたことを受けてのものであった。『静岡県史』には、新史料が豊富に含まれており、その後の研究に大きな影響を与えた(ただ、文書の年代比定などに課題を残しており、利用するには注意が必要である)。その後、甲相同盟破綻後の、沼津を中心とする駿豆国境の動向は、『沼津市史』同史料編(古代・中世)が一九九六年に、通史編(原始・古代・中世)が二〇〇五年に刊行されたことにより、その詳細が明らかにされている。

なお、天正二年の勝頼による高天神城攻略について、「勝頼は、父信玄も落とせなかった高天神城を攻略した」という誤解が今なお流布しているが、同城は元亀三年十月、信玄の侵攻を受け降伏し、信玄死去の直後に離反していることは、研究史により決着している。(72)

上野国の軍事史は、黒田基樹氏、栗原修氏の研究によって、大いに理解が進んだが、(73)まだ検討されていない課題も多い。今後の研究に期待したい。

(2) 長篠合戦

勝頼の合戦といえば、天正三年五月の長篠合戦を外すことはできない。『軍鑑』に「長篠おくれ」(長篠敗戦)と「高天神くずれ」(高天神城の失陥)は、勝頼期の軍事において特記される失策とされている。

長篠合戦については、武田方を離叛し、徳川方となった奥平貞昌が、家康により長篠城に配置されたため、同城奪回のために勝頼が攻め寄せたことが発端であったと長く信じられてきた。(74)しかし実際には、武田氏の勢力に圧され、動揺していた三河岡崎の徳川家中の中から、武田方の調略に同調し、クーデターを企図する者たちが出たこと(いわゆる「大岡弥四郎事件」)を受け、武田軍が三河侵攻を開始したということが明らかにされた。(75)

長篠合戦は、高柳光壽『長篠之戦』(春秋社・一九六〇年)が古典的名著であるが、その後の研究は、藤本正行氏、(76)鈴木眞哉氏、(77)太向義明氏、(78)筆者、(79)金子拓氏ら(80)によって進められた。

また、金子拓氏が編集を担当した『大日本史料』第十編之二十九(東京大学出版会・二〇一七年)、同三〇(同前・二〇二一年)の刊行により、長篠合戦の関係史料は、新史料も含めて集大成された。今後の新研究が待たれるところである。

　ただ、論文という形で発表された長篠合戦研究は少なく、公表されたものもほぼ単著に収録されている。そのため、本論集では、単著未収録の平山論文（本論集第5部Ⅰ）と木下論文（第5部Ⅱ）を掲載した。平山論文は、長く長坂釣閑斎光堅宛と信じられてきた、決戦前日の天正三年五月二十日付長閑斎宛武田勝頼書状（戦武二四八八号）について検討したものである。この論文において、武田氏の関係文書に長坂光堅は、「長坂」という名字や、「光堅」という諱を伴う文書では「釣閑斎」として登場し、「長閑斎」の事例は存在しないこと、いっぽうで駿河国久能山城の城代をつとめる「長閑斎」は、重臣今福長閑斎のことであることから、長篠合戦前日に勝頼が書状を送った相手は、今福長閑斎であると指摘した[81]。勝頼書状の「長閑斎」が今福長閑斎であり、長坂釣閑斎ではないことが明らかにされたことで、高柳光壽氏以来の定説となっていた長坂釣閑斎の長篠合戦不参加説は否定されることとなった。それは同時に、『軍鑑』の史料的価値を貶めていた最大の課題が取り除かれたことを意味し、同書の再評価に道を拓くこととなったのである。

　次に、長篠合戦の戦死者については、平山『長篠合戦と武田勝頼』が、文書や記録、高野山過去帳といった同時代史料を博捜し（一部、系譜類を参考にしている）、武田軍の戦死者一一四名を提示した。筆者はその後、追加調査を中断したままであるが、今後も史料をもとに追加されることを切望している。

　ところで、織田信長は、長篠合戦直後の書状に、「仮名改首注文」を作成したと記し、関係者に写本を配布している。太田牛一は『信長公記』のなかで、武田軍の戦死者の首注文を記録しているが、これには原本が存在し、太田はそれを参照していたのではないかといわれてきた[82]。このことについて、「首注文」の写本を発見し、報告したのが木下論文である。その写本が伝来した経緯を含め、木下氏が明らかにしたことは、信長が宿敵武田勝頼を撃破し、自らの武威を広く知らしめようとしたことであろう。

（3）対徳川戦をめぐる問題

勝頼が家督を相続して以来、常に対戦してきた相手は、徳川家康であった。家康との関係において、課題となっているのは、松平信康事件と勝頼との関係である。この事件は、家康嫡男信康、生母築山殿と、家康との軍事・外交路線の対立を背景に、勝頼の調略により発生したのではないかと想定されている。特に、築山殿については、天正三年に発生した大岡弥四郎事件との関与も指摘され、天正八年の信康事件とあわせて、彼女の動向と意図が注目されているところである。だが、史料の決定的な不足もあって、信康事件の経緯と経過はほとんど判明しておらず、また本当に勝頼が関与していたのかどうかも、明らかになっていない。二〇二三年から四年にかけて、研究が活発となったが、史料の制約から、推測を重ねるに留まっている[83]。なお、近年、信康と築山殿が生き延びていたとの説が提起されたが、それを直接示す一次史料は存在せず、すべて推論を重ねたものであり、また論証にも疑問が多く、首肯できない[84]。今後の史料発掘が待たれるところである。

（4）高天神城攻防戦

遠江国高天神城をめぐっては、勝頼が天正二年にこの城を攻略後、城主小笠原信興（氏助は勝頼の偏諱を受け改名）がなおも在城を認められ、領域支配を実施していた。だが、天正三年長篠敗戦後、勝頼は信興を駿河に転封し、直轄管理に踏み切った。高天神城に対する徳川軍の攻勢が強まるのは、天正七年、甲相同盟決裂と徳川・北条同盟（相遠同盟）成立後のことである。勝頼は、駿豆国境に進出してきた北条氏政の軍勢に足止めされ、次第に遠江や駿河西部への赴援が困難になっていく。

このような情勢下で、徳川軍は、高天神城の封鎖を着々と進めていくのである。この時、徳川軍が築いたのが、俗に「高天神六砦」と呼ばれる付城群であった。これらの付城群の位置は、今も遺構が残されていることで判明するが、そもそもなぜそれらの場所に築かれたのかは判然としていなかった。このことについて、高天神城周辺の地形復元などを行いながら、攻防戦の実相を追求したのが、本論集第5部Ⅲの土屋論文である。土屋論文は、高天神城下には、当時、遠州灘と城下を繋ぐ「菊川入江」と呼ばれる内海が存在しており、今川時代以来、史料に登場する浜野浦という湊もその一角にあったことを指摘した。この「菊川入江」の発見により、「高天神六砦」は、陸路だけでなく、「菊川入江」と高天神城との連携を遮断することを目的としていたことが明確となったのである(85)。

この指摘により、勝頼が高天神城の城将に、駿河衆岡部元信を配置した理由が見通せることになった。岡部は、実は武田海賊衆（武田水軍）の中心人物であった。すなわち、高天神城を維持するために、勝頼は岡部を城将に据えることで、武田水軍を活用しようと考えたと想定されている(86)。

高天神城は、天正七年八月頃、岡部元信が遠江小山城から城将に転任して以後、勝頼本隊による補給は途絶え（勝頼本隊による高天神城への補給は、天正七年四月が最後）、三ヶ年に及ぶ籠城戦を強いられた。高天神籠城衆は、勝頼に何度も援軍を要請するが、それは実現せず、天正九年正月、遂に矢文を以て徳川方に降伏、開城を打診した。しかし、その是非の判断を家康から問われた信長の勧告により、徳川は降伏、開城を拒否し、勝頼が城を見捨てたとの演出をすることを決定した。追い詰められた籠城衆は、三月二十二日に討って出て、岡部元信以下その多くが戦死した(87)。憤死した籠城衆の物主クラスは、甲斐・信濃・西上野・駿河・遠江・飛騨の武田領国全域から在番を命じられた譜代や国衆当主ばかりであった。武田氏に忠節を尽くそうと、籠城していた彼らを救援できなかった勝頼は、「天下の面目を失った」（『信長公記』）といわれた。『軍鑑』も、勝頼の失策としてこの「高天神くずれ」を挙げている。救援に動かなかった理由は、既述のように、当時、勝頼は信長との和睦交渉を進めており、それを実現させることで、高天神城を救おうとしたものの、果たせなかった可能性が指摘されている。

しかし、高天神城救援の動きを示さなかったことで、勝頼の政治・軍事的威信は失墜し、これが武田氏滅亡の直接的原因となったと考える研究者は多い(88)。

（5）勝頼期の城郭と領国防衛

最後に、勝頼期の城郭政策と領国防衛について紹介しよう。勝頼が、領国防衛のための施策を積極的に講じるのは、天正三年五月の長篠敗戦後のことである。その内容は、天正三年と推定される八月十日付保科正俊宛武田家朱印状である（戦武二五一四号）。二十八ヶ条にも及ぶ、信濃国伊那、木曾、北遠江に対する領国防衛の指示は、織田軍の信濃侵攻を想定したものである。この文書は、かつて武田信玄最後の作戦である、元亀三年のものといわれていたが(89)、内容と登場人物などから、信玄期ではなく長篠直後の勝頼期のものであることが明確化された。ここでは、信濃伊那では、高遠城、大嶋城が拠点城郭と位置づけられ、北遠江では奥山（久頭郷城、浜松市天竜区）と大洞（若子城、同天竜区）が最前線の拠点とされていた。また、信濃・美濃国境では、妻籠城の防衛が重視されている(90)。

また、駿河・遠江方面の軍事と城郭の関係については、水野茂氏や第5部Ⅲの土屋比都司氏の研究を参照してほしい(91)。

勝頼の城郭といえば、甲府に代わって新たな本拠として築城した新府城が著名である。新府城は、近年、発掘調査により新たな発見が続いている。ただ、最近、文献調査において話題になったのは、（年未詳）正月二十二日付真田昌幸書状についてである。この文書は、かつて『長国寺殿御事蹟稿』『君山合偏』収録の写本が確認されているだけであり、一部誤写があるとみられ、意味が通じないところがあった。ところが、二〇〇九年に原本が発見され、誤写、誤読が修正された[92]。

この昌幸書状は、勝頼が「新御館」(新府城)築城のための動員をかけていることと、昌幸が「安房守」の受領を称したのが、天正八年二月が初見であることなどから、天正九年正月のものというのが通説であった。このことから、新府城は、天正九年正月から築城が始まったと信じられてきた。ところが、昌幸書状の内容から、すでに築城開始後の指示内容であることから、この年次比定は、天正十年正月とすべきと指摘され、通説が否定されたのである[93]。そのため、新府城がいったいいつから築城が開始されたのかは、再び課題となってしまっている。唯一、築城開始時期を明記する『軍鑑』は、天正九年七月とするが、これでは遅すぎるとの意見も強く、採用に躊躇をおぼえる。また、この真田昌幸書状の内容から、彼が新府城の普請奉行であったとする言説が散見されるが、全くの誤認である。彼は、勝頼からの指示を受け、それを奉じて管轄下の武士たちに通達したまでであり、それは昌幸が上野国吾妻郡と利根郡の郡司だったからである。

新府城については、天正九年十月十八日に、佐竹義重のもとにいた梶原政景が、里見家臣岡本氏元に「号韮崎地被築新城、去月普請悉出来候」と書状で知らせているので、勝頼は同盟国に天正九年九月には完成したと報じたのだろう(戦房一八二二号)。この他にも、同年十一月六日に、勝頼重臣土屋昌恒が、西上野国衆大戸浦野氏に対し「近々韮崎へ依御移居、不大方取乱故」と伝え(戦武三六二〇号)、上杉景勝も十一月には「新館之普請令出来之旨」を伝え聞き、勝頼に贈答を行っている(同三六二二号)。このことから、城が完成したと報じたのは事実なのだろう。勝頼は、同年十二月二十四日に甲府から新府城に本拠を移転させている(『理慶尼記』)。ただ、『軍鑑』『甲乱記』などは「半造作」（未完成）であったと記している。また、城下町整備もまったく行われていないのではないかとされている。

こうした文献による記述は、発掘調査により確認されたり、あるいは修正されたりしている。今日も続けられている発掘調査により、明らかになっていることは、①搦手門（乾門）跡から門の礎石と焼け落ちた建物の部材、焼土などが発見された、②本丸北側の門跡からも、礎石と焼土が発見された、③本丸から石築地とみられる石列が発見され、勝頼館との関連が想定されている、④いっぽうで大手門跡からは、礎石、焼土、部材などの痕跡は一切確認できず、枡形虎口や丸馬出などの普請は実施されているが、作事は実施されていない可能性が高いこと、⑤外郭の堀や城内の井戸、城内の堀に架橋されていた橋跡なども確認でき、城としての機能は充分であったこと、などである。すなわち、本丸や搦手門などは完成しており、勝頼が居館を移すことは可能であったらしいが、『軍鑑』『甲乱記』などが記すように、櫓や塀も満足に揃っていない「半造作」であったことが確認されている。新府城の発掘調査成果をもとにした、城の実態推定報告として、まとめられた論考は数少ないが、本論集第5部Ⅳの山下論文を参考にしてほしい[94]。

また、新府城下町はほぼ未着手であったといわれてきたが、城近くの字「隠岐殿」において、焼失した痕跡を持つ武家屋敷が発掘され、注目を集めた。遺構からは、東信濃から上野国にかけて分布するかわらけなどが発見されており、遺跡の位置周辺が『日本古城絵図 甲州城之絵図』（国立国会図書館蔵）、『韮崎城図』（蓬左文庫蔵）に「真田隠岐守」と記載されていることや、字名の「隠岐殿」との関係から、加津野隠岐守昌春（後の真田隠岐守信尹、昌幸の弟）の屋敷跡ではないかと推定されている。その詳細は、本論集第5部Ⅴの閏間論文に譲るが、隠岐殿遺跡の出現により、新府城下町も築城と並行して進行していたことが示され、通説の再検討が必要であることを知らせているといえるだろう[95]。

むすびにかえて

以上、粗雑ながら、武田勝頼研究の動向を紹介してきた。勝頼期の研究は、信玄期との連続や関連で実施される場合が多く、それだけを対象にした論考はきわめて少ない。それでも、信玄期との相違をていねいに見分けることで、勝頼期固有の内政、軍事、外交などが明らかにされつつあることが理解されたであろう。

本稿や本論集では、勝頼期の家臣団や一門に関する研究の収録や解説を、紙幅の関係から果たし得なかった。武田家臣や一門の研究は、二〇〇〇年代に入って少しずつ増えている。それまでは、穴山武田氏、郡内小山田氏などの甲斐国衆であり、かつ武田一門の一角を占め、発給・受給文書や関連史料も豊富なこれらに研究が集中していたが、譜代家臣や武田典厩家（信繁・信豊）、武田逍遙軒家（信廉〈信綱〉）を対象にした研究も増えてきている。これらの研究も、信玄期と勝頼期では家臣団や一門衆の動向や役割の有り様が、どう一致し、また変化、相違しているかなどを見据えたものになることであろう。

最後に、本稿では、勝頼の家族（妻妾、子女）について、まったく触れることができなかった。実のところ、家族については、二人の正室（龍勝院殿、桂林院殿）と妾一人（長篠合戦時に病床にあった女性）ぐらいしか論じられていない。それは、史料が乏しいからであり、これまで『甲斐国志』人物部の記述のみを頼りに論じられていた。勝頼の子女について、何人いたのか、生母は誰なのかすら、なお判然とせず、それを正面から扱った分析は、いまもなお上野晴朗『定本武田勝頼』しか存在しない。しかしながら、わずかではあるものの、勝頼の子女に関する史料は、紹介されており、さらなる追跡調査が必要である。

それにしても、筆者が山梨県に居を移し、武田氏研究に集中し始めた三十五年前と比較して、史料環境の改善はいうまでもないが、あらゆる分野の研究の進展には驚かされる。また、今も続く新出史料の豊富さには心躍る。そして、研究の進展とともに、武田勝頼を先入観なく分析、評価しようという機運も高まっていることを感じている。そうでなければ、武田勝頼の単著や論集の出版など、企画すらされることはないだろう。実際に、三〇年前に勝頼の論著を企画したことがあったが、出版社から門前払いされたことがあった。それを思えば、隔世の感がある。いっぽうで、勝頼の評伝を書き上げることは、今の研究水準をもってしても容易ではない。歴史上の人物であるならば、誰にも言えることかもしれないが、勝頼研究は、人物評価に拘泥することなく、その時代の政治、軍事、社会の総体との関連で冷静に分析されるべきである。だが、その困難さは筆舌に尽くしがたいものがあるだろう。それでも、その困難ななかから、新たな勝頼像が生み出されてくることだろう。研究のさらなる進展を、大いに期待したい。

註

（1）丸島和洋「史料紹介 高野山成慶院『甲斐国供養帳』―『過去帳（甲州月牌帳）』―」（『武田氏研究』三四号・二〇〇六年）、同「史料紹介 高野山成慶院『甲斐国供養帳』（二）―『甲州過去帳』―」（『武田氏研究』三八号・二〇〇八年）、同「史料紹介 高野山成慶院『甲斐国供養帳』（三）―『甲州月牌帳 二印』（その1）―」（『武田氏研究』四二号・二〇一〇年）、同「史料紹介 高野山成慶院『甲斐国供養帳』（四）―『甲州月牌帳 二印』（その2）―」（『武田氏研究』四三号。二〇一一年）、同「史料紹介 高野山成慶院『甲斐国供養帳』（五）―『甲州月牌記 五』（その1）―」（『武田氏研究』四四号・二〇一一年）、同「史料紹介 高野山成慶院『甲斐国供養帳』（六）―『甲州月牌記 五』（その2）―」（『武田氏研究』四七号・二〇一三年）。

（2）勝頼再評価の気運が高まったのは、大河ドラマ「真田丸」の影響が大きい。二〇一六年一月に放送が始まり、武田勝頼（勝頼役は平岳大氏）が登場すると、景徳院、新府城を始めとする勝頼関連の史跡を見学する観光客が増加し、当時の『山梨日日新聞』などのメディアにも話題として取り上げられるほどであった。拙著『武田氏滅亡』（角川選書・二〇一七年）も、勝頼人気の盛り上がりを背景に、当時の担当編集者より早期出版に向けて、脱稿を催促された経緯がある。

（3）正木篤三『本阿弥行状記と光悦』中央公論美術出版・二〇〇四年。

（4）『軍鑑』は、勝頼を「強すぎたる大将」と記すが、「暗愚」「馬鹿」などのような酷評はしておらず、これは近世以後に肥大化したイメージであろう。

（5）このことについては、平山「同時代史料からみた武田勝頼の評価」（本中眞・萩原三雄監修・韮崎市教育委員会編『新府城の歴史学』新人物往来社・二〇〇八年所収）において分析を加えている。

（6）なお、山路愛山『徳川家康』上巻（岩波文庫、一九八八年、初版は一九一五年）所収の「何故に武田氏は亡びたるや」において、彼の考えが記述されているので参照されたい。

（7）上野氏が強調したもう一つの論点として、『軍鑑』の再評価があるが、それは本稿の課題を超える。詳細は、黒田日出男『「甲陽軍鑑」の史料論―武田信玄の国家構想』（校倉書房・二〇一五年）を参照のこと。

（8）筆者は、『長篠合戦と武田勝頼』『武田氏滅亡』において、勝頼滅亡の背景や要因として、①生まれながらにして諏方物領職を継ぐ人物とみなされていた諏方勝頼が、②義信事件という武田家の御家騒動により、いきなり信玄の後継者に据えられ、③武田家中での求心力と主導権を確立しえないまま父信玄の死に際会したこと、④父信玄晩年の外交路線を継承せざるを得なかったこと、⑤家中での求心力強化を軍事路線の推進に求めたことが、長篠敗戦に至ったこと、⑥北条氏政との甲相同盟を破綻させたことにより、駿河西部と遠江への手当てが困難になったこと、⑦その結果、高天神城を救援できぬ結果を招いたこと、を軸に勝頼を論じている。こうした筆者の勝頼論の大枠は、すでに平山「甲斐武田氏の興亡―中部地方最大の戦国大名は何故滅んだのか」（『山梨の文学』一五号・一九九九年）、同「武田勝頼の再評価」（韮崎市教育委員会編『新府城と武田勝頼』新人物往来社・二〇〇一年）において提示されていた。

（9）勝頼生母乾福寺殿は、諏方頼重と小見（麻績）の方（御大方様）との間に誕生した息女である（『諏訪系譜』他）。彼女は、弘治元年（一五五五）十一月六日に死去している。この時、勝頼は十歳であった。

(10) 平山「武田氏と諏訪氏」(柴辻俊六・平山優編『武田勝頼のすべて』新人物往来社・二〇〇七年所収)。

(11) 丸島和洋『武田勝頼』三四〜五頁、同「武田晴信室」(『武田氏家臣団人名辞典』)。

(12) 諏方大社上社大祝職は、頼重の弟頼高が、天文十一年に兄とともに大祝職在位のまま甲府で自害すると、満隣の息子伊勢宮丸(後の諏方頼忠)が就任した。また諏方衆の中心は、諏方越中守頼豊(頼忠の兄)、同庄(勝)左衛門尉頼辰(頼忠の弟)が担っている(『諏訪系譜』他)。

(13) この詳細は、平山『川中島の戦い』上巻・学研M文庫・二〇〇二年参照のこと。

(14)『神使御頭之日記』、永禄八年十二月五日付武田信玄判物「諏訪大社文書」(戦武九六五号)。

(15) 平山『川中島の戦い』上巻、同「武田氏と諏訪氏」(柴辻・平山編前掲註(10)所収)、丸島和洋『武田勝頼』。

(16) 寅王丸は、侍者長岌として一条寺(一蓮寺か)の僧侶になったらしい。時期は定かでないが、彼は信玄暗殺を企てて失敗し、駿河今川義元を頼ろうと逃亡したが、殺害されたという(『諏訪家譜』『寛永諸家系図伝』『千曲之真砂』)。なお、寅王丸のものと伝わる一石五輪塔が、箱原(山梨県富士川町)の本能寺境内に伝えられている。

(17) 平山『川中島の戦い』上巻、同『長篠合戦と武田勝頼』吉川弘文館・二〇一四年。

(18) 丸島『武田勝頼』四〇〜五〇頁。

(19) 柴辻俊六「武田勝頼の高遠領支配」(『武田氏研究』二四号・二〇〇一年)、同「高遠城主時代の勝頼」(柴辻・平山編『武田勝頼のすべて』所収)。

(20) 詳細は平山『戦国大名と国衆』角川選書・二〇一七年参照。

(21) いうまでもないことであるが、勝頼は武田復姓と同時に「源」姓に変更している。

(22) なお、天正期には仁科盛信(勝頼の異母弟)も円形朱印を使用している。彼もまた、武田氏の御一門衆の家格待遇であったのだろう。

(23) 黒田基樹氏は、諏方勝頼は当初、御一門衆よりも低く位置づけられていたが、義信死去に伴い、信玄の「次男」という位置づけに変更され、御一門衆筆頭になったと捉えている(黒田『武田信玄の妻 三条殿』東京堂出版・二〇二二年、一〇二〜一〇六頁)。

(24) 平山『長篠合戦と武田勝頼』二九頁。

(25) 丸島『武田勝頼』、平山『長篠合戦と武田勝頼』、同『武田三代』ＰＨＰ新書・二〇二一年など。

(26) 黒田基樹『武田信玄の妻三条殿』二〇三～二一〇頁。

(27) 黒田氏は、『高野山成慶院過去帳』などに、元亀二年十一月の段階で、同年九月に逝去した正室龍勝院殿（織田信長養女）の供養を依頼した際の記述に「高遠諏方勝頼」と記されていることから、そのように判断している。ただ、これは、高野山側が高遠諏方氏の菩提を列挙する場所に記入した際の誤記の可能性が高い。後述するように、勝頼の武田復姓は元亀元年のことでほぼ間違いないからである。

(28) 代表的なものとして、丸島和洋「戦国大名武田氏の領域支配と『郡司』―信濃国諏方郡支配を事例として―」（同著『戦国大名武田氏の権力構造』思文閣出版・二〇一一年所収、初出は二〇〇七年）を掲げておく。また、本書に収録できなかったが、諏方氏から武田氏にまたがる諏方上原城下町や諏方大社門前町の変遷と関係について論じた松田拓也「諏方上社前宮門前と上原における中世町屋の形成と変遷」（『信濃』五二巻四号・二〇〇〇年）は貴重な成果である。

(29) これらの史料は、信濃の百姓層と大名領主側との抗争の事例として検討されたり（藤木久志「貫高制と戦国的権力編成―村多・宮川・佐々木（潤）の三氏の所論に学ぶ―」（同著『戦国社会史論』東京大学出版会・一九七四年所収、初出は一九六七年）、郷村の構造などの分析（平山「『召文』と『請文』―大名領国下の郷村に関する一考察」（同著『戦国大名領国の基礎構造』校倉書房・一九九九年所収、初出は一九九四年）に利用されることはあったが、造宮事業そのものに焦点を当てた論考は極めて少ない。

(30) 井原今朝男「中世の印章と出納文書」（有光友學編『戦国期印章・印判状の研究』岩田書院・二〇〇六年所収）。

(31) 田村正孝「中世後期における信濃国一宮諏訪社と地域」（『ヒストリア』一九九号・二〇〇六年）。

(32) 長谷川幸一「戦国大名武田氏と信濃一宮諏方社―天正六年の諏方社造宮事業を中心に」（久保田昌希編『戦国・織豊期と地域史研究』岩田書院・二〇二〇年）。

(33) 柴辻俊六「戦国期の棟別役」（同著『戦国大名領の研究』名著出版・一九八一年所収、初出は一九七六年）、平山『戦国大名領国の基礎構造』校倉書房・一九九九年、同『武田信玄』吉川弘文館・二〇〇六年。

（34）田沼睦『中世後期社会と公田体制』岩田書院・二〇〇七年、市原陽子「室町時代の段銭について―主として幕府段銭を中心に―」（『歴史学研究』四〇四・五号、一九七四年）。

（35）鈴木将典『戦国大名武田氏の領国支配』岩田書院・二〇一五年。

（36）平山『川中島の戦い』下巻、同『武田信玄』。

（37）柴辻『武田勝頼』第三章第二部「領国経営と内政の破綻」を参照のこと。

（38）この他に、（天正十年）一月二十二日付の真田昌幸書状（戦武三四八五号、平山『武田氏滅亡』四五五～六頁参照）をみると、新府築城の動員は、それまであらゆる課役の賦課を免除されてきた軍役衆の特権を制限し、新たな負担を強いるものであった。これも、勝頼期の課役過重を窺わせる事例といえるだろう（詳細は、平山『武田氏滅亡』四五五～六二頁参照）。

（39）平山『武田信玄』、同「武田氏の知行役と軍制」（平山優・丸島和洋編『戦国大名武田氏の権力と支配』岩田書院・二〇〇八年所収）。

（40）平山『戦国の忍び』角川新書・二〇二〇年、一九三～七頁。

（41）藤木久志「村の動員」（同著『村と領主の戦国世界』東京大学出版会・一九九七年所収、初出は一九九三年）。

（42）武田氏の軍法と軍役定書の分析については、則竹雄一「戦国大名武田氏の軍役定書・軍法と軍隊構成」（『獨協中学・高等学校研究紀要』二四号・二〇一〇年）において、詳細な検討がなされており、平山前掲註（39）論文への批判も展開されている。

（43）平山『検証長篠合戦』歴史文化ライブラリー382・吉川弘文館・二〇一四年、一二八～一三一頁。

（44）湯本軍一「戦国大名武田氏の貫高制と軍役」（『戦国大名論集10　武田氏の研究』吉川弘文館・一九八四年所収、初出は一九七七年）、柴辻俊六「武田氏の軍役について」（柴辻前掲註（33）著書所収、初出は一九七七年）、平山前掲註（39）論文はいずれもこうした視点からなされたものである。これは、佐脇栄智氏による北条氏の軍役研究（同著『後北条氏と領国経営』吉川弘文館・一九九七年所収）や、近世史の軍役論の影響を受けている。

（45）武田時代の軍役史料には管見されないが、知行役である「地頭役」（北条氏の地頭出銭に相当）は「百貫文ニ八百文宛之積」（戦武五七六号）、「上務百貫ニ三貫宛」（同二六〇四・〇六号）などとあり、また武田氏滅亡後、信濃国松本城主となった小笠原貞慶も、天正十一年七月二十六日に、軍役衆に対し「上司百貫二尺之木拾五本、同すち拾五は宛也」と、指示しており「上司」（知行貫高）一〇〇貫文を基準に、材木などの定率賦課を実施している（信⑯七三）。知行貫高に対応する定率の賦課基準は本当になかったのかどうかは、慎重に検討すべきであろう。
(46) 小葉田淳『日本鉱山史の研究』岩波書店・一九六八年など。
(47) 以下の記述は、萩原三雄『金山衆と中世の鉱山技術』高志書院・二〇二二年による。
(48) 平山『武田三代』二九六〜八頁では、三河国設楽郡には、津具金山、睦平鉛山などが所在しており、この地域の武田と徳川の争奪戦は、鉱山をめぐる側面もあったのではないかと指摘している。
(49) 相田二郎「武田氏の印判に関する研究」（同著『戦国大名の印章　印判状の研究』相田二郎著作集2・名著出版・一九七六年所収、初出は一九三六年）。
(50) 丸島『武田勝頼』一五五〜六頁。
(51) 「精」朱印については、柴辻俊六「甲斐武田氏の勘定所印について」（『武田氏研究』一九号・一九九八年）参照。
(52) 武田氏の伝馬制度については、柴辻俊六「武田氏の伝馬制度」（同著『戦国大名領の研究』名著出版・一九八一年）、同「武田氏の伝馬制度補考」（『甲斐路』五六号・一九八六年）、同「戦国期東国大名領の伝馬制度」（『交通史研究』三五号・一九九四年）、同「戦国期武田領の助馬制と印判衆」（『信濃』四八巻五号・一九九六年）、同「武田氏領の伝馬制度と商品流通機能」（『武田氏研究』六四号・二〇二一年）などがある。
(53) 平山「新発見の武田氏発給文書二点―武田氏の伝馬制度に関する新知見を兼ねて―」（『武田氏研究』五九号・二〇一九年）。
(54) 丸島『武田勝頼』二九九〜三〇〇頁。
(55) 笹本正治『武田勝頼』（ミネルヴァ書房・二〇一一年）は、上野著書とほぼ同じであり、二〇〇〇年代までの研究成果にほとんど触れていない。
(56) 丸島氏前掲註(25)著書所収、初出は二〇〇〇年。
(57) 甲相同盟の強化は、北条氏政の妹桂林院殿（当時十三歳）が、勝頼の正室として輿入れすることで実現した。通説によると、この結婚は、天正五年一月二十二日とされている（『小田原編年録』）。ところが、『甲乱記』は、天正十年三月、武田氏滅亡時、勝頼と北条夫人の結婚を「今年早七年」であったと記していることから、実際には天正四年に輿入れしたとの学説が提起されている（丸島和洋「桂林院殿」〈黒田基樹・浅倉直美編『北条氏康の子供たち』宮帯出版社・二〇一五年所収〉、黒田基樹『増補改訂 戦国北条家一族事典』戎光祥出版・二〇二四年）。天正四年の婚姻であるならば、これは同年交渉が進められていた三国和睦交渉の過程で、合意に至ったものと考えることができるだろう。

(58) 史料の不足もあって、宇都宮、小山氏らとの連携の詳細は、まだ不明な点が多い。

(59) 丸島和洋「里見義頼挙兵の背景」（『房総及び房総人』八一四号・二〇〇三年）は、この時期の里見氏の動向を知るうえで重要である。また、平山『武田氏滅亡』角川選書・二〇一七年、五二八～三八頁は、二〇一六年末までの研究状況を踏まえた、甲房同盟の形成過程の叙述である。

(60) 古典的な研究として、池田嘉一「御館の乱」（『信濃』二〇巻一号・一九六八年）、同『史伝上杉謙信』中村書店・一九七一年）、児玉彰三郎『上杉景勝』児玉彰三郎氏遺著刊行会・一九七九年（後に有限会社ブレインキャストが二〇一〇年に復刊）がある。このうち、児玉著書は、勝頼の動きを『軍鑑』を始めとする軍記物に沿って論じており、再検討の余地がある。その後の研究として、須藤茂樹「甲・越同盟の一考察」（同著『武田親類衆と武田氏権力』岩田書院・二〇一八年所収、初出は一九九〇年）、木村康裕「景虎・景勝と御館の乱」（同著『戦国期越後上杉氏の研究』岩田書院・二〇一二年所収、初出は二〇〇〇年）、丸島和洋「武田氏の外交における取次―甲越同盟を事例として」（同著『戦国大名武田氏の権力構造』所収、初出は二〇〇〇年）、今福匡『直江兼続』新人物往来社・二〇〇八年、同『上杉景虎―謙信後継を担った反主流派の盟主』宮帯出版社・二〇一一年、平山『武田氏滅亡』、今福匡『「東国の雄」上杉景勝』角川新書・二〇二一年などがある。

(61) 平山『武田氏滅亡』二二四～二二八、二四三～五四頁。

(62) 片桐昭彦「菊（大儀院殿）―上杉景勝の正室」（丸島和洋編『武田信玄の子供たち』宮帯出版社・二〇二二年所収）。片桐氏は、「黄金五十枚は、景勝が勝頼に提示した同盟の条件の一つであったのだろう」としたうえで、菊姫が黄金引き渡しの延引を指示したことについては「菊の意向が景勝や上杉家からの働きがどの程度反映されていたのかわからない。しかし、菊は、結婚して半年にして、実家の武田家からの要請に対し容易には応えない、あるいは応えられなくなっていることがわかる」と指摘している。

(63)　平山『武田氏滅亡』二五四〜二六〇頁。これに対し、丸島和洋『武田勝頼』三〇九〜三一七頁において、仮に同盟に伴う礼銭であったとしても、甲斐国の田舎目で換算すると、五十枚は通常の大名間の礼銭規模にほぼ一致するので、破格ではないと指摘している。

(64)　黒田基樹「戦国大名の経済基盤をめぐって」（『戦国史研究』五七号・二〇〇九年）。黒田氏は、大永五年（一五二五）、北条氏綱が武田信虎に和睦を申し入れた際に、銭千貫文を礼銭として贈った事例を紹介している。

(65)　詳細は、平山「織田源三郎信房」（『山梨県史だより』三〇号・二〇〇五年、後に、柴裕之編『論集戦国大名と国衆20　織田氏一門』岩田書院・二〇一六年に収録）参照のこと。信房の諱は、勝頼から武田の通字「信」を与えられたものであろう。現存する織田信房書状の花押は、武田系の花押であり、信房と武田氏の関係性の強さを窺わせる。

(66)　信長が、信房と安土城で対面したのは、彼が帰国してからほぼ一年が経過した、天正九年十一月二十四日のことである。信長は、信房を尾張犬山城主に任じている（『信長公記』『当代記』）。信長が、信房に対面を許したのは、武田との和睦交渉が打ち切られた後のことであった。やはり、信房自身も、和睦交渉に関与していた当事者であったため、信長との対面が遅れたのであろう。

(67)　服部治則「武田勝頼家臣の官途名・受領名について」（『甲斐路』二一号・一九七二年、後に同著『武田家臣団の系譜』岩田書院・二〇〇七年に収録）。

(68)　丸島和洋『武田勝頼』二七一〜二頁。

(69)　丸島和洋「武田勝頼と信勝」（『戦国遺文武田氏編』五巻月報・二〇〇四年）において提起されたが、その後、丸島氏は二〇一七年の『武田勝頼』において自説を撤回している。筆者は、『武田氏滅亡』において、この学説を重視し、北条氏政が、武田氏と対戦中の天正八年八月十九日、家督を息子氏直に譲り、自らは載流斎と号し、隠居することを決断したことと関連づけて捉えている。武田の攻勢を受け、氏政は信長の婿になる予定の息子氏直に家督を譲ることで、織田氏からの支援を引き出そうとした。いっぽうの勝頼もまた、父信玄の路線を引き継ぎ、織田・徳川氏との対決を推進してきた自らが隠居し、織田氏の血を引く信勝を家督に据えることで、信長との関係改善、とりわけ「甲江和与」「甲濃和親」交渉を成功させることを意図したと想定している。

(70) 平山『武田氏滅亡』四八七～四九二頁。

(71) 大塚勲「改訂 武田・徳川、攻防の推移」(『駿河国中の中世史』羽衣出版、二〇一三年所収、初出は一九九八年)。

(72) このことは、二〇〇六年には、平山『武田信玄』にてすでに指摘している。その後、しばらく議論が続いたが、本多隆成『徳川家康と武田氏 信玄・勝頼との十四年戦争』歴史文化ライブラリー482・吉川弘文館・二〇一九年により決着した。

(73) 黒田『増補改訂 戦国大名と外様国衆』戎光祥研究叢書4・戎光祥出版・二〇一五年、栗原『戦国期上杉・武田氏の上野支配』岩田書院・二〇一〇年など。とりわけ、黒田基樹「天正期の甲・相関係—越後御館の乱以降における抗争過程を中心として—」(同著『増補改訂 戦国大名と外様国衆』に収録、初出は一九九一年)は、上野国における武田・北条の抗争史の基礎研究である。

(74) 奥平貞昌が、長篠戦勝後、織田信長の偏諱を受けて「信昌」と改名したことや、奥平氏の歴代の通字が「貞」であることなどは、今日では否定されている。奥平氏の通字は「定」であり、「信昌」は武田氏の偏諱を受けたものである。詳細は、柴裕之「三河国衆奥平氏の動向と態様」(同著『戦国・織豊期大名徳川氏の領国支配』岩田書院・二〇一四年所収、初出は二〇〇六年)。

(75) 柴裕之「長篠合戦再考—その政治的背景と展開」(同著『戦国・織豊期大名徳川氏の領国支配』所収、初出は二〇一〇年)、平山『長篠合戦と武田勝頼』。なお、武田勝頼本隊の侵攻路については、信濃から遠江を経て三河に進んだのではなく、信濃飯田方面から三河武節を経て、先陣と合流したとの新説が提起されている。また、勝頼の三河出陣は、前年の天正二年に、岩村城周辺の織田方諸城を攻略した武田方に対抗し、信長が東美濃の神篦城と小里城の防禦を増強し、重臣河尻秀隆・池田恒興らを配置した定番体制を整えていたため、これを回避したものであること、岡崎攻略を含めた西三河制圧の後に、尾張で織田信長と決戦する意思を固めていたこと、なども指摘されている(ともに、村岡幹生「天正三年武田勝頼岡崎攻落作戦」(同著『戦国期三河松平氏の研究』岩田書院・二〇二三年所収、初出は二〇二〇年)。

(76) 藤本正行『信長の戦国軍事学』JICC出版局・一九九三年、同『長篠の戦い 信長の勝因・勝頼の敗因』洋泉社歴史新書y・二〇一〇年、同『再検証長篠の戦い「合戦論争の批判」に答える』洋泉社・二〇一五年。

(77) 鈴木眞哉『鉄砲と日本人』洋泉社・一九九七年(後にちくま学芸文庫として復刊、二〇〇〇年)、同『鉄砲隊と騎馬軍団 真説・長篠合戦』洋泉社新書y・二〇〇三年、同『戦国軍事史への挑戦 疑問だらけの戦国合戦像』洋泉社新書y・二〇一〇年、同『戦国「常識・非常識」大論争─旧説・奇説を信じる方々への最後通牒』洋泉社新書y・二〇一一年)。
(78) 太向義明『長篠の合戦』山梨日日新聞社・一九九六年。
(79) 平山『長篠合戦と武田勝頼』、同『検証長篠合戦』、同『武田三代』PHP新書・二〇二一年。
(80) 金子拓編『長篠合戦の歴史学─いくさの記憶』勉誠出版・二〇一八年、金子拓『鳥居強右衛門 語り継がれる武士の魂』平凡社・二〇一九年、同『長篠の戦い 信長が打ち砕いた勝頼の覇権』シリーズ・実像に迫る021・戎光祥出版・二〇一九年、同「長篠の戦いにおける武田氏の「大敗」と「長篠おくれ」の精神史」(黒嶋敏編『戦国合戦〈大敗〉の歴史学』山川出版社・二〇一九年所収、同『長篠合戦』中公新書・二〇二三年。
(81) その後、今福長閑斎の権限については、平山「戦国大名武田氏の駿河支配に関する一考察─久能城主今福長閑斎を中心として」(磯貝正義先生追悼論文集刊行会編『戦国大名武田氏と甲斐の中世』岩田書院・二〇一一年所収)で考察し、彼が郡司(郡代)であり、駿河中心部(富士川以西、大井川以東)を管轄していた可能性を指摘した。
(82) 平山『長篠合戦と武田勝頼』二五三～四頁。
(83) 信康事件の基礎研究として、新行紀一「五か国大名徳川氏」(『新編岡崎市史』中世一・一九八九年所収、後に一部を「信康・築山殿事件」と改題して、柴裕之編『徳川家康』シリーズ・織豊大名の研究10・戎光祥出版・二〇二二年に収録)、平野明夫「徳川氏と織田氏」(同著『徳川権力の形成と発展』岩田書院・二〇〇六年所収、初出は一九九五年)がある。その後、小笠原春香「駿遠国境における徳川・武田間の攻防」(同著『戦国大名武田氏の外交と戦争』岩田書院・二〇一九年所収、初出は二〇一一年)、桐野作人『織田信長』新人物往来社・二〇一一年、谷口克広『信長と家康─清洲同盟の実態』学研パブリッシング・二〇一二年(後に『信長と家康の軍事同盟 利害と戦略の二十一年』と改題し、吉川弘文館が「読みなおす日本史」シリーズとして復刊、二〇一九年)、柴裕之「松平信康事件は、なぜ起きたのか?」(渡邊大門編『家康伝説の嘘』柏書房・二〇一五年所収)、平山『武田氏滅亡』、本多隆成「松平信康事件について」(『静岡県地域史研究』七号・二〇一七年)、黒田基樹『家康の正妻 築山殿』平凡社・二〇二二年、桐野作人「築山殿と松平信康事件 実像編」(堀新・井上泰至編『家康徹底解読』文学通信・二〇二三年所収)、平山優『徳川家康と武田勝頼』幻冬舎・二〇二三年などが発表された。また、『徳川家康』シリーズ・織豊大名の研究10所収の、柴裕之「総論 戦国・織豊期の徳川家康の動向と研究」も重要である。

(84) 高橋陽介「松平信康事件の虚像構築過程に関する仮説およびその検証」(『城』二三四号・二〇二三年)、同「松平信康はいつどこで亡くなったのか—本多隆成氏よりのご批判をうけて」(『静岡県地域史研究』一四号・二〇二四年)。

(85) その後、土屋氏の「菊川入江」の想定復元については、その大きさや範囲について批判が出ている。また、浜野浦の実態についても、「菊川潟湖」(土屋氏のいう「菊川入江」のこと)に接しておらず、むしろ太平洋に直接面した海村だったのではないかとの異論が提起されている(貴田潔「遠江国笠原荘の「浦」にみる中世の港湾と海村」田中大喜編『中世武家領主の世界 現地と文献・モノから探る』勉誠出版・二〇二一年所収)。

(86) 武田海賊衆については、小川雄『徳川権力と海上軍事』岩田書院・二〇一六年、同『水軍と海賊の戦国史』平凡社・二〇二〇年、同『徳川海上権力論』講談社選書メチエ・二〇二四年参照のこと。これらにも、高天神城攻防戦と水軍との関係が述べられている。

(87) 高天神城攻防戦の経過は、平山『武田氏滅亡』を参照されたい。

(88) 丸島和洋『武田勝頼』、平山『武田氏滅亡』はいずれもこの見解に立っている。

(89) 奥野高廣「武田信玄最後の作戦」(『日本歴史』三九三号・一九八一年)。

(90) この文書をもとにした分析は、山下孝司「戦国大名武田氏の地域防衛と民衆」(同著『戦国期の城と地域』岩田書院・二〇一四年、初出は一九九四年のほか、鈴木将典『戦国大名武田氏の戦争と内政』星海社新書86・二〇一六年、平山『武田氏滅亡』一〇四〜一一六頁を参照。

(91) 水野茂「静岡県における武田氏の城郭形態と運用」(静岡地域史研究会編『戦国期静岡の研究』清文堂、二〇〇一年所収)、土屋比都司「城郭研究からみた天正期駿豆国境地域戦争について」(『古城』第四八号・二〇〇二年)。

(92) 『長野市立博物館だより』七四号・二〇〇九年による。誤記、誤読を訂正した翻刻は、平山『武田氏滅亡』四五六頁に掲載した。なお、この文書の原本は、現在、韮崎市所蔵文書となっている。

(93) 丸島和洋『武田勝頼』三三〇〜一頁。

(94) 新府城については、韮崎市教育委員会編『新府城と武田勝頼』新人物往来社・二〇〇一年、同『新府城の歴史学』同前・

二〇〇八年、閏間俊明「七里岩台地の戦国時代の終末の様相―新府城跡とその周辺の遺構」（『山梨県考古学協会誌』第二〇号・二〇一一年）、同「新府城―武田氏の最後を語る城」（丸島和洋編『武田信玄の子供たち』宮帯出版社・二〇二二年所収）がある。また、発掘調査報告書としては、韮崎市教育委員会編『史跡新府城跡―環境整備事業に伴う発掘調査報告書』Ⅰ～Ⅴ（同会・一九九九年～二〇一七年）、同『史跡新府城跡乾門整備調査報告書　一之門・二之門・木橋』（同会・二〇一八年）、『史跡新府城跡発掘調査報告書―大手丸馬出地区』（同会・二〇一九年）などがある。

（95）　新府城の防禦のために築かれた能見城も重要である。能見城については、山下孝司「能見城防塁の歴史的立地」（同著『戦国期の城と地域』岩田書院・二〇一四年所収、初出は一九九一年）、韮崎市教育委員会編『能見城跡』同会・一九九八年などがある。

第1部 武田勝頼像の変遷

Ⅰ

武田勝頼

徳富蘇峰

成敗の跡について、その人を論ずれば、とにかく成功者はえらく見え、失敗者はつまらなく見えるものじゃ。されど公平なる史眼は、好運、薄運の風袋を除けば、その実値を鑑別せねばならぬ。世の中には武田勝頼を不肖の一として数えている。それは彼が長坂、跡部抔の佞臣の言を用い、信玄がせっかく築き上げたる大身上を、台無しに打ち潰し、その身もともに亡びたるからだ。しかし、これまた成敗に囚われた管見と言わねばならぬ。

勝頼は今川氏真ではない。彼は武勇においては、信玄の子たるを辱しめなかつた。しかも如何に、武勇に励むも信長、家康の中部日本同盟に対抗して、勝者たるは、到底不可能である。それにも拘らずなお、一か年も自ら支持し、しばしば、北の大敵を悩ましたるを見れば彼は実に健気の漢というべきではあるまいか。思うに如何なる奇策を出すも、勝頼としては、この強大なる勢力に対して降服するか、亡滅するかの二者を、選ぶほかはあるまい。父の信玄生存してもなお、この通りであらう。いわんや彼においてをやだ、しかして、従来の行掛りよりすれば、信長へ叩頭し、その被官となることは、自ら能はざるのみならず、信長もまたこれをいるべしと思はれぬ。詮じ来れば亡滅は、ほとんど彼が唯一の帰着点であつた。

吾人は寧ろ彼が最後迄其の宿命と戦いたるを、嘉せねばならぬ。人は彼が剛腹自用を咎むるも、自用するも、せざるも到底、彼は信長に滅さるべき定運であったものと見るべきであろう。

天正元年（一五七三）四月、信玄の逝くや、勝頼は二十八歳でその子信勝の成人まで、後見者として信玄の跡目を相続した。信玄の死が、信長党に多大の安心を与えたるが如く、非信長党には非常なる失望と、がっかりとを与えた。就中、信玄膝元の、甲信二園の士民において、最も然りであった。信玄の部下には、信玄に訓練せられたる老練の将士少なくなかった。されど、彼らは概ね信玄の手頃に駆使すべき、特製品であって、いわゆる信玄あっての彼らである。他人の手に随意に取扱わるべき代物でない。さりとて彼らまた、信玄に取ってかわるべき人物でもない、要するに信玄死後の甲信将士は牧羊者の群羊であった。国論の統一を欠いたのも、思いやられるではないか。

勝頼の不幸は、その父に偉大なる信玄を持ったことである。彼が如何の手際を出しても、働きをしても、実将士、就中、歴代の宿老は、生ける勝頼よりも、死せる信玄を謳歌したであろう。勝頼が長坂跡部の言のみを採用したというも、そのほかの老輩は、勝頼とそりが合わぬからであるまいか、要するに信玄以後、信玄なく、信玄ならざる勝頼は、内外に処して、頗る苦境に陥った。信玄の在世中も勝頼は壮年ながら、よく一方の将たる資格を発揮した。三方原の勝利は、彼が側面攻撃に負うところ多きにあった。元亀三年（一五七二）四月には謙信が無慮、一万の兵を率いて、信州に出で、火を長沼に放った。勝頼は警報を聞いて、伊奈より八〇〇人を提げて、これを拒いだ。その健気の振舞いには、謙信も嘆賞した。その如く彼は勇気においては、何ら不足がなかった。ただ不足といえば、思慮の点だ。しかし如何に思慮したとて、信長、家康を凌ぐべき智慧も出て来まい。何となれば信長はすでに国主の位置より、半ば天下の主となりつつあった。いわんやこれを背景として、その当面に立つ海道一の弓取り家康あるにおいてをやだ、守るも亡び、攻むるも亡ぶ。座して亡びるを待たんよりも、寧ろ進んで戦わんにしかずと、勝頼が考えたのも、一理ありといわねばならぬ。あるいはそれほどの思慮なく、いまだに誇り、勇を恃み、無我夢中に進攻をことゝとして、遂に敗亡を招きたりとするもなお、座して亡滅を招くよりも、我武を辱しめなかつたと考えるべきであろう。

徳川家康は、彼を評して、強き大将であったが、機転なくして一筋に強き計りにて、後れを取ったといった（武家秘笈）。勝頼の滅びるや、秀吉は中国において、毛利氏と対陣していたが、これを聞き大息していわく、あたら人を殺したることの、残り多きよ、我れ軍中にあらば、強いて諫め申して、勝頼に甲信二州を与え、関東の先陣としたらんには、東国は平押しにすべきことをと、繰り返し嘆惜した（常山紀談）。信長は勝頼父子の首を見て、日本に隠れなき弓取なれども、運が尽きてかくも果敢なくなったといった（三河物語）。公論敵讐より出ず、果然、勝頼は不肖の子ではなかった。ただ彼は信玄の余業を承け織田・徳川と両立し難き立場にあり、遂に日本統一事業の、祭壇に供せられる一の犠牲者となったのだ。

【付記】　本書収録にあたり、読者の便宜をはかるため、旧字は新字に、旧仮名遣いは現代仮名遣いに改めるなどの修正を行った（編集部）。

Ⅱ

勝頼、決して侮るべからず

山路愛山

成敗によって人を論ずるは常人の情なり。武田勝頼その国を失い、身もまた刀刃（とうは）に倒れたれば、後世史家より種々の悪評を加えられ、長坂釣閑、跡部大炊介という佞臣を寵用し、老将宿臣を退けしかば、遂に亡国に及びたりとて、あたかも悪政の主人たる如く言い做され、その顔に墨を塗られたり。

さりながら国の盛興亡は、必ずしも一人の徳によらず、亡ぶべき勢ありて、その時節が来れば、賢人国を守るとも遂に亡ぶべし。亡国の主なりとて、その人を酷論すれば、軽薄なる毀誉褒貶を縦にするもののみ。

例えば、家康にしても、もし門徒一揆の騒動の時、鎧に当たりし鉄砲の丸薬少し強く、その時命を失いたらば、「あれ見よ三河の家康は若気の血気にはやり、門徒退治を企てたれば、富樫氏の末路の如く命を失いたり。誠に馬鹿者というべし」など言はるべし、所詮は人間のこと、九分まで運命にあり、運拙くして敗軍の将となったとて、直ちに人物を悪口するは無識の至りというべく、さる批判の行われるは人生の一大不幸とすべし。勝頼の一生を夷考するに、ともの決して侮るべからず、甲州の武勇も信玄の死にたるがために衰えたるにあらず。十年の間だけ、雄々しくその国を守り常に合縦連衡の策を講じて信長を悩ましたれば、武将として必ずしも力量なき人にあらずというべきか。

さりながら信玄、すでに死にたる上は、勝頼例えば、父ほどの器なりとも、良将の後を承けたる若大将を信用せざるは世の常情なるを以て甲州の威は自ら軽くなりたり。

【付記】　本書収録にあたり、読者の便宜をはかるため、旧字は新字に、旧仮名遣いは現代仮名遣いに改めるなどの修正を行った（編集部）。

第2部
信濃諏方と武田氏

Ⅰ

戦国時代の諏訪湖の漁業と諏訪社

――「船別銭」と「網渡銭」を中心にして

小林純子

はじめに

山国信濃におけるタンパク源を考えた場合、第一に挙げられるのは魚であり、これを取るための漁業は歴史の中で大きな意味を持っていたと考えられる。信濃の場合、漁業の場としては川・湖・沼などがあるが、後世との関わりでいうと特に注目されるのは諏訪湖ではなかろうか。

諏訪湖は面積一四・五平方キロメートル、周囲一八キロメートル、最深深度七メートル平均深度四・四五メートルという、全国的に見れば決して大きいとは言えない湖であるが、「信濃の国」にもうたわれるように信濃を代表する湖である。また、プランクトンの豊富な富栄養湖であって魚類がよく繁殖するため、漁業についてみると、現在単位水面あたりの漁獲量は、霞ヶ浦、琵琶湖とともに三大湖の一つに数えられ(1)、全国湖沼中の首位を占めている。

原始時代の人々が早くも諏訪湖の魚に目をつけていたことは、縄文遺跡からの出土品に舟の一部と思われる木材や舟型の土器、釣り針やおもりと思われる釣具などがあることから知ることができる。古代の漁業の様子を伝える古文書はないが、中世になると諏訪湖の漁業の様子を伝える史料が残るようになる。それらからは、諏訪湖の舟に「船別銭」を課したという税制の様子や、鵜縄を用いる「鯉馳」、氷を切り開き、そこから網をおろして引く「氷曳」などの漁法の様子が散見できる。戦国時代に至り武田氏が諏訪の地を支配するようになると、信玄・勝頼が出した文書の中に「網渡銭」・「船別銭」などの税制に関する記載が見える。戦国時代には諏訪湖の漁業が課税対象になりうるほどの規模をもち、権力の側がこれを掌握できるようになったことを物語っていると言えよう。江戸時代には高島藩の統制政策の下におかれ、漁業権が小和田村（現・諏訪市小和田）、花岡村（現・岡谷市湊）、小坂村（現・岡谷市湊）の三浜に固定され、多額の漁業税が課せられるようになった。こうした政策は、原始以来諏訪湖で行われてきた漁業が発達の度を増し、魚の量が危機に瀕してきた結果の策であろうが、同時に漁民に対する権力の浸透状況をも示している。

このように制限された状態で長く続けられた諏訪湖の漁業は、明治に入って諏訪湖が官有地に編入されたのを機に、三浜以外の住民でも運上金を払えば入漁できることになり一層の発展をみた。そして、大正四年（一九一五）に霞ヶ浦から移入放流されたわかさぎが、現在では諏訪湖を代表する魚として多く養殖、収穫されている。

それでは、こうした諏訪湖の漁業についての研究は、どのようになされてきたのだろうか。研究史を確認してみたい。

近世の諏訪湖の漁業については、小林正人氏の「近世諏訪湖の漁業」(3)や『諏訪湖漁業史料』(4)があり、その概略についてはわかるようになった。また、江戸時代から現代に至る諏訪湖の舟・漁具・漁法について詳細に記されているものに、小林茂樹氏の『諏訪湖の漁具と漁法』や『諏訪湖の漁労』(5)がある。しかし、それ以前の漁業の様子はというと、『諏訪市史』(6)、『岡谷市史』(7)などの市町村史類、『改版諏訪の歴史』(8)、『図説諏訪の歴史』(9)、『諏訪の近世史』(10)などの諏訪に関する概説書の類などにわずかに触れられているだけである。しかもその内容は、様々な文書に見える漁業関係の記事を紹介し、結論として「漁業が食糧資源を得るためにも、また課税対象としても大切なものであったことが推測される[11]」と述べる程度である。これによって明らかなように、中世を対象とした諏訪湖の漁業を扱った論文は目下のところ出ていない。

江戸時代以前の諏訪湖の漁業の研究は、こうした状況に終わってしまっていいのだろうか。特に「船別銭」や「網渡銭」などの漁業税の問題に関しては、税金が徴収されていたという事実確認や漁業の発展の度合を窺うにとどまらず、それらの漁業税が徴収されるようになった背景やその状況、あるいはそこから派生する問題などの研究が必要であると思われる。つまり、ここからは戦国大名武田氏の諏訪支配の問題も出てくるであろうし、武田氏支配の中の唯一の漁民ともいえる諏訪湖の漁民をいかに権力者がとりこもうとしたか考えることもできるであろう。さらにこれらの追求によって諏訪地方の性格が浮かびあがってくる可能性もある。

日本人と魚の関係は様々に触れられている。しかしそれらは沿海部の漁村についてがほとんどである。中央高地に住んでいた人々にとっても魚は重要であり、漁業も意義深いものであったはずである。その意味で諏訪湖の漁業の一端を明らかにするだけでも本稿の持つ意味はあろう。

一、「船別銭」について

諏訪湖の漁業が文書の上に見えはじめるのは、鎌倉時代も終わりに近い嘉暦四年（一三二九）の鎌倉幕府下知状からだと一般に言われている[12]。この下知状には「八剣神社御造営之時者、応海中船別銭建之者也」と書かれていて漁船に対して割当金を課していたことが窺われる。後述のようにこの文書自体には疑問もあるが、まずこの史料にも見える「船別銭」を通じて、近世以前までの諏訪湖における漁業の性格について触れてみたい。

「船別銭」とはいったい何であろうか。現代に残っている言葉ならその意味づけは比較的容易であるが、この言葉は現代はおろか近世の文書からもその姿を消しているので、「船別銭」の意味は、その言葉が含まれる文書の内容から判断するよりほかはない。そこでまず、管見の限りで関連史料を提示したい。

【史料1】鎌倉幕府下知状(13)（一三二九年）

八剣神社御造営之時者、応海中船別銭建之者也

嘉暦四己巳三月　日

相模守平朝臣高時

【史料2】守矢家諸記録

十三所造宮(14)（残闕）（抜粋）

八剣

安芸伊筑嶋同躰御神也、夫大海中仏世之御袈裟有之、然魔王競来成望之時彼明神切払之守護給也、誠以江河鱗結縁成仏皆是当社之利生也、又見目者見七日路外之事給故為悪魔障碍之時彼社震動矣、仍御造営之時者懸海中船別銭建立之

【史料3】守矢家諸記録

上中下十三所造宮(15)（抜粋）

八剣　弁才天

（内容は２と全く同じなので略）

【史料４】武田信玄定書⒃（一五六六年）

八剣之宮造営之事、以船役勉之由、任本帳之文、自今已後七ヶ年ニ一度執船役、相当ニ可造替者也、仍如件、

永禄九年丙寅
壬八月廿五日（朱印）
跡部又八郎奉之

吉田左近助殿

【史料５】武田信玄諏訪社上社造営再興次第⒄（一五六六年九月）（抜粋）

一八剣大明神之造宮者、執船役可相勉之由任本帳之旨、七年ニ一度船役令催促、相当ニ可加修補者也

【史料６】上諏方造宮帳⒅（一五七八年二月）（抜粋）

一八剣宮造営之次第　郡中之船別銭、上之舟者米諏方升貳升、中之舟者壹升五合、下之船者壹升、

如此取集、右之宮建立次第

一宝殿　一瑞籬十七間　一外籬六間

一鳥居壹組　如此立申候、

取持之人

藤森若狭守
河西備前守

ここで、問題点を含むと思われる史料について若干補足説明を加えておく。

史料1についてであるが、この鎌倉幕府下知状に関しては、小林正人氏の論文「近世諏訪湖の漁業」をはじめ、市町村史類もこれをもって諏訪湖漁業の初見の史料としている。にもかかわらず、様々な史料集をあたってみても見つけることができなかった。特に、偽文書の判定を厳しくしていると思われる『信濃史料』にとられていないことは、『信濃史料』編纂者がこの文書を偽文書と判断したものだと考えられ、この文書は偽文書の可能性が高い。ただ、全く史料として使えない文書かというと、そうでもないのではないかと私は考える。その点については後で触れることにする。

史料2・3についてであるが、この史料に関しては「諸記録」であるため年代が明記されていない。小林正人氏の「近世諏訪湖の漁業」によると、弘和～元中年中[19]（一三八一～一三九二）とあるため、二番目と三番目に位置づけておくが、この記事も『信濃史料』に掲載されていない。

以上の三つの史料は『信濃史料』にとられていないことから考えて真偽が疑わしいものであるが、戦国時代以前にも「船別銭」なるものが徴収されていた可能性を示す史料として扱うことはできよう。

その理由の一つは、史料4と史料5に見られる「本帳」という言葉である。「本帳」という言葉が多く出てくる文書に、武田信玄が諏訪社の祭祀を再興するために下知したいわゆる「信玄十一軸」[20]がある。そこには、「（雖・如）載本帳、如本帳、露本帳、本帳ニ候、本帳にあり、本帳披見候、任本帳文（旨）、見本帳」などの用法で「本帳」という言葉が使われ、似たような語で「文書」、「古文」なども使われている。

国語辞典として現在最も一般的な『日本国語大辞典』によると、本帳とは「正式の帳面、帳簿」であり、戦国時代の言葉を伝える『日葡辞書』には「他の名簿などの原本となる名簿や一覧表」とある。信玄が諏訪社の祭礼を復興するにあたって、全く根拠なしでこれを行ったとは考え難く、その根拠となったのが「本帳」であろう。つまりこれは、「信玄十一軸」以前に、祭祀や造宮の様子を書き記した帳簿があった事実を示している。しかもそれは「信玄十一軸」中に見える「神前如文書」、「神前之本帳」という表現から、神の前に置かれていたものであると思われる。「十一軸」が本帳を参考にして作成されたものである限り、本帳は明らかに戦国時代以前の諏訪社の祭祀や造宮を記したもので、史料4・5の「任本帳之文（旨）、船役を徴収する」という内容から、「船別銭」は信玄が突如として課したのではなく、戦国時代以前からの制度だったことが推測できる。換言するなら史料1～3は遅くとも武田氏侵入以前にできていたものであろうと判断する。従って「船別銭」は室町時代には存在したと考える。

先に掲げた六つの史料からわかるように、「船別銭」または「船役」という言葉が使われるのは、八剣神社の造営に関する時のみである（「船役」は武田信玄の文書にだけ見える言葉であるが、「船別銭」と同義だと思われる）。しかもすべてが八剣神社の造営に際しては船別銭をあてよ、または徴収せよという内容である。このことから、「船別銭」を考えるには八剣神社がどのような性格の神社かという問題が避けて通れない。そこで八剣神社について少し考えてみたい。

八剣神社は、現在の諏訪市小和田にある。この地域は江戸時代小和田村と呼ばれていたが、この小和田村は元来諏訪湖東岸の高島（島崎）の地にあった。天正十八年（一五九〇）高島城築城のため、東方の下桑原地分に移り[21]、元禄三年（一六九〇）にそれまでの高島村という村名を小和田村に改めた[22]。近世以前の高島村の地が諏訪湖の波の上に少し盛り上がった程度の島だったことは[23]、江戸時代の高島城が難攻不落の「浮城」として有名だったことを考えれば想像できよう。そして、高島村の氏神様であった八剣神社は、村の移動と同時に現在地へ移っている。

浮島に存在した八剣神社や小和田村は、諏訪湖に対する影響力が大きな神社であり村であった。このことは、八剣神社に祀られている神からでも推測できる。

現在では、主神が八千矛神（大国主命）、合わせて日本武尊と誉田別尊を祀るとされているが、明治初頭は祭神を広才御霊としている。(25) さらに時代を遡ると、嘉禎三年（一二三七）の奥書ある「根元記」下（この「根元記」については『諏訪史料叢書』の解題にも嘉禎の奥書は疑わしいものだと書かれていて、現在では、室町時代から近世初期の成立だろうと考えられている。そこで、ここでも中世後期から近世初期の様子を示しているものとして使用する）には、「高島八剣弁才天(26)」とあり、先に示した史料3では「八剣」の下に「弁才天」と書かれている。

以上により八剣神社には近代以降は国土平定の神である広才や八千矛神、それ以前は弁才天が祀られていたと考えられる。弁才天は福徳賦与神という性格を持っているが、もともとは河川湖沼を神格化した女神とされる。(27) 史料2・3の安芸伊筑嶋同躰御神也」については、厳島神社の主神は市杵島姫命、田心姫命、湍津姫命といった神々なので、(28)「同躰」とは言えないが女神という点では共通している。また、「誠以江河鱗結縁成仏皆是当社之利生也」は、「湖や川や魚たちが縁を結んでいるのは八剣神社のおかげです」と、湖と八剣神社との関係を述べている。以上のことから、人々の生活や環境や意識によって神社に祀られる神が変化するという前提に立てば、近世以前は湖に大変関係の深い弁才天が祀られていたということができよう。

次に、前述のように、八剣神社の造営には諏訪湖の漁船に課された割当金があてられていた。諏訪上社の重要な摂社は十三所と呼ばれ、(29) 八剣神社は下十三所として摂末社に含まれているが、「十三所造宮」や「上中下十三所造宮」を見ても、摂末社の造営方法として圧倒的に多いのは郷ごとの役で、「上諏方造宮帳」でも郷ごとの役や田役で造営する摂末社は多いが、「船別銭」によって造営するのは八剣神社だけである。こうしたことからも八剣神社と諏訪湖、特に漁業とのつながりが大きいことがわかる。

さらに、八剣神社はおみわたりとも関係がある。「みわたり」[30]は神渡、御渡などと書かれ、諏訪の七不思議の第一に数えられているもので、全面結氷した諏訪湖に走る氷の裂け目のことである。その亀裂は毎年ほぼ決まって上社の浜から湖北方面へ進んでゆくため、上社の建御名方神が妃である下社の八坂刀売神のもとに通った道筋だという伝説が今に伝えられている。

そのおみわたりの観察記録とも呼べる史料が諏訪には二つ存在する。一つは諏訪上社関係者側の記録である「当社神幸記」であり、もう一つは八剣神社・小和田村側の記録である「御渡り帳」である。[31]「当社神幸記」は文安二年（一四五五）から天和元年（一六八一）までの記録、「御渡り帳」は天和三年（一六八三）から明治三年（一八七〇）までの記録で、「御渡り帳」が「当社神幸記」を引き継いだ形になっている。そこで、当初は諏訪上社側で記録をつけていたのが、天和年間に高島村の八剣神社の氏子達にその仕事が任せられたものといえよう。

現在でも八剣神社を中心に氏子である小和田区の人々によって神渡拝観が行われ、拝観の結果は上社に御渡注進している。[32]中世・近世にも、上社大祝から（天和年間以降は八剣神社から上社へ、上社から）幕府へと注進していた。

このように江戸時代において、八剣神社及び小和田村は神渡拝観という諏訪湖において特別な権限を持っていた。では中世においてはどうであろうか。八剣神社は、古来諏訪社の船湛神主によって奉祀されていた。[33]ということは、記録は諏訪社側のものでも実際に拝観していたのは八剣神社だったということが考えられる。そうでなければ、近世に至って突然八剣神社やその氏子たちに神渡拝観の任務が移ったことの理由を見つけなければならないだろう。こう考えれば、江戸時代以前から八剣神社はおみわたりの拝観行事を続けていたことになり、中世においても諏訪湖に対して特別な権限を持っていたといえる。

以上三つの理由から、中世・近世における八剣神社や小和田村（旧高島村）は、諏訪湖に一番大きく影響されていて、諏訪湖に対して最大の権限を持っていた神社であり村であることが想像できる。この神社が諏訪湖の漁業税によって建て替えられたのは理由のあることであり、この村の漁業が盛んであることももっともといえよう。文禄四年（一五九五）の「あきうみのおさめ覚」[34]（高島村等の明海〈氷の張っていない湖のこと〉における漁業権をもとにした公事の覚書）では、他村が六石以下のおさめであるのに対し、高島村（後の小和田村）はあきうみ公事としてその倍以上の一五石九斗をおさめている。このように大きな差があるのは、中世以来の諏訪湖との関係によるものであり、中世においても、高島村の他村に対する諏訪湖の漁業における優位性は間違いのないものであろう。

次に八剣神社の〝造営〟という面から「船別銭」について考えてみたい。

現在の八剣神社の造営は、本殿葺合祭（本殿の屋根の千木のみを新調）、及び権殿遷座祭を執り行い、本殿遷座祭は御柱建の翌日行われることになっているが、江戸時代には、諏訪藩主によって七年毎に本殿が建て替えられていた。[35]これは慶長六年（一六〇一）に初代諏訪藩主諏訪頼水が八剣神社を城の鎮護の神社として以来、[36]歴代の藩主が格別に崇敬したためという。

また、史料6からわかるように武田勝頼の時代にも宝殿他一通りの造営が武田氏の権力を背景にしてなされていた。信玄の時代には、史料4・5によると七年に一度船役をとって造り替えるように定めたとある。それより古い記録（史料1～3）には「七年に一度」という文言がないが、室町時代初期に著された「諏方大明神画詞」に、「寅申ノ支干ニ当社（諏訪社）造営アリ」[37]と書かれていることや、八剣神社は諏訪社の摂末社の中では郡中第一と称せられ、[38]神事は諏訪社に準じていることを合わせて考えれば、「画詞」成立時期とみられる室町時代初期以降の八剣神社の造営も寅と申の年、すなわち七年に一度行われていたことが容易に想像できる。すると「船別銭」も造営の年に合わせて七年に一度徴収されていたといえる。

それでは「船別銭」を徴収したのは誰であろうか。史料１には宛名が書かれていないし、史料２と３は諸記録であるので宛名はない。史料４の文書は、武田氏の家臣である跡部又八郎が奉り、同じく武田氏の家臣である吉田左近助に宛てて出されたものである。吉田左近助という人物については、『諏訪史料叢書』中の戦国時代関係文書に目を通すと、永禄九年（一五六六）・一〇年（一五六七）に集中して奉書の形で文書を発行する側にまわっているため、この時期、諏訪に関する重要な役職についていたようであり、諏訪郡代だったのではなかろうか。

史料６に関しては、「取持之人　藤森若狭守、河西備前守」といった記述がある。伊藤富雄氏によると、取持とは世話人のことで、造営の当事者藤森若狭守と河西備前守は共に下桑原の人で殊に藤森若狭守は高島村の村役人であったらしい[39]。とすると、高島村は「船別銭」を徴収するという意味でも他の漁村に対し優位に立っていたようである。

次に「船別銭」の金額について考えてみたい。「船別銭」の金額がわかる史料は史料６だけであり、舟を三つの等級に分け、上の舟は諏方升で二升、中の舟は一升五合、下の舟は一升の米を納めることになっていた。

ここで注目すべきことは二つある。一つは「船別銭」を米で納めていることである。史料６は天正六年（一五七八）二月の「上諏方造宮帳」だが、それに出ている摂末社の造営のために集められる費用は田役が多いが、何文というように銭で表わされている神社が五つあるのに対し、米で表わされているのは二例（一つは「船別銭」、もう一つは「棟別銭」）である。「～銭」という名前でありながら米納であることも注目されるし、漁業を営んでいる者に対して米で納入せよというのは、その米がその土地で生産された米なのか貨幣として流通してきた米なのか、またば、当時の漁民や漁村が純粋に漁業に従事していたのかいないのかといった問題が提起できるという意味でも興味深い。

二つ目は、舟を三つの階級に分けていることである。天正六年（一五七八）以前の史料には、このような内容の文章が書かれていないため、勝頼の時代に設定されたものだろう。もしそうだとすると、武田氏の諏訪への権力浸透が大きくなったものとして評価することができる。

では、上、中、下の区別はいったい何が基準になっているのだろうか。舟の大きさで区別するなら大、中、小とするはずだから、舟の質、特に漁業の場合なら漁獲高に関係すると思われる。漁獲高に応じて税をとるようになったことは、「船別銭」徴収の対象となる漁船の増加や、漁船間の漁獲高の差が大きくなってきたことで漁業の発展度合を示すものであると同時に、権力者である武田氏が「船別銭」の額を通じて漁民の実態を把握できるまでの税制を組み立てたことも示していよう。

さて、八剣神社の造営にかかる費用はどれだけであろうか。それがわかれば、一艘の負担額から計算して戦国時代に郡中にどれだけの舟があったかある程度見当がつく。

「上諏方造宮帳」によると、上社四本の御柱のための費用は七一貫五〇〇文である。その他鳥居・宝殿・廊などの建て替えもあるので、上社の造営には相当厖大な金額を要した。摂末社の九頭井の御柱は一貫文、小坂鎮守の造営（宝殿・廊・瑞籬のみ）銭は都合四貫文、穂役の宮の宝殿の造営には一貫五〇〇文、御作田明神御宝殿、磯並の内瀬大明神社、恵美酒の宝殿の三社には米四二俵七升、銭に換算して一二貫七七五文の造営銭がそれぞれ使われている。

上社の摂末社の造営金額に関する史料はこれだけしかないため、これらから八剣神社の場合を判断しなければならない。八剣神社は、卯（貞享四年〈一六八七〉）の「立願之覚」[40]に上諏方（社）、下諏方（社）の次に名前が並べられていることから、摂末社の中で一番に大きく、諏訪社と最も関係が深い神社であることが知れる。それに「上諏方造宮帳」による摂末社の造営銭の最高額が小坂神社の四貫文（ただし造営は一部だけ）であることを考慮に入れれば、八剣神社の造営費はだいたい一〇貫文くらいであろう。

ここで天正六年（一五七八）「下諏方春秋両宮御造宮帳[41]」を見てみると、米の量とそれを銭に換算した記録が比較的多く出ているので、それによって基準となる単位を求めてみると、一俵＝二斗（二〇升）、一俵＝二〇〇文、一升一〇文となる。八剣神社の造営費を一〇貫文としてその金額を米に直すと、五〇俵＝一〇〇〇升となる。上の舟が二升、中の舟が一升五合、下の舟が一升なので、一升五合平均の「船別銭」とすると、約六七〇艘になる。

次に諏訪湖の舟に視点を移したい。最初の漁船に関する記載は、嘉暦四年（一三二九）鎌倉幕府下知状の「船別銭」の記事と一般には考えられている。しかし前述のようにこの記録は鎌倉時代のものとは考えられず、せいぜい室町時代末のものであろう。この下知状以前の舟を使った漁の様子がわかる史料に、室町時代初期の「諏方大明神画詞」がある。それには次のようにある。

当郡ノ湖上ニ、炎暑ノ比、風シツカナル日、鯉馳（コイハセ）ト云漁舟アリ、里魚ヲイトル事也。他国ニハタクヒマレナルヲヤ。必神事ノ法則ニアラネトモ、神官氏人納涼ノ船遊シテ祭礼ノ饗膳ニタムク。其体ツリフネ数艘（多少不同）ヲ流ル、クミツネテ、堪能ノ射手一面ニタチワタル、矢ハスヲトリテ是ヲマツマニ、左右ニ鵜縄ヲツケ、其縄ヲ引テ小船二艘サキタチ、カコミヲヒロクナシ、魚ヲコメテ、ヲキヨリミキワヲサシテコキワタレハ、其中魚類恐レテ、彼縄ヲコエント遠海ニナリユケハ、両方ノ縄ノハシヲ陸地ニ取アク、歩行ノ老少是ヲウケトリテ引寄ハ、里魚タエスシテ水上ニヲトル、其時ニ面々射手矢サキヲ整テ是ヲ射ル、十之八九ハ矢アタリテ波上ニウカフ、串ニサスカ如シテトリアク、自、船中ニ飛入魚ナトモアリ、是則上下末社（小坂ノ鎮守浜南宮）ノ中間、津々浦々ノワサ、興アル風情ナリ、見物ノ男女屋形船ヲ漁舟ニコキナラヘテ遊宴ス。水上ノ射礼ハ延暦ノ昔、尊神化現ノ奇特、其上

古ノ風、末代ニモ残レルヲヤ。是逆縁化導ノ利益ニハモレシ。若此理ヲ知リナハ、龍門三級ノ飛揚モヨシナカルヘキ事也。(42)

右の内容は鵜縄を用いる鯉馳という漁法についてであるが、文章全体からは遊び的要素の強い神事という印象を受ける。

鵜縄とは、長い縄のところどころに鵜の羽根をつけ、舟で水中へ広く半月形に広げ、その囲みを狭めて網などに魚を追い込む漁法(43)で、近世においては明海三浜（小和田村、花岡村、小坂村）の特権漁業として盛んに行われていた。中世においては、「上下末社の中間、津々浦々のワザ」とあるのを見れば、諏訪湖岸の漁村はこぞって舟を使用して盛んに鵜縄漁を行ったと思われる。なお当時の諏訪湖に漁船だけでなく、遊覧船も存在した事実が窺われ注目される。

諏訪湖及びその周辺の河川には、古くから「まるた」・「さんぱ」の二系統の舟があった。「まるた舟」はくり抜き舟で、独木舟をたち割って底を広めた形である。丈は短く、波負けせず、風波にのって自由な活動ができ、舟の中は暖かく操縦が容易なので、専ら湖上漁労用で、花岡村、小坂村などの湖北地方に多く存在した。

「さんぱ舟」は板製で、作舟(44)（農船）と漁船（りゅうせん）がある。作舟は主として田圃への輸送用で、湖底の泥をあげて阿原（湖畔の湿デルタ地帯）に運び、見出（河原を耕地化した新改水田）(45)をつくるのに使ったので泥舟とも呼ばれ、上諏訪や豊田（現・諏訪市豊田）、中洲（現・諏訪市中洲）に多く見られる。漁船は主として漁労に使用する舟で、前二者の長所を合わせた構造になっていて波浪に対する抵抗を少なくしてある。小和田、花岡、小坂、有賀（現・諏訪市豊田）などで多く利用されていた。(46)

小和田村には各小路に舟止（舟の停泊地）があって作舟や漁船が河川から出入りしていたため、(47)舟による交通が盛んで、諏訪湖に面していない地域でも比較的漁業やそれに関連する作業がしやすかったと思われる。しかし、舟止は小和田村が現在の場所に移ってからのことであるので、浮島の地にあった頃には、もっと漁業の作業がしやすい環境にあったことが窺われる。

このように諏訪湖の在来船はまるた舟とさんぱ舟（さんぱ舟と称されるものの中に作舟・漁船の二種類がある）があるが、これらの舟がいつ頃はじまったのかはわかっていない[48]。だが、まるた舟の一般的な形であるくり舟は各地の縄文時代の遺跡から出土している。諏訪地方でも北真志野（諏訪市湖南）で小型のくり舟らしい木材や、岡谷市長地で舟型の小土器が出土している[49]。それが漁業に使われた舟やそれを象徴したものかはわからないが、諏訪湖の漁業が始まるのと同時期に舟が存在していたことは確実だろう。

近世の花岡・小坂両村の船数については、『諏訪の近世史』に宝暦四年（一七五四）から天保十四年（一八四三）までの表が出ている[50]ので参考にすると、花岡村は三五〜四〇艘、小坂村は五〜一〇艘である。小和田村は近世を通じて最も多額な漁業税を納めているので、村の保有する舟がこれらよりも多いことは確実である。

先に、天正六年（一五七八）前後には諏訪郡全体の舟はだいたい六七〇艘くらいあったのではないかと述べたが、近世中期から後期にかけての船数と比べるととてつもない数のように思える。しかし、明治九年（一八七六）の『長野県町村誌』には、諏訪湖周辺の漁船は六八七艘と報告されている[51]。近世の漁業は藩の強い統制下にあり、漁村が三浜に限定されているため舟の数は絶対的に少ないはずだし、税金対策のための船数ではないかということを考慮に入れれば六七〇艘というのはそんなにかけはなれた数字ではないと思われる。

次に、近世の諏訪湖の漁業税と「船別銭」との関わりについて触れる。近世高島藩の漁業税は大きく分けて明海漁業に関するものと氷上漁業に関するものの二つがある[52]。明海漁業とは湖に氷が張っていない状態、すなわち春・夏・秋の湖で行う漁業で、その内容は投網、敷網、曳網など多岐にわたる。

近世における明海漁業権は三浜に限って認められたことは前述の通りだが、三浜が特権を得たのは、小和田村については中世以来諏訪湖に一番近い村として漁業が発達していたという実績、小坂・花岡両村については石高が少ないことが関係していたであろう。現在の湊地区を見ればわかるように、目の前に諏訪湖、背後に山があり、耕地などほとんどなかったと推察される。だから、漁業という生業で主になりわいをたてていた三村の現状を江戸時代の権力も追認したのだと思われる。

明海漁業の税には明海年貢と各種の運上がある。明海年貢は寛永十九年（一六四二）の湖検地で諏訪湖に農地同様の石盛をしたのを基準に対村課税され、村の所有する船数に応じて負担額が定められた。小和田村は一五石三斗一升六合、花岡村（小坂村分も含む）は七石五斗八升の明海年貢を毎年納めたわけである。これらは文禄四年（一五九五）「あきうみのおさめ覚」に書かれている額とさほど変化がない。

また、各種の運上は、漁業者個人に課せられた営業税のようなものであり、投網札運上、阿原持網場運上、天竜川簗運上、問屋役運上などの種類があった。特に持網場運上は稚魚育成の場である阿原での漁獲が禁止されていることから多額の運上金が支払われ、投網札運上は投網漁が札請を必要とすることから生まれた運上金だが、安永年中（一七七二〜一七八〇）以後散浜（三浜以外の諏訪湖周辺諸村）にも沖投網だけ札請によって許可されたため、幕末には札が一〇〇枚を越えた。

明海漁業の税と対応するものに氷上漁業の税がある。氷上漁業とは湖に氷が張っている状態で行う漁業で、おいこみ、きよめ、たけたか、ごろ引、屋塚、氷曳などの漁法がなされていた。そして、氷上漁業の税は氷曳運上と賦役的現物納から成っていた（氷上漁業やその税制については後で詳しく述べる）。

以上のように、近世の諏訪湖の漁業に対する税金は多岐にわたったものであり、高島藩の統制の色を強く感じることができる。

今まで近世の漁業税について述べてきたが、それなら「船別銭」はどう位置づけられるだろうか。「船別銭」は明らかに漁業税である。しかも「船別銭」は舟ごとに課されているため、舟を使用する時期、すなわち明海での漁業税と考えることができる。しかし近世の明海漁業の税と違う点は、「船別銭」は営業税的な要素がほとんどないことと、漁業統制的な側面が見られないことである。すなわち、漁業や諏訪湖に関係の深い八剣神社の造営は諏訪湖の漁民が行うという意識の上にたった慣行からできあがったのが「船別銭」であると考えることができる。だから、基本的に漁業統制的な意味をもつ近世の漁業税が「船別銭」と直結するものとは考え難い。しかし、少なくとも権力者が漁民をも自分の支配下にとりこむ手段として漁業税をとるという意味では「船別銭」は十分近世のヒントになりうると思われる。

二、「網渡銭」について

「信玄十一軸」の中に、「一、二月十三日、舞童之楽器装束等之費用者、当冬以氷引之網渡銭可償之」と、「網渡銭」に関する記述があり、この言葉はその他いくつかの史料にも出てくる。そこで続いて「網渡銭」について考察してみたい。

「網渡銭」とは何かを知るため、その言葉が出てくる史料を次に挙げておく。

【史料７】諏方下社祭祀数年退転之分、今茲永禄八年乙丑十一月朔日、令再興加下知次第[53]（一五六五年）（抜粋）

一二月十三日、舞童之楽器装束等之費用者、当冬以氷引之網渡銭可償之、

【史料8】（史料7と同史料中）(54)（抜粋）

一五月五日、於于春宮之鏑流馬道具断絶候條、舞童之為装束寄附候。以当冬之網渡銭之余力可再興。若又無余銭者、来年之網渡銭を以可仕立。又射手器量之者なくハ、自甲府可遣之事

【史料9】武田勝頼網渡奉書(55)（一五七七年）

定

大祝殿御訴訟候之間、如御料所無異儀網可為引之由有御下知者也、仍如件

天正五年丁丑

秋山宮内亟

十一月廿五日　　奉之

網渡

御奉行衆

【史料10】武田勝頼奉書(56)（一五七七年）

定

於諏訪湖氷網渡事、如前々馳催、厳重ニ可致勤仕之由、有御下知者也、仍如件

（天正五年）

今福新右エ門尉

丁丑十二月廿三日　　奉之

（史料9・10については「網渡」としか出ていないが、戦国時代の「網渡銭」を知るために重要な史料であるので挙げておく）

以上の四点の史料を見ると、「網渡銭」、「網渡」という言葉が使われていても、すべてが少しずつ違う内容になっ

ている。そして「網渡銭」とは何かを探るためのキーワードは「氷引」と「網渡」だと思われる。

「氷引」は、氷曳と書かれることが多いが、結氷期に氷の下で網を引く漁業の方法[57]で寒冷地ならではの特殊性をもつが、現在の諏訪湖では行われていない。同じ漁法が秋田県八郎潟にもあり昭和三〇年代まで実際に行われていたが、ここの氷下曳網は、諏訪湖の氷曳網の技法を寛政六年（一七九四）に秋田の城下町魚商人高桑与四郎なる者が持ち帰り伝えたという[58]。これが本当ならば、諏訪湖が氷曳の発祥地ということになる。

文書の上で最初に「氷曳」について出てくるのは「諏方大明神画詞」である。「上下両社ノ中間ニ五十町湖水アリ、氷閇カサナリテ（略）行人征馬ノ通路トシ、犬笠懸ノ馬場トス、漁人網ヲヲロストテ、仮令五六尺切ヒラク時、十人計斧鉞ヲモテ、切テ魚ヲトル[59]。」とあり、網をおろすために氷を切り開くという内容なので明らかに「氷曳」の記述である。「諏方大明神画詞」は室町時代初期に上社大祝家の分流にあたる円忠という人物が、失われてしまった諏訪社の縁起書を復活させようと著したもの[60]だから、その記載内容は多少時代を遡ることができるので、室町初期よりも前からこの漁法が行われていたことは確実である。

その後、「神使御頭之日記」の天文九年（一五四〇）の条中に「十二月晦日夜ヨリ海コヲリ、次年之正月五日夜御渡候ナトヒハン候、此方様体イカ、アルベク候哉、又アミモ十日ノヒヨリヒケ候[61]」という記述があり、永禄八（一五六五）年には「信玄十一軸」中に史料７・８がある。天正五年（一五七七）には網渡に関する武田勝頼の奉書が二通出されている（史料９・10）。史料７〜10の分析は後に回すことにしてここでは氷曳に関する史料の提示ということにとどめておく。

このように、戦国時代までの「氷曳」の史料は決して多いとは言えず、これだけで中世における氷曳漁の実体を解明することは難しい。しかし、江戸時代にはたくさんの史料が残されているため、江戸時代の史料から中世を推測することが可能である。また、数は少なくても中世史料が残っていることも中世にこの漁法が盛んに行われていたことを示すと思われる。

江戸時代には、氷上漁は五ヶ村四浜の独占で行われていた。氷上五ヶ村四浜は、明海三浜に岡谷村（現・岡谷市本町付近）と有賀村を加えた五ヶ村で、小坂村と花岡村を一浜として数えている。

なぜこの五ヶ村が特権を得たかというと、氷曳は一時に多人数の出動が必要であるため家老家の知行地である岡谷・有賀両村が課役という形で三浜に加わったらしい。文禄四年（一五九五）「あきうみのおさめ覚」によると、真志野村、文出村（現・諏訪市豊田）、下金子（現・諏訪市中洲）、上金子（同）、田部村（現・諏訪市湖南）、上原村（現、茅野市上原）、大和村（現・諏訪市大和）高島村、在（有）賀村、花岡村といった諏訪湖岸の一〇ヶ村が入漁の貢租を納めているが、高島、有賀、花岡各村は貢租負担額が大きく、連署にも高島、小坂、有賀、花岡の代表の名前しかないことから、有賀村は後に明海三浜と称される村々と並んで、この時期の諏訪湖の漁業において他村と比べ優位に立っていたことがわかる。これは明海だけでなく氷上漁も同様だったであろう。

五ヶ村四浜に対して、高島藩は氷曳業の特権を与えた代償として氷曳運上はもちろん御用鮒も上納させた。氷曳はこの氷曳運上のための「運上網」と御用鮒のための「御用網」を中心に曳かれ、ときに「臨時御用網」が課せられた(62)。また、諏訪社の御頭行事について「御頭網」が毎年正月に一網だけ許された。

氷曳運上は、寛永十九年（一六四二）の湖検地の際に氷曳一網五斗四升八勺と決められ、小和田村、花岡・小坂村、有賀村は四網分、岡谷村は三網分計一五網分の年貢網を曳いた。明海年貢と同様対村課税ではあるが、その負担は村の本百姓全員に割りつけられた。

賦役的現物納である御用網は、現物（鯛を中心に鯉・鰻など）を上納するために労働力を提供させられるもので、毎年一五〇〇匹の魚を藩へ納めることになっていた。またこの他に「お配り」と称する厖大な量の献上もあったが、氷曳の漁獲高はかなり高く、(63)年を経るに従って魚が減ってきたため、量が定められていた現物納は漁民にとって大きな負担だったと思われる。

幕末から明治初年とかけては五ヶ村四浜以外の村でも氷曳漁を行うようになり、明治七年（一八七四）の地租改正で諏訪湖が公有面になると漁労者が急増し濫獲の極に達したので明治十年（一八七七）禁漁になった。

「氷曳」の他にもう一つ確認しておかなければならないことに「網渡」がある。「網渡（あど）」とは氷の漁場のことで、(64)近世文書には「網戸」、「阿渡」、「阿戸」などと記されている。「網渡」は諏訪湖中に固定した「あど割り」がなされていた。湖心に空地を残し、岸に向かって放射状に設定され、その「網渡」一ヶ所を一あど、または一河と呼び、湖岸から一三〇〇メートルの長さと一七〇メートルの幅をもつ大漁場であった。(65)寛政年間（一七八九～一八〇〇）の「氷曳の阿戸絵図」(66)を見ると、湖が三一ヶ所に分割されていて、それぞれの「網渡」に名前がついている。村々はくじ引きによりその年の「網渡」の割りあてを決定したが、(67)松下・浜境・新阿戸・かとぎ沢・仲阿戸などの主要な「網渡」はほとんど毎年使用されていた。(68)

一日に一あど曳くのが定法で、江戸時代には運上の割合が御用網一日、運上網四日というパターンが多かったので、「網渡」もそれに合わせて一ヶ村に四、五あど割りあてられた。それ故、一冬の氷曳で約三〇の「網渡」がすべて使われるわけではないし、全然使われなかった「網渡」もあるようである。毎年使われる「網渡」と使われない「網渡」の違いは、おそらく漁獲量に関係するのだろう。

宝永元年（一七〇四）「花岡村名主氷曳日記」によると、「むかし四拾八阿戸年貢四浜ニテ弐拾五石九斗五升八合四勺（中略）後三十六阿戸ニなり又三十阿戸ニなり又二十八阿戸ニなり」(69)とある。「むかし」がいつかわからないが、「四浜」という言葉が出ていることから五ヶ村四浜が成立した寛永十九年（一六四二）前後には四八あどあったと考えられる。寛政年間（一七八九～一八〇〇）のあど割りの図を見ると、諏訪湖西岸には「網渡」があまりない。諏訪湖は東岸の方が湖底の傾斜が緩やかなため、西岸は氷曳にあまり向いていなかったと思われる。年を経るに従い、効率のよい「網渡」の設定がなされていったのだろう。

以上のような江戸時代の氷曳や網渡の様子をふまえて、時代を遡って戦国時代の氷曳漁の実態を明らかにし、「網渡銭」について考えてみたい。

まず漁法については「画詞」の記述を参考にすれば、中世から近世へと下ってもほとんど変化ないと思われる。ただ江戸時代のように人足が四八人と決まるのはいつからかわからない。氷曳漁の担い手も残されている史料からはわからない。しかし明海については「あきうみのおさめ覚」に一〇ヶ村の名前が出ていることから、戦国時代にはこれに近い形の郷によって漁業がなされていたと推察される。

しかし気になるのは、「あきうみのおさめ覚」に湖北の村の名前が出ていないことである。上社と下社の対立でこの問題を考えるとすれば、それまでは誰もが諏訪湖に入って漁をすることができたのが、永正十五年（一五一八）に下社大祝金刺氏が上社方に滅ぼされたのを期に漁業権も上社方へ移ってしまった可能性がある。しかしこの案は、下社金刺氏領であった大和村の名前が見えるところに疑問が残る。

諏訪湖北の村々が最初から漁業などやっていなかったのなら問題にする必要もないが、山国信州において魚は重要な食料源・タンパク源となりうるし、江戸時代、高島藩は湯之脇（現・諏訪市湯の脇）、大和、高木（現・下諏訪町高木）、富部（現・下諏訪町富ヶ丘、五官周辺）、久保（現・下諏訪町上久保）、武居（現・下諏訪町武居）、友之町（現・下諏訪町友の町）などの村々の強い希望をいれて、運上をとって明海の沖投網だけを許したという事実があるので、元来行われていたと考える方が自然である。

史料９・10は天正五年（一五七七）に出された武田勝頼の奉書である。史料９の内容は、大祝殿がお願いされたことについては、御料所のように異議なく引かせなさいとの御下知がありましたというもので、その宛名は網渡御奉行衆になっている。諏訪社大祝は、惣領家が兵馬の権を握っていたのに対し祭事をつかさどっていたことからすると、大祝が氷曳網を引きたいというのは、政治・経済的な面ではなく、諏訪社の神事関係の面から申し出たのだと思われる。すると、近世の「御頭網」は、「網渡銭」の延長線上に考えることができるのだろうか。

「御料所のようにしてよい」という部分については、御料所は網を引くことができるという前提が窺われるため、御料所は氷曳の権利をもっていたと考えられる。仮に「あきうみのおさめ覚」に出てくる一〇ヶ村が氷上漁についても同様の権利を持っていたと考えることができるならば、この一〇ヶ村は元来武田氏の御料所であったと推察することができよう。

そしてもう一つ注目すべきことは、当時、網渡奉行すなわち網渡に関する担当者がいたことである。だから戦国時代において氷曳は自由に行われていたと考えるよりも、財源として重要ゆえに規制も多く、権力者によって管理されていたと考えた方がよいだろう。

史料10の内容は、諏訪湖における氷網渡については、前々のようにかけまわってうながし立て、厳重に勤めるようにとの御下知がありましたということであるが、「駈催」という言葉に、「網渡銭」の半ば強制的な面が窺われる。

これらの天正五年（一五七七）の勝頼奉書から一二年遡った永禄八年（一五六五）から九年（一五六六）にかけて、「諏方上下宮祭祀再興次第」全一一巻が下知されている。諏訪社の祭祀は費用の面から見れば、御頭役によるものと神田によるものが大部分を占めていたが、戦国の内乱により御頭役は廃絶し神田は武士に恩地として与えられてしまった。武田信玄はそれを復興しようとしたのである。この「信玄十一軸」の中に当時の諏訪湖の氷曳漁業の一面が窺える文が二つある。それが史料7と8である。

史料7は、二月十三日の祭礼について、舞をする子供たちの楽器や装束の費用は、この冬の氷曳の「網渡銭」をあてよという内容である。

二月十三日の祭礼について、『諏訪史』二巻は単独の項を設け、「信玄十一軸」中のこの文を引用し説明としているが、室町時代初期の祭祀の様子をそのまま伝えている「諏方大明神画詞」の中には二月十三日の祭礼はなく、「二月十五日ハ、下宮、同神宮寺ニシテ常楽会舞楽アリ[73]」とあり舞が行われる祭礼が十五日に行われていたことがわかる。つまり二月十三日の祭礼は常楽会と考えることができる。伊藤富雄氏は「下社では古くから二月十三日から三日間、神宮寺で常楽会を行ったが（以下略[74]）」と述べているが、「画詞」にはそのような記述がないため、今のところこの祭礼は常楽会ではないかという段階にとどめておく。常楽会は、先に饗膳があり、その後舞楽が行われ、御頭役によって勤仕された祭祀である。

史料8の記述は、五月五日の神事については、春宮での流鏑馬の道具がなくなっているので、舞をする子供たちの装束料として寄付するこの冬の「網渡銭」の残りを使って流鏑馬を再興せよ、もし余銭がなければ来年の「網渡銭」で仕立てるように、また、いい射手がいなければ甲府から遣わすという内容である。

五月五日の神事は五月会と呼ばれ、「画詞」によると饗膳と行列があり、次の日に流鏑馬、相撲などがあって、元来御頭役によって行われた大祭である。常楽会と五月会を比べると祭礼の内容は違うとはいえ、「網渡銭」の使われ方という視点から見ればさほど変わりないように思える。それは装束、楽器、流鏑馬の道具などの小物をとりそろえるための費用にあてられている。

「信玄十一軸」中の永禄八年（一五六五）十一月一日に出された「諏方下社祭祀数年退転之分令再興加下知次第[75]」（「網渡銭」に関する記載文の出典である）と、同年十二月五日に出された「諏方上宮祭祀退転之所令再興加下知次第[76]」を祭祀復興のための費用の出所という観点で比較してみたい。

「下社」の方は、神田（誰々分と書かれているものも含む）と料所が主な出所でほぼ同数である。これに比べて「上社」の方は、圧倒的に神田、領田が多い。この事実は、信玄がこれを下知するとき、上社は神田が多く残っていた、または誰の手に渡っているかわかったが、下社はほとんどそれがわからない状態だったことを物語っている。前に述べた、神田が俗領と化してしまったというのは、大祝が滅びてしまった下社について特に言えることだろう。だから下社の祭祀を復興するに際しては、替地を与えたり御料所から費用を出すなど、武田氏の負担も大きかったと推察される。上社の祭祀復興には必要のない「網渡銭」までも下社には与えなければならなかったのである。もしそうだとすれば、この事実は当時の諏訪下社の置かれた状態を如実に示しているものと言えよう。

そこで、御料所の村は氷曳の権利を持っていたのではないかという問題になるが、「網渡銭」は、史料8を見てわかるように武田氏の寄付という形で現れている。ということは「網渡銭」は武田氏の自由に扱える範囲内にあるということである。武田氏は、諏訪を領有していたといっても年貢を徴収できるのは御料所だけ[77]だから、「網渡銭」を年貢と同じ性質のものと考えることができるならば、御料所からしか「網渡銭」がとれないことになる。つまり御料所が網渡使用の権利を持っていた、逆に言えば、氷曳ができたのは武田氏の御料所である郷だったと考えることは容易である。

しかし、「網渡銭」はその名前が氷曳銭や魚銭ではなく「網渡銭」なのだから、行為より場所にかけられた税という意味あいが強いと思う。すると棟別銭に近いものということになろう。「網渡銭」が棟別銭のような性質のものであれば、領国全体に、誰にでも課すことができる。史料の上で戦国時代に氷曳をしていた郷村がわからない限りはどの郷が「網渡銭」を負担していたかはわからないが、「網渡銭」が年貢的性格にしろ棟別銭的性格にしろ、文禄の明海の一〇ヶ村の中に、武田氏の御料所である有賀や真志野、または田辺が含まれていることは[78]、氷曳の担い手について少なからずヒントにはなろう。

では、郷の中での「網渡銭」の担い手はどうだったのだろう。江戸時代の氷曳年貢は村の百姓全員に高掛けして徴収している。文化六年（一八〇九）の「有賀村氷引年貢金割帳[79]」によると一石につき八四文五分となっている。前述の「船別銭」は舟ごとの課税であり、その系統をひくと思われる明海年貢も舟割りで徴収されていることを参考にすれば、「網渡銭」は、実際に氷曳を行うのは技術を備えた人々だとしても、郷村民全員にかけられたと考えていいと思う。

最後に、いつから「網渡銭」がかけられるようになったかについて触れたい。史料の残り具合から言って、信玄が初めて網渡に目をつけたものだというのと、氷曳の歴史から考えて信玄が諏訪を領有する前からこの制度があったという二通りが考えられる。どちらにしても、当時氷曳が、権力者に目をつけられるほどまでに発達していたことだけは間違いのないことである。また「網渡銭」は、信玄や勝頼が諏訪湖の漁民までを手中におさめたという点で大きな意味を持つだろう。

戦国時代の「網渡銭」の性格について触れたので、それが果たして近世の漁業税とどう関係するのか考えてみたい。既に明らかにしたように、「網渡銭」とは氷の漁場に課された税であり、諏訪社、特に下社の祭祀を再興するための資金として利用されたものであった。近世の漁業税には、前述のとおり明海漁業に関するものと氷上漁業に関するものの二通りがあるが、冬期の漁業税という点で「網渡銭」に対応するものは氷上漁業の税である。だが、その氷曳運上や賦役的現物納は、五ヶ村四浜が特権的に氷上漁を行うことの代償として藩に支払う営業税というのが本質であり、諏訪社の祭祀再興の資金としての「網渡銭」とは性質を異にするものなのである。そこで、諏訪社の祭祀に関係する近世の漁業税を考えるならば、「御頭網」というものがある。

「御頭網」は、諏訪社の御頭行事に関して、御頭郷が氷曳漁の権利を持つ五ヶ村四浜に委託して、正月に一網曳くものである。それがどのように曳かれたかは、様々な史料から窺うことができる。曳き番は輪番制[80]で、曳き番争いがしばしば起こった[81]。それは依頼主（御頭郷）と五ヶ村四浜の関係が複雑に引き起こしている。また、一月のうちだったらいつ曳いてもよかった[82]。網を曳いて取れた魚は、文政九年（一八二六）の「御頭郷小坂村御贄網入用覚帳[83]」によると小坂村、花岡村、橋原村（現・岡谷市川岸）、鮎沢村（同）、駒沢村（同）、岡谷村、芹ヶ沢村（現・茅野市北山）に分配されている。以上の村々はこの年の御頭郷であるので[84]、取れた魚は御頭郷が分配したことがわかる。

「御頭網」は近世文書にのみ出てくる言葉だが、近世以前にはなかったのだろうか。史料9を見ると、大祝が氷曳の網を曳きたいと武田氏に申し出ている。先にこの申し出は神事関係によるものだろうと述べたが、そうだとしたら「御頭網」はまさにそれである。「御頭網」自体が神事ではないことは、「信玄十一軸」にその記載がないことからわかるが、神事に関係するというのは、神事には饗膳のための魚、言いかえれば贄としての魚が必要だからである。「御頭網」が別名「贄網」と呼ばれる理由はそこにあろう。

税と贄は根本的に異質なものである。しかし「御頭網」に関しては、諏訪社という側面から見れば贄、漁民にとってはそれが労働力提供という意味で賦役すなわち税の一種と解釈でき、両方の性質を兼ね備えた特殊な税であったと考えられる。

そこで「網渡銭」にもそのような要素があるか考えてみると、「網渡銭」の一部に贄として献上される魚も含まれていたかもしれないという可能性は、史料８の、今年分で足りなかったら来年の「網渡銭」を使うようにとの記述から、贄が含まれる余裕が感じられないため否定されよう。それに「御頭網」は現物納、「網渡銭」は「～銭」とつくことから銭納と考えられ納税体系も異なっている。従って、「御頭網」とのつながりは史料９に見られる。換言すれば「御頭網」の起源は戦国時代に遡ることができるが、「網渡銭」と「御頭網」は直結するものではないだろう。

おわりに

以上「船別銭」と「網渡銭」を中心にして特に漁業税という側面から戦国時代の漁業を考えてきた。

まとめてみると、文禄四年（一五九五）「あきうみのおさめ覚」以前において漁業税的性格をもつものとして、史料の上からは二つが考えられる。一つは「船別銭」であり、もう一つは「網渡銭」である。「船別銭」は史料の上から見ると中世特有の言葉で、八剣神社の造営費として、諏訪湖で漁業を営む民から徴収した雑税である。また、「網渡銭」とは武田氏の支配の時代の文書に出てくる言葉で、氷上漁業である氷曳を営む人々から徴収した税と考えることができる。そして、諏訪社、特に下社の祭祀を再興するために使われた資金だと言える。このように「網渡銭」を氷上漁業の税ととらえると、「船別銭」は明海漁業の税ととらえられる。近世以前、少なくとも戦国時代には諏訪湖の漁業を夏期と冬期の二元的にとらえて税金を徴収していたものと推察される。それは明海漁、氷上漁共に発展していたことを意味し、漁業に従事する人々をもれなく税の対象としたと言える。そして明海漁と氷上漁の担い手が同一だったとしたら、この二元的税制は二重搾取となることに注目すべきである。しかしこの二重搾取も諏訪社の権威を借りれば許容されたのだろう。

また、「船別銭」、「網渡銭」の使われ方について比較してみると両者に共通するのは諏訪社が関係しているという点である。風の神やいくさの神としての諏訪社の性格は古代史、戦国時代史の中で強調されているが、こうした税のあり方からは水の神や狩猟の神、換言するなら漁労の神としての諏訪社が浮きぼりにされてくる。その意味から言えば私たちが考えるよりずっと漁民と諏訪社は近い関係にあっただろう。

例えば、氷曳ができるのはおみわたりを終えてからだということは、おみわたりができれば氷の上にのることができるという伝承から容易に想像できる。だから、神渡拝観は単なる神事ではなく、漁民にとっては直接漁業に関係あるものとして生活に密着した問題である。そしてそれが古くからの漁村と考えられる高島村によってなされているのも必然的なことと言えよう。つまり、近世漁業の分析だけではわからなかった諏訪社と漁民との関係が導き出せるのである。また、時として生命の危険も伴う漁業を守護してくれる神に対する還元という意味で漁業税が諏訪社に関することに使用されていると考えることもできよう。

「網渡銭」が下社の祭祀を再興するための資金として使われていることは、戦国時代の諏訪社の状況を語る上で重要な視点となる。すなわちそこからは祭祀復興に際して武田氏自身が拠出している費用はほとんどが下社にあてられた事実を見ることができ、戦国時代の下社は祭祀を行うための経済的基盤をほとんど失っていたことがわかる。

両者をその起源という観点から見た場合、「船別銭」は「任本帳之文」という記述から戦国時代以前からあったものと推測できる。「網渡銭」は前述の通り信玄が初めて課したもの、以前からあったものと二つの考え方があるが、残された史料からわかるのは、双方とも権力者である武田氏に目をつけられ、権力者の税対象となったことである。すなわちそこには戦国大名武田氏の漁民支配の姿を見ることができる。信玄や勝頼は、漁民とは切っても切れない関係にある諏訪社の祭礼、あるいは摂社である八剣神社の造営という、人々にとって逆らうことのできないものの権威を借りることによって、漁民に対し税の徴収を号令したのである。つまり、漁民と諏訪社（漁労神としての）との関係に武田氏が介入する方法で支配を貫徹しようとしている。漁民が諏訪社のためなら税を徴収されるのも当然だと思う気持ちがその方法を容易にさせ、漁民を支配の中にとりこみやすかったのだろう。

信玄について言えば「網渡銭」を祭祀再興の費用とする規定をしているし、勝頼は、「船別銭」を徴収し八剣神社の造営をするようにとの旧来からの規定に舟の等級によって税額を異ならせることをつけ加えている。つまりそこからは、二人は同じ手段を用いながらも信玄は「網渡銭」に対して、勝頼は「船別銭」に対して今までより一歩進んだ税体系を試みて、権力の網をかけたということができよう。それは、勝頼の時代に漁民に対して一層の権力が浸透したことをも示している。

また、「網渡銭」については年貢的性格か棟別銭的性格かという問題を提起したが、年貢的性格だとしたら、御料所の村々に氷曳の特権を与える、すなわち漁村の限定を行い、それまで自由に入漁できた諏訪湖の漁業体制を大きく変質させたことになり、信玄の漁民支配に関する権力は強大なものだったと言える。

しかし棟別銭的性格の場合は、武田氏侵入以前から氷曳を営んでいた人すべてに税を課したことになり、漁民統制という側面から見た権力は体制を変質させるほどの積極性は見られない。それは「網渡銭」が信玄が新たに課したものか以前からあったものかによって信玄の漁民支配に対する評価が変わってくるのと同じである。

武田氏の諏訪支配の重要性は諏訪社の存在にある。人心を収攬するためには諏訪社の権威は絶対的なものであると考え信玄や勝頼は諏訪社の名をかりて人民に号令した。(85)「船別銭」や「網渡銭」がそれを如実に示しているし、「信玄十一軸」も諏訪社祭祀復興を名目に信濃一国に号令できる権利を握ったものとして評価することができる。

汚染された諏訪湖を目の前にして生活している私たちは、食料としての諏訪湖の魚の重要性をほとんど感じない。

諏訪は、中心に諏訪湖を抱えているため土地が狭く、その上寒冷地ゆえ大規模な農業の発達は見られなかった。だからこそ歴史の中で諏訪湖の魚は諏訪の人々の重要な食料源でありタンパク源であった。また産業の中に占める漁業の割合も、諏訪湖周辺村落においてはかなり高かったと想像できる。すなわち武田氏が諏訪を支配するに際して、農民統治は当然のことながら漁民統治も重要な課題だったに違いない。それを克服すべき手段として利用されたのが諏訪社なのである。

註

（1）小林茂樹『諏訪湖の漁具と漁法』四～六頁（下諏訪町博物館、一九七四年）。
（2）同右二〇頁。
（3）小林正人「近世諏訪湖の漁業(一)～(七)」（『信濃』一一巻二、四、五、七、一〇、一二号、一二巻五号、一九五九～一九六〇年）。
（4）小林正人編『諏訪湖漁業史料』（日本常民文化研究所・諏訪教育会、一九六〇年）。
（5）小林茂樹『諏訪湖の漁労』（一九八〇年）。
（6）『諏訪市史』中巻（諏訪市、一九八八年）。
（7）『岡谷市史』上巻（岡谷市、一九七三年）。
（8）今井広亀『改版諏訪の歴史』（諏訪教育会、一九八二年）。
（9）宮坂光昭・浅川清栄『図説諏訪の歴史』上（郷土出版社、一九八三年）。
（10）諏訪教育会編『諏訪の近世史』（一九六六年）。
（11）『岡谷市史』上巻八六三頁。
（12）「近世諏訪湖の漁業(一)―諏訪藩の「猟業改」を中心として―」一二頁。
（13）同右一二頁。

(14) 諏訪教育会編『復刻諏訪史料叢書』第四巻（以下、諏史叢㈣と略す）八三二頁（一九八四年）。
(15) 諏史叢㈣八三七頁。
(16) 信濃史料刊行会編『信濃史料』第十三巻四一頁（一九五九年）。
(17) 同右第十二巻六四五頁（一九五八年）。
(18) 同右十四巻二八五頁（一九五九年）。
(19) 「近世諏訪湖の漁業㈠」二頁。
(20) 『信濃史料』十二巻五九三〜六五九頁。
(21) 『諏訪市史』中巻一三三頁。
(22) 諏史叢㈢一二頁。
(23) 『改版諏訪の歴史』一七一頁。
(24) 『諏訪市史』中巻七六五頁。
(25) 小口伊乙『土俗より見た信濃小社考』二一七頁（岡谷書店、一九八〇年）。
(26) 同右二一八頁。
(27) 同右二一八頁。
(28) 『大日本百科事典』２一七二頁（小学館）。
(29) 『伊藤冨雄著作集』第五巻上代及び中世の下筋地方五〇頁（永井出版企画、一九八八年）。
(30) 『改版諏訪の歴史』一七五・一七六頁。
(31) 小林富彦『神渡り』一一頁（草原社、一九八四年）。
(32) 同右一〇頁。
(33) 『諏訪市史』中巻七六五頁。
(34) 『諏訪湖漁業史料』七四頁。

(35) 宮坂清通『諏訪の御柱祭』二三九頁（甲陽書房、一九五六年）。
(36) 『諏訪市史』中巻七六五頁。
(37) 諏史叢㈠一八二頁。
(38) 『諏訪の御柱祭』二三八頁。
(39) 『伊藤冨雄著作集』五巻九五頁。
(40) 『新編信濃史料叢書』第七巻五二頁（信濃史料刊行会、一九七二年）。
(41) 諏史叢㈡五三三～五四七頁。
(42) 同右㈠二一三頁。
(43) 『諏訪湖の漁具と漁法』一一五頁。
(44) 『諏訪湖漁業史料』四四一頁。
(45) 同右四四四頁。
(46) 『諏訪市史』中巻四八二・四八三頁。
(47) 柳平千彦『すわ歴史散歩』一〇三頁（諏訪文化社、一九八三年）。
(48) 『諏訪の近世史』五〇八頁。
(49) 『諏訪湖の漁具と漁法』二九頁。
(50) 『諏訪の近世史』五〇八頁。
(51) 『長野県町村誌』南信篇三二六六・三二八二・三二九〇・三三二四頁（長野県、一九三六年）。
(52) 『諏訪市史』中巻四八八～四九三頁。
(53) 諏史叢㈠二九九頁。
(54) 同右三〇〇頁。
(55) 諏史叢㈢三〇七頁。

(56) 同右三三二頁。
(57) 『諏訪湖漁業史料』四四二頁。
(58) 田中阿歌麿『湖沼学上より見たる諏訪湖の研究』下巻一三九八頁（岩波書店、一九一八年）。
(59) 諏史叢㈠二二〇・二二一頁。
(60) 『改版諏訪の歴史』一〇四頁。
(61) 諏史叢㈠四七二頁。
(62) 『岡谷市史』上巻八七二頁。
(63) 『諏訪の近世史』五一五頁。
(64) 『諏訪湖漁業史料』四四一頁。
(65) 『岡谷市史』上巻八七三頁。
(66) 『諏訪湖漁業史料』口絵。
(67) 『諏訪の近世史』五一八頁。
(68) 同右五一七頁。
(69) 『諏訪湖漁業史料』二〇七頁。
(70) 『改版諏訪の歴史』三八五頁。
(71) 『伊藤富雄著作集』五巻三六頁。
(72) 『諏訪の近世史』五〇二頁。
(73) 諏史叢㈠二〇五頁。
(74) 『伊藤富雄著作集』五巻九一頁。
(75) 諏史叢㈠二九八～三〇三頁。
(76) 同右二五五～二六三頁。

(77)『長野県史』通史編第三巻中世二　三〇五頁（長野県史刊行会、一九八七年）。
(78)同右二八五頁。
(79)『諏訪湖漁業史料』一三五頁。
(80)同右二四三、二七二、二七三頁。
(81)同右三三二頁。
(82)同右二九七頁。
(83)同右二九七頁。
(84)浅川清栄「信州諏訪上社御頭郷について（上）」二七頁（『信濃』四一巻五号、一九八九年）。
(85)笹本正治『武田氏三代と信濃―信仰と統治の狭間で―』一七二頁（郷土出版社、一九八八年）。

Ⅱ　武田勝頼の諏訪社再興政策

小林純子

武田勝頼が統治者としてどのように宗教に対峙していたのか、信濃国一之宮である諏訪社（現在の諏訪大社。長野県諏訪市に上社本宮、茅野市に上社前宮、下諏訪町に下社春宮と秋宮の計四社が存在する）を抜きにして考えることはできない。その要因が、信濃国内はもとより他国へも軍神として知られ、また、狩猟神・風神・農耕神として多くの地で勧請されている諏訪社に対する崇敬のみではないところに勝頼の勝頼たる所以がある。

一、勝頼の出自と諏訪社

勝頼は武田信玄の四男として、側室の諏訪御料人（すわごりょうにん）との間に生まれた。諏訪御料人は、信玄によって滅ぼされた諏訪頼重（よりしげ）の娘であり、父の仇に愛され時代に翻弄された女性としてしばしば小説などに描かれている。勝頼は、その名前に武田氏に代々伝わる「信」の字を使わず、諏訪氏の通字である「頼」の字を使用しており、信玄は、当初諏訪家を継がせようと考えていたようである。永禄五年（一五六二）、十代半ばにして勝頼は伊那郡代として高遠城を守ることになるが、その間、信濃国二之宮小野神社（現在の塩尻市）に、「諏方四郎神勝頼」という銘を入れた梵鐘を寄進している。「神（じん）」は諏訪氏の本姓であり、自らが諏訪氏であるとの意識がよく表れている。しかし、信玄の長男義信が父の手により幽閉されるという事件が起こったため、信玄の後継者として勝頼が浮上、その後の「武田勝頼」としての活躍がある。つまり、「武田勝頼」誕生は不慮の事態の産物であり、本来は生まれながらにして諏訪大祝の血を引く、諏訪社を祀り守るべき「諏訪勝頼」であったのである。

二、信玄と諏訪社

平安時代に編纂された今様歌集「梁塵秘抄」には、「関より東の戦神 鹿島香取諏訪の宮」とあり、諏訪社は、関東の軍神として古くから有名で多くの武将に信仰されてきた。武田氏も例外ではなく、そのつながりは源平合戦の頃の、武田信義・一条忠頼らから見られる。

信玄は、天文十一年（一五四二）に諏訪を領有してから、たびたび戦勝祈願や武運長久の祈禱を依頼し、諏訪社の加護を期待して戦に臨んでいる。また戦場では、諏訪明神像を頂につけた兜や諏訪法性兜を身につけ、信玄自筆と伝えられる諏訪明神旗を本陣に立てていたという。強く軍神としての諏訪社を信仰していた様子が窺える。一方、諏訪上社の神官である神長官守矢氏や権祝矢島氏の所領や身分を安堵することでその支配下に取り込み、誓いに鳴らすための宝鈴の使用料を定めるなど、着実に諏訪社へ権力を浸透させていたことも事実である。

戦乱が続く世の中で、諏訪社の祭礼が次第に行われなくなっていった現状に対し、神長官が救いを求めたのが信玄であった。信玄は、過去の資料を元に様々な祭祀を調査し、時には自らが管理する御料所を寄付するなどの条件をつけて、永禄八年（一五六五）から翌年にかけて再興を命じた文書を発行した。それが、「諏訪上下宮祭祀再興次第」、通称「信玄十一軸」である（表1）。

そのほとんどにおいて再興させるための費用の出所を明示しており、これにより信濃国内の諏訪社領を確認し、生

表1 「諏訪上下宮祭祀再興次第」の概要

和暦	西暦	干支	月	日	題箋	題名	上下社別	項目数	宛所	判の位置	内容
永禄八	一五六五	乙丑	一一	朔	信玄下知状巻十	諏方下社祭祀数年退転之分今茲永禄八年乙丑十一月朔日令再興加下知次第	下社	三六	宮奉行竹居祝、大和監物、高木喜兵衛尉、辰野伝兵衛尉、竹居宮内丞、諏方刑部右衛門尉	袖判（高）	下社祭祀が、神田の知行・給恩地化によって所在不明になりつつあるため退転。それを料所からの替地を主な手段として再興させる。
			一二	五	信玄下知状巻一	信州諏方郡上宮祭祀退転之所、今茲永禄八年乙丑十二月五日令再興加下知次第	上社	三五	大祝殿、神長官殿、禰宜大夫殿、権祝殿、擬祝殿、副祝殿	袖判（高）	上社における祭祀が知行地化により規模縮小・退転。神田の場所、規模、勤仕者を明確にし、替地を渡して再興。
			一二	七	信玄下知状巻二	諏方上宮祭祀自往古至今永禄八年乙丑不退転執行之次第	上社	三三	大祝殿、神長官殿、禰宜大夫殿、権祝殿、擬祝殿、副祝殿	袖判（高）	断絶することなく勤めるべき上社の祭祀について、元通りとはいかなくても今ある神田の状態を確認し、それで続けていくことを下知。
			一二	一〇	信玄下知状巻三	諏方上宮神領或七貫五百銭之田畠或五貫文之所或三貫文之所相拘輩随于神田之多少勤祭礼之費用有増減之模様先規如此自今以後弥守此規則者矣	上社	三	大祝殿、神長官殿、禰宜大夫殿、権祝殿、擬祝殿、副祝殿	袖判（高）	神田の多少や祭礼費用の増減にかかわらず勤むべき神事供物は先規に従って勤めるようにと、七貫五〇〇文・五貫文・三貫文の所より勤める供物を指示。

年	月	日	文書名	内容	社	数	宛所	形式	備考
永禄九 一五六六 丙寅	一一	一〇	信玄下知状巻四	諏方上宮祭祀退転之儀尋捜旧規興其百廃矣此外古今無陵夷勤来分者不及下地歟然ニ社司等所望之意趣者令帯来所之古文ニ加判形者為社家之青氈於千万世可守此規則之由任于請者也	上社	一五	（なし）	袖、表題下に署名・判（低）	上社大立増・小立増神事の規式を順を追って諏訪社側が調査・作成したと思われるものに信玄が判形を加え保証。
	一一	一〇	信玄下知状巻五	諏方上宮祭礼退転之所令再興次第	上社	一〇	大祝殿、神長官殿、禰宜大夫殿、権祝殿、擬祝殿、副祝殿	袖判（高）	伊那郡における退転した湛神事について、神田を還付するなどの手段で再興。
	一一	一一	信玄下知状巻六	湛神事退転之所令再興次第	上社	一一	大祝殿、神長官殿、禰宜大夫殿、権祝殿、擬祝殿、副祝殿	袖判（高）	諏訪郡内の湛神事について、替地など新たに渡すことによって再興。
	一一	一一	信玄下知状巻七	諏方上宮祭礼退転帳	上社	二三	大祝殿、神長官、禰宜大夫殿、権祝殿、擬祝殿、副祝殿	袖判（高）	最早再興に及ばないとする上社の神事を挙げている。もし神田だという実証がある所がみつかったらその時に改めて下知する。
	九	三	信玄下知状巻八	諏方上宮祭礼退転之所令再興次第	上社	九	大祝殿、神長官、禰宜大夫殿、権祝殿、擬祝殿、副祝殿	袖判（高）	上社の造宮役について、造宮銭難渋については厳重に勤めるように指示。

			九	三	信玄下知状 九巻	諏方上宮末社同祭祀退転之儀尋捜旧規興其百廃然ニ社司等所望之意趣者令帯来所之古文ニ加判形者為社家之青氈於後代可守此規則之由任于請者也	上社	二四	（なし）	袖、表題下に署名・判（低）	上社やその末社の造宮役について、勤めるべき郷村を明確にしたものに信玄が判形を加えて保証。
			九	晦	信玄下知状 十一巻	諏方下社造宮改帳	下社	一六	竹居祝、大和監物、高木喜兵衛、辰野伝兵衛、竹居宮内丞、諏方刑部右衛門尉	袖判（高）	下社の造宮役について、勤仕すべき郷村を明確にし厳重に勤めるように指示。

産力や軍事力を計算した可能性も指摘できる。こうして、信玄は各村々に対して諏訪社の祭礼を名目に支配の手を伸ばしていった。

全十一巻の内容を見ると、上社分が九巻、下社分が二巻と、圧倒的に上社分が多い。下社は、戦国時代も早い段階に、上社との争いのため大祝金刺(かなざし)氏が衰亡しており、早くから祭祀が退転していたと考えられ、前例となる資料の不足から、完全な再興策が採れなかったと思われる。

また、十一巻のうち、通常の祭祀に関わるものが八巻あるのに対して、造宮に関わるものは三巻のみである。

造宮は、現在諏訪大社で最も有名な祭りである御柱祭につながる七年目に一度の式年造営で、室町時代に著された諏訪社の縁起「諏方大明神画詞」では、桓武天皇の時代から始まったとされる歴史ある行事である。現在は、諏訪郡内の人々が奉仕して「御柱(おんばしら)」と呼ばれる巨木の曳き建てを行うことが祭りの中心と捉えられ、宝殿の建て替えを伴うことがあまり知られていないが、戦国時代までは、信濃国内の特定の郷村が費用を負担し、御柱、宝殿はもとより玉垣などの建て替えも行う大規模なものであった。「十一軸」では、大宮（現在の本宮）の三之御柱・不明門・一之鳥居・三之鳥居・外垣・宝殿・御柱の引綱、前宮の御門屋・内御玉殿・三之御柱、ほか上社の末社、下社秋宮の宝殿・瑞垣・御門屋・二之御柱・三之鳥居、春宮の宝殿・五間拝殿・外垣・四之御柱・不明門の造宮が退転しているとして、費用の出所を明示している。

とはいえ、「十一軸」の記載分量から考えると、信玄は、申年と寅年にしか行わない造宮よりむしろ通常の祭祀祭礼を整えることに腐心したと判断してよかろう。

三、勝頼の再興策

ところが勝頼は信玄と少し方向を変え、造宮の再興に力を注いでいる。それを表す史料が、現在九冊残されている「造宮帳」である（表2）。永禄期の祭祀再興次第が発給されてから十二年後（式年造営のサイクルで表現すれば二回後）は、勝頼が家督を継いでから初めての式年造営である。その時の天正六年（一五七八）から七年（一五七九）にかけて作成されたもので、上社・下社やその摂社末社を含めた諏訪社の式年造営の規模・全容を知る上で最良の史料群である。

「造宮帳」には、この年に建て替えられることになっていた御柱・宝殿・瑞垣・外垣・鳥居・御炊所などの建立に係る郷村への費用割当額、代官と取手（執手とも書かれる）が主に記載されている。郷村側で徴収を行うのが「代官」であり、その郷村の地下人らであった。「取手」は、諏訪社側の人物として造宮銭徴収の取りまとめと支払い事

表2　造営帳の概要

和暦	西暦	干支	月	日	表紙	内容	印	所蔵者
天正六	一五七八	戊寅	二	二	天正六戊寅年二月二日 下諏方春秋両宮御造宮帳 竹居祝	下社春宮・秋宮の造宮銭について過去の記録や現状を調査し、末代までの神前帳にするため武田家側に印をもらったもの。	丸朱印（印文不明）	大祝諏方家文書
			二	七	天正六戊寅年二月七日 下諏方春宮御柱宝殿瑞籬外籬鳥居御炊所若宮舞台同廊二ヶ所大祝殿狩衣竹居祝狩衣造宮帳	下社春宮の造宮費用を負担する郷村とその費用（籾とその代との表記）、集金担当の代官（郷村側）・執手（諏訪社側）を明記（収入の部）。また、それぞれに使用費目を明記（支出の部）。なお、巻末に退転分を記す。＝過去の実績書（兼当年の計画書）	角朱印（「釣閑」）	大祝諏方家文書
			二	一〇	「　」二月十日 下諏方秋宮造宮帳 御宝殿御柱瑞籬外籬御炊所若宮同御柱不開御門舞台同廊弐ヶ所	下社秋宮の造宮費用を負担する郷村とその費用（籾とその代との表記）、集金担当の代官（郷村側）・執手（諏訪社側）を明記（収入の部）。また、それぞれに使用費目を明記（支出の部）。＝過去の実績書（兼当年の計画書）	角朱印（「釣閑」）	大祝諏方家文書
			二	吉	天正六年戊寅二月吉日 上諏方御柱大鳥居御宝殿御門屋廊末社 造宮帳 清書帳	上社大宮・前宮の造宮（瑞垣・玉垣除く）費用を負担する郷村とその費用、集金担当の代官（郷村側）・執手（諏訪社側）を明記（収入の部）。また、それぞれに使用費目を明記（支出の部）。＝過去の実績書（兼当年の計画書）	丸朱印（印文不明）	諏訪大社文書

二	吉	天正六年戊寅二月吉日　上諏方大宮同前宮　瑞籬外垣造宮帳　清書帳	上社大宮・前宮の造宮（瑞垣・玉垣のみ）費用を負担する郷村とその費用、集金担当の代官（郷村側）・執手（諏訪社側）を明記（収入の部）。また、それぞれに使用費目を明記（支出の部）。＝過去の実績書（兼当年の計画書）	角朱印（「釣閑」）	諏訪大社文書
天正七　一五七九　己卯					
一	二〇	天正七年己卯正月廿日　下宮春宮御柱鳥居玉垣外垣	下社春宮の造宮費用負担を割り当てられた郷村ごとの集金額と全体の支出額、残額を記す。＝収納帳	朱△印あり	大祝諏方家文書
一	二七	己卯正月廿七日春宮御柱諸［　］	下社春宮の造宮費用について、郷中より手形が来なかったものにつき書き上げたもの。	合点、朱○印あり	大祝諏方家文書
二	六	［　］二月六日［　］方　御柱大鳥居御宝殿［　］［　］［　］造宮帳	上社大宮・前宮の造宮（瑞垣・玉垣除く）費用負担を割り当てられた郷村ごとの集金額と全体の支出額、残額を記す。＝収納帳	朱△印あり	大祝諏方家文書
二	六	天正七年己卯二月六日　上諏方大宮同前宮　瑞籬外垣造宮帳　取帳	上社大宮・前宮の造宮（瑞垣・玉垣のみ）費用負担を割り当てられた郷村ごとの集金額と全体の支出額、残額を記す。＝収納帳	朱△印あり	大祝諏方家文書

務を担当している。

これらの「造宮帳」が、勝頼の諏訪社造宮再興政策であると言えるのは、まず、天正六年「下諏方春宮造宮帳」、「下諏方秋宮造宮帳」、「上諏方瑞垣外垣造宮帳」の三冊の表紙や綴じ目ごとに「釣閑」と刻まれた角朱印が押されていることから、この帳面の作成責任者が、勝頼の重臣である長坂釣閑斎光堅（ちょうかんさいこうけん）であることが挙げられる。長坂光堅は、武田氏により諏訪が治められて以後、神長官守矢頼真（よりざね）が「只今は甲府の御情け、また檀家の御懇趣にて相続候間、万御あんばい恐れながら頼み奉り候」（守矢文書）と諏訪社の祭祀がままならない旨を訴え頼った長坂虎房その人であり、出家後釣閑光堅と名乗っている。信玄・勝頼の時代を通じて、武田氏と諏訪社をつないだ重要な人物である。

また造宮帳には、諏訪社の神官や、諏訪氏以来の家臣であり武田氏の奉行人となっている有力豪族・祝人とともに、秋山宮内丞、甘利などの武田武士や、かつて勝頼所領であった高遠衆の堀彦兵衛、畑新介、保科美濃守などの豪族が「取手」として記載されている。武田氏が諏訪を領有する以前、すなわち諏訪頼重以前の諏訪氏統治下では諏訪の豪族たちが同じ役割を果たしていたであろうことを考えれば、諏訪社の造宮に武田氏の力が投入されたことを示すものであり、勝頼の権力を背景に作成されたことが一目にしてわかる。

他に、天正六年二月十二日ごろ大量に発行されたと思われる「造宮手形」（諏方文書、矢島文書他）の記載内容から、深く勝頼が関わっていることが知られる。この年二月に作成された造宮帳を元に、諏方越中守・窪島石見守・河西但馬・諏方伊豆守が勝頼の奉行人となり、代官衆及び取手に対し造宮手形を発行した。その内容は、「造宮につき厳重に務めるように。難渋する人は神人（この手形に記される取手か）を伴い（甲府へ）参府し上聞に達する（勝頼に報告するように。」とあり、未納分催促の段階で勝頼自身が登場することになっていた。実際に、前宮御門屋担当の高井郡井上庄（現在の須坂市井上）や、春宮瑞垣担当の小県郡芳比・洗馬・曲尾・横尾各郷（現在の上田市真田町）などには、甲府への参上を促す勝頼朱印状が出されている（越智神社所蔵文書他）。当初の催促は諏訪社側で行うが、未納の催促は勝頼が積極的に郷村側と接触しているのである。

以上のようなことから、武田氏の後ろ盾、あるいは介入なしでは造宮をなし得ない諏訪社の実態が明らかになってくる。

四、信玄施策の踏襲

では、再興の具体的な様子を、下社春宮宝殿の造宮を例に見てみたい。

信玄の時代、永禄九年の「諏方下社造宮改帳」によると、筑摩郡岡田郷（現在の松本市岡田）が棟・梁・柱などを建て、同和田郷（現在の松本市和田）が上葺きを行っていたが、岡田郷が造宮銭に難渋したため旧例を調べたら、「岡田・和田・竹居（武居(たけい)祝(ほうり)のこと。下社の筆頭神官。）の役」としか書かれていなかったので、当永禄九年は岡田郷から十五貫を出して上葺きの費用を補い、和田郷より毎年十二貫文受け取っている造宮銭から下の造作（棟・梁・柱など）を竹居祝が今後とも勤めるように定めている。また、和田郷の十二貫文のうち給所としてしまった六貫文分は蔵出（武田家の御料所）から弁済するとも書かれている。

勝頼の時代、末代の神前帳にしたい旨が表紙に書かれている天正六年「下諏方春秋両宮御造宮帳」には、先例では岡田が屋根より下を建て、上葺きは和田郷に百貫の神領があったのでその役として行ってきたが、和田の神領は今は給所にしてしまったというので、このことを永禄九年の造宮改の時に岡村（諏訪の代官所のこと）に言上したところ、岡田は小郷ゆえ十八貫文（代官免三貫文含む）の役、恩地になってしまった和田の神領分は十二貫を寄進する、その他足りない分は造営銭（造宮の予備費か）から補填して建てるよう下知があった。しかし、岡田は命令に従わず六貫文しか出さず、そのため和田が出した十貫文と合わせて十六貫文と造営銭からの補償で建てた事実が、「下諏方春秋両宮御造宮帳」を前提に作成された過去実績書兼計画書である天正六年「下諏方春宮造宮帳」に記されている。現代風に表現するなら、「徴収額の第一目標は二十七貫文（代官免除く）以上、ちなみに前回は残念ながら十六貫文」といったところだろう。その収納帳とも言える天正七年「下諏方春宮造宮帳」により、前年、岡田・和田両郷が不作だったため第一目標には及ばず、二十三貫しか出されなかったことがわかる。

以上のことからは、信玄の時代には御料所を寄進するなどして退転していた造宮を再興させようとしていたこと、勝頼はその再興策に則った上で状況に応じた造宮を行ったことがわかる。信玄時代の事業を継続している点については、決して造宮に関することのみではない。元亀四年（一五七三）四月、父信玄の死により家督を継いだ勝頼は、その直後から当主として継目安堵状を領国内に発給し始めた。信玄が認めた諸々の権益を保証したもので、「法性院殿より渡し置かれ候判形の旨」、「先の判形の通り」などの文言をもって書かれている。寺社領の安堵などもこの例に漏れず、信玄の踏襲が勝頼の基本路線であった。

五、造宮銭催促の手段

造宮事業が勝頼の権力を背景にしていたことがわかる事例として、三沢平太が取手となっているものを取り上げる。長享二年（一四八八）の「春秋之宮造宮之次第」（諏方文書）で、かつて雅楽衆が取手となっていた春宮一之大鳥居と外垣九間分の取手が現在不明と書かれている分について、天正六年の造宮時に新たに三沢平太に割り当てられた。「下諏方春宮造宮帳」には、「春宮一之大鳥居は高梨の原之郷のうち堤・桜沢・中条・小布施半分が役銭を出していたため、去る元亀三年（一五七二）に代官だった市川惣左衛門尉に言ったら難渋し費用を出してもらえず建てられなかった。この役所の内で塩田・へくへという郷が古帳にあるか、塩田の小字名なのかわからない。」「外垣十間は村山郷が建てる旨古帳にあるが近年は取り立てず建てられていない。」として、両方の当主（取手のこと）に三沢平太が任命されている。

造宮帳作成ののち、まとめて二月十二日ごろに造宮手形が発行されたが、原之郷ほか三沢平太が徴収すべき郷村に宛てても造宮手形が出されている（諏訪下社文書）。三沢は、おそらく造宮手形のみでは長年退転していた一之鳥居建立費用を徴収できない、ぜひ勝頼の後ろ盾が欲しいと判断したのだろう、二月二十八日付けで書かれた、下諏方大鳥居の造営銭催促を記した勝瀬朱印状（諏訪下社文書）を受け取っている。その結果は、天正七年の「下諏方春宮造宮帳（取帳）」には、高梨のうち原之郷を尋ね当たったけれどその郷がないため一之鳥居は建てなかったとある。外垣については朱印状が功を奏したか、十間分を村山三ヶ村から、四間分を「へくへ」（辺久部）から併せて七貫文受け取った。

六、困難を伴った造宮

武田氏の権力を背景にしているとは言え、戦国期ゆえに造宮には多くの困難が伴っていことも事実である。春宮御門屋、舞台、瑞籬五間の造宮銭の取手は辰野半兵衛だったが、勝頼の遠江攻略に際し浜松において討ち死にしたため、これらは建てることができなかった。

秋宮二之御柱は、北戸狩（現在の飯山市戸狩）ほか飯山の一帯が負担していたが、越後との国境のため役を務めることができないでいた。同じ大祝が取手となっている仁科領矢原庄のうち矢原・白金・柏原（現在の安曇野市穂高）・細萱（現在の安曇野市豊科）・細野（現在の北安曇郡松川村）・池田・正科（現在の北安曇郡池田町）がやはり越後国境につき近年は春秋両宮瑞籬十間、外籬三間の造宮銭を負担できなかったため、この役はやめて秋宮二之御柱を建てるようにと書かれている。

また、天正七年二月には、大宮・前宮・春宮・秋宮の各宝殿や御門第三十七箇所にわたり、三月、もしくは宝殿などは十月までと期限を決めて厳重に造立するよう勝頼が命じている（諏訪文書）ことから、式年造営の年の翌年に至るまで御柱を除く建造物は建て替えられていなかったことがわかる。この造宮に難渋した郷村の多さを物語っている。なお、勝頼は、武田家の御蔵前衆である諏訪の春方に命じて、天正三年（一五七五）には諏訪下社の千手観音堂を、同五年には下社神宮寺三重塔を造営している（棟札銘写）。勝頼は諏訪社神宮寺の再建にも力を注ぎ、日常的な祭礼より大規模な造営の再興に着手していることから、諏訪氏の血を引くものとしての自負が感じられる。しかしながら、勝頼は諏訪に支配の根拠を置いたことは一度もない。勝頼の存在意義を、諏訪の民衆の目に見える形で表したものが「諏訪勝頼」としての諏訪社造宮であったといえる。一方、「武田勝頼」としては、長篠で敗れた後の領国経営の立て直し、及び自身への求心力を諏訪社造宮へ仮託したと考えられる。

天正十年（一五八二）、織田信長が武田勝頼を攻めるため諏訪上社の焼き討ちをした。勝頼が進め、新造なったであろう社殿の焼き討ちは、信長にとっては勝頼の否定に外ならず、勝頼にとっては精神的支柱を失い大きな落胆となり、信濃の民衆にとっては、先行きの不安な次の時代の到来を予感させたであろう。

Ⅲ　天正六年の諏方社造宮事業と造宮帳作成について

長谷川幸一

はじめに

本稿で取り上げる信濃国一宮諏方社については、他の一宮に比して比較的研究蓄積が多い一宮である。(1)諏方社の実態についてはいまだ不明な点もあり、個々に検討を行っていく必要がある。本稿で検討する天正六年（一五七八）諏方社造宮事業については、(2)『諏訪史』・『諏訪市史』などの自治体史でも触れられており、(3)伊藤冨雄氏(4)・平山優氏(5)・井原今朝男氏(6)・田村正孝氏(7)による研究がある。

まず、伊藤氏の研究であるが、伊藤氏は造宮事業以外にも、諏方社についての研究成果が数多くある。(8)これらの成果は諏方社の基礎的研究として今でも色褪せないものである。しかし、本稿で検討する造宮事業について、伊藤氏は個々の事例と結び付けて検討した場合が多く、造宮事業を正面的に取り上げて検討をしていない。そこで、伊藤氏の研究成果を大系的に把握する必要がある。

続いて、平山氏は、諏方社造宮の公事賦課にあたって、武田氏が信濃一国における調査（造宮改）を実施し、武田氏は諏方社に残された諸記録に依拠し、郷村への公事賦課を試みた過程を検討した。ただ、平山氏の研究は、郷村の政治的立場を明らかにすることに主眼が置かれたため、造宮事業における諏方社の位置付けについては検討がされていない。そこで、改めて諏方社にとって武田氏による造宮改がどのように影響したのかを考察する必要がある。

そして、井原氏は、諏方社の造宮銭徴収システムについて検討した。具体的には、天正六年二月吉日付「上諏方造宮帳」(9)を検討し、この造宮帳が収納帳と下行帳を併せ持った帳簿であると新たな評価をした。また、造宮事業は、室町幕府における寺社造営棟別銭徴収システムと同様に、諏方社が当事者主義にもとづいて徴収を行い、戦国大名武田氏はあくまで諏方社の造宮銭徴収活動を保障した存在であったとしている。ただ、井原氏のこの造宮帳に対しての理解は、先行研究における理解とかなり隔たりがあるため再検討の必要性を感じる。

一方、田村正孝氏は、諏方社は武田氏の保護下に入ったことにより、諏方社が造宮銭を徴収できた郷村は武田領国に限られ、武田氏と敵対していた上杉領国と接する高井・水内郡の郷村からの造宮銭徴収は困難をきたした点を指摘した。そして、このような状況で、武田氏は諏方社への保護・統制を強め、神事祭礼の復活を試みるが、神事祭礼役の退転は一層加速されてしまったと評価する。この田村氏の評価は、造宮帳から造宮役が退転した郷村を抽出した作業に拠っている。しかしながら、造宮事業の成否について評価をするためには、造宮銭徴収の実態を把握しなければならないであろう。

以上のように、天正六年の諏方社造宮事業については、武田氏と郷村との関係や、造宮銭徴収体系、諏方社の造宮役の退転が一層に進行していたことなどが指摘されている。しかし、この天正六年の造宮事業がどのように行われ、造宮事業の成否はどうであったのかについては本格的に検討が行われてきていない。そこで本稿では如上の課題に迫るため、まずは天正六年の諏方社造宮にあたって造宮帳が作成された背景を考察していく。

一、造宮帳について

天正六年の造宮にあたって造宮帳が作成される。造宮帳は、天正六年に作成されたものが五冊[10]、天正七年に作成されたものが四冊現存する[11]。この他、長享二年の下社春宮・秋宮の造宮次第について、天正五年に書写したものがある[12]。

宮地直一氏・伊藤氏を始めとした先学の研究では、天正六年に作成された造宮帳は、天正六年の造宮事業を行うにあたって先例を調査した台帳であるとし、天正六年の造宮銭の徴収状況を記した取帳として作成されたものが、天正七年の造宮帳であるとしている[13]。しかし、井原氏は清書帳Ａを造宮銭の収支を算出した結解・算用の納下帳であると評価した。このように、造宮帳の評価については二分された状況である。造宮帳については先学での検討があり、重複する部分があるかもしれないが、改めて造宮帳の性格を整理するため、以下検討をしていきたい。

清書帳Ａの形式

まず、清書帳Ａの形式をみる。

【史料１】上諏方造宮帳（抜粋[14]）

（表紙略）

大宮之一御柱　佐久郡大井庄

鳴沢郷　八貫文　代官　上原与三兵衛

長土呂郷　四貫八百文　代官　禰宜小四郎

平尾郷　三貫百文　代官　庄左衛門尉
根々井郷　拾貫文　代官　九山源助
塚原之郷　参貫文　代官　右京助
曾禰上下　三貫九百文　代官　不知
湯原之郷　弐貫五百文　代官　上野
小田切上中下　九貫五百文　代官　草間右近
矢島之郷　五貫五百文　代官　諸沢常陸守
比田井之郷　四貫五百文　代官　外記助
右之郷村より四貫六百文　為小祝分出ル、
代官右之衆
都合五拾九貫四百文
右之仕所　矢嶋讃岐守（時広）
拾貫文　御酒御穀　小井弖半兵衛（綱清）
五百文　祝之代物　同人渡
一貫文　縄之代　大政所へ渡
壱貫文　山作　原衆
五百文　山刀　原之山作渡

百文　藤縄　同人渡
三百文　鍬之代　大政所渡
参百文　立木之代　宮大工へ渡
三百文　冠之代　同人渡
弐百文　木登
五百文　薙鎌之代　禰宜大夫渡
三百文　御祓之代　（小祝取）栗林北方大夫渡
三百文　御鉾之代　（小祝取）同北方大夫渡
四貫六百文　小祝分　牛山管右衛門取
合拾九貫九百文
余銭三十九貫五百文
矢崎四郎兵衛
矢崎(島)讃岐守(房清)
此使衆　二分　小井弖半兵衛
山出之人足　同名三丞(房綱)
蔦木・原両郷　小池小右衛門尉
正日之人足栗林北・南郷　鵜飼助三郎
牛山管右衛門

筆取安楽坊

（中略）

前宮四之御柱　水内郡

北高田郷　　八貫文　　　代官関内蔵助

（中略）

南高田郷　　八貫文　　　代官渡辺新左衛門尉
　　　　　　　　　　　　　　彦衛門尉

合五拾四貫五百文

是ハ天文五年丙申之取日記如此、　　諏方伊豆守

去壬申ニハ拾貫文罷出候、　　取手千野兵衛尉

（異筆）「甘利」

御柱之入目ハ右同前ニ候、

以上御柱八本

天正五年丁丑十二月廿四日

上諏方北方大鳥居　佐久郡之内拾二郷

平井之郷　　　　壱貫五百文

（中略）

阿江木両郷　弐貫文　此外ニ一郷申所あり、

右去丙寅(永禄九年)之御改ニ拾七貫九百文請取、
　上諏方西方大鳥居　更科〔級〕郡桑原
　（中略）
前々者廿九貫三百文請取、日記有之、
然処ニ壬甲〔申〕ニハ拾二貫文、青沼助兵衛(忠重)方相渡候、
　　　　　　　　　　　　　　代官衆
　入目之事ハ、
右之○如御鳥居、合拾三貫九百文
　壱貫九百文不足
　　　　　　　　　　　取持副祝
　（中略）
一、古田十五所之宮大鳥居、同御宝殿造立次第
柱一本南大塩、柱一本古田之郷、かさ木北大塩・湯川・鰍原、ひぬき・芹沢・中村、
是ハ何時も破損次第造立也、
御宝殿者右之自郷村、是も破損次第造立仕也、
　天正六年二月廿一日

清書帳Aは「大宮之一御柱」部分から記載されている。大宮とは現在の上社本宮であり、一御柱は大宮の四隅に立てる四本の御柱の内のひとつである。この造宮箇所を担当する地域は、「佐久郡大井庄」の郷村があたり、「鳴沢郷」

以下の郷村が記されている。郷村名の下には、各郷村が負担する造宮費が記され、各郷村の代官名が記される。「鳴沢郷」の場合、造宮費は「八貫文」を負担し、鳴沢郷の代官は「上原与三兵衛」であったことが分かる。また、造宮費とは別に「小祝分」として、計四貫六〇〇文が各郷村から取り集められている。これらを合わせた五九貫四〇〇文が収入となる。

続いて「右之仕所」以降には、「大宮之一御柱」造宮にあたっての支出要目が記される。[15]例えば、「御酒御穀」の費用は一〇貫文かかり、矢島讃岐守と小井弖半兵衛が担当したことが記されている。このように計算すると、「大宮之一御柱」の支出額（入目）の合計は一九貫九〇〇文となり、収入から支出を引いた「余銭」が三九貫五〇〇文となる。また、御柱を引き出す人足は蔦木・原郷から、当日御柱を立てる人足は栗林北・南郷から出されていたことが分かる。

そして、郷村に造宮費を徴収するのが、「此使衆」としてみえる「矢崎四郎兵衛」以下のものたちとなる。諏方社の場合、造宮は神官などが造宮箇所を分担して造宮にあたった。この造宮担当者は「取手」（執手）と呼ばれた。取手は造宮箇所毎に決められていた。そして、取手は造宮箇所によっては数人が務める場合があった。伊藤氏・井原氏・田村氏が指摘するように、取手は造宮銭を徴収するとともに、造宮箇所のの修造事業の請負人であった。[16]つまり、「大宮之一御柱」の造宮担当者は矢崎四郎兵衛らであった。取手は徴収した造宮銭の「余銭」を自分の得分とすることができた。「大宮之所一御柱」の余銭（得分）は三九貫五〇〇文であり、この余銭の配分については「此使衆二分小井弖半兵衛」とあるので、二分は小井弖半兵衛分であったと推測がつくが、他の割合がどうであったのか不明である。ただ、清書帳Aの「大宮四之御柱」では、諏方越中守が二分、篠原藤七郎が一分、同じく「前宮一之御柱」では三ヶ一が権祝、三ヶ二が小井弖越前とあるように、余銭の配分割合が決められていたことが確認できる。また、この取手以外に、「大宮之一御柱」でみられるように、「小祝」や「筆取」といった役職もあったことがわかる。

造宮箇所	清書帳Ａの記載	取帳Ａの記載	余銭の配分記載
大宮一御柱	使衆	使衆	○
大宮二御柱	使衆	使衆	
大宮三御柱	取手	使衆	
大宮四御柱	取手	取手	○
前宮一御柱	記載なし	使衆	○
前宮二御柱	取持	使衆	
前宮三御柱	取手	使衆	
前宮四御柱	取手	使衆	

表１　清書帳Ａ・取帳Ａでの御柱の記載

「使衆」と「取手」について

次に、「使衆」と「取手」の性格について明らかにしておきたい。伊藤氏によれば、大宮之一御柱の取手は大祝が担当であったという(17)。伊藤氏は、大祝が取手の場合、大祝自身が郷村に赴いて、神役を徴収するということはなく、大祝の代わりに取手の実務を行なった使衆が編成されたとする(18)。しかし、大祝が大宮之一御柱の取手であったとする明確な史料はない。また、伊藤氏は前宮一御柱の取手は大祝とするものの(19)、別の論考では取手を務めたのは小井弖氏であるとしている(20)。このように伊藤氏の「使衆」と「取手」の理解については矛盾する点がある。では、上社が造宮帳を作成する上で、この「使衆」・「取手」は区別されて記載されていたのであろうか。清書帳の性格を検討する前に、この点を明らかにしておきたい。御柱以外の造宮箇所については、清書帳Ａの「上諏方（大宮）西方大鳥居」を除いて、みな「取手〇〇」として記載されている。清書帳Ａ・取帳Ａでの御柱の記載は表１のようになっている。

以上のように、清書帳Ａと取帳Ａと比較して、記載が同一であるのは大宮一・二御柱の「使衆」と大宮四御柱の「取手」の三箇所である。大宮三御柱、前宮三・四御柱は「取手」→「使衆」と、前宮二御柱は「取持」→「使衆」と記載が変わっているように統一性がない。つまり、「使衆」＝「取手」と考えてよいのではないだろうか。伊藤氏が指摘するように、「使衆」＝大祝の代理であるとすれば、造宮帳において「使衆」・「取手」は区別され記載されるはずである。また大宮一御柱・前宮一御柱については、次に示す史料に大祝へ納めるべき得分についての記載があるので確認したい。

【史料2】上諏方造宮帳（抜粋[21]）

「一、（付箋）前宮一之御柱造宮銭之内、拾貫文大祝殿へ可被納候由候、意趣者従先規如此之由候、是ハ御代官衆可納申由合点候、但近年者不納候」

【史料3】上諏方大宮同前宮造宮帳（抜粋[22]）

「（付箋）此余銭之内拾貫文、従前々大祝致所務候処、近年不指上候、此趣使衆へ申理候処、可納由被申候、此段去春令言上候キ、御下知奉仰候、以上、

大祝（諏方頼満）茂」

【史料4】上諏方造宮帳（抜粋[23]）

「一、（付箋）当社諸造宮御改御神慮目出度奉存候、至于万々世々当社可為御建立之御仕置候之間、一々被加御下知、以御証判御帳被成御仕立候ハヽ、末代当社可為文書之事、

一、機山様（武田信玄）宮本御改之御帳九巻、為御披見進上申候事、

一、大宮一之御柱幷前宮一之御柱造宮銭付而申事、可預御披露事、

二月廿日　　大祝（諏方）頼忠

御奉行衆」

史料2では、前宮一御柱の造宮銭の内、一〇貫文を大祝へ納めることが記載されている。史料3では、余銭の内の

一〇貫文は大祝が前々から所務していたいことについて触れている。山６ではこの史料の付箋の原位置を不明とするが、史料２を踏まえると、この付箋は取帳Ｂの前宮一之御柱の部分に添付されていたものであるといえよう。よって、この余銭とは前宮一御柱の造宮銭のものであることが推測できる。そして、史料３で「大宮一之御柱并前宮一之御柱造宮銭」について、「此段去春茂令言上候キ」とあるように、この「令言上」めたことが、史料２にあたる。史料２の「御代官」は、史料３の「使衆」であると思われ、使衆は大祝へ徴収した造宮銭の内、余銭の得分納入を認めていたのである。史料４は取帳Ａに添付されていた付箋であったそうだが、上社大祝職は天正六年三月五日に頼忠から頼満に替わるので、(24)この史料は内容から判断して天正六年のものであろう。つまり、史料４にある「大宮一之御柱并前宮一之御柱造宮銭」について披露をすべき事柄は、大祝が本来は所務していた余銭の得分納入についてであったと思われる。このことから、当時大宮・前宮の一之御柱の造宮銭の内、大祝へ納入するべき得分があったものと考えられる。なお、同様に他の御柱から大祝へ得分が納められたかどうかについては不明である。では、なぜこのように使衆が大祝へ造宮銭の得分を納入したのであろうか。伊藤氏が指摘するように、本来は大祝が大宮・前宮一之御柱の取手であったため、使衆が得分の上納をしたのであろうか。

そこで、次に、大祝が「取手」を務めていた事例をみたい。造宮帳には「取手大祝」とのみ見える場合と、「取手大祝使〇〇」と、大祝の使が記載されている場合がある。まず、前者であるが、清書帳Ａ・取帳Ａともに、「大宮御門屋」の「取手」には大祝と見える。(25)ただ、「使衆」の記載などはない。次に後者であるが、清書帳Ｂをみると、「取手大祝、使志賀七衛門尉」(26)、取帳Ｂにも「取手大祝、使志賀七右衛門尉」と記載されており、(27)志賀七右衛門尉が大祝の使として造宮銭徴収を担当していたことが分かる。この志賀七右衛門尉は、清書帳Ｂに「大祝被官志賀」(28)とあるように、大祝の被官であった。(29)なお、大祝の使としてみえるのはこの志賀のみである。以上のように造宮帳には大祝が取手である場合、使が記載されている場合と、記載されていない場合があった。当然、「取手大祝」のみと記載されている場合でも、実際に、実務を担当したのは大祝の被官であったものと考えられる。

以上の点を踏まえれば、一取手」が大祝であれば、造宮帳には一取手大祝」・一取手大祝使〇〇」と記載されるのであり、「使衆」と表記されることはなかったものと考えられる。よって、御柱にみえる「使衆」とみえるものたちは「取手」とみて差し支えないだろう。また、大祝は大宮・前宮一之御柱の取手ではなかったことも指摘できる。

清書帳の性格

清書帳Aは、まず造宮箇所を挙げ、造宮役を負担する郷村、各郷村が負担する造宮費、郷村の代官が記され、造宮費の収納額が記される。続いて、「仕所」や「入目」には造宮にあたっての支出の要目が記される。最後に収入と支出の差によって、「引残」・「余銭」・「不足」の額が入れられ、造宮銭を徴収する「取手」の名前が記載される。このような形式は「御柱」・「御鳥居」の造宮箇所まで同じように続く。

そして、「御柱」部分の最後には「以上、御柱八本」「天正五年丁丑十二月廿四日」と、「御鳥居」の部分の最後には「以上、御鳥居六組」「天正五年丁丑十二月廿四日」と記載されており、「御柱」・「御鳥居」の造宮帳の記載は天正五年十二月二四日までに作成されたことが確認できる。井原氏が述べるように、この「御鳥居」までの記載分までが前半部分といえよう。後半部分は、大宮御宝殿・御門屋など造宮箇所ごとの「造営銭之次第」を記載し、「入目」「余銭」と「取手」を記すのみで、支出内容がきわめて簡略となっている。後半部分の最後は、「天正六年二月廿一日」の記載で締められている。なお、清書帳Aの表紙には、天正六年二月吉日の年月日が記されており、清書帳Aが前半部分と後半部分が合わされて、最終的にまとめて作成された年月日は天正六年二月二十一日であったことが推測できる。

井原氏は清書帳Ａの形式は、収納額や支出額が記載されていることから、清書帳Ａを「収納帳と下行帳の両者を集めた帳簿であり、中世文書で通常「納下帳」「結解状」「算用状」と呼ばれるものといわなければならない」とした。そして、清書帳Ａは「これまでいわれるような造営の所役を記録した帳簿ではなく、天正五年十二月二十四日の時点での決算帳簿を中心にして天正六年二月に整理したものであり、造営箇所ごとに諏訪造営役銭の収支を算用した結解状＝納下帳＝算用状の集成と理解しなければならない」とする。

この井原氏の清書帳Ａに対しての理解は、これまでの先行研究での理解とは違ったものである。伊藤氏が清書帳Ａについて適切な説明をされているので引用したい。すなわち、清書帳Ａは「天正六年の御造営式年に当り、武田勝頼の造営復興の意を承けた社家が、古例及び永禄・元亀両度の御造営勤仕の状態を検討して、各郷村の勤仕方法を定め、これを新帳に仕立てて神前帳としたもの」としている。(30)

清書帳Ａが諏方社に保管されていた記録によって作成されたことについては、次のように記載がある。史料１の「前宮四之御柱」部分には「是ハ天文五年丙申之取日記如此、去壬申ニハ拾貫文罷出候」とあり、造宮銭五四貫五〇〇文を徴収したという記述は、天文五年（一五三六・丙申）に造宮銭を徴収した際の取日記によったことが分かる。また、元亀三年（一五七二・壬申）には一〇貫文の造宮銭を徴収したことも記されている。同様に、「北方大鳥居」の記述は「右去丙寅之御改ニ拾七貫九百文請取」とあり、永禄九年（一五六六・丙寅）の造宮の記録を元になされている。また、「西方大鳥居」の記述では、「前々者廿九貫三百文請取日記有之、然処ニ壬甲ニハ拾二貫文青沼助兵衛方相渡候」とあり、以前に二九貫三〇〇文を徴収した請取日記の存在を示し、元亀三年には一二貫文の造宮銭を受け取ったことを記している。以上のように、清書帳Ａは過去の先例状況を記録したものにより作成されたことが明らかである。

しかし、井原氏は清書帳Aを「天正五年十二月二十四日の時点での決算帳簿を中心にして天正六年二月に整理したもの」とし、「御柱」・「御鳥居」部分に記載された年月日（天正五年十二月二四日）までには造宮銭徴収がなされ、決算が行なわれていたものとした。そして、井原氏はこの造宮銭納入は「取手」の前払いによって支払われたものとしたが、これまでの考察から、清書帳Aの記載は、過去の造宮銭徴収の実績であって、天正六年の造宮銭徴収納入状況ではないことを指摘できよう。

まとめるならば、清書帳Aは、天正六年の造宮を行うにあたって、天正六年以前に行われた造宮の際の記録（天文五年・永禄九年・元亀三年といった寅・申年に行われた過去の造宮）を元に作成され、これまでの造宮諸役を調査した台帳とみなすべきであろう。つまり、これまでの研究で言われてきたように、天正六年に作成された造宮帳（清書帳）は、天正六年の造宮事業を行うにあたって先例を調査した台帳と評価できよう。天正七年に作成された造宮帳についての理解についても、これまでの研究でいわれているように、天正六年の造宮銭の徴収状況を記した取帳であると考えられる。

二、造宮改の実施

本節では武田氏によって行われた造宮改についてみていく。造宮改については、平山氏が主に造宮役賦課過程の検討を行っており、武田氏が「信濃一国調査」を永禄・天正期に二度行っていたことが明らかになった。この「信濃一国調査」とは、諏方社の造宮事業を行うにあたってなされたものであり、史料上にも確認できるように「造宮改」と表現するのが妥当であろう。まず、永禄期の造宮改についてみていきたい。

諏方社は、天文十一年（一五四二）に武田氏が諏方に侵攻以後、武田領国下において存立していくことになる。この頃の諏方社の神事祭礼は戦乱などの影響により衰微していた。諏方社からの要望もあり、武田氏は永禄年間初期から諏方社の神事執行対策に乗り出す[31]。そして、武田氏は永禄八年（一五六五）から翌年にわたって諏方社に「諏方上下社祭祀再興次第[32]」を与え、諏方社の神事祭礼再興を実施する。

清書帳Aには「去丙寅於于岡村御下知」・「去丙寅年於于岡村御改之時」といった記述が確認することができる。この丙寅は永禄九年を指し、諏方社造宮の年にあたっている。そして、岡村は諏方郡の支配拠点である高島城の麓に位置している[33]。武田信玄はこの年の七月二十五日に上社へ参拝をしており[34]、この頃に岡村において武田氏は造宮改を実施したものと思われる。その後、諏方社の造宮は元亀三年（一五七二）にも実施され、天正六年の造宮を迎えることとなる。

この天正六年の造宮は、武田勝頼にとって武田家当主となり初めての造宮であった。天正の造宮改は、信玄期に行なわれた永禄の造宮改より詳細に行なわれ、造宮帳の作成が行われている。天正の造宮改については、いつどのように企図され、実施されたのか、その全貌を明らかにできる史料はない。ただ、天正の造宮改によって作成された造宮帳が残されており、それには造宮改に関する記述もある。以下、この造宮帳を手がかりに造宮改について検討していきたい。

【史料5】下諏方春秋両宮御造宮帳（抜粋[35]）

一、秋宮らんかん五十間　古来者とんへ（富部）・岡野谷ニ而宮関執候て立申候、近年者致退転申候へ共、今度御改砌御座候間、任先規申上候、関銭定之儀者壱駄十銭宛、かち荷五銭、駒（こま）之口百廿文、右如此前々相定申候、

取手　竹居祝

【史料6】下諏方秋宮造宮帳（抜粋36）

「（付箋）
秋宮四之御柱造宮之事、去天文拾壱年壬寅之年迄者、木嶋上下・野坂田・底和田・安田、右郷中より取沙汰仕、御柱立申候、其以来者、彼地境目故一銭成共取不申候、雖然、一者御神慮、一者　御屋形様為御祈禱、四宮まて拙者御取越仕候而、造宮執被申仁同意ニ御柱立申候、同宮役厳重ニ相勤申候、内々当宮之儀者如何共不罷成候条、右御柱役無足之処、言上申度候処、幸御改候間、宜御披露奉憑候、以上、

二月［　］日　　諏方伊賀守（頼途）」

御奉行［衆カ］□

【史料7】下諏方秋宮造宮帳（抜粋37）

一、秋宮外之籬拾壱間造宮（中略）右、拾壱間之役所相勤申候而、余銭之分にて者、神楽衆拾五人之鈴・千早・烏帽子・水干・袴・衣裳、同拍子之道具等を仕立申之処ニ、近年者越国境と申荒所故ニ、遙々不致取沙汰候之間、鈴・千早・烏帽子・水干、其外之道具等不得仕候条、乍恐　御下知奉仰候、何茂無足ニ而神前之奉公仕候間、末代之御興隆仁此時少地之御擬をも被下行候様ニ、御披露奉頼候、下宮之神子屋衆謹而言上、之

【史料8】上諏方造宮帳（抜粋38）

一、大宮之七間廊　藤沢七郷之役ニ而立申候間、此以前度々致催促候得共、造宮銭不被出候間、立不申候、幸今度御改可為御尤候、取手大政所

【史料９】上諏方造宮帳（抜粋[39]）

一、大宮之舞台　伊那之御薗之役、御本張〔帳〕雖如此候、近年無其沙汰御座候、是も　御下知御尤候、

【史料10】上諏方大宮同前宮造宮帳（抜粋[40]）

「(付箋)小諸西東手白塚江当年御造宮罷候処ニ、小諸方地行〔知〕上表故、代官其外も不据候而、うけおゐ申者無之候、前々者惣都合拾五貫余取申所を、先年小諸方非分押、御神慮窺　御上意、少被出之被申掠候、其御神罰故歟、代官等至迄、無幾程悉跡絶申候、幸今度諸造宮御改候之間、如旧規被　仰付候者、御神慮難有可奉存候、十六善神之役所相勤、其上、某御柱出仕、非平人出仕御神剣持、大祝殿御供御先様出仕申候間、上下小袖・刀等迄悉新調、御神慮之御奉公申上候、同者如前々御造宮銭取申候様御下知奉仰候、仍以中村七左衛門尉方小諸御改被申由申、彼御方手形参候者、造宮銭可済申候間、急度被仰付候而可被下候　」

まず、史料５によれば、下社秋宮の欄干五十間は、竹居祝が取手として富部・岡谷両郷で関銭をとって造立をしていたことが確認できる。そして、この宮関は近年退転してしまったが、今回「御改」があるので、竹井祝は以前の関銭定について申上したという。史料６では、下社秋宮四之御柱造立の、これまでの造宮銭徴収について詳しい記述をみることができる。それによれば、取手であった諏方頼途は、天文十一年（一五四二・壬寅）までは郷村から造宮銭を集め、柱立てを行っていたが、その後は郷村が境目となってしまったので、造宮銭を一銭も集めることができなかったという。そうした状況の中でも、諏方頼途は神慮のため、武田氏の祈禱のため、造宮に協力してくれるものと共に柱立てならびに宮役を勤めてきたが、これ以上は「如何共不罷成候」という状況になってしまった。そこで四之御

柱の造宮銭が無足であると言上したかった所、幸い御改があるので、宜しくこの事を奉行衆から武田氏に披露いただきたいとある。この事例では、取手が造宮銭を徴収できなかった際、自弁をもって造宮役を務めていたことを確認できる。

史料7では、下社秋宮外籬十一間の造宮について述べられている。これまで下社の神子屋衆が外籬十一間の造宮銭の余銭で、神楽衆の衣装を仕立てていたが、近年は造宮銭を集めることができず、道具を仕立てることができないので、末代までの興隆のために、この造宮改の際に少地を下行してくれるよう武田氏への披露を頼んでいる。史料8では、上社大宮の七間廊は藤沢七郷の役で、上社の大政所（守屋幸実ヵ）が度々催促しても、造宮銭を納めてこないので、七間廊下を造立できなかった。しかし、幸い今度御改が行われるのは尤だとしている。

史料9では、上社大宮之舞台は、御薗郷の役であると本帳にあったが、近年は無沙汰であったので、下知が行われることは尤だと述べている。史料10では、「小諸・手白塚両郷」の取手である宮嶋氏が上申している[41]。この「小諸西東手白塚」へ、宮嶋氏が天正六年の造宮銭を徴収しようとした所、小諸方は知行上表のために、造宮銭徴収を請け負う郷村側の代官がいない状況が述べられている。そして、今回造宮改があるので、旧規の如く、代官を仰せ付けられれば、神慮に叶うとある。また、宮嶋氏は十六善神の役所・御柱神事・神剣持の諸役を務め、上社大祝の元にも出仕するため、上下小袖・刀等といった装束類を新調し、「御神慮之御奉公」を務めているので、以前のように、造宮銭徴収をできるように武田氏からの「御下知奉仰候」と述べている。

以上みてきたように、天正六年の造宮にあたって、取手は奉行衆を通して武田氏へ陳情を行っていた。この陳情は、武田氏が「今度諸造宮御改」を行うということで、受け付けられたものであった。そして、諏方社は、この造宮改を契機に、これまでの造宮の先例を整理した台帳を作成したのである。

三、奉行の設置

では、この奉行衆は誰によって務められたのであろうか。伊藤氏は次に掲げる史料11から諏方頼豊を「式年造営の奉行」であったことを指摘している[42]。しかし、伊藤氏は論拠を示していないので以下確認していきたい。

【史料11】諏方上社禰宜大夫証文写[43]

覚

前宮御宝殿宮所千貫郷、以役銭相勤之段、本帳無紛ニ付而、御印判・御検地帳被下候、雖然各々難渋之間、御宝殿罷成間敷之事、

一、宮木之御柱之由申、拾俵相押候、去壬申年御下知之所、重而三左衛尉私曲候之事、

一、横川之長老、是も成間敷由被申候事、

一、篠原方去寅・申両年ニ者、仁俵取納仕、只今各々扱候と而、過分之由申候、弥私之至之事、

以上、

（天正六年）二月廿日　禰宜太夫〔大〕（花押を欠く）

諏方越中守（頼豊）殿

【史料12】上諏方造宮帳（部分）[44]

一、前宮御宝殿造宮　上伊奈之内宮処・平井弖両郷

本帳ニ者過分御座候得共、有御検地、六盃入壱斗五升俵ニ積而五拾俵ニ候得共、卅四俵請取申候、同

取手　禰宜大夫

宮処郷　五貫百文　代官　春日河内守

平井弖郷　壱貫三百五十文　代官　平井弖左馬允

合六貫四百五拾文　禰宜大夫

右御宝殿之入目拾貫文　三貫五百五拾文不足、

史料11では、上社の禰宜大夫が諏方頼豊に、宮所千貫郷が造宮銭を難渋しているので、上社前宮御宝殿の造立が成り立たないと述べている。以上から造宮銭難渋という問題を陳情した史料11が取手の禰宜大夫から諏方頼豊に出されていることは、諏方頼豊が諏方社造宮にあたって枢要な立場にあったことを推察できる。

そして、史料12では禰宜大夫が上社前宮御宝殿の取手で、宮処郷と平井弖郷が造宮役を負担する郷であったことを確認することができる。史料12の「本帳ニ者過分御座候得共、有御検地、六盃入壱斗五升俵ニ積而五拾俵ニ候得共、卅四俵請取申候」から、武田氏が両郷で検地を実施したことで、禰宜大夫は造宮役として六盃入一斗五升の枡で、五〇俵を徴収する予定であったが、結果的に三四俵を徴収したことが確認できる。

史料4では、上社大祝諏方頼忠も禰宜大夫と同じように、宛先は奉行衆ではあるが陳情を行っている。史料5～10でも、取手が奉行衆に武田氏への陳情を依頼しているように、武田氏への披露を行う担当として奉行が設置されていたことが確認できる。史料4と史料11の宛先はそれぞれ違うものの、内容は諏方社の造宮状況に対する陳情を行っている点では変わりはないことから、諏方頼豊が奉行衆の一員であったことは指摘できる。では、諏方頼豊以外に奉行はいたのであろうか。史料13をみたい。

【史料13】諏方頼豊等連署証文(45)

造宮手形之事

諏方上宮七年一度之御修理、年来就于退転、露旧規被　仰付候、然則信国中之諸造宮、如先例厳重可被相勤之由、任　御下知、如此手形進之候、若於于有難渋之仁者、神人有同心、参府被申、可被達　上聞候、然而厨等之儀、役銭相調之間、可被償厨候、縦古例雖為相定厨、右役銭皆納之上者、可被停者也、仍如件、

追而、皆納上、互候可被執替手形、以上、

天正六年戊寅
二月十二日

諏方越中守（頼豊）（朱印）
窪島石見守（朱印）
河西但馬（虎満）（朱印）
諏方伊豆守（朱印）

山田之郷　藤口之分
新山之分　北和田之分
山田新山之分　長松分
甲斐沼之分　殿島分　代官衆　取手　権祝

保科美濃
一瀬善九郎
牛山弥左衛門尉

これは諏方頼豊・窪島石見守・河西虎満・諏方伊豆守が、武田勝頼の意を受けて、取手に造宮役勤仕を命じたもの

である。井原氏はこの諏方頼豊ら四人について「諏訪造営銭奉行ともいうべき担当者」であったとした。造宮改の奉行であった諏方頼豊と共に、これら三人も連署していることから、諏方頼豊と同様に彼らも造宮改の奉行を務めていた可能性はあると思われる。また、諏方頼豊が造宮銭の担当のみならず、造宮改の奉行としてもみえることから、奉行の役割はそれぞれ別個に設定されたのではなく、造宮事業全体を統轄する「造宮奉行」が設けられ、諏方頼豊らがその任にあたったものと推測できる。

以上、「造宮奉行」が、諏方頼豊らによって担われていた可能性を考察した。武田氏の造宮改の実施に伴い、諏方社はこれまでの造宮に関する調査を行い、造宮役を担当する取手は、造宮奉行へ陳情を行っていた。こうした調査を経て清書帳は作成されていった。

清書帳Aには史料4傍線部の記述や、春秋清書帳にも「如此古帳之写進上申候間、被遊立被突　御印判候而可被下候、末代之御神前帳ニ仕度候条、乍恐如此奉言上候[46]」と記述がある。これらによれば、諏方社は武田氏から下知をもらい、証判をもって造宮帳が作成されるのであれば、「末代当社可為文書」・「末代之御神前帳」とするとしている。現に清書帳には武田氏奉行人の朱印が捺されている[47]。

井原氏は武田氏奉行人によって造宮帳に朱印が捺印されていることから、造宮事業の監査システムの存在があったことを指摘する。この指摘は重要であるが、ここで注意したいのは、朱印が捺印されているものは清書帳に限られ、取帳には朱印が捺印されるなどといった武田氏の関与がみられないことである。井原氏が指摘するように「収支決算帳簿についての監査システムの存在」があったとすれば、なぜ取帳に武田氏の関与がみられないのか。

先述したように、清書帳は天正六年の造宮の決算帳簿ではない。諏方社が武田氏に会計監査を望むのであれば、あるいは武田氏が諏方社に会計監査の要求をするのであれば、取帳に朱印が捺印されなければならないであろう。そのため、この事例から武田氏が諏方社造宮事業の会計監査を行っていたものとすることについては、慎重に判断しなければならない問題であると考える。

では、諏方社にとって武田氏から証判をもらうことは、諏方社が「神前帳」とすることを望んでいたこと以外にどのような意味をもったのであろうか。結果的に言えば、諏方社は武田氏に清書帳の記載の保障を求めたといえるのではないか。史料５〜10には「任先規申上候」、「宜御披露奉憑候」、「御下知御尤候」、「如旧規被仰付候者」という文言があるが、これは武田氏からの下知を仰ぐものであり、清書帳にこれらの記載を多く確認できる。この記載は清書帳の特徴で、取帳にはあまりみられない。これらの記載にある陳情こそ、諏方社はまず武田氏に精査して欲しい事項であったものと思われる。当然、先例状況の精査も望んでいたことはいうまでもない。これら造宮状況の実情については、造宮奉行で処理できる案件については処理していたであろうが、処理できない案件については、武田氏による最終的な決裁が求められたものと思われる。

むすびにかえて

最後に本稿で述べたことをまとめておきたい。まず、天正六年の造宮にあたって作成された造宮帳の性格について、先学でその評価が分かれていたため、この検討を行った。その結果、天正六年に作成された造宮帳を清書帳(48)であることを論証した。そして、この清書帳が作成された背景について検討した。武田氏は天正六年の造宮にあたって造宮改を実施しており、この造宮改は武田氏が諏方社造宮の退転状況を憂慮し、造宮改を行なうことで、「信国中之諸造宮如先例厳重可被相勤」とすることを望んでいたために行ったものであった。造宮改に際し、武田氏は造宮奉行を設け、諏方社からの陳情などを受け付けていた。諏方社では、これまでの造宮の先例を調査した台帳（清書帳）を作成し、諏方社は清書帳を「末代之御神前帳」とするために、武田氏からの証判をもらっていた。諏方社にとって、武田氏から証判をもらうことは、造宮に対しての武田氏からの保障を求めたものであったといえよう。

本稿では、造宮帳が作成された背景の考察で終わってしまった。今後は、造宮帳の内容を分析し、天正六年の造宮事業がどのように行われえたのか考察していきたい〔補註〕。

註

（1）諏方社の研究については、井原今朝男「信濃国」（中世諸国一宮制研究会編『中世諸国一宮制の基礎的研究』岩田書院、二〇〇〇年）にまとめられている。なお、一宮をめぐる研究については、井上寛司『日本中世国家と諸国一宮制』（岩田書院、二〇〇九年）、『国史学』一八二号（二〇〇四年）の特集「諸国一宮と神社史研究」などを参照。また、諏方社の呼称について、本稿が考察対象とする中世において一般に言われている「諏訪大社」は「諏方社」、諏訪は「諏方」と表記される事が通例であり、本稿でも「諏方社」・「諏方」の表記に統一した。また、諏方社は上社の前宮・本宮、下社の春宮・秋宮の二社四宮から成り立っており、諏方上下社を指す場合は、「諏方社」、諏方上社を指す場合は「上社」、諏方下社を指す場合は「下社」とした。

（2）諏方社の造宮事業は、干支の寅・申の七年毎に行われる式年造営事業であり、現在は御柱祭として行われている。

（3）宮地直一『諏訪史』二巻前編・後編（信濃教育会諏訪部会、一九三一年・一九三七年）、渡辺世祐執筆分『諏訪史』三巻（諏訪教育会、一九五四年）、笹本正治「戦国時代の諏訪」（『諏訪市史』上巻、諏訪市、一九九五年）、池上裕子「北信濃の戦国時代」（『長野市誌』歴史編古代・中世、長野市、二〇〇〇年）など。

（4）伊藤冨雄①「庄園辰野・平出・宮所の研究」（同著『信濃中世土地制度研究』〈伊藤冨雄著作集三巻〉、永井出版企画、一九八一年、初出一九六〇年）、②「工藤文書の研究」（『信濃中世土地制度研究』、初出一九六〇年〜一九六一年）③「武田氏の土地制度と下伊那の本帳」（『信濃中世土地制度研究』、初出一九六一年〜一九六二年）。

(5) 平山優「大名領国の支配の論理と郷村社会の論理―「召文」と「請文」―」(同著『戦国大名領国の基礎構造』、校倉書房、一九九九年、初出一九九四年)。以下、平山氏の見解は本論文による。

(6) 井原今朝男「中世の印章と出納文書」(有光友學編『戦国期印章・印判状の研究』岩田書院、二〇〇六年)。以下、井原氏の見解は本論文による。

(7) 田村正孝「中世後期における信濃国一宮諏訪社と地域」(『ヒストリア』一九九号、二〇〇六年)。以下、田村氏の見解は本論文による。

(8) 諏方社や諏方についての伊藤氏の研究は、著作集にまとめられている。前掲註(4)伊藤著書以外には、『諏訪神社の研究』(永井出版企画、一九七八年)、『諏訪上社『年内神事次第旧記』釈義』(永井出版企画、一九七九年)、『戦国時代の諏訪』(永井出版企画、一九八〇年)、『上代及び中世の下筋地方』(永井出版企画、一九八八年)、『上代及び中世の山浦地方その他』(甲陽書房、一九八七年)がある。

(9) 「諏訪大社上社文書」(『山梨県史』資料編6中世3下県外記録九三号、以下、山6―九三のように略記)。

(10) 上社のものは、上諏方造宮帳(「諏訪大社上社文書」、山6―九三。以下、清書帳Aとする)、上諏方大宮同前宮造宮帳(「諏訪大社上社文書」、山6―九四。以下、清書帳Bとする)である。下社のものは、下諏方春秋両宮御造宮帳(「大祝諏訪家文書」、山6―九七。以下、春秋清書帳とする)、下諏方春宮造宮帳(「大祝諏訪家文書」、山6―九八。以下、春宮清書帳とする)、下諏方秋宮造宮帳(「大祝諏訪家文書」山6―九九。以下、秋宮清書帳とする)である。以上の造宮帳を総称する場合は清書帳とする。

(11) 上社のものは、上諏方造宮帳(「大祝諏訪家文書」、山6―九五。以下取帳Aとする)、上諏方大宮同前宮造宮帳(「大祝諏訪家文書」、山6九六。以下、取帳Bとする)である。下社のものは、下諏方春宮造宮帳(「大祝諏訪家文書」、山6―一〇〇)。下諏方春宮造宮帳(「大祝諏訪家文書」、山6―一〇一)である。

(12) 「大祝諏訪家文書」(『戦国遺文』武田氏編二九一九号。以下、戦武と略記)。以下、長享写とする。

(13) 宮地直一『諏訪史』二巻後編(信濃教育会諏訪部会、一九三七年)、伊藤冨雄前掲註(4)著書九六・二一五~二二一頁。その他、「解題」(『新編信濃史料叢書』二巻、信濃史料刊行会、一九七二年)や「解説」(『山梨県史』資料編6中世3下県外記録、山梨県、二〇〇四年）参照。

(14)「諏訪大社上社文書」（山6―九三）。

(15) 取帳Aでは、「〇〇之入目」と表現されている。

(16) 伊藤前掲註（4）著書一〇九、一八七～一八九・二一九頁参照。井原氏は、取手は「諏訪社側の徴税請負であるとともに造営箇所の修造事業の請負人でもあり、支出事務も請け負った担当者であった。諏訪社の造営事業は、割り当てられた建築の造営箇所ごとに担当者が「取手」として割り振られ、造営銭の徴収システムと支出事務をも請け負って独立採算制によって推進されたものとした。そして、造営事業が建築箇所ごとに、徴税も支払い業務も含めて代納請負制を組み込んでいた」とする。

(17) 伊藤前掲註（4）著書一九九頁。

(18) 伊藤前掲註（4）著書二〇四～二〇五頁。

(19) 伊藤前掲註（4）著書二一九頁。

(20) 伊藤前掲註（4）著書一八八頁。

(21)「諏訪大社上社文書」（山6―九三）。

(22)「大祝諏訪家文書」（山6―九六）。

(23)「諏訪大社上社文書」（山6―九五）。

(24)「大祝職位伝授之書」（「守矢家文書」、『信濃史料』十四巻三〇一頁）。

(25) 山6三八八・四二三頁参照。

(26) 山6四〇六頁参照。

(27) 山6四三六頁参照。

(28) 山6四〇九頁参照。

(29) 他の史料では「大祝代官志賀」（「守矢家文書」戦武九八〇）と確認できる。

(30) 伊藤前掲註（4）著書九六頁。

(31) 弘治三年と推定される三月九日付「武田晴信書状」(「守矢家文書」、戦武五三二) から、武田氏が諏方社の神事再興の必要性を認識していた事が分かる。
(32) 「諏訪大社文書」(山６―九二（１）～(11))。通称「信玄十一軸」。以下、「再興令」とする。
(33) 岡村については、前掲註（６）平山論文の補注参照。武田氏の諏方郡支配については、丸島和洋「戦国大名武田氏の領域支配と「郡司」―信濃国諏方郡支配を事例として―」(『史学』七五巻二・三号、二〇〇七年) を参照。
(34) 土橋家所蔵『御頭役請執帳』永禄九年七月二十五日条（『神道大系』神社編三十諏訪、神道大系編纂会、一九八二年)。
(35) 「大祝諏訪家文書」(山６―九七)。
(36) 「大祝諏訪家文書」(山６―九九)。
(37) 「大祝諏訪家文書」(山６―九九)。
(38) 「諏訪大社上社文書」(山６―九三)。
(39) 「諏訪大社上社文書」(山６―九三)。
(40) 「大祝諏訪家文書」(山６―九六、山６四三八頁)。付箋の原位置は不明である。
(41) 宮嶋氏が「小諸・手白塚両郷」の取手を務めていることについては、山６―九四、山６四〇三頁参照。
(42) 伊藤前掲註（４）著書一一〇頁。
(43) 「諏訪教育会所蔵文書」(戦武二九三四)。
(44) 「諏訪大社上社文書」(山６―九三)。
(45) 「矢島家文書」(戦武二九二四)。以下、造宮手形とする。
(46) 「大祝諏訪家文書」(山６―九七)。
(47) 清書帳B、春宮清書帳、秋宮清書帳には武田氏奉行人である長坂釣閑斎の朱印「釣閑」が捺されている。清書帳A、春秋清書帳には印文未詳朱印が捺されている。この朱印を捺した人物については不明であるが、武田氏奉行人であった可能性が高い。印影については山６四八六頁参照。

（48）　前掲註（10）参照。

〔補記〕　天正六年における諏方社の造宮銭徴収状況については、拙稿「戦国大名武田氏と信濃国一宮諏方社―天正六年の諏方社造宮事業を中心に―」（久保田昌希編『戦国・織豊期と地方史研究』、岩田書院、二〇二〇年）で示したので参照されたい。

第3部

武田勝頼の領国支配と軍事力編成

Ⅰ 武田勝頼の領国経営

黒田基樹

一、領国支配研究の現状

戦国大名の領国は、それそのものが「国家」と称されたように、そこで生活する多数の人々によって構成された、一個の社会であった。大名の領国支配というのは、そうした社会システムを存続させることに他ならない。大名はその統治を主宰する存在であり、その権力機構を構成しているのが、家臣であった。しかし大名も含めその家臣も、支配をうける人々からの納税によって存立していた。したがって領国は、権力構成員である家臣と、支配の基盤である民衆の双方が存立することで、成り立つシステムとみることができる。

納税の主体は、基本的には村という、民衆が独自に作りあげていた政治組織であった。税金には、文字通りの税金として銭貨を納入するもの、現物の物資を納入するもの、村の構成員である百姓の労働力が徴発されるものなどがあった。こうしたものを年貢・公事（くじ）と称し、労働力徴発についてはとくに夫役（ぶやく）と称している。それらは無制限に賦課されるわけでなく、たいていは耕地や屋敷を対象にして、賦課量が決められていた。

そしてその算定の基準には、耕地については検地という土地調査、屋敷については棟別（むなべち）改めという屋敷数調査が行われた。武田氏の場合でも同様であった。それらの作業をもとに、村ごとに課税額が決められるが、武田氏の場合、その具体的な方法については、あまり詳しくわかっていない。唯一といっていいのが、屋敷を対象に賦課される棟別銭についてである。屋敷は村の中での身分に応じて本家と新屋に区分され、信玄期の天文二十四年（弘治元・一五五五）では本家一間一〇〇文・新屋一間五〇文であったが、勝頼期の天正四年（一五七六）では新屋一間が一〇〇文になっていることなどがわかっている。

その他については、数種類の普請役や人足役、伝馬役などの存在がよくみられ、たいていは棟別間数（けんすう）をもとに賦課されていたらしい。しかし例えば、天正九年正月に上野大戸（こうずけおおと）城主の大戸氏領に「御一普請」（「惣国一統之御普請」、領国すべてに賦課された臨時の普請役）が賦課された際、一〇間につき人夫一人の割合で、三〇日の動員とされているが（「君山合編」戦三四八五）、このような具体的な基準などはわかっていない。こうした村からの税金収取の問題は、領国支配を考えるうえで、もっとも重要な問題であるが、武田氏の場合、まだよくわかっていないというのが現状であり、今後における必須の研究課題になっている。そのためここでも、勝頼の領国支配について全体像を述べようとするのではなく、特徴的な事柄を取り上げることにする。

二、代替わりの極秘の誓約

武田勝頼は、元亀四年（天正元・一五七三）四月十二日の父信玄の死去により、事実上、武田氏の家督を継承した。当主になって、初めての発給文書として確認されるのが、それから十一日後の四月二十三日に、宿老で上野（こうずけ）箕輪城代の内藤昌秀に宛てた起請文である（「京都大学総合博物館所蔵文書」戦二一二二）。それは昌秀から出された、忠誠を誓う起請文に応えたもので、内容は三箇条からなっている。

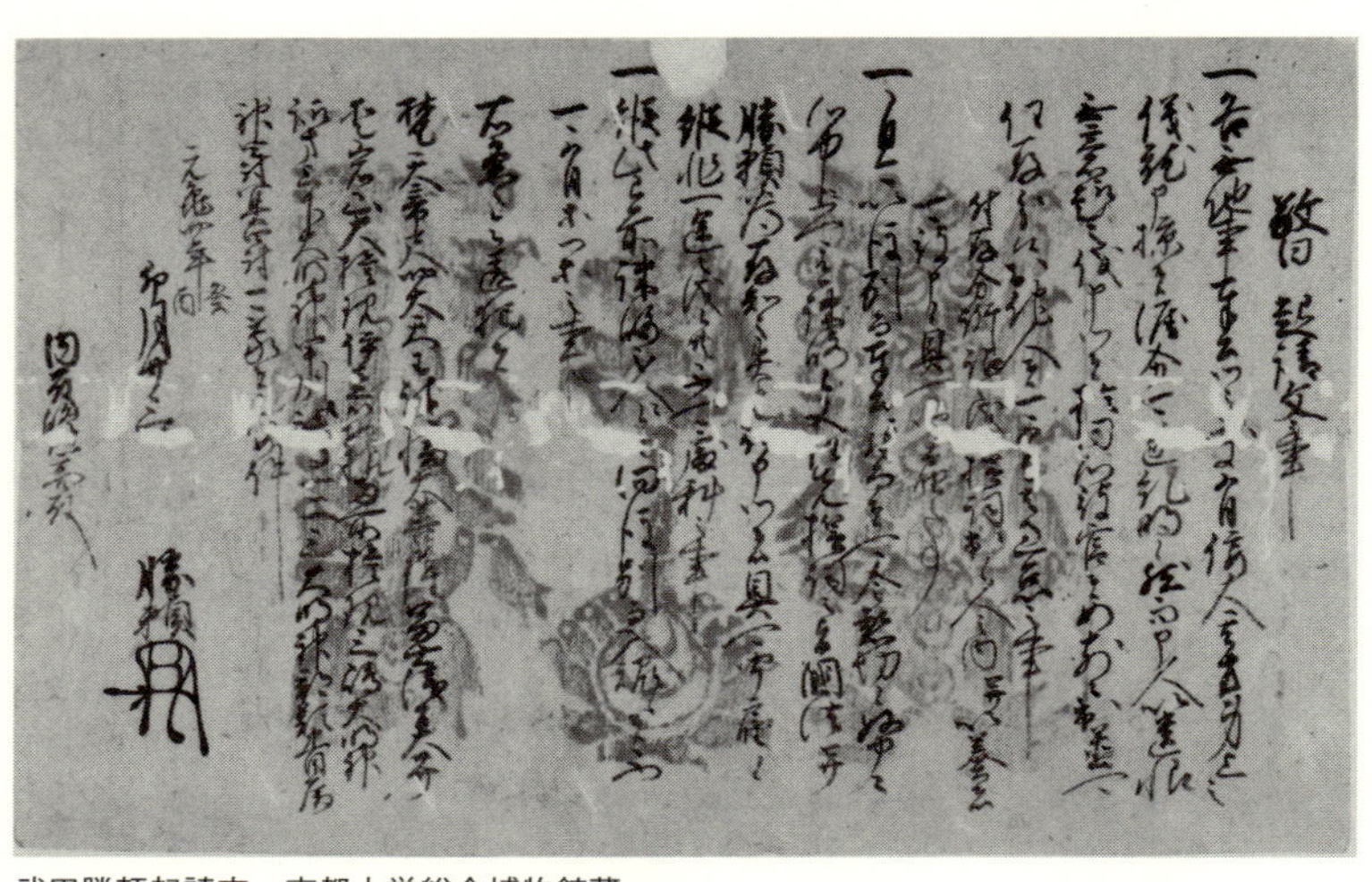

武田勝頼起請文　京都大学総合博物館蔵

①他の事を考えず、奉公しているにもかかわらず、邪な人がいて、身上について言い掛かりをするようなことがあったら、きちんと究明する。そうした訴訟してきた者が、個人的な恨みによる言い掛かりであった場合には、その者の同心・被官をその配下に組み込み、そうでない場合には、相応の処罰をする。なお思うことがあったならば、起請文を提出した者たちのうちか、奏者を通じて訴訟してくれれば、きちんと取り上げる。

②今後、とりわけ奉公したならば、懇切にする。決して心中から疎略にすることはない。今回の起請文にある通り、国法および勝頼の考えと違う意見を述べてきたとしても、きちんと取り上げる。たとえ同意できることでなかったとしても、処罰することはない。

③これまで疎略であった者でも、今後はとりわけ入魂にするならば、ないがしろにしない。

おおまかに言えば、今後において問題なく奉公を続けている限り、その身上について保障することを誓約した内容といえるであろう。これより以前に、勝頼に対し、起請文が出されたことがわかるが、それらの人々は、昌秀が勝頼に訴訟する際に、取次に頼むことができるような、ごく限られた人々であったこともうかがわれる。具体的には、昌秀を含め、それに匹敵するような有力宿老たちであったとみられる。

おそらく信玄の死去後ただちに、勝頼が家督を継ぐことになり、それら有力宿老から勝頼に対し、忠誠を誓約する起請文が出されたのであろう。そして勝頼は、それに応えて、このようにそれぞれに対して、今後における身上の保障を誓約する起請文を与えたとみられる。大名家当主の交替があると、新当主と前代以来の宿老との間で、互いの関係を形成する必要があり、互いに起請文をもって誓約しあっていたことがわかる。大名家が、当主と宿老たちとの合同で運営される組織であったことを、あらためて知ることができる。

しかしこの場合には、通常の当主交替とは異なる事情もあった。通常であれば、家中（かちゅう）全員からそのような起請文が提出されるはずであろう。それがこの場合では、起請文の提出は、ごく限定された宿老たちであったとみられる。これはおそらく、信玄の死去が公表されなかったことによると思われる。そうしたことを決定したのも、それら有力宿老たちであったろう。彼らこそが権力運営に直接関わる存在であったと思われ、いわば政策決定に関わる首脳のみが、新当主の勝頼に極秘に忠誠を誓約したものであった。

三、代替わりの政治

公式には、信玄は生存していることにされていた。信玄署名の文書もしばらく出し続けられている。五月六日付けの大坂本願寺の坊官下間刑部卿法橋（しもつまぎょうぶきょうほっきょう）宛の書状（「中越史徴」戦二一二三）、六月二十一日付けの北条氏の家臣大藤与七政信宛の書状（「大藤文書」「諸州古文書」戦二一二八～九）がある。いずれも花押はなく、代わりに「晴信」朱印が署名下に押捺されている。後者のものでは、その理由について、「不例本復無く候間、直判に能わず候」と、病気が快復していないので、花押を据えられない、と記されている。

ところが七月に入ると、花押が据えられた信玄の発給文書もみられるようになっている。七月三日付けの書状（宛名不明）では、信玄の署名に加え、花押が据えられている（「千野文書」戦一七二五）。前年の徳川家康との対戦の結果などを報せたものである。現在のところ、信玄署名の最後の文書は、九月吉日付けの土肥藤二郎宛の感状で（「所蔵未詳文書」戦四二五〇）、上野厩橋領攻めでの戦功を賞したものである。この時、同盟者の北条氏は、下野淡志川に進軍しているから、それと連携し、武田氏は、越後上杉方の厩橋領に侵攻したとみられる。このように信玄は、少なくとも天正元年九月まで、発給文書を出している。死去してから五ヶ月が経っても、信玄は政治的には明確に存在していたのである。そして信玄から勝頼に家督が譲られたのは、六月末頃のことであった。

勝頼は、六月二十七日付けで駿河衆の三輪次郎右衛門尉に、「法性院殿」信玄の判物通りに、所領を安堵している（「集古文書」戦二一三〇）。ただこの文書は、勝頼の署名に対し、花押は信玄のものである。写文書であることも踏まえると、史料性の判断は難しい。しかし六月晦日付けで、勝頼は、三河の山家三方衆の奥平氏・菅沼氏に所領を安堵したり、新たな所領を与えており（「松平奥平家古文書写」戦二一三一他）、七月五日付けで、遠江の奥山氏・天野氏に所領安堵、あるいは所領の充行を約している（「奥山文書」戦二一三六他）。

このように六月末から、勝頼は、東海地域の国・家臣に、所領の安堵を集中して行っている。しかもそのうちの奥山氏宛のものでは、信玄の判物に基づいて安堵しているから、これらの安堵は、家督が信玄から勝頼に交替したことによる、代替わり安堵とみて間違いない。そして七月七日付けで勝頼の宿老の長坂光堅が三河奥平氏に出した書状では（「松平奥平家古文書写」戦二一三九）、信玄について「御隠居様」と呼んでいる。

これらのことから、六月末頃に、信玄は病気が快復しないことを理由に、隠居し、正式に勝頼が家督を継いだことがわかる。家督交替は、この段階になってようやく、同盟者の北条氏や大坂本願寺にも通達され、七月十四日以前に、勝頼は北条氏政とあらためて同盟関係の継続を確認する起請文を交換しているし（「秋山吉次郎氏所蔵文書」戦四〇七四）、九月二十一日には本願寺顕如から家督交替について祝儀を述べられている（「顕如上人御書札案留」戦四〇七五）。

七月以降、信玄の花押が据えられるようになったのも、正式に家督が交代されたことに関わるのであろうか。いうまでもないが、実際には死去しているから、それらの文書に信玄の花押を据えているのは、信玄その人ではなく、代理の人物であったろう。ちなみに信玄の公式の死去は、三年後の天正四年四月十二日であり、葬儀も行われている。信玄は、広く伝えられている通り、三年間、その死は伏せられ続けたのであった。

代替わりが行われると、領国内の様々な権利関係の確認が行われ、それにともなって様々な訴訟が提起されることになる。それまでの所領の安堵や、特権を承認したりするのである。先にあげた東海地域の国衆への所領安堵もその一環であった。そうした作業は、彼らだけでなく、それこそ一門・宿老をはじめとしたすべての家臣や、商人・職人などの奉公関係にあるものまでについても行われている。むしろ彼らの方から、それまでの権益の継続を求めたり、新たな権益の拡大を図って、訴訟が行われてきた。

勝頼が家督を継いだ六月末から、まさにそのような代替わり安堵が盛んに行われている。同年中に出された支配文書の大半は、そうした内容のものになっている。さらにそうした状況は、翌天正二年になっても、継続してみられている。同三年以降になると、ほとんどみられなくなるから、その頃までにようやく代替わりにともなう政治も、一段落をみて、権力の移行も完成をみたといえる。ちなみに、信玄の判物などに基づいた、旧来の所領や特権を安堵する、文字通りの代替わり安堵の文書は、かなり遅くまで存在している。それら時期の遅いものは、権利関係の調整などが必要のため、決定が遅れたりした場合のものや、安堵の申請自体が遅かったものとみられる。

四、領国支配体制の再構築

天正三年（一五七五）五月の三河長篠合戦で、勝頼は大敗北を喫した。合戦では、山県昌景・馬場信春・内藤昌秀・原昌胤・土屋昌続など、信玄以来のそうそうたる宿老の多くが戦死した。それだけでなく、一門、その他の譜代家臣、さらには国衆にも多くの戦死者が出ている。勝頼は、その相続問題に対応していくとともに、戦死した宿老には、支城に在城して、地域支配を分担するものが多かったから、欠員になった部分への人員配置にも敏速に対応し、対抗する織田氏・徳川氏への防衛体制を整備していく。それは、おのずから領国支配体制の再構築という意味を持った。

戦死した宿老のうち、山県昌景は駿河江尻城代、馬場信春は信濃牧之島城代、内藤昌秀は上野箕輪城代、市川昌房は信濃高島城代であった。また信濃真田信綱は、国衆である一方で、上野岩櫃城代でもあった。江尻城代には、一門の筆頭的存在で、甲斐河内領・駿河興津領を領していた、穴山武田信君（信友の子、勝頼の従兄で義兄）が就任した。牧之島城代には、馬場信春の嫡子民部少輔（のち美濃守）が、その跡を継ぐかたちで就任した。箕輪城代については明確ではないが、内藤昌秀の時期から在城していた、その実兄の工藤長門守に加え、宿老の板垣信安が在城したようである（「戸榛名神社文書」戦二五九三）。高島城代には、側近の今福昌和が就任したように思われる。

国衆真田氏の家督は、当主信綱と弟兵部丞がともに戦死し、しかも信綱には子がなかったため、両者の弟にあたる昌幸が継いだ。昌幸は、信玄の代に側近に登用され、武田氏親類衆の武藤氏の家督を継いで、武藤喜兵衛尉を称していたが、実家の家督を継いだかたちになる。岩櫃城代の地位もそのまま継承するが、それに加え、新たに上野白井城代をも兼ねている。昌幸は、国衆の当主になったが、その存在は、むしろ勝頼の側近あがりという性格にあった、といっていい。

ちなみに山県昌景・内藤昌秀の家督は、それぞれ嫡子の昌満、養子の昌月が継いだが、まだ若年であったため、父の役割をそのまま継承することができなかったのであろう。このうち内藤昌月は、のちの天正七年初めに、箕輪城代に就任している（「瀬下文書」戦三〇八四）。直接には越後御館の乱後における北条氏との関係悪化によるものであろうが、あるいはそれ以前に在城していた板垣信安の動向が、その頃には確認できなくなっているから、信安の死去なども あったのかもしれない。

各地の城代を務めるような宿老には、それぞれ与力衆や相備えと称される国衆が付属されていたが、城代の交代は、そうした与力関係の変更をともなっていた。その意味でも、家臣団における軍団構成にも、大きな変化がみられることにもなっている。こうして長篠合戦にともなう、領国支配体制や軍団構成が再編された。なお同合戦ののち、遠江光明城・諏訪原城・犬居城・二俣城、美濃岩村城などが相次いで落城しており、それにともなって遠江・駿河における在城体制も大幅に変更されていくことになる。

五、文書発給体系の整備

長篠合戦後の変化として、注目されるものに、文書発給体系の整備がある。一つは、伝馬手形への押捺朱印についての変更である。天正三年十月十六日付けの駿河蒲原宿宛の定書からみえるもので（「草ヶ谷文書」戦二五三九）、公用伝馬の場合には伝馬朱印二つを押捺し、私用伝馬の場合には同朱印一つを押捺することに改められている。それまではいずれの場合にも、伝馬朱印一つの押捺で、公用の場合には無賃の旨が記載されていたが、今後は伝馬朱印の押捺の数量の違いで、公用の無賃か私用の有賃かを区別することにされた。おそらく伝馬を務める者たちから、文面を細かく確認しなければならないなど紛らわしいとの訴訟があり、それに対応したものであろう。そして同様のことは、同四年二月に駿河駿東郡の竹下郷などに、同年三月には富士郡の厚原郷などに、順次示されている。

もう一つは、獅子朱印の創設である。文書発給体系の改革としては、こちらがより大きな意味を持つといえる。獅子朱印というのは、獅子の図案を刻した朱印判である。その使用状況については、これまで詳しく整理した研究はまだないので、ここで少しその使用状況についてみておきたい。初見のものは、天正三年十二月二十三日付けで甲斐河原宿郷などに出されたもので、竹木・藁・縄の徴発については、今後は獅子朱印によって命じることが示されている（「保坂文書」戦二五五九他）。朱印の押捺位置は袖（文書の右端）で、奉者として跡部勝忠・市川家光がみえている。奉者とは、この文書の発給にあたって取次を務めたもので、こうした奉者がみえるのを奉書式と称している。

二例目から五例目までは、天正四年にみられる。二例目は、同年三月十日付けで駿河衆岡部次郎兵衛に、新たに所領・反銭を与えたもので、押捺位置は日付の下、奉者は温井常陸守・跡部勝忠である（「能勢文書」戦二六〇八）。三例目は、同年三月二十六日付けで駿河衆鷹野徳繁に、富士大宮社への社納分の支給を示したもので、これも日付下に押捺、奉者は市川家光である（「宮崎文書」戦二六一六）。押捺位置には、袖と日付下の両様があるが、これは宛名の身分による使い分けとみられ、家臣層の場合は日付下、村など地下人身分の場合は袖であった。そして四例目は、同年七月三日付けで信濃坂木の在郷被官の塚原五郎左衛門尉に、坂木御蔵の管理を命じたもの（「塚原文書」戦二六八六）、五例目は同月五日付けで某に、蔵出分・棟別銭を支給したもので（「甲斐国古文書」戦二六八八）、ともに、それまでのものとは異なり奉者はみえない。こうしたものを直状式と称している。

天正五年では以下のものがある。三月十七日付けで信濃高遠の番匠（大工）井尻与次郎に、池上備前守の給分を与えたもので、奉者は小原継忠（「鉾持神社文書」戦二七八六）。七月十二日付けで甲斐の地下人長谷部二郎左衛門尉に、堤防工事用の資材の提出を命じたもので、奉者は小山田昌盛（「保坂文書」戦二八二八）。閏七月十四日付けで駿河国衆御宿友綱に、富士大宮社の流鏑馬銭の納入を命じたもので、奉者は今福昌常（「判物証文写」戦二八四八）。十一月二十五日付けで諏訪網渡奉行衆に、諏訪社大祝諏訪頼忠からの要請をうけて、諏訪湖での漁撈を御料所として扱い、諏訪社の者に認めるよう指示したもので、奉者は秋山宮内丞（「諏訪文書」戦二八九四）。

天正六年では一点のみがみられる。十月十五日付けで信濃高遠領の細工職人池上清左衛門尉に、大方様（勝頼祖母）への奉公の功賞として給分を与えたもので、奉者は跡部勝忠・小原継忠（「池上文書」戦三〇四三）。これについては、発給の経緯を知ることが出来る関連史料がある。勝頼祖母が清左衛門尉に宛てた書状で、年来にわたり無足で奉公してきたので、勝頼に給分を与えられるよう要請したこと、給分地については跡部・小原両人に指示が出され、両人の「連判」が出されたことを伝え、さらに今後における「御上様（勝頼妻北条氏）」と「御曹司様（武王丸・信勝）」への奉公を命じている（「池上文書」戦三〇五二）。

先の獅子朱印状は、跡部・小原の連判状と称されている。奉書式朱印状が、そこにみえる奉者の奉書（主人の意を承けて出された文書）であったことがわかる。両人の役割などの違いは明確ではないが、小原継忠は高遠領支配に関与していた様子がうかがわれ、跡部勝忠は財政を取り仕切る勘定奉行であったから、この場合では、勝頼祖母から勝頼への取次を務めたのが小原継忠で、給分支給を取り扱ったのが跡部勝忠であったと思われる。

獅子朱印状は、その後も天正七年に五点、同八年に八点、同九年に三点が確認できる。武田氏の家印(かいん)である竜朱印状と比べると、残存数ははるかに少なく、それとの使い分けも明確ではない。ただ物資の徴発や、御料所からの給分支給などの内容のものが目立ち、勘定奉行とみられる跡部勝忠・市川家光、小山田昌盛・小原継忠・土屋昌恒など勝頼側近の奉書が顕著であること、宛名が地下人のものが顕著であるところなどに特徴が認められる。

使用規定に触れたものとして、物資徴発の場合に関して規定があった初見の事例以外には、天正四年六月二十八日付けで甲府八日市場の竜朱印状がある（「坂田文書」戦二六八一）。そこに獅子朱印のない場合には、人足役は供出しなくていい、とあるから、人足徴発の場合に、同朱印が用いられることになっていたことがわかる。したがって物資や人足の徴発を命じる場合に、獅子朱印が用いられたとみられ、実際にそうした事例もいくつかみられている。しかしそれ以外の内容については、同様の竜朱印状も多数残されているし、彼らの奉書も存在しているから、どのような場合にどの書式で出されたのかは明らかではない。武田氏が領国支配のために発給した文書体系の解明も、今後の課題として残されている。

Ⅱ 武田勝頼の駿河・遠江支配

柴　裕之

はじめに

永禄十一年（一五六八）十二月、武田信玄は駿甲相同盟を破棄し、今川領国へ侵攻した。相次ぐ今川家臣の離反により、今川氏は滅亡したが、駿河国の獲得は、今川氏を支持した相模北条氏との戦いにより、最終的には元亀二年（一五七一）十二月の甲相同盟締結までの年月を必要とした。また、信玄は今川領国への侵攻の際、遠江国の獲得も企てていた。しかし、駿河国の獲得に時間を要したことにより、遠江国は今川領国侵攻の協力者であった徳川家康に譲渡せざるを得なかった。それが禍根となって、武田・徳川両氏の関係は悪化し、元亀二年二月より徳川領国への侵攻が開始される。この侵攻により、武田氏は徳川領国の北遠江・奥三河地域（足助城までの地域）を勢力下においた。

このような政治情勢のもとで開始された信玄による駿河支配は、旧今川宿老の朝比奈信置・岡部正綱・同元信・三浦員久ら、また北遠江・奥三河支配は天野氏・奥平氏・菅沼氏といった従前より一定地域の支配を任されていた地域領主たちとの統制・従属関係のもとに行われた。武田氏の駿河・遠江支配は、こうした今川旧臣・地域領主（駿・遠先方衆）の存在やその支配を受容する地域社会との合意を前提に成り立つものであったのである。

ここでは、この信玄以来の駿河・遠江支配を、勝頼がどのように継承し、政治情勢に対応しながら行っていったか、その推移をみていきたい。なお、以下の駿河・遠江両国をめぐる武田氏の攻防状況については、大塚勲「武田・徳川攻防の推移」（『地方史静岡』二六号、一九九八年）の考証をふまえ記したところが多い。また、史料は『静岡県史』資料編8中世四（静岡県、一九九六年）、柴辻俊六・黒田基樹・丸島和洋編『戦国遺文武田氏編』一～六巻（東京堂出版、二〇〇二～二〇〇六年）による（以下、本文中では使用した文書名のみを注記する）。

一、信玄から勝頼へ

元亀三年九月末から信玄の徳川領国への侵攻は、室町将軍足利義昭、朝倉・浅井両氏、大坂本願寺らとの提携のもとに本格的に開始された。この過程で、信玄は遠江二俣城（静岡県浜松市、以下、同県名は省略する）の攻略、三方ヶ原の戦いを経て、翌四年（天正元年〈一五七三〉）二月には三河野田城（愛知県新城市）を攻略したが、病状悪化による帰国途上の四月十二日に死去した。

信玄の後を継いだ勝頼は、はやくも五月に信玄死去の情報をつかんだ徳川家康により、駿河国久能・駿府（いずれも静岡市）、七月に三河国長篠（愛知県新城市）を攻撃され、八月には三河先方衆奥平定能・信昌父子の離反、九月八日には長篠落城という事態にあい、父信玄から引き継いだ勢力圏（武田領国）としての駿河国と北遠江・奥三河地域の保全と維持が課題となった。

この状況に対し、十一月に勝頼は徳川氏の本拠であった遠江国浜松（浜松市）を攻撃、榛原郡に諏訪原城（島田市）を築き徳川方と対峙している。そして、翌二年（一五七四）五月十二日より遠江高天神城（掛川市）を攻撃した。高天神城は、遠州灘に面した交通・流通上重要な地域に築かれ、武田氏にとって遠江攻略だけでなく駿河国の保全からも、押さえるべき重要拠点であった（小川隆司「武田・徳川両氏の攻防と城郭」〈『藤枝市史研究』二号、二〇〇〇年〉）。城主の小笠原氏助は、今川氏の時代からこの地域の支配を任され、元亀二年三月には信玄の攻撃にあったが凌いでいる。勝頼は、この城を攻略することにより、駿河国の保全を図った。勝頼の功績の一つとして評価される高天神城攻略は、信玄から引き継いだ勢力圏（武田領国）の保全と維持を目的になされたものであったのである。

城主小笠原氏助は勝頼の攻勢により、六月十七日に降伏した。武田氏に従属した氏助は、官途弾正少弼と「信」の一字を賜り、実名を信興と改め、また高天神城および所領、被官（家臣）、軍事指揮下に属した同心衆を安堵され、遠江先方衆として位置づけられた。黒田基樹氏によると、その支配領域（高天神領）は、高天神城の所属する遠江国城東郡・浅羽荘・山名荘一帯（掛川市南部）と考えられ、信興による自律的支配が行われたとされる（「遠江高天神小笠原信興の考察」〈『戦国期東国の大名と国衆』岩田書院、二〇〇一年〉）勝頼は、このように小笠原信興の従属を通じ、この地域への支配圏を拡大することにより、同時に駿河国の保全を図ったのである。

高天神城を攻略した勝頼の次の目標は、前年九月に徳川氏に攻略された三河長篠城の奪還であった。このように、この時期の勝頼の行動は、信玄から引き継いだ勢力圏（武田領国）の保全と維持を目的に行なわれたものであった。しかし、天正三年五月の長篠の戦いでの敗北は、それを失敗に終わらせた。

二、「当家興亡」と駿河・遠江支配

天正三年五月の長篠の戦いでの敗北は、勝頼に領国支配の再編を求めた。

長篠の戦いでの敗北に対し、勝頼は、六月一日、駿河田中城（藤枝市）の城番衆武田信友・小原宮内丞・三浦員久へ宛てた書状（「関家文書」）の中で、「諸将二、三人を失ったが、これほどという影響はない」と伝えている。

その一方、敗戦後、すぐに勝頼は駿河江尻城（静岡市）に従兄、姉婿の一門衆である穴山（武田）信君を配置した（「関家文書」ほか）。江尻城は武田氏による駿河・遠江支配の拠点であり、これまで城代として御譜代家老衆（宿老）の山県昌景を据え、そのもとで支配と軍事編成を行ってきた。長篠の戦いでの山県戦死により、勝頼はこれまで武田氏の駿河・遠江支配を補佐してきた信君を、江尻城代として中核に据え、そのもとで支配と駿・遠先方衆への軍事統制を行うように再編した。また同時に遠江光明寺城（浜松市）・諏訪原城・小山城（牧之原市）・高天神城などの防備の堅固に務めた。

しかし、長篠の戦いでの敗北を皮切りに、同年六月に織田・徳川連合軍により奥三河地域を攻略され、以降、徳川勢との戦いの中で光明寺城と遠江先方衆天野藤秀の犬居城（浜松市）が落城（七月）、諏訪原開城（八月）、二俣開城（十二月）という事態を迎える。これにより、遠江国における武田氏の勢力範囲は、高天神城・小山城を拠点とした東遠江地域のみに後退し、駿河国の保全にも影響することとなった。

勝頼は、この状況に対し、十二月十六日に領国内の諸将へ、来年に織田・徳川両氏との「当家興亡」の一戦の覚悟を伝え、軍役規定外の兵力増員、従兵の軍装の充実を指示した（「秋田藩家蔵文書」ほか）。勝頼は、このように織田・徳川両氏との戦いによる武田家の興亡次第が、領国下のあらゆる人々に、日々の生活に直結するという危機意識を煽ることで、戦争体制（総力的戦争の遂行を目的した支配体制）を展開したのである。

この「当家興亡」の戦争体制下に実施されたのが、天正三年十月末以降に行われたとされる勝頼による遠江先方衆小笠原信興の高天神領の収公・転封である。高天神領は、この時点で武田氏の遠江支配下での最先端に位置する地域で、そのうえ、この地域を敵方に攻略されることは、遠江灘につながる交通・流通を掌握され、駿河国の保全にも影響する度合いが増した。しかし、同地域は、勝頼が小笠原信興の自律的支配権を認めた支配領域であった。そこで、勝頼は信興を高天神領から駿河国富士郡周辺へ転封させた。これは、戦国大名による地域領主（国衆）の転封政策として評価されるが、その背景には「当家興亡」の戦争体制の展開があった。つまり、勝頼による小笠原信興の転封政策は、武田家の興亡は従属下の先方衆の立場・支配の安衰に直結するものであるという社会意識の合意のうえで、その保証権を担う立場を託された勝頼によって実施されたものであったのである。これにより、高天神領を収公した勝頼は、同領を直轄支配とし、高天神城の守衛としての在番制を強化していく。

また、天正三年十月から翌四年三月にかけて行われた駿河国駿東郡から庵原郡における交通、伝馬制度の整備が行われた（「草ヶ谷文書」・「芹沢文書」ほか）。これは、北条氏との甲相同盟による同地域の政治的安定を背景に実施されたものだが、同時にこの地域からの物資補給などのルート補給の設立を必要とした「当家興亡」の戦争体制の展開に基づくものであったと考えられる。

このほかに先方衆ら給人衆が負担する軍役量の改定があげられる。同五年五月二十六日に、駿河先方衆岡部正綱に宛てられた軍役定書（「岸和田藩志所収文書」）には、改めてこの年の秋の年貢収納高（定納高）の申告に基づいた軍役負担を定めることが記されている。実際に、武田領国の給人の軍役が、同年の定納の申告に基づき、翌六年に定率化されたことが湯本軍一氏によって指摘されている（「戦国大名武田氏の貫高制と軍役」〈柴辻俊六編『戦国大名論集10　武田氏の研究』吉川弘文館、一九八四年所収〉）。この背景にも、「当家興亡」の戦争体制の展開があったのである。

また、「当家興亡」の戦争体制の展開は、地域住民（民衆）に対して武田領国としての駿河国保全のため、諸城の普請を求めた。城は、戦争の遂行のための軍事施設としてだけでなく、領国下の民衆に対する危機管理を担う防衛施設でもあった。このため駿河国諸城の城普請負担は、領国下の民衆に賦課されたが、本来は免除であった寺社領にも続々と際限なく賦課され、寺社は改めて普請負担の免除を武田氏に願い出て、負担減とされている状況が確認できる（「八幡神社文書」ほか）。「当家興亡」の戦争体制に基づき実施された駿河国諸城の普請は、本来は免除されていた寺社領の地域にまで、この負担を強いることとなったのである。

このように勝頼は、長篠敗戦以降の駿河・遠江両国に対する政治情勢の打開（危機管理政策）として、「当家興亡」の総力的戦争の遂行を掲げ、駿河・遠江支配を行ったのである。

だが、勝頼による「当家興亡」の戦争体制の展開は、はやくも天正五年閏七月五日の駿河先方衆三浦員久らに宛てられた軍役条目（「諸家文書纂」ほか）によると、村落を中心とした地域社会との間で齟齬をきたしていることが確認できる。勝頼は、ここで改めて「当家興亡」のもと先方衆ら諸将に対し、領中の一五歳以上六〇歳以下の人々を、二〇日間に限り軍事動員を求めた。その基準となる二〇日間の動員は、戦国大名領国において民衆が負担した城郭や大河川修築の普請役などの夫役システムの延長上に、地域社会との社会的合意を得たうえで課されるものであった（藤木久志「村の動員」〈『村と領主の戦国世界』東京大学出版会、一九九七年〉。鈴木将典「武田領国における民衆動員について」〈『駒澤大学大学院史学論集』三一号、二〇〇一年〉）。しかし、この背景には、兵員の補いには武勇人でなく、「夫丸」（人夫）ばかりを提出するという、地域社会側の対応があった。勝頼は、この事態に世間に対する名誉（「外聞」）を失ったとして、「当家滅亡」の現れとして嘆き、それは領国内の諸将と民衆にとっても日々の生活が動揺をみせる始まりでもあるとして訴えている。このように「当家興亡」の戦争体制は地域社会との間で齟齬をきたしており、勝頼は改めてその危機的状況の社会的認知と対応の合意を得る必要があったのである。

同月、徳川家康は遠江高天神城を攻撃した。この家康の攻撃に対して勝頼も自らの出陣で応じ、勝頼は小山城、家康は懸河城（掛川市）を拠点に十月中旬まで対陣したことが、家康の家臣松平（深溝）家忠の日記（「家忠日記」）から確認できる。この後、両者は武田方の高天神城・小山城・駿河田中城、徳川方の牧野城（旧諏訪原城）天正六年五月に完成した横須賀城（掛川市）を拠点に、一進一退の攻防を展開した。

天正六年三月の上杉謙信の死去、それに伴う今後の路線をめぐり、越後国で内乱（御館の乱）が発生した。その内乱のなかの同九月以降、勝頼が上杉景勝を支持し同盟（甲越同盟）を締結、一方それまでの北条氏との甲相同盟を破棄したことは、駿河・遠江両国の戦況にも大きく影響した。翌七年九月、勝頼は北条領国の伊豆国に侵攻し、駿河・伊豆両国の国境に三枚橋城（沼津市）を築城した。これに対し、北条氏政は家康に接近し、軍事行動を行う。これにより、勝頼は東は北条氏、西は家康の挟撃をうけることとなり、勝頼による駿河・遠江支配は新たな対応を迫られることとなったのである。

三、高天神落城

天正七年九月以降、駿河・伊豆両国の国境で北条氏との戦闘を開始した勝頼は、次第にその攻防の対処に追われ、遠江方面への自身による出陣は同年十二月中旬を最後にみられなくなる。代わって、同年十一月から対北条氏で同盟関係にあった常陸佐竹氏の仲介によって、織田信長との講和（「甲江和与」）交渉が行われる。これは、丸島和洋氏によると、駿河・遠江両国の東西で挟撃という政治情勢下におかれた勝頼が、信長との和与を通じ、信長に従属する徳川家康との和与の道を開き、そのうえで北条氏に対抗しようとしたものとされる（「甲佐同盟に関する一考察—武田勝頼期を対象として—」『三田中世史研究』七号、二〇〇〇年）。

その一方、同年八月、遠江国の重要拠点の高天神城には、勝頼の信頼が厚い駿河先方衆岡部元信を城将として据え

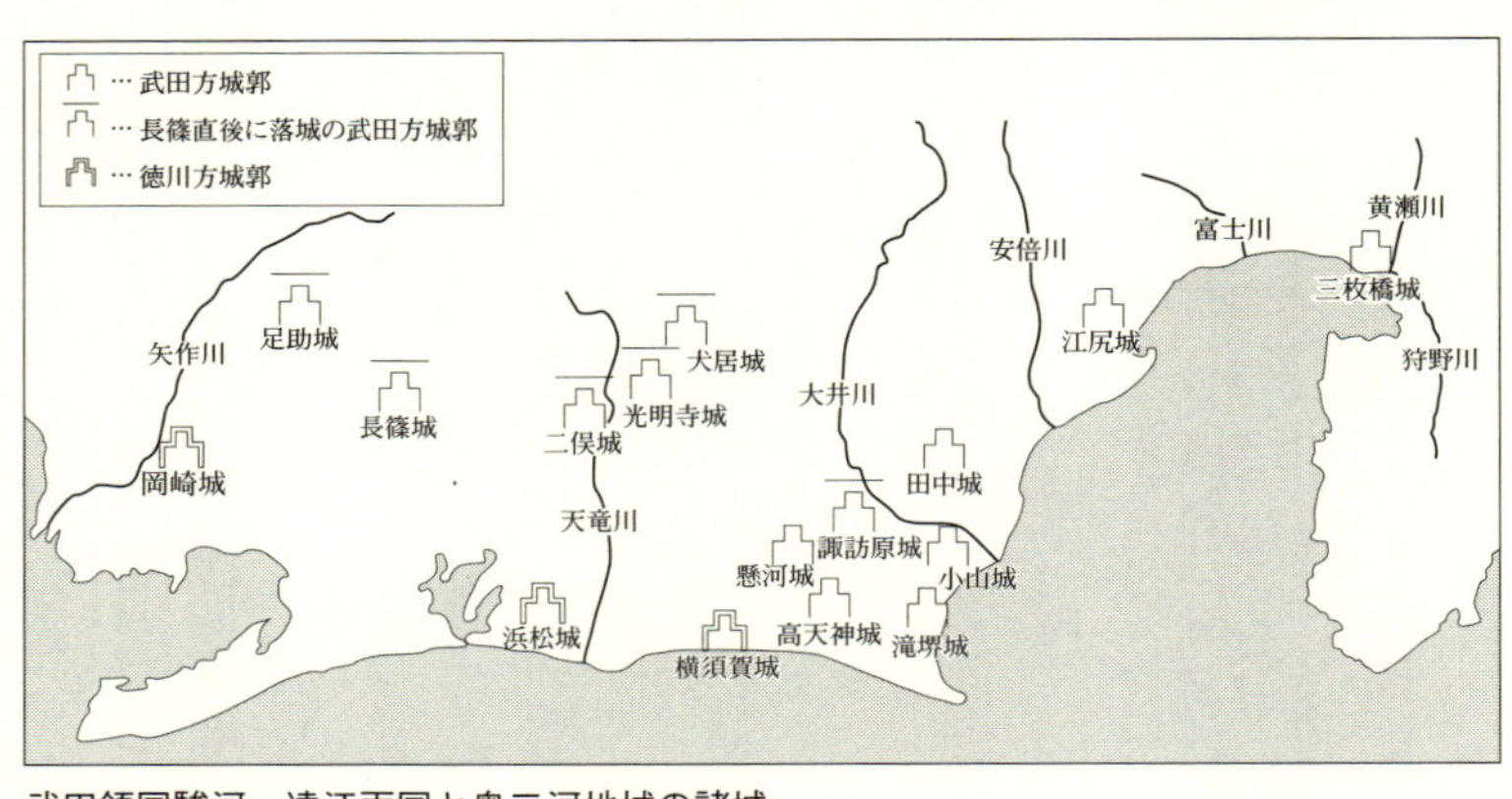

武田領国駿河・遠江両国と奥三河地域の諸城

た。元信は、今川旧臣で、前田利久氏によると、懸川開城後も今川氏真に随行して相模国に移り、元亀二年末の甲相同盟の締結により武田氏に仕えたとされている（「今川家旧臣の再仕官」〈静岡県地域史研究会編『戦国期静岡の研究』清文堂、二〇〇一年〉）。武田氏に仕えた元信は、遠江小山城に城将として据えられ、天正三年九月には徳川勢からの攻撃を凌いだことを勝頼から賞されている（「岡部文書」）。この後も元信は、勝頼に重用され、そして同七年八月には、要衝高天神城の城将を任されたのである。

勝頼が「甲江和与」の交渉を進めるなか、天正八年三月以降、家康による高天神城攻撃が行われ、七月下旬の小山城と駿河田中城の攻撃を経た後、十月より総攻撃へと到る。

この総攻撃のなか、翌九年正月二十五日に水野忠重（みずのただしげ）へ宛てた織田信長朱印状（「水野文書」）に注目された平山優氏によると、城将の岡部元信ら籠城勢より、高天神・小山・滝堺（たきざかい）三城の譲渡との引き替えに助命嘆願が申し出られたが、信長は来年の武田氏攻めに際しての高天神落城による駿河国への影響を考慮して、家康に引き続き攻撃を命じたとされる（「武田勝頼の再評価」〈韮崎市教育委員会編『新府城と武田勝頼』新人物往来社、二〇〇〇年〉）。この見解に当時の政治情勢を加味すると、おそらく高天神・小山・滝堺三城の譲渡は「甲江和与」交渉を進める勝頼の意志であったと思われる。しかし、既に前年三月に信長は勝頼と敵対する北条氏の従属を承認したことで、「甲江和与」は成立する見込みは薄く、逆に織田勢を中心とした武田氏攻めが目前に迫りつつあった。このための布石として、信長は家康へ、勝頼が救援できない状況を前提に、高天神城攻撃の続行を命じ、その落城を通じ、併せて勝頼の維持してきた駿河国の保全を動揺させる政治的効果を狙ったといえよう。

三月二十二日、徳川勢の攻撃により、岡部元信ほか籠城衆は討ち死にし、高天神城は落城した。これにより、武田氏の遠江国での勢力圏は、小山城が残るものの実質的には喪失した。同時に、高天神落城は、籠城衆を救援することなく、結果として見殺しにした勝頼に対し、世間の評価（「天下の面目」）を失墜させたと『信長公記』は記している。

この後も勝頼は、望みの薄い「甲江和与」交渉を進める一方、北条氏との伊豆方面での戦闘に攻勢に出るが進展はさほどなかった。そのなかで相次ぐ戦闘とそれに備える負担により領国内の諸将と民衆から、危機管理委託者としての支持を失った勝頼は、翌十年二月の織田・徳川、北条勢の東西からの挟撃で駿河を失い、また一門衆穴山梅雪（信君）らの離反により滅亡へと歩むこととなる。

そして、駿河国は新たな統治者として徳川氏による支配を受容していくのである。

【付記】本稿発表後に、武田信玄による徳川領国への侵攻と長篠の戦い前の情勢については見解を改めているが（詳細は拙著『戦国・織豊期大名徳川氏の領国支配』〈岩田書院、二〇一四年〉を参照いただきたい）、再録にあたり記述には手を加えず、そのままとした。

Ⅲ　武田勝頼の上野支配

栗原　修

一、信玄時代の西上野支配

武田氏の上野進出は、永禄四年（一五六一）十一月、勝頼の父信玄の代から始まる。それは、前年九月の越後長尾景虎（以下、上杉謙信）の関東出兵に直面した北条氏から要請されたものであった。

永禄九年九月二十九日、信玄は西上野最大の領主である箕輪（みのわ）城主長野氏を滅ぼして、西上野の大部分を手中に収め、翌十年四月までに利根川沿岸の白井城・惣社城を落として領国化をなしとげた。

信玄晩年頃の「武田法性院信玄公御代惣人数之事」（『甲陽軍鑑』）によると、「西上野衆」として、小幡・和田・多比良・高山・白倉・あまお・木部・倉賀野・依田・後閑・長根・大戸・安中・松本らの領主が記されている。このうち高山・白倉・多比良・木部・あまお・倉賀野・後閑・長根は、「関東方新田足利江の御先」として箕輪城代内藤昌秀の与力（組衆）とされ、松本・依田・大戸は「信州先方衆」の会田・山口らとともに武田逍遙軒（しょうようけん）の与力とされている。これに対して小幡氏は、「組なし」とされるが、手勢「五百騎」を持ち、単独で一軍を構成しえた領主であった。また、安中氏については与力関係の記載がないが、「百五拾騎」という小幡氏に次ぐ軍事力であることから、小幡氏と同様の存在と考えられる。残る和田氏は箕輪城代の指揮下にあったと考えられる。なお吾妻（あがつま）地域の領主については記載が無い。

吾妻といえば、岩櫃（いわびつ）城を拠点とした真田幸綱・信綱父子の活躍がよく知られている。真田氏は、武田氏の滅亡後、幾多の困難を乗り越えて大名として存続していくことから、すでに武田家臣時代から吾妻郡全体で独自の支配を展開していたかのように考えられていたが、近年の研究により、その見方は訂正されている。武田氏の支配が及ぶ以前の吾妻地域では、岩下城主斎藤氏がもっとも有力で、岩下城が政治的な中心地となっていた。武田氏は、永禄七年正月までに岩下城を攻略するが、真田氏は攻略に従事した他の武将と比して卓越した地位を有していなかった。攻略後、幸綱はただちに岩櫃城に移り、その頃頻繁に南下して沼田城に駐屯していた上杉軍の動向を監視し、それに対処する任務を負った。その後、幸綱は翌八年には倉賀野城在番、同十年三月には白井城を攻略、直後箕輪城に在番するなど、各地の攻略に向かい、その戦後処理を行うなど、軍事的任務を主にしていた。この頃から現れる信綱は、元亀元年（一五七〇）四月には岩櫃に在城しており、境目の防衛・情報収集・敵地攻略に従事し、また岩櫃城代として岩櫃領支配を担った。「信州先方衆」真田氏の基本的な役割は敵地攻略にあったといえる。信綱は、吾妻地域の国衆鎌原（かんばら）氏・湯本氏らを同心衆として手勢に組み込み、上杉氏方と対峙したのである。

次に箕輪城に関しては、永禄九年の攻略後、ただちに「御譜代家老衆」の内藤昌秀を置いたのではないことが近年明らかになっている。攻略直後は、「御譜代家老衆」春日虎綱が在城し、同城に在番した真田幸綱・信綱父子と協力しながら占領地の再編成に関わり、また「御譜代家老衆」の甘利信忠が永禄十年八月頃まで西上野全般の支配にあたる奉行人を務めた。その後、箕輪城には「御譜代家老衆」の浅利信種が城代として入り、本格的な支城支配が始まる。同十二年十月に北条氏との三増峠合戦で信種が戦死すると、後任として内藤昌秀が城代となった。昌秀は、旧長野氏家中を同心衆として手勢に組み込み、また高山氏ら周辺の国衆を与力として指揮下に置いた。このように箕輪城に一貫して「御譜代家老衆」が在城したことは、箕輪城が西上野支配の政治的拠点として位置づけられていたことを示す。元亀元年四月十日に信玄が昌秀に与えた指示書には、「総じて上野西辺の儀、下知を得ず候とも、民百姓安穏に居り候の様、申し調えらるべき事」（大沢二朗氏所蔵文書、原文漢文）とあって、昌秀は箕輪領だけではなく、甘利信忠のように西上野全体を統括する役割を担ったことがわかる。

西上野南部の国峯城主小幡氏は、関東管領山内上杉氏に従っていたが、天文十七年（一五四八）小幡憲重の時、上杉憲当（のりまさ）に背いて、北条氏に従った。また天文末年には武田氏とも通じていたようで、武田氏の西上野侵攻に大きな役割を果たし、武田氏と北条氏との国分により西上野が武田氏の領国となると、武田氏麾下の国衆として存続する。永禄十年（一五六七）八月には、憲重の子息信実（信真）が家督としてみえる。

このように信玄時代の西上野は、北から岩櫃城代が指揮する範囲（吾妻地域）、箕輪城代が指揮する範囲、国衆小幡氏や安中氏の支配地といった領域に大きく分かれていた。

二、信玄死去による領国の動揺

元亀四年（一五七三）四月二十三日、勝頼は、箕輪城代内藤昌秀に一通の起請文を渡している（京都大学総合博物館所蔵文書、原文漢文）。

一、おのおの他事なく、奉公候のところ、佞人あり、其方身上の儀、申し掠むるについては、涯分糺明をとげるべく候、しかりて申す人、遺恨をもって、意趣無き儀を申し候は、同心・被官においては、前々のごとく出し置き、存分に任せるべく候、他人においては、その過怠あるべきの事、

（各人が他事に関わらず奉公を務めているなかで、あなたの地位を讒言により奪おうとする者がいたなら、出来る限り調査をして事情を明らかにします。そして讒言者が恨みによって言いがかりを言った場合は、あなたの同心や被官であれば、以前のようにあなたに預け、処分を任せます。他人であれば、こちらで罰します。）

付けたり、存分訴訟の儀、誓詞を出し候人のうち、ならびに奏者をもって、申されるべく候、つぶさに聞き届けるべきの事、

（また、訴訟を起こす場合、誓詞を出した人か、奏者を通じて、申し入れてください。詳しく聞き入れます）

一、自今以後別して奉公については、懇切せしむるべく候、ゆめゆめ心中に疎略あるべからず候、また先の誓詞の旨に任せ、国法ならびに勝頼存知の異見として申され候は、つぶさに聞き届けるべく候、たとい一途の儀に非ず候とも、科に処すべからずの事、

（今後格別に奉公を務めるならば懇切にいたします。少しもあなたのことを疎略には思っていません。また以前の誓詞を尊重し、国法や私のために意見を言ってくれれば詳しく聞き入れます。たとえどのような事でも罰したりしません）

一、たといこれ已然疎略の人に候とも、向後別して入魂候は、等閑あるべからずの事、

（たとえ以前に関係の薄かった人でも、今後は格別に親密になれば、おろそかにはしません）

なぜ、このような起請文が出されたのであろうか。それは、直前に起きた四月十二日の信玄死去に関わる。信玄の突然とも言える死去は、家臣団に衝撃と動揺を与えた。とくに本国甲斐から離れた前線にいる家臣たちは、一様に不安を覚えたに違いない。昌秀もその一人であった。昌秀は、「御譜代家老衆」の一人として、信玄との間に親密な関係を築き、その信頼の上に立って遠国の西上野支配を任せられたのである。ところが、新しく当主となった勝頼との間には、信玄ほどの関係はなかったのであろう。たやすく意志疎通をはかれない者同士にとって、一番恐れることは、

悪意を持った人間が介在して、疎通を妨害してしまうことであろう。危惧した昌秀が勝頼に申し出たことにより起請文が作成されたと考えられる。

一方、勝頼も早急に重臣の信頼・支持を得る必要があった。勝頼は、昌秀の諫言に耳を貸すことを約束しているので、重臣を尊重しようとする謙虚な態度がうかがえる。また勝頼は、昌秀の言い分は、定められている奏者（取次役）か、あるいは昌秀が誓詞を取り交わした者を通して伝えるように指示をして、昌秀の存分が正確に自分に伝わるように配慮している。このような方法で、勝頼は各地の家臣と関係を新たに築いていったのである。

三、長篠敗戦による激変

安中城主安中景繁は、天正三年三月二十四日、勝頼から出陣を催促する書状を受けた（慈雲寺文書）。「計策の首尾相調え候条、来る朔日出馬せしめ候、三日に諏方上原へ参陣尤も候、この度においては別して人数を催さるべき事肝要に候」（原文漢文。準備が整ったので翌四月一日に出陣します。三日に信州の諏方上原に参陣してください、今回はいつもより多い人数を引き連れて来てください）とあった。景繁は、務めを終えてやっと帰郷したばかりであったが、休む間もない出陣に、勝頼は景繁の「御労煩」に痛み入ると追伸で述べている。

景繁が受けた参陣要請は、武田氏の命運をかけた長篠合戦のためであった。天正三年五月二十一日の長篠合戦には、領国内の有力な武将のほとんどが動員された。内藤昌秀も、四月五日に参陣命令を受けている（工藤家文書）。昌秀は、指揮下の武田氏直参衆や昌秀の同心衆への参陣催促を指示され、自身は一刻も早く参陣するように命じられた。勝頼は、この書状に、「急ぎ候間、印判を用い候」（原文漢文）と書いて、花押ではなく「晴信」朱印を使用している。非常に慌ただしい雰囲気が感じ取られる。

昌秀や景繁の他、上野からは、岩櫃城代の真田信綱とその弟昌輝、国衆の小幡信真や和田業繁（なりしげ）らが参陣した。多くが戦場の露と消えたなかで、小幡信真は生還したが、一族に多数の戦死者を出している。のち天正五年三月二十七日、信真は、上野国妙義神社と菅原神社に鰐口（わにぐち）を奉納して、小幡一族の安全・子孫繁昌・武運長久を祈願し、また勝頼の懇意が深まっていることに感謝している（府中八幡神社旧蔵、菅原神社所蔵）。勝頼の側も小幡氏の奉公に熱く感じるところがあったであろうし、また西上野最大の国衆である同氏の離反を食い止めることが西上野支配のうえでも必要であった。

さて、西上野支配を担っていた真田信綱と内藤昌秀の戦死は、支配体制の変更を余儀なくした。箕輪城代については、天正七年二月に昌秀の養子昌月が城代に着任するまで置かれなかった。その間、どのような支配が行われたのであろうか。

天正四年三月二十七日、勝頼は瀬戸神十郎に信濃国海野のうちから知行を与え、箕輪城在番を命じた（岡部忠敏氏所蔵文書）。この文書は、跡部勝資が奉者となった朱印状であった。このほか、同年十一月二十日には、箕輪在城衆の大井満安に対し、箕輪領内から知行を与えている（岡本文書）。これも跡部勝資が奉者となっている。箕輪城代不在の時期、跡部勝資が支配に関与していることをうかがわせる。勝資の関係文書を見ると、その内容は多岐にわたり、かつ出された先は吾妻地域を除く西上野一帯にわたっており、とくに箕輪領に限定されてはいない。かつて永禄九年から十年にかけてみられた甘利信忠の政治的役割と同様に、勝資は奉行人として西上野支配に関わったのであろう。

跡部勝資の他に、箕輪領支配に関わった者がいる。真田昌幸と板垣信安である。天正四年二月二十三日、両者は、箕輪領内の戸榛名神社別当泉明寺に対し、神領二貫五百文の安堵を伝えた奉書を出している（戸榛名神社文書）。同社に対する神領安堵については、すでに同三年十二月二十三日に跡部勝忠証文が出されている（戸榛名神社文書）。跡部勝忠は、取り込み中のため来年の春になって甲府に来て二貫五百文の安堵申請を行うようにと神社側に指示している。取り込み中とは長篠合戦の戦後処理であろう。神社側は、箕輪城代内藤昌秀の戦死にともなう支配担当の変更から「代替わり安堵」を求めたと思われる。真田昌幸らの奉書は、その日付が跡部勝忠証文に記された参府時期にあたることから、同社が正式に安堵を受けた文書といえる。

奉者の一人板垣信安は、その「御親類衆」という家格から、箕輪城代不在を埋める存在として、箕輪城に在城したと思われるが、詳細は不明である。一方、真田昌幸は箕輪領に近接する白井領支配を担当する白井城代であった。昌幸は、兄信綱・昌輝の戦死により真田家を継ぎ、継承まもない天正三年十一月頃までに、白井城代に着任したと考えられる。よって昌幸は、箕輪城代不在のため暫定的に箕輪領支配に関与したものと考えられる。

白井城の位置は、上杉氏方の沼田城と厩橋（まやばし）城の中間にあたり、くさびのように突出した最前線にあたる。城代となった昌幸は、証人として甲府に早くから出仕し、武藤家を継承して「足軽大将衆」となり、信玄のもとで武田家朱印状の奉者を務めて実務経験を積み、多くの譜代衆と同様に「昌」字を与えられていた。支城の城代には、「御譜代家老衆」が任命されることが通例なので、昌幸は譜代衆の家格であることがわかる。勝頼は、この譜代格の昌幸を、吾妻地域の国衆を手勢に組み込んで「信州先方衆」中最大の軍事力を持つ真田家を継がせた上で、白井城代とすることにより、岩櫃城代および箕輪城代の軍事的機能を昌幸に担わせたと考えられる。そして、限定的に「御親類衆」板垣信安を派遣して昌幸と協力させながら、西上野全体に関わることは跡部勝資らを奉者とする朱印状をもって直接に掌握したと思われる。

四、塗り変わる戦国地図

天正六年三月、越後の上杉謙信が死去し、謙信の二人の養子景勝と景虎の間で起こった後継者争い（御館の乱）は、景虎の実家である北条氏とその同盟者武田氏を巻き込む形で展開していく。当初、勝頼は北条氏政の要請により、氏政の実弟景虎を支援するため越後に出兵したが、六月に一転して景勝と講和して同盟を結んだ。勝頼は、妹菊姫を景勝に嫁がせ、上杉氏から譲られた上野国支配権を名目として、北条氏が掌握していた東上野への進出をはかった。

その頃、北条氏は厩橋城主北条（きたじょう）高広・今村城主那波顕宗・女淵城将後藤勝元・沼田城将河田重親ら上杉氏部将を越後に派遣するとともに、東上野の領国化を進め、天正六年七月十七日には重要拠点の沼田城を攻略し、越後との国境地帯を確保していた。

武田氏も早くから沼田への調略を行い、天正六年五月には服属を表明してきた沼田地域の地衆に対して知行を与える約束をしている（原沢文書）。同年九月、勝頼は白井城代真田昌幸から、北条氏方による越後侵攻の状況を報告されているが（真田宝物館所蔵文書）、この時点では北条氏との間は表面的には良好であったようである。翌七年十一月、武田氏は北条高広・那波顕宗らを従わせることに成功する。そして、東上野の最大の領主である金山城主由良国繁とその実弟で館林城主の長尾顕長らは、武田氏と友好関係にあった常陸の佐竹氏と協同し、北条氏と距離を置き始めていた（「紀伊国古文書」）。さらに同年十二月、もと沼田城代であった不動山城主河田重親や沼田地域に配属されていた小中彦兵衛尉ら旧上杉氏部将に知行を与える約束をした（「上杉文書」六、北条文書）、このように武田氏は、利根川以東のほぼすべての領主と主従あるいは友好的な関係を築くことに成功し、孤立させた沼田城への攻勢を強めていく。

越後国
三国山
猿ヶ京
小川
沼田
名胡桃
武尊山
下野国
羽尾
岩下
岩櫃
子持山
赤城山
四阿山
鎌原
不動山
榛名山
白井
箕輪
浅間山
厩橋
信濃国
松井田
戸榛名神社
惣社
今村
金山
和田
妙義山
国峯
武蔵国
館林

上野国略地図

武田氏は、天正八年四月までに沼田衆の小川可遊斎を服属させ、五月六日から十九日の間に猿ヶ京城を落とすなど、沼田城に迫っていった。現地で指揮をとったのは、真田昌幸とその叔父という矢沢綱頼である。天正八年二月には、綱頼は「吾妻」と呼ばれた岩櫃城に在城して昌幸の留守を守り、沼田への調略を進めていることから、真田氏はこれまでに白井から岩櫃へ転任したと考えられる。昌幸は、同年七月までに落とした名胡桃城にいて、沼田城将の用土新左衛門尉（藤田信吉）を調略して寝返らせることに成功した。十二月九日に武田氏が信吉に知行を与えた朱印状には、「去る秋沼田に出勢のみぎり、最前当家に属さるの条、倉内城本意」（原文漢文）とあるので、沼田（倉内）城は天正八年秋に落城したことがわかる（「長国寺殿御事蹟稿」）。

天正九年六月七日、勝頼は昌幸に対し、十四箇条にわたる沼田地域支配の指示を与えた（真田宝物館所蔵文書）。これによると昌幸の権限は吾妻・中山・猿ヶ京・沼田城に及ぶことがわかる。昌幸は、沼田城代として沼田地域支配を担当することとなった。普請役の賦課・知行の配当といった権限を持ち、また橋の普請や友好大名の使節往来の便宜など交通支配に関わる指示を受けている。

真田氏の岩櫃転任に前後する頃、内藤昌秀の養子昌月が箕輪城代として天正七年二月十四日に着任していた。昌月は保科正俊の子で、長篠合戦に先だって、昌秀の請いにより養子となったといわれる。勝頼のもとで武田家朱印状の奉者を務めて実務経験を積み、箕輪城代に任命されたのである。

こうして最後の北条氏方の拠点であった沼田城を攻略することによって、武田氏の上野制圧は完了し、勝頼は沼田城・箕輪城を上野支配の柱とする体制を整えた。御館の乱以降、武田氏の関東進出は上野にとどまらず、反北条氏勢力と協同しながら、その矛先は武蔵国に向けられていく。各地で劣勢に立たされた北条氏は、その頃中央で覇権を固めつつあった織田氏に救援を求めた。このことが、天正十年三月の織田軍侵攻を招くことになるのである。

Ⅳ 戦国大名武田氏の西上野支配と箕輪城代
――内藤昌月宛「在城定書」の検討を中心に

丸島和洋

はじめに

武田氏の上野における支配領域は、「西上野」「西上州」という文言で表現された。こうした文言は、永禄十二年（一五六九）の越相同盟時の国分協定、元亀二年（一五七一）の第二次甲相同盟時の国分協定などにおいて確認され、上野西部が武田氏の支配領域と認識されていたことが明らかである。早くに井上哲郎氏は、西上野・西上州の内実を検討し、利根川で区分されたのではなく、郡界によって規定されていたことを明らかにした(1)。

次いで森芳子氏は、永禄十年八月に武田家臣から一斉徴収された生島足島神社所蔵の起請文を用いて、武田氏の西上野支配を検討している(2)。検討対象は甘楽郡の国衆小幡氏が中心だが、起請文成立時期を「武田氏の西上野領国化が一通り終わ」った時期と評価し、家臣団統制を強固にするための政策と位置づけている。この起請文の評価は検討を要するが、永禄十年を画期とした理由として、同年九月の箕輪城攻略を挙げていることに注目したい（ただし年次比定を誤っている）。

その後、柴辻俊六氏によって武田氏の西上野経略過程が整理され、永禄九年九月の箕輪城攻略と、同十年三月の白井城攻略が、西上野支配の画期をなすことが明確になった(3)。この結果、武田氏の西上野支配解明には、拠点城郭である箕輪城代の権限を考察することが課題として示されたといえる。

箕輪城代の基礎研究として、まず取り上げるべきは服部治則氏による城代内藤氏の研究である。[(4)] 服部氏は、従来昌豊とされてきた内藤修理亮の実名を、昌秀と訂正するとともに、その前身である工藤源左衛門尉は永禄二年から十一年まで信濃深志城代として見え、箕輪城代着任が明らかになるのは元亀元年以降であると指摘した。また服部氏は、昌秀の後継者昌月についても検討し、[(5)] 保科正俊の子で保科正直の弟にあたり、内藤昌秀の養子になったこと、天正四年（一五七六）に源三、同六年に修理亮、同八年に大和守を称し、養父昌秀の後を継いで箕輪城代になったことを明らかにした。さらに昌月は、武田氏滅亡後は織田家臣滝川一益に属し、本能寺の変後に後北条氏に従って、天正十六年に三九歳で没したという。なお、後北条氏従属後の内藤昌月については、黒田基樹氏の専論がある。[(6)]

内藤氏を含めた箕輪領支配について本格的に検討したのが、栗原修氏の研究である。[(7)] 栗原氏は、武田氏は箕輪城攻略後、箕輪領の再編を行い、在地の箕輪衆を同城に在番させるとともに、上野国内で知行を宛行ったと指摘する。その上で、箕輪城代の変遷を次のように整理した。

①永禄九年～十年春日虎綱・真田幸綱等による在番
②永禄十一年～十二年浅利信種
③永禄十三年～天正三年内藤昌秀
④天正四年～六年不在期
（後に板垣信安臨時派遣と微修正）[(8)]
⑤天正七年～十年内藤昌月

栗原氏はその権限について、永禄十三年四月十日付で内藤昌秀が箕輪城代に着任した際に出された覚書から、①箕輪城代の権限（「仕置」）が直接及ぶ地域、つまり箕輪領は「箕輪并近辺」に限定されるが、②「上野西辺」つまり西上野においては紛争調停と耕作奨励権（つまり勧農権）を有すると指摘した。この点については、後に①箕輪領では山林保護などの「大名の成敗権をも委任され執行していた」こと、②管轄地域内（つまり西上野）への国役賦課執行権を有していたとやや見解を改めている。

武田氏の西上野支配については、その後黒田基樹氏が検討を行い、永禄九年以降は甘利信忠が「領域支配関係の取次行為を専管的に担った」と整理した[9]。黒田氏は、甘利信忠を信玄の側にあって領域支配担当の取次を担っていた存在と位置づけ、永禄十年を終見とする甘利の死後[10]、その権限が箕輪城代（浅利―内藤氏）と岩櫃城代（真田氏）に分割されていったことを明らかにした。これはいってみれば、権力中枢にいる領域担当の取次による支配から、現地に着任する城代支配への移行と評価される[11]。

その後、筆者は武田氏の領域支配を担当した「郡司」＝城代について検討した際に、箕輪城代を「西上野郡司」と位置づけて考察を行った（以下、旧稿と称する）[12]。そこでは、①箕輪城代は判物発給を認められ、②西上野全体に対してある程度の裁量権も認められていた、③ただし、その内容は治安維持と勧農が主体であり、④所領宛行などは武田家朱印状を奉じる形で行った、と指摘した。その上で⑤栗原氏が指摘する箕輪領の範囲について、箕輪城附属の城地だけとするには範囲が広すぎ、箕輪城代の権限範囲は西上野全般を管轄するもの（西上野郡司）とみてよい、⑥その論拠として、箕輪城代が国衆領にかける役が存在する、ことを明らかにした。

ただし、旧稿は高島城代（諏方郡司、初期は上原城代）の考察が中心であり、箕輪城代（西上野郡司）については不十分であった。また栗原氏の研究においても、中心に据えられているのは内藤昌秀在城期であり、内藤昌月在城期についてはやや手薄な観が否めない。

そのような研究状況にあったところ、筆者は小山田氏の系図の中に、学界では存在が知られていない武田家朱印状写[13]の存在を見出した。同文書は、内藤昌月の箕輪城代着任時に与えられた条目と判断され、昌月の権限を考察する上で大きな価値を持つ。実は所蔵者である小山田淨氏によって早くに紹介がなされていたが[14]、私家版であり一般への周知度が低かったことに加え、所収史料名が内藤氏と結びつくとは考えがたかったため、今まで存在が見過ごされてきたものである。また同書収録に際し、書き下し文に改められていた点も、史料的価値の検討がただちに行えない理由であった。そこで町田市立自由民権資料館所蔵の複製に基づき、原文の紹介と検討を行うこととした。

本稿では、同文書の検討を通じて、箕輪城代内藤氏の位置づけを再考したい。このことは、武田氏の領域支配一般を考察する上でも、大きな意義を持つものであろう。

一、武田家朱印状写の史料的評価

まず、問題の史料についてみてみよう。行論の都合上、各条文に丸数字を付す。

【史料1】武田家朱印状写

条目

一、①城内之用心、昼夜六時共、毛頭不可有油断事、

一、②城内破損之所并無堅固之場、以夜継日普請可相稼事、

一、③人質之用心肝要候之間、番衆厳重申付之、毎日及其改、聊不可有由(油)断、去又、諸侍或愛子、或縁類一類之類候之条、如何ニ毛懇切尤之事、

④一、為定法毎日辰初ニ開門、至申尾ニ閉門、諸番衆厳重可固役所事、
⑤一、火之用心手堅可申付之事、
⑥一、地衆○（濫）本城江出入堅可禁之事、
⑦一、為始小幡・安中・和田・後閑・庭谷・高田・長根・大戸・跡部淡路守其外西上州之貴賤辺対志、聊無慮外、
毎事可加懇切事、
⑧一、従隣州之諸士并小田原一家之老衆、万乙有被申越旨者、大半得下知可及挨拶事、
⑨一、対地衆、押買狼籍（藉）等之非儀、堅禁制之事、
⑩一、喧嘩・口論・殺害・刃傷・夜討・強盗・博変（奕）之犯科、或当領主辺相談、如定法度制誡事、
⑪一、耽酒宴・遊興・野牧・河狩等、濫ニ城外徘徊禁法事、
⑫一、為箕輪城主、在国之上者、貴賤貪富僧俗男女之訴、閣私用、叮寧可聞届之事、
⑬一、人数之穿鑿、武具之調専入（マヽ）于念可申付之事、
⑭一、国法之儀、畢竟浅利右馬助（信種）・内藤大和守（昌秀）手扱聞届、可守其例事、
⑮一、内藤同心・披（被）官与他之同心・被官・地下人等至留未天、及喧嘩・口論者、不論理非、先為定法、内藤同心・
被官遠、厳重ニ誡之、然而後、乙名敷同心以二三輩、可糾明之事、
⑯一、大細共、用片言贔屓偏頗之沙汰、禁法事、
⑰一、同心・被官、耽賄賂属宅、私曲奸謀之沙汰、堅禁之、賞罰厳重而、憲法之行、極此一事候事、
天正七年己卯
二月二日

内藤修理亮殿（昌月）
保科筑前守殿（正俊）

本文書の宛所である内藤修理亮と保科筑前守は、ともに武田氏の家臣である。差出人の記載はないが、天正七年という年次から、武田勝頼の発給文書と特定できる。他例からみて、本来は龍朱印状であったと判断される。

宛所の両名は、服部氏が指摘するように、親子関係にある。内藤修理亮は実名を昌月といい、保科筑前守正俊の実子である。上野箕輪城代内藤昌秀の養子となり、天正三年の長篠合戦で昌秀が戦死したため、家督を継いだ。先述したように天正十六年から七年にかけて官途名修理亮を称している。天正十六年に三九歳で没しているから、本文書の出された天正七年には三〇歳であった。おそらく実父の保科正俊が後見人として併記されたのであろう。

まず、本文書の信頼性はどうであろうか。

⑫に「為箕輪城主、在国之上者」とあるから、本文書は内藤昌月の箕輪城着任を命じたものであるとわかる。史料上「城主」という表現がなされているが、箕輪城を与えられたわけではなく、領域支配を委任された「城代」という立場と思われる。したがって、本文書は箕輪城代内藤昌月に付与する権限を列記したものと評価できる。このような文書を、仮に「在城定書」と呼ぶこととしよう。

そこで天正七年二月二日に、箕輪在城を命じられたという内容が、他の史料と齟齬をきたさないか、確認することとしたい。

【史料2】内藤昌月書状（『戦国遺文武田氏編』三〇八四号、以下戦武と略記）

如承意、箕輪在城之儀、被仰付候、若輩之事候条、遠慮数多候間、種々雖御訴訟申候、頻而被仰付候条、無拠御請申、来十一出府、十四日吉日之由ニ候間、着城可申候、如何様其刻以面談余可申談候、恐々謹言、

内修

（天正七年）二月九日　　昌月（花押）

（瀬下隼人）瀬隼殿

御宿所

史料2は、御館の乱後の政治情勢から天正七年に比定される文書である。内容は「貴方からのお手紙にあるように、箕輪在城を仰せ付けられました。まだ若輩ですので、辞退したいと繰り返し訴えたのですが、強く仰せ付けられたので、やむを得ずお請けしました。二月十一日に甲府を出立し、十四日が吉日だというので、その日に着城するつもりです」というものである。したがって、二月二日に箕輪在城を命じられ、その話が上野甘楽郡の国衆瀬下隼人に伝わって挨拶状を受け取り、九日に昌月が返書を出したという流れは、時系列的にみて何の違和感もない。逆に、史料1の存在によって、史料2の年次比定の正しさが証明されたといえる。また史料2で「若輩」であるため何度も辞退したと述べている点は、実父保科正俊が連名で記されている史料1の状況を裏づけるものといえるだろう。

次に、史料1の文言を検討してみてみたい。ところどころ、書写に際して書き間違いをしたり、助詞を補ったと思われる箇所を指摘できる。たとえば、⑩で「博変」とあるのは、「博奕」の誤写であろう。

③の「如何仁毛」は助詞として「仁毛」を補って書写したものと思われる。⑦の「貴賎辺対志」も同様で、「辺」（へ・江）と、送り仮名の「志」（し）を補ったのであろう。「辺」を助詞の「へ」として用いる語法は、戦国時代にはみられない。これは⑩の「領主辺相談」も同様である。⑮の「地下人等至留未天」の「留未天」は、「るまて」と読むのであろう。これも戦国時代の文書にみられる語法ではない。同様に⑮の「内藤同心被官遠」の「遠」も、「を」を漢字で書いて補ったものと判断される。

しかし、その他の文言は、戦国期のものとみて差し支えない。⑥の「地衆」（在地の武士）、「本城」（本丸の意、東国で用いられた）などは、明らかに戦国期の用語である。全体的に、戦国期の武田氏発給文書と捉えて、違和感はない。また、詳しくは第三節で検討するが、⑦で列記されている国衆に、倉賀野の「跡部淡路守」の名が見えるのは、当時の武田氏の内部事情に精通していないと書くことができないものである。

問題となるのは、史料1の伝来である。なぜ内藤昌月・保科正俊宛の「在城定書」が、「小山田多門書伝　平姓小山田氏系図写」（以下、「平姓小山田氏系図写」と略記し、引用に際しては『小山田多門書傳　平姓小山田氏系圖写・解説』における翻刻箇所の頁数のみを付記する）に写されて伝わったのだろうか。この点を考えるには、小山田多門家と同系図について考察する必要がある。

「平姓小山田氏系図写」は、寛永十年（一六三三）十一月二十日に、武田遺臣小山田多門貞重が上杉氏への上覧のために作成した系図を（一八一頁）、子孫が「反古」（古文書の山、という意であろう）の中から見出してやはり上覧のために書写したという奥書を持つ（一八一頁）。したがって、史料1は小山田多門貞重なる人物の手に正文ないし写が伝わったということになる。

系図によると、小山田多門家は、甲斐都留郡の領主小山田氏の嫡流を標榜しているが（一〇六・一一五頁）、歴代の実名・通称および事蹟は[15]、郡内小山田氏のものとは一致しない。小山田氏の庶流家であったのだろう。

小山田多門家の家伝文書は、系図だけでなく、『新編会津風土記』にも「小山田多門」所蔵として文書が書写されており、内容が一部重複している。これは、多門貞重の子息の系統が米沢藩上杉氏に（二〇五頁）、貞重の弟伝四郎の系統が会津藩保科氏（のちの松平氏）に仕えた（一八二頁）という経緯によるものと思われる。

それらの古文書から経歴を復元すると、天正十年の武田氏滅亡後、多門貞重の父将監貞政は後北条氏に仕えている

（『大日本地誌大系　新編会津風土記』一巻七四頁）。本能寺の変後の天正壬午の乱において、甲斐都留郡は北条氏直が制圧するから、郡内小山田氏の一族が後北条氏に服属したという経緯であれば理解しやすい。小山田一族には後北条氏に服属した者が確認され[16]、同様の行動をとったとみるのが無難である。

天正十八年の小田原合戦後は、結城秀康に仕えた可能性が高い。小山田多門は元和八年（一六二二）に松平忠直（秀康の子）から五〇〇石（一七五頁）、元和九年に二〇〇〇石の知行を与えられている[17]。伝四郎も同様で、元和八年に五〇〇石を与えられている（『大日本地誌大系　新編会津風土記』一巻七四頁）。元和九年の忠直の改易後、多門は上野館林藩の預かりとなった[18]。その後、多門の子息の系統が米沢藩に、伝四郎の系統が会津藩に分かれて仕官したという経緯は、前述した通りである。

本系図において注目すべきは、将監貞政の母が保科氏で、妻が内藤大和守の妹であるという記述である（一四四頁）。この姻戚関係は、伝四郎の系統が会津藩保科氏に仕官した理由として納得のいくものである上、史料１の伝来を考える上で、大きな意味をもってくる。つまり、史料１は姻戚関係を通じて、正文ないし写が小山田多門のもとに伝わり、それが系図に書き上げられることになったと考えられる。この伝来経緯は、さほど不自然なものではないだろう。「平姓小山田氏系図写」は米沢藩上杉氏に献上する体裁が取られており、その後多門貞重の系統は、米沢藩に仕えた。したがって、保科氏との姻戚関係を偽作・強調する必要は見出せない。

ただし「平姓小山田氏系図写」は、内藤昌月の病死後、小山田将監貞政と保科三河守正富が「箕輪ノ城主」となり、その際に史料１を与えられたという伝来経緯を記す（一四七頁）。しかし内藤昌月の死後、その家督は嫡子直矩が継承しており[19]、他の史料から明らかとなる事実と齟齬をきたす。また北条氏直が自身で文書を出さず、勝頼の発給文書を与えることで箕輪城代に任じたという経緯も不自然である。したがって、素直に保科氏との姻戚関係から正文ないしその写が伝来したと受け止めるべきであろう。

　以上、記述・伝来の両面から、史料1の内容には問題がないと考える。多少誤写があるものの、内容の理解に問題があるレベルではない。箕輪城代内藤昌月の権限を考える上で、貴重な史料と評価できる。

二、内藤昌秀・昌月経歴の再検討

　史料1の内容を検討する前に、確認を要する点がある。⑭で浅利右馬助と内藤大和守の先例を踏襲せよとある点で、前任の箕輪城代の名を記したものと考えられる。前者の浅利右馬助は、初代箕輪城代浅利信種を指す。問題は、「内藤大和守」である。箕輪城代として着任した内藤氏は、内藤昌月の養父である内藤昌秀しかいない。しかし昌秀は、従来工藤源左衛門尉から内藤修理亮に転じ、修理亮のまま天正三年五月二十一日の長篠合戦で戦死したと考えられてきた。武田家臣で内藤大和守といえば、昌月を指すと考えられてきたのである。しかし史料1では、明確に昌秀を指して内藤大和守と呼んでいる。
　そこで、昌秀が修理亮を称した時期を再確認したい。内藤修理亮としての初見は、永禄十三年四月三日に、武田信玄が上野国衆和田業繁に出した書状中で、「詳しくは内藤修理亮と相談せよ」と述べていることである（戦武一五三二）。箕輪城代着任が明確化するのは同月十日の朱印状だが（戦武一五三六、後掲史料5）、既に上野に着任していたことがわかる。したがって、内藤改姓は永禄十二年十月六日の三増峠合戦で初代箕輪城代浅利信種が戦死し、後任に任ぜられた時期と推定される。[20]
　問題は、「修理亮」の終見である。年号のついた文書における終見は、元亀四年十一月二十五日付武田家朱印状写だが（戦武二三二二）、その後翌天正二年および天正三年に比定されている文書で、内藤修理亮と呼ばれている。その二点の文書を確認してみよう。

【史料３】武田勝頼書状写（戦武二二八三）

急度染一筆候、仍明後十五可出馬之旨、覚悟候之処、駿州在陣之人衆帰陣遅々候之間、廿日迄令延引候、行等可談合候条、廿二日岩村田へ著（着）陣待入候、為其越早飛脚候、恐々謹言、

追而、其城用心堅固ニ被申付、一騎之体ニ而、参陣尤候、又利根川橋瀬・田口之瀬巳下之渡、浅深被見届、以早飛脚、注進専一候、以上、

卯月十三日　勝頼（花押影）

内藤修理亮殿

【史料４】武田勝頼書状（戦武二四七九）

□（先カ）日雖顕直書候、重而染一筆候、為始岡谷因幡、近辺之直参衆并各同心、十二日着府候様ニ可有参陣之由、堅催促肝要候、猶其元留守中之用心以下、筑前守（保科正俊）ニ被申置、其方者早々出陣尤候、恐々謹言、

急候間、用印判候、

卯月五日　勝頼（「晴信」朱印）

内藤修理亮殿

実をいうと、どちらの文書も天正二年・同三年に比定する確証を欠く。まず史料３は、追而書の内容から、箕輪城代としての内藤修理亮に出された文書であることは間違いない。その点と、内藤修理亮昌秀の生前に勝頼が発給した文書と考えられる点、そして史料４とは年次がずれるという判断から、天正二年に比定されてきたと思われる。

史料４は、長篠合戦直前の文書と比定されているもので、たしかに四月十五日には、勝頼の派遣した先衆（先陣）が三河足助城を包囲している（戦武一七〇四）[21]。したがって、四月十二日までに甲府に着くよう指示した史料４を、天正三年に比定することは一見すると間違いではない。

しかし、気になる点が二つある。ひとつは四月十二日に、信玄の三回忌法要が営まれている点である（『天正玄公仏事法語』『山梨県史』資料編６上二九二頁）。この法要の日時が早くに決まっていたことは間違いないから、昌秀を着府させるならもう少し早い日程を指示しても良いのではないか。もちろん、先衆が既に出陣している慌ただしいなかで執り行われた仏事であるし、対外的には信玄死去はまだ公表していないため、密葬に近い形であったろう。しかし宿老である内藤昌秀に参列を求めようとしない姿勢はおかしい。

もうひとつは、留守中の用心を「筑前守」に指示せよ、と命じている点である。これは内藤氏の人間関係から見て、保科筑前守正俊に比定される。であれば、史料４は内藤修理亮昌月宛と見たほうが自然ではないか。史料１において、保科正俊が昌月の後見人になっている点に着目したい。

天正三年の長篠合戦後、保科正俊は武田氏の信濃伊那郡防衛の責任者のような立場となっている（戦武二五一四）。その際、保科正俊の嫡男正直は、下伊那郡支配の拠点大島城に入るよう指示されているから、正俊も伊那郡に在城していたことは間違いない。保科氏はもともと高遠諏方氏の被官だから、伊那郡在城という状況は理解しやすい。したがって、天正三年以前に、保科正俊が箕輪城にあって内藤昌秀を補佐したという事態は考えにくいのである。正俊の箕輪入城は天正七年以降、実子である昌月を補佐してのものと考えられる。以上の点を踏まえると、史料４は年次比定の再考が必要になる。

保科正俊に昌月出陣後の守備を指示していることからみて、史料４は内藤昌月が境目の城郭に在城していた時期、つまり箕輪入城以後のものであろう。昌月の箕輪着城は前節で述べたように天正七年二月だから、それ以降のものとなる。そして武田勝頼が「晴信」朱印を襲用した終見が天正八年四月二十五日（戦武三三三二）、新たに「勝頼」朱印を用い出すのが同年六月十二日の内藤大和守昌月宛の書状だから（戦武三三五七）[22]、史料４は天正七年か八年に、内藤昌月に出されたものと考えられる。しかし内藤昌月は、天正八年正月十二日付の朱印状写で「内藤大和守」と見え（戦武三二三二）、既に大和守に改称しているから[23]、史料４は天正七年四月の発給と確定できる。

そこで天正七年四月の勝頼の動きを整理すると、遠江出陣を確認できる。まず四月十六日に先衆を駿河江尻に派遣した上で、自身は二十二日に出馬する意向を示している（戦武三一二〇）。実際、勝頼は二十三日に江尻まで出陣し、二十五日に遠江高天神・国安に在陣している（『家忠日記』）。十二日までの甲府参陣を求めた史料４は、この状況と合致する。

したがって、史料４は天正七年に、勝頼が内藤昌月に出した文書と比定を改めるべきである。一方史料３は、内藤昌月宛とすると天正七年以外に比定することはできないが、史料４と内容が重複してしまう。したがって通説どおり、天正二年に内藤昌秀に出されたものとしておきたい。天正二年五月、勝頼は遠江高天神攻めを行っており（戦武二二八八）、その関連文書とする理解に従っておく。

以上の考察からすると、内藤昌秀の官途名修理亮の終見は、天正二年四月十三日ということになる。その後、天正三年五月二十一日までに、受領名大和守を与えられたものと考えてよいだろう。実際、武田氏滅亡の過程を描いた軍記物『甲乱記』では、長篠で戦死した重臣として、「山県三郎兵衛尉・内藤大和守・馬場美濃守」を挙げる（『続群書類従』二一輯上〈合戦部〉）。『甲乱記』は武田家臣の通称が正確な点に特徴があると筆者は評価しているが、内藤昌秀については通称を誤記していると考えていた[24]。しかし史料１と合わせて考えれば、『甲乱記』は正しい通称を伝えていたということになる。『甲乱記』の史料的評価とも関わる、重要な点である。

養父昌秀の戦死後、内藤昌月が箕輪城代に着任するまでには四年の開きがある。この間、昌月はどのような立場にあったのだろうか。まず天正四年六月二十八日付の甲府八日市場宛武田家朱印状で、綿・麻布については、内藤源三（昌月）・日貝惣左衛門尉の手形がなければ、商売をしてはならないと記されている（戦武二六八一）。初見文書も、武田家朱印状の奉者としてであり（戦武二六六二）、本城奉行人という立場にあったものとみられる。

天正六年七月に、官途名修理亮を称してからは、伊那郡高遠に対する朱印状奉者としてみえる。同年七月十八日、勝頼生母の菩提寺である乾福寺に対する朱印状を奉じている（戦武三〇〇〇）。九月十四日にも、乾福寺宛の朱印状奉者を務めている（戦武三〇二六）。その立場が、高遠城代であったか、上伊那郡に対する領域担当取次であったかは判然としないが、実家保科氏の本拠地である高遠支配に携わっていたと考えてよいであろう。

なお、この間の箕輪城代は板垣信安が代行していたと考えられている。その際、⑭で昌月の権限が、浅利信種・内藤昌秀の先例を踏襲するものと定められている点に注意したい。つまり板垣信安は、城代として認識されていないのである。板垣の立場は、栗原氏が指摘するように臨時の在番に過ぎず、正規の箕輪城代ではなかったと考えられる。このことを端的に示すのが、板垣信安と同時期に、群馬郡白井城代として真田昌幸が活動している点である[25]。城代不在期の箕輪城は、その役割を縮小させていたといえる。

また筆者は、旧稿で内藤昌秀死後の箕輪城代について、工藤長門守代行ヵという試案を提示した。工藤長門守は、服部氏が指摘するように『武田三代軍記』に内藤昌秀の兄としてみえる人物である[26]。服部氏は一次史料にみえる長門守と、『武田三代軍記』の記す長門守を同一人物と捉えることに慎重だが、その活動から、内藤昌秀の近親とみてよかろう。兄という説は、首肯してよいものと考える。

長門守の初見は、天正二年八月一日に、勝頼が上野国衆小幡信真に出した書状で、北条氏政から援軍要請が来ているため、箕輪まで出陣して工藤長門守と談合し、援軍に赴いて欲しいと書き送っている（戦武二三二四）。工藤長門守は弟昌秀の生前から、箕輪在城衆の中心として活動していることが分かる。その後、天正五年に修験の不動院に西上州の行事職を安堵する朱印状を、勝頼側近跡部勝資と連名で奉じている（戦武二八二五）。内藤昌月箕輪着任後の天正九年には、昌月と連名で、保科正直（昌月の実兄）に宛てた獅子朱印状の奉者を務めている（戦武三五二四）。以上から、箕輪領支配に深く関与していただけではなく、義理の甥内藤昌月とも深い関係にあったと考えられる。

板垣信安箕輪在番の根拠は、天正四年二月に白井城代真田昌幸と連名で、上野戸榛名神社の社領を安堵する証文を発給していることが唯一である（戦武二五九三）。したがって、信安の在番は短期間にとどまり、基本的には内藤昌秀の兄工藤長門守が城代不在の箕輪城を預かる時期があったと考えたい。

このことは、箕輪城代という地位に、内藤氏の世襲という認識が生じていたことを示唆する。これは海津城代（春日虎綱—信達）、牧之島城代（馬場信春—民部少輔）、岩櫃城代（真田幸綱—信綱—昌幸）、久能城代（今福長閑斎—虎孝）と同様である。すべての事例に当てはまるものではないが、武田氏の城代観の一端を示すものであろう。だからこそ、内藤昌月着任まで、正規の箕輪城代が空席となったものと考えられる。

三、昌月期箕輪城代の権限

本節では史料1を用いて、内藤昌月期の箕輪城代の権限について検討したい。

そもそもなぜ天正七年二月という時期に、内藤昌月が箕輪城代に任命されたのだろうか。これは前年に勃発した越後御館の乱に際し、勝頼が上杉景勝と和睦し、北条氏政実弟上杉景虎との和平仲介を試みて失敗したことが関係している。勝頼のこの外交が、北条氏政から実弟を見殺しにした裏切り行為と評価され、結果的に甲相同盟決裂につながったのである。(27)

このため、勝頼は天正七年三月までに信濃海津城代春日信達を駿河三枚橋城代に転任させ、側近安倍宗貞を海津城に派遣した（ただし宗貞は「為御番手御越」と呼ばれており〈戦武三一〇三〉、在番に過ぎない可能性が高い）。上杉景勝との和睦で信越国境が安定したのに対し、北条氏政との関係悪化で駿豆国境を固める必要に迫られたからである。昌月の箕輪着任も、西上野の防備を強化し、甲相同盟決裂に備えた措置と考えて間違いない。

この点は、史料1にも現れている。⑧がそれで、隣国の大名・国衆、とりわけ北条氏政の家老から書状が来ても、勝頼の許可を得ないで返事をしてはならないと定められている。つまり内藤昌月は、外交交渉権を制約されていた。これは、使者の往来のために、外交交渉権を認められた沼田城代真田昌幸とは大きな違いである（戦武三五五八）。養父昌秀が箕輪城代として上杉氏との外交に関与した経緯があることを考えても（戦武一七六二）、箕輪城代としては異例の措置である。(28)そもそも昌月自身、箕輪城代着任前には、進物に対する返書ではあるものの、上杉氏に外交書状を送っている（戦武三〇一三）。

このような指示が「在城定書」に記された背景に、後北条氏との関係悪化を読み取ることができるだろう。勝頼は、境目の城代である内藤昌月が、後北条氏と接触することに神経をとがらせていたものと思われる。

その上で「在城定書」たる史料1には、箕輪城代の権限が記されている。まず⑬で、兵数と武具の改めを指示されており、軍事指揮権の保持を確認できる。そこで注目されるのが⑦で、「為始小幡・安中・和田・後閑・庭谷・高田・長根・大戸・跡部淡路守其外西上州之貴賤」に懇切にするよう指示されている。

これはおそらく、「指南」[29]として軍事指揮下においた国衆を列記したものではなかろうか。小幡氏は甘楽郡国峰城主、安中氏は碓氷郡安中城主、和田氏は群馬郡和田城主、後閑氏は碓氷郡後閑城主、庭谷は甘楽郡の城郭だが、武田氏の直轄領とされていた地で、上原淡路守が在城していた（戦武二四七五）。上原淡路守は、上野における御料所の管理を担当していた人物である（戦武一〇八九他）。したがって、この庭谷は上原淡路守を指すのであろう。高田は、甘楽郡高田城主、長根は多胡郡長根城主神保氏または小河原氏（戦武一一七四）、大戸は吾妻郡大戸城主大戸浦野氏、跡部淡路守は実名を家吉といい、群馬郡倉賀野城主である（戦武三四〇二）[30]。

この記述を、『甲陽軍鑑』巻八『武田法性院信玄公御代惣人数事』に記された、内藤昌秀の相備（寄騎）と比較してみよう。そこでは、たいら（平）（吾妻郡）・高山（緑野郡）・白倉（甘楽郡）・きべ（木辺）（緑野郡）・あまを（未詳）・くらがの（倉賀野）・ごかん（後閑）・ながね（長根）の諸氏が昌秀の指南下にあったとされている（『甲陽軍鑑大成』第一巻本文篇上一八七頁、以下『軍鑑』と略記し、本文篇上下の別と頁数のみを記す）。昌秀の段階で、西上野一帯の中小国衆が軍事指揮下に置かれていることが想定できる。しかしそれと比べても、上野先方衆中最大の勢力を持ち、従来は独立して一手を構成していた小幡氏（『軍鑑』上一九〇頁）が指南下に配属された可能性があるなど、昌月の権限は強化されているといってよい。

これにより、箕輪城代の管轄範囲が、甘楽・碓氷・群馬・多胡・緑野さらには吾妻郡の一部にまで及んでいたことが明らかとなる。片岡郡については不明だが、管轄範囲内とみてよかろう。養父内藤昌秀が、『軍鑑』で「西上野七郡のくん（郡）代仕り」（上三五一頁）と称されている状況と合致するといえる。

ただし、吾妻郡は本来岩櫃城代真田氏の管轄下であり、この後、大戸浦野氏は岩櫃城代兼沼田城代（北上野郡司）真田昌幸の指南下に編制替えとなる[31]。従来、大戸浦野氏の編制替え時期は天正三年の内藤昌秀戦死を画期とすると考えられてきたが、天正七年までは箕輪城代の指揮下にあったことが明らかとなった。同氏が真田昌幸の指揮下に入った確実な初見は、天正九年である（戦武三五一六他）。したがってその契機は、天正八年の昌幸による沼田経略とそれに伴う地位向上ではないか。

なお、北上野郡司真田昌幸の権限も、吾妻利根郡以外に及ぶことがあった。昌幸は天正八年頃に勢多郡不動山城を攻略しており、不動山衆は昌幸の配下に組み込まれている（戦武三五八二・三五八三）。これは同城攻略が、沼田攻略の一環として行われたためと思われ[32]、そのために不動山城は勢多郡にありながらも、吾妻・利根郡を管轄する昌幸の支配下に置かれたのである（ただし勢多郡は上野東部に位置するから、元々箕輪城代の管轄ではない）。また群馬郡中山城も、昌幸の指揮下にあった（戦武三五五八）。これも同城が昌幸の本拠吾妻郡岩櫃城と利根郡沼田城を結ぶ位置にあったためと考えられる。

以上の事実は、武田氏の領域支配制度が、呼称としては「郡」を用いながらも、前代の領域的まとまりを再編をした上で継承したものであり、その背景には戦争の展開状況が関わっているという筆者の見解[33]を補強する。

ここで昌月の権限を、養父昌秀と比較してみよう。そのために、昌秀が箕輪城代着任時に与えられた「在城定書」を掲げる。宛所を欠くが、内容から浅利信種の後任宛であることが明らかで、昌秀宛とみて間違いない。

【史料5】武田家朱印状（戦武一五三六）

覚

一、如浅利右馬助時（信種）、無思慮可配当判形之事、
付、条々有□上、

一、岩鼻之執（取）出可破却哉否儀、畢竟可依耕作之有無之事、
付、条々有□上、

一、玉村郷、去年和兵（和田業繁）上表候キ、三分一も四分一も令耕作、悉無荒田之様調法之事、
一、惣社之内、井田并百姓右（ママ）手負故、可為荒田之由伝聞、誠不可然、相論之連々可聞合候、双方共致屈睦、先
耕作催肝要ニ候事、
一、惣而上野西辺儀、不得下知候共、民百姓安穏居候之様、可被申調事、
一、輝虎（上杉）于今沼田在滞候哉、此所具被聞届、以早飛脚注進候事、
一、近日出馬必然之事、
付、上州衆如指図参陣時節之事、
一、在陣留守中、箕輪并近辺仕置不可有油断之事、
（永禄十三年）卯月十日（龍朱印）

本文書に記された昌秀の権限範囲は、上杉氏との国境である惣社（群馬郡）、後北条氏との国境である岩鼻（同）に及んでおり（第二条・第四条）、昌月の前提をなすものと評価できる。昌秀の段階で、判物発給権を有し（第一条）、西上野（「上野西辺」）においては信玄の下知を待つことなく、百姓が暮らせるように処置をとることを許されている（第五条）。また和田業繁が返上した玉村郷（那波郡）を箕輪城代の管轄下に置き、耕作を命じている点も注目される（第三条）。したがって上野東部に位置し、武田領の最東端といえる那波郡玉村郷も、箕輪城代の管轄下にあったとみてよい。以上の点を旧稿では、治安維持と勧農が主体であると評価した。この権限を、昌月は継承したのである。

昌月の段階になると箕輪城代の権限はより明確になり、⑩では「喧嘩・口論・殺害・刃傷・夜討・強盗・博変（奕）之犯科」への検断権を与えられている。興味深いのは⑮で、内藤昌月の同心・被官と、他人の同心・被官および地下人が喧嘩・口論となった際には、理非を論じることなく、内藤の同心・被官を厳しく訓戒し、その上で「乙名敷同心」つ

まり主要な同心に命じて事態を糾明させよとしている。箕輪城代として、身内に厳しくあたることを求めているといえる。

⑫では、身分を問わず、訴えを聞き届けよと指示しているから、甲府のように目安箱[34]を設置するなどして、訴訟を受け付ける態勢が取られていた様子が窺える。その上で、⑯では裁許に際して贔屓を行うことを禁じ、⑰では、同心・被官が賄賂を取ることを禁止して、賞罰は明確に行うよう求めている。以上から、内藤昌月が西上野における相論裁許・検断権を有していたことは間違いないであろう。

そして②で箕輪城内の破損箇所や防備の弱い場所については、夜を徹して普請せよと命じられていることから、普請役の賦課権を有していたことを確認できる。史料1には、箕輪城代としてどのような諸役（公事）賦課権を有していたかは記されていないが、次の史料から国衆領に及ぶ諸役賦課権を保持していたことを論証できる。

【史料6】武田家朱印状（戦武三六〇三）

（龍朱印）定

一、四日・九日・十四日・十九日・廿四日・廿九日、如此日限市可興行事、

一、押買狼藉・喧嘩・口論、御禁法之事、

一、除塩之役并自箕輪被申付役、諸役御赦免之事、

以上、

天正九年辛巳

八月廿七日　　　　奉之　土屋右衛門尉（昌恒）

和田右兵衛大夫殿（信業）

第三条に、塩の役と箕輪より申し付けられた役を除いて、諸役を免許するという記述がある。このことは、箕輪城代が命じた役が存在し、それが国衆和田氏の領国をも賦課対象とする役であったことを示すものである。したがって、昌秀から受け継いだ判物発給・勧農・治安維持権と、より明確化された相論裁許・検断権に加え、諸役賦課権をも保持していたことは明らかである。このことは、箕輪城代の権限が、軍事面にとどまるものではなく、行政面にも及んでいたことを示す。

また③では人質の処遇について記される。厳重に番をせよと命じる一方で、諸侍が可愛がっている子息であり、親類であるのだから、懇切に接するようにとも指示している。ここからは、西上野の拠点城郭たる箕輪城に、国衆の人質が集められていた様子を知ることができる。おそらく、⑦で列記された国衆の人質は、箕輪城に置かれていたのであろう。そしてこのことが、箕輪城代が西上野国衆に対して軍事指揮権を保持する上で、重要な意味をもったと考えられる。

おわりに

本稿では、内藤昌月宛武田家朱印状写をもとに、主として昌月期箕輪城代の権限について検討を加えた。箕輪城代内藤昌月は、岩櫃城代真田氏の管轄領域（吾妻・利根郡）を除く西上野一帯（甘楽・碓氷・群馬・多胡・緑野郡および当初は吾妻郡の一部、さらには片岡郡・東上野那波郡カ）に対する軍事指揮・判物発給・勧農・治安維持・相論裁許・検断そして諸役賦課権を有しており、また諸役賦課権は自治権を認められた国衆領にも及ぶ場合があった。

したがってその権限は、軍事面だけでなく行政権も付与された「西上野郡司」と位置づけられるものであるばかりか、前任の二者に比して強化されたものと評価できる。また、旧稿で扱った高島城代（諏方郡司）と比しても、特に軍事面で大きな権限が与えられている。これは隣国後北条氏との関係悪化という、上野の情勢と密接に絡むものと考えられる。

こうした大きな権限こそ、武田氏滅亡後の昌月が、大名権力の代行者たる城代から、自律的領域権力、つまり国衆へと、自身の性格を転換させることに成功した背景であろう。

その反面、本来であれば箕輪城代に付与されるべき外交交渉権は、昌月城代期には制限されていた。おそらく、後北条氏との関係が悪化していく中で、武田勝頼は箕輪城代が後北条氏と不用意に接触することを警戒したのであろう。ただしこのような条文が敢えて記されていることは、本来の箕輪城代には外交交渉権が付与されていたことの裏返しともいえる。

さて、箕輪城代に対しては、内藤昌秀着任時、内藤昌月着任時と二度にわたって「在城定書」が出されている。おそらく、城代の着任時には必ず「在城定書」が出されたのであろう。戦国大名武田氏は、城代に対して「在城定書」を与えてその権限を定めると同時に、大まかな施政方針を示したのである。

こうした「在城定書」は、武田氏において他例を確認できるだけでなく、他大名にも同様の文書を見出せる。したがって、「在城定書」の性格そのものを検討し、戦国大名の発給文書の中で位置づける必要があると考える。この点については、別稿を期したい。

註

（1）井上哲郎「戦国期における「半国」について―西上州を中心として―」（『立教日本史論集』三号、一九八五年）。

（2）森芳子「西上野における武田氏支配体制の展開―生島足島神社所蔵起請文を中心として―」（『群馬県史研究』二六号、一九八七年）。

（3）柴辻俊六「武田信玄の関東経略と西上野支配」（同著『戦国大名武田氏領の支配構造』名著出版、一九九一年。初出一九九〇年）。なお柴辻氏は、その後「上武国境地域の支配」（同著『戦国期武田氏領の形成』校倉書房、二〇〇七年）を発表している。内容が関連するものであり、参照されたい。

（4）服部治則「内藤修理亮とその系譜」（同著『武田氏家臣団の系譜』岩田書院、二〇〇七年。初出一九八九年）。

（5）服部治則「内藤大和守昌月」（前掲註（4）著書所収。初出一九七七年）。

（6）黒田基樹「北条領国下の内藤昌月」（同著『戦国大名と外様国衆』文献出版、一九九七年。初出一九九四年）。

（7）栗原修「武田氏の箕輪領支配」（同著『戦国期上杉・武田氏の上野支配』岩田書院、二〇一〇年。初出一九九三年）。以下、栗原氏の見解は特に註記のない限り同稿による。

（8）「後に」とあるのは、著書再録時に付せられた補註による見解を指す。

（9）黒田基樹「武田氏の西上野経略と甘利氏」（同著『戦国期東国の大名と国衆』岩田書院、二〇〇一年。初出一九九九年）。氏は上野国衆の基礎研究を精力的に行っており、そのなかで武田氏の西上野支配にも言及している。詳細は、前掲註（6）著書所収の諸論考を参照。

（10）なお、信忠死去は永禄十年八月二十二日であることが確認できる（『大輪寺過去帳』『大田区史』資料編寺社2―一〇二二頁）。

（11）黒田基樹「北条家朱印状の奉者について―領域支配制度の視点から―」（同著『戦国大名北条氏の領国支配』岩田書院、一九九五年。初出一九九一年）、拙稿「武田氏の領域支配と取次―奉書式朱印状の奉者をめぐって―」（同著『戦国大名武田氏の権力構造』思文閣出版、二〇一一年。初出二〇〇八年）。

（12）拙稿「武田氏の領域支配と郡司―信濃国諏方郡支配を事例として―」（前掲註（11）著書所収。初出二〇〇七年）。なお、郡司を検討した先駆的研究として、池上裕子「戦国期北信の武士と上杉氏の支配」（同著『日本中近世移行期論』校倉書房、二〇一二年。初出一九九八年）、同「北信濃の戦国時代」（『長野市誌』第二巻歴史編、二〇〇〇年）を見落としていた。失礼をお詫びしたい。

(13) 小山田淨氏所蔵「小山田多門書伝　平姓小山田氏系図写」。

(14) 小山田淨『小山田多門書傳平姓小山田氏系圖写・解説』（雄文社出版企画室、一九九〇年）一四七頁。なお、同書は系図本文を現代文風に書き改めているが、原文は近世に一般的に見られる和様漢文である。

(15) 「平姓小山田氏系図写」は別の龍朱印状も書写しており、以下に掲げる（一二四頁）。

今度各別而国法之儀、談合法度制誡申定侯条、○顕素心、耽賄賂属宅、無贔屓偏頗之扱、賞罰厳重ニ憲法之行肝要候、仍命令如件、

天正六戊寅

十一月三日龍之御朱印

浅利右馬助殿

内藤大和守殿

尾崎孫十郎殿

保科筑前守殿

小山田弥三郎殿

清野治部少輔殿

ただし本文書の文言は戦国期のものとは見なしがたく、宛所の六名も天正六年当時の人物ではない。また、尾崎・清野両氏は北信濃の中小国衆で、他四氏と同列の家格にない。したがって、偽文書と判断せざるを得ない。

(16) 拙稿「柏木文書中の小山田十郎兵衛宛文書について―未翻刻の真田昌幸発給文書―」（拙編『真田氏一門と家臣』岩田書院、二〇一四年。初出二〇〇四年）。また真田氏家老小山田茂誠も同様の経歴を辿ったと考えられる。この点は、拙稿「真田氏家臣団の基礎研究」（同書所収、二〇一四年）を参照。

(17) 「小山田淨氏所蔵文書」（前掲註（14）書口絵写真）。

(18) 『本光国師日記』寛永五年三月十一日条に、小山田多門の記載があり、「たてはやしに預ケ」「是ハ宰相殿御意よし人きり也」との注記がある。この点は、「平姓小山田氏系図写」と一致する（一七七頁）。

(19) 前掲註（6）黒田論文。
(20) 拙稿「武田四天王」（『歴史読本』編集部編『戦国大名の四天王列伝』新人物往来社、二〇一一年。初出二〇一〇年）。
(21) 従来元亀二年に比定されてきた文書だが、天正三年に比定を改める。詳細は鴨川達夫「武田氏滅亡への道」（『山梨県史』通史編2、二〇〇七年）および柴裕之「戦国大名武田氏の遠江・三河侵攻再考」（『武田氏研究』三七号、二〇〇七年）を参照のこと。
(22) 『武田氏年表』（武田氏研究会編、高志書院、二〇一〇年）執筆時に、「勝頼」朱印の初見を同年八月二十四日と記したが、本文書の存在を見落としていた。ここに訂正する。
(23) なお、武田家臣が天正七年末から八年初頭にかけて大規模に通称を改めたことは、服部治則「武田勝頼家臣の官途名・受領名」（前掲註（4）著書所収。初出一九七二年）に指摘がある。ただし服部氏は天正八年正月の一斉改称を想定しているが、実際にはもう少し時間的な幅があり、同時ではない。
(24) 前掲註（5）服部論文も昌月の通称を誤記したものという可能性を指摘している。なお、筆者の『甲乱記』評価については、「色川三中旧蔵本『甲乱記』の紹介と史料的検討」（『武田氏研究』四八号、二〇一三年）を参照。
(25) 栗原修「武田氏の上野支配と真田昌幸」（前掲註（7）著書所収。初出一九九七年）。
(26) 前掲註（4）服部論文。
(27) 拙稿「武田氏の対上杉外交と取次」（前掲註（11）著書所収。初出二〇〇〇年）等を参照のこと。
(28) 境目の城代の外交関与に関しては、拙稿「武田氏の外交取次とその構成」（前掲註（11）著書所収。初出二〇〇二・二〇〇八年）を参照。
(29) 指南については、黒田基樹「戦国大名北条氏の他国衆統制（一）―「指南」「小指南」を中心として―」（同著『戦国大名領国の支配構造』岩田書院、一九九七年。初出一九九六年）等を参照のこと。
(30) 倉賀野城主で、武田氏の重臣たる跡部名字を与えられた人物と考えられる。武田氏滅亡後に倉賀野姓に復した（『戦国遺文後北条氏編』四四九一号）。
(31) 黒田基樹「大戸氏の研究」（前掲註（6）著書所収、一九九七年）。なお真田昌幸の「北上野郡司」という評価は、拙稿「信濃真

田氏の系譜と政治的動向」（拙編『信濃真田氏』岩田書院、二〇一四年）を参照。
(32) 前掲註（25）栗原論文。
(33) 前掲註（11）拙稿。
(34) 甲府に目安箱が置かれていたことは、「甲州法度之次第」に「不選貴賤、以目安可申」という条文があること（戦武二一八）、『軍鑑』の公事奉行の箇所に、「目安箱ニ入置也」という注記があること（『軍鑑』上一八一頁）等から窺える。

Ⅴ　武田勝頼の軍事力編成

平山　優

一、武田氏の家臣団編成と軍制

戦国大名武田氏は、周知のように、勝頼の父信玄の代に信濃・西上野・飛騨・駿河へと領国を拡大し、その晩年には奥三河や北遠江にも勢力を拡げた。その過程で信玄は、父祖以来継承してきた本国甲斐国の譜代家老衆に加えて、占領地域の国衆を先方衆（せんぽう）として編成し、さらに領国全域より土豪、有徳人、有力百姓層などの郷村や宿町に居住する人々をも御家人衆や軍役衆として動員することに成功し、彼らを下級家臣として編成した。こうしたことから、武田氏の家臣団は、勝頼の祖父信虎時代以前とは比較にならぬほど膨張したため、信玄は武田家中における家臣団の家格や勢力による格付および戦時下における軍事編制の整備を進めていった。その結果、武田信玄は、家中における家臣団の家格を決め、さらに武田氏の家政機構を支える職制（奉行など）を整備して、家臣団の中から、それを担当する吏僚を任命していった。また同時に、家臣団の家格や地位に応じて、武田領国での拠点的城郭の城主や城将にも任命し、地域的特性に照応した軍事編制の整備を進めた。この実態については、『甲陽軍鑑』品第十七（巻八）に収録されている「武田法性院信玄公御代惣人数之事」に詳しい。

それによれば、武田家臣団は、①御親類衆、②御譜代家老衆、③先方衆（他国衆）、④海賊衆、⑤旗本・足軽大将衆、⑥諸役人・奉行衆によって構成され、総計二九八人が記載されているが、この中には、例えば甲斐の武川衆・九一色衆・津金衆・御嶽衆などのような、「生島足島神社起請文」（永禄十年〈一五六七〉）や「天正壬午起請文」（天正十年〈一五八二〉）に登場する土豪の連合体などは含まれていない。そのため、必ずしも武田家臣の全貌を伝えるものではないと推察されるが、「惣人数」によりある程度の様子を把握することは可能である。

　このうち、武田氏の家臣団の中核を担っていたのが、①御親類衆と、②御譜代家老衆である。①は武田典厩信豊（信玄の甥、実弟信繁の息子）、武田逍遙軒信綱（信玄の弟）、武田勝頼など、信玄の弟（異母弟も含む）、甥、息子の他に、娘婿の本曾義昌と穴山信君ら十二人で構成されている。また、②は武田氏の歴代に仕えてきた譜代で、馬場信春・内藤昌秀・山県昌景ら十七人で構成されている。『甲陽軍鑑』によれば、御親類衆と御譜代家老衆が、領国各地の主要城郭に城代として赴任し、信濃・西上野・駿河・三河・飛騨・武蔵などの先方衆（他国衆）を相備衆として指揮下に置き、戦場に臨んだ。また御料所の代官や、武田氏奉行衆なども彼らを中核として構成されていた。さらに軍団編制に際し武田氏は、御親類衆と御譜代家老衆に、傾国拡大の過程で従属した各地の有力国衆（先方衆・他国衆）を相備衆（組衆）として預け、その軍事指揮下に置く、いわゆる寄親・寄子制を採用した。しかし、信玄は、すべての先方衆を御譜代家老衆（寄額）に寄子として預けたわけではなく、御親類衆・御譜代家老衆・先方衆らの中から、相当有力な員数を「組頭にても組子にてもなき衆」（どこにも所属しない信玄の直属部隊）として直接指揮下に置き、遊軍（浮勢・浮衆）として確保しつつ、旗本衆に次ぐ親衛隊として編制していた。そして、この遊軍は、合戦での戦局などに応じて、各所に信玄より直接の命令を受けて派遣されたのである。

　この他に、武田氏は領国各地の郷村や宿町より、御家人衆、軍役衆を動員していた。その詳細については次章で述べるが、これらの兵力を、信玄は適宜、①②⑤に寄子・同心衆として預け、戦場に動員した。このような軍団編制を、信玄は家督相続からその死にいたるまでに作り上げ、戦場へと臨んだのであった。そして武田勝頼は、父信玄が編制した軍団編制をそのまま継承するのである。

二、武田勝頼の軍法と軍団編制

武田信玄は、永禄十年（一五六七）十月十三日に、二十六箇条に及ぶ軍役条目（軍法）を寄親クラスの武将に一斉に発給し、武田軍の装備の統一と、武装の強化、武田信玄の命令を遵守することなどを通達するなど、一手衆（寄親ごとの部隊）への統制を強化している（『山梨県史』中世資料編県外文書六八六号、以下『県外』と略記）。この軍法では、一手衆ごとに兜の立物や家紋を染め抜いた小旗を統一し、他の部隊と同じ物を使用してはならないことが定められており、武田軍のどの部隊かが一目で識別できるように装備の統一化を進めていたことがわかる。また、武具は武田氏より定められた以上の分量を用意することや、着到以上の武器を用意するのであれば、三間柄の鑓を用意するよう命じている。また鉄炮衆の訓練を徹底させ、命中の精度を上げるように指示しており、この時期の武田氏が、武器として三間柄の鑓と鉄砲を重視していたことを窺わせる。また、指揮官（物主・寄親）以外に戦闘時に喋ってはならず、それ以外に声を出すことを許可する者については、部隊内部で三騎か五騎に限定し、それを奉行を通じて信玄が指定することや、部隊同士での人の行き来を禁止し、すべての連絡は本陣との間に限定することなどを定め、武田信玄が各部隊の統制を強化しようとしていたことが知られる。さらに乱取りに夢中になり、戦闘を疎かにする者は死罪とされ、また敵の首を捕ったとしても、寄親や主人の許可なく旗本にこれを持参するために戦場を離脱してはならないことなどを定めており、これらから各部隊の物主・寄親は、配下の寄子・同心衆の統制に苦慮しており、信玄はこの改善に全力をあげていたことが知られる。

信玄はさらに、永禄十二年（一五六九）十月十二日に九箇条に及ぶ新たな軍法を通達し、永禄十年十月令よりもさらに三間柄鑓と鉄炮の装備強化を徹底させるように命令しており、武田氏が鉄炮に注目し、その確保に全力を傾注していたことが知られる。さらに注目されるのは、家臣達が武田氏より要求された着到人数を用意するため、百姓・職人・禰宜・幼弱の者を人数合わせとして連れてくることを、謀叛の原因になるとして厳禁していることである『県外』六六・一五二二号）。信玄は、合戦で役に立つ兵卒は、領国各地に住む武勇人や有徳人らであると考えており、その他の百姓・職人達は有能な武力として想定していなかった。つまり、武田軍が郷村や町・宿から動員した兵卒は、一般の百姓・職人などではなく、選りすぐりの武勇人、有徳人であったことになる。だが家臣達は、こうした有能な兵卒の確保に苦慮し、員数合わせのために武勇に著しく劣る人々を帯同せざるを得なかったのである。

信玄が通達したこれらの軍法は、以後武田氏の原則となり、勝頼はこれを踏襲しつつ、追加法としての軍法を通達している。勝頼は、家督相続直後の、元亀四年（一五七三）十一月一日に、九箇条に及ぶ軍法を出しているが、その内容は、信玄が通達した永禄十年十月令と同十二年十月令の徹底化の枠組みを出ていない（『県外』一〇二七号）。勝頼は、各部隊の立物は必ず寄親の責任において統一させ、下知に従わない者は処罰してもかまわないとし、さらに勝頼の馬廻衆に対しては、他の部隊よりも大きな立物を兜に装着させて、より目立つように指示した。また武具の老朽化に対応するため、特に新たな弓を用意するよう命じている。さらに勝頼は、これまで鉄炮の玉薬は、大将陣より配給することとしていたが、近年は不足がちであることから、家臣各々が自分で準備するように心がけるよう通達している。すなわち、鉄炮の玉薬は、それまで武田氏が確保する努力を続け、戦場では各部隊に配給していたが、それが限界に近づいており、勝頼はなおも確保には全力を尽くすが、家臣達にも応分の努力を求めることで、鉄炮の使用継続を実現しようとしたのであろう。それほど、鉄炮の玉薬を武田氏が確保することは難しかったのである。

このように、勝頼の軍法や軍団編制は、父信玄のそれを基本的には継承したものであり、新たに勝頼が付け加えたことは、武田軍の装備の統一化を徹底させることと、鉄炮を有効に使用する体勢を整えるためにも、家臣達にも調達に奔走するよう求め、家中一体となって鉄炮が継続利用できる努力を続けていたことである。武田勝頼は、巷間伝えられるように、鉄炮を軽視していたわけでは決してなかった。

この他に、勝頼は、春秋二回の棟別銭免許、人足御普請役の免許、隠田摘発（検地）免許などを骨子とする特権措置を与えることで、領国各地の村々や宿町より御家人衆、軍役衆の動員を進めていた。これも、父信玄が永禄十年から元亀三年にかけて大規模に推進した、御家人衆、軍役衆動員の方法の継承であった。

武田勝頼は、父信玄の軍法や軍役衆動員令を始め、その軍団編制をそのまま継承し、対織田・徳川戦へと突入したのである。

三、長篠敗戦と軍団の再編制

天正三年（一五七五）五月二十一日の長篠合戦は、武田氏の軍団編制に大きな影響を与えた。この合戦で、山県昌景・原昌胤・馬場信春・内藤昌秀・土屋昌続・市川昌房ら名だたる武将が戦死した。中でも、山県・馬場・内藤のように、武田領国の拠点的城郭を城代として預かり、地域の国衆統制や郷村支配を担っていた重臣の戦死は、領国支配にも影響を与えた。まず山県昌景の場合、駿河江尻城代として駿河・遠江・三河国衆を統括していたが、彼の戦死によりその跡は、武田一族穴山信君によって担われることとなった。勝頼は、江尻城代が織田・徳川氏と正対する最重要拠点であったことから、長篠から帰国の途上にあった五月末日までには、信君の江尻城代就任を決定し、六月一日には入城させている（『県外』二〇四・九九九号、なお勝頼の甲府帰還は六月二日）。このため、昌景の子昌満は、父の跡を継ぎ、父以来の駿河・遠江衆を相備とし、駿河に在国したものの、昌景のような実権は与えられなかった。また内藤昌秀は、西上野の箕輪城主を勤め、上野国衆らを相備にしていたが、その死後はしばらく箕輪城主は配属されず、天正七年になってようやく養子の内藤大和守昌月が城主に就任している。しかし、天正六年以後は、上野方面での武田方の実権は真田昌幸が重視されるようになり、昌月は父昌秀のように、関東での武田方を統括する地位から後退している。この他に、馬場信春であるが、彼は信濃国牧之島城主として、越後・越中や川中島方面の監視を担っていた。その跡は、息子馬場民部少輔（後に美濃守）が継承するが、その活動はほとんど目立たなくなる。

このように、長篠合戦により著名な重臣がほとんど戦死したため、武田家中では、その子が家督を相続しても、父以来の権限までの継承を認められなかった場合が多く、勝頼による領国再編成が進められる中で、彼らの地位や役割に変動がもたらされることとなった。この過程で、勝頼側近跡部勝資・土屋昌恒や、家臣真田昌幸、一族穴山信君の勢力が目立って強くなり、父信玄以来の宿将の子たちは必然的に影が薄くなっている。

この他にも、勝頼は戦死した武将の子息や、兄弟で出家していたり、町人になっていた者などを急遽取り立てて、その家督を相続させ、軍団の再編成を急いだ（『甲陽軍鑑』等）。この結果、勝頼はそれを短期間で達成し、動員の兵力という量ではもちなおしを実現させた。そして、天正三年九月七日には、徳川家康に包囲されていた遠江国小山城の後詰のために、勝頼は一万三千余人を率いて出陣し、徳川軍を撤退させている。だがいっぽうで、武田軍の質的低下は否めなかった。それは「（徳川軍が）小山之城を押寄て責させ給ふ処に、勝頼ハ後詰と被成て、長篠にて打死の跡継之十二三より上の者、又ハ出家落などを引連れて御出馬あり」（『三河物語』）とあるように、勝頼は長篠で戦死した武将の跡継ぎとして十二、三歳以上の男子や、出家していた者を還俗させて取り立て、にわか仕立ての将兵とし、これらを基盤に軍団を編制していたことは、敵方からも看破されていた。当時の武田軍は、敵方である徳川軍の目から見ても、質的低下が顕著であった。しかし、敗戦からわずか四ヶ月余で、勝頼が軍団を再編成して後詰のために出陣し、徳川軍を撤退させたことについては「去五月、於長篠敗軍の後、無幾程如此之出張、武道所感也」と記され、敵方からも高く評価されている（『当代記』）。しかし、武田氏の現実は深刻であった。

勝頼は、天正三年十二月十六日に、十七箇条に及ぶ新軍法を、寄親クラスの家臣達に一斉に発給した（『県外』二五号、『戦国遺文武田氏編』二五五五～六号、以下『戦武』と略記）。この新軍法は、長篠敗戦による勝頼の危機意識を如実に反映し、当家興亡の一戦が迫っていることを訴え、近年隠遁した者や、知行をもらえなかったために戦線を離脱して村々に蟄居しているような、もと兵卒たちを再度動員するように求めている。また戦功を立てた者には、その度合いによって、身分の上下を問わず、所領を与えることを約束した。これはこれまでの武田氏の軍政には見られない、新たな方針の提示である。武田氏は、戦功に応じて、侍身分には知行（所領）を、寄騎・同心衆には、当座の引物として黄金・籾・鳥目（銭）などを与えるのが原則であり、身分によって格差があった（『県内』二〇九号）。勝頼はこれを改変し、身分を問わず、戦功に応じた所領宛行を約束することで、兵卒の動員を円滑化しようとしたのである。この他に、騎馬の動員を増やすよう努力することや、長柄鑓（三間柄）を減らして、その代わりに鉄炮と玉薬を多数用意するよう指示している。

だが事態は深刻となりつつあった。勝頼は、天正五年閏七月五日に、三箇条に及ぶ最後の軍法を、寄親クラスの家臣達に通達している（『県外』四五七・八七一号）。この軍法で遂に勝頼は、父信玄以来守ってきた兵卒として動員すべき対象に関する原則を大幅に変更した。勝頼は、当家興亡の危機を克服するため、領国各地より身分を問わず、十五歳以上六十歳以下の男子を、二十日間の期限つきで徴発し、出陣の際に帯同するよう命じたのである。武田氏の軍政において、年齢規定を設けて、領内の男子をことごとく動員する方針が明示されたのは、これが初見である。それまで武田氏は、永禄十二年十月令以来、領内の武勇人・有徳人を除く、百姓・職人・禰宜・幼弱の者を軍役衆として動員することは、謀叛の原因となるとして、厳しくその帯同を家臣達に禁じてきた。それを勝頼は破棄し、二十日間の期限つきで戦場に参加させることを決断したのである。しかしながら、二十日を過ぎれば、命令を待たずに従来よりの軍役衆以外の者は、帰国して構わないとしており、危機を煽って領民を恒常的に動員することは果たせなかった。勝頼がこのような、領民の大量動員に踏み切ったのは、武田氏がほんらい想定していた、兵卒となるべき有徳人・武勇人が、もはや払底気味であったからである。こうした人々が数多く、つねに村々や宿町にいたわけではない。それらの多くは、父信玄の晩年から長篠敗戦後までの間に、すでに動員しつくされてしまっていた。つまり、軍団の高度な質の恒常的確保の実現という問題は、すでに信玄の晩年に始まっていたのであり、長篠敗戦がそれを一挙に顕在化させてしまったわけである。だが戦死傷者の埋め合わせを行うべく、多数の兵卒を動員し、武田軍を再編するためには、もはや父信玄が定めた軍法の原則を変更する以外に、勝頼には方法がなかったのである。

だが、質量ともに高い軍団の編制と、身分や年齢、武器への訓練度の程度を問わない兵卒の動員方法とが、両立しえないことは瞭然である。そのため、武田軍は軍役の補塡のために、夫丸（百姓人夫）等を員数合わせにして引き連れて来ていると、敵味方から噂されるありさまであった（『県外』四五七・八七一号）。勝頼の苦肉の策ともいえる、兵卒の大量動員は、武田軍の兵力を回復しえても、ますます質的低下を加速させる結果となってしまったのである。

四、武田勝頼の軍役賦課の特徴

武田勝頼は、父信玄の時代よりもより客観的な基準をもとに、家臣たちに軍役を賦課することを推進した戦国大名である。これは勝頼だけの特徴ではなく、北条氏・上杉氏を始めとする各地の戦国大名に共通する傾向である。勝頼が軍役賦課のための基準にしたのは、家臣たちの所領貫高であった。戦国大名は、家臣たちの所領の規模を貫文（銭貨）表示で把握することを目指した。これは、家臣たちが所領の領主（地頭）として、田畠より収取する年貢・諸公事を始め、雑多な得分を、貫文（銭貨）表示という貨幣価値により、抽象的ながらも普遍性を持つ価値基準で把握したものである。そのために、武田氏は、検地により家臣たちの所領調査を実施し、貫高の把握を行っていた。

ところで武田氏が、検地などによって地頭層（武田氏家臣はもちろん、寺社なども含む）の所領を調査して把握した貫高は、二重構造になっていた。まず武田氏は、家臣の所領ごとの年貢・公事を始め、雑多な得分や免田（租税賦課が免除されている田島）なの総計、つまり所領全体の貫高である「田畠高辻」（「上司」「上務」「面付」とも呼称される）を把握し、この総計から、免田を始めとする諸控除分を差し引いて、領主が収取する年貢収納高（「定納」、「定所務」とも呼称される）を把握していた。このうち武田氏は、定納貫高に対して軍役を賦課している。なお念のために記しておくが、武田氏が所領貫高（面付）の把握を開始したのは、信玄が家督相続した直後のことであり、天文十八年十月二十日には、面付に対して諸役（知行役＝軍役、出銭、御普請役）賦課を決定している（『高白斎記』）。従って、武田信玄は天文十八年までには、家臣たちの所領貫高の掌握を達成しており、恐らく「武田氏所領役帳」を完成させていたと考えられる（勝俣鎮夫「葦の髄から天井のぞく」『山梨県史研究』六号）。勝頼は、父信玄以来実施された家臣達の所領貫高と定納貫高の把握の厳密化を推進し、それを軍役賦課を命じた軍役定書に明記したのである。それでに、武田信玄・勝頼二代の軍役定書を見ておこう（一覧表）。

武田信玄は、自分の手元に置いていた「武田氏所領役帳」にもとづき、家臣に対して軍役動員の員数（着到人数）と、武装の内訳を指示する軍役定書を発給していた。そのため、その基礎となる所領貫高と定納貫高の内訳は記されることがなかった。ところが、勝頼は、天正五年以後家臣に発給する軍役定書に、所領貫高（上司）と定納貫高を明記し、それに応じた着到人数と武装内容を指示するようになる。なお、天正六年に集中して見られるのは、甲越同盟成立により北信濃が安定したため、この地域の国衆の所領の厳密な把握を実施したからである。

さて、武田氏の軍役定書を検討すると、次のような特徴が認められる。①武田氏の軍役は、定納一〇〇貫未満の下級家臣（土豪・有力百姓層）については、約十貫文から約一二貫文につき一人の目安で賦課されている。②いっぽう、定納一〇〇貫文以上二〇〇貫文未満（信濃衆島津泰忠、桃井六郎次郎）の階層では、四・四貫文から六貫文につき一人の動員となり、一覧表の中で最も軍役負担が過重である。③ところが、定納二〇〇貫文以上（御親類衆武田信実、駿河衆岡部正綱、信濃衆西条治部少輔）の階層になると、一三・二貫文から一四・二貫文につき一人の軍役負担で一定している。この負担率は、下級家臣の負担率よりもさらに軽くなる傾向にある。④以上の事実から、武田氏の軍役は、定納一〇〇貫文以上二〇〇貫文未満の中級クラスの家臣達の負担が最も重く、一〇〇貫文以下の下級家臣（寄騎・同心衆クラス）と二〇〇貫文以上（上級家臣、寄親クラス）の負担が軽いことがわかる。しかも上級家臣（寄親クラス）は、下級家臣よりも負担率が軽いのである。この事実は、武田氏がその軍団と家臣団構成の中核である上級家臣（御親類衆、譜代家老衆、有力国衆）に対して優遇措置を採らざるをえなかったことを推測させる。その結果、その分負担が過重となったのは、中小の国衆であった。⑤この傾向は、信玄時代がどのようになっていたのかが判然としないため、

騎馬	持鑓	長柄	弓	鉄炮	小旗持	指物持	持道具	甲持	具足	手明	比率	出　典
—	—	—	—	—	—	—	—	—	40	—	4.4	戦武 742号
—	2	30	5	1	1	1	—	1	—	4	?	戦武 803号
5	—	31	5	1	1	—	2	—	—	—	?	戦武 804号
4	—	18	4	1	1	1	3	1	—	5	?	戦武 892号
1	1	1	—	1	1	—	—	—	—	—	?	県外 441号
7	30	—	—	—	—	—	—	—	—	—	?	県外 273号
1	—	—	—	1	—	—	—	—	—	—	11.66	戦武 1468号
3	5	10	2	5	3	—	—	—	—	—	14.19	戦武 1672号
15	45	—	—	—	10	—	—	—	—	—	?	県外 273号
1	1	1	—	—	1	—	—	—	—	—	8.8	戦武 1788号
6	6	19	6	6	3	—	—	—	—	—	?	戦武 2580号
—	2	4	1	1	1	—	—	—	—	—	?	戦武 2618号
—	1	—	1	—	1	—	—	—	—	—	?	戦武 2639号
—	1	—	—	1	—	—	—	—	—	—	?	戦武 2645号
—	5	—	1	1	1	—	—	—	—	—	?	戦武 2646号
—	1	1	—	1	1	—	—	—	—	—	?	戦武 2647号
1	2	6	1	2	1	—	—	—	—	—	?	戦武 2654号
1	2	1	—	1	1	—	—	—	—	—	?	戦武 2658号
9	15	21	10	10	5	—	—	—	—	—	13.2	戦武 2810号
4	4	12	4	5	3	—	—	—	—	—	14.1	戦武 3014号
1	?	4	?	1	1	—	—	—	—	—	6.02	戦武 3015号
1	1	1	—	1	1	—	—	—	—	—	9.94	戦武 3016号
1	—	1	—	—	—	—	—	—	—	—	10.5	戦武 3017号
—	—	1	—	—	—	—	—	—	—	—	11.4	戦武 3018号

戦国大名武田氏の軍役定書一覧

	年	月　日	家　臣　名	区分	上　司	定納（定所務）	総計
1	永禄 4	1561. 5. 10	桃井六郎次郎	信濃衆	—	177 貫 240 文	40
2	永禄 5	1562. 10. 10	大井高政	信濃衆	—	—	45
3	永禄 5	1562. 10. 19	大井高政	信濃衆	—	—	45
4	永禄 7	1564. 5. 24	大井高政	信濃衆	—	—	38
5	永禄 9	1566. 9. 21	（宛名欠）	?	—	—	〈5〉
6	永禄 10	1567. 7. 1	後閑信純	上野衆	—	—	〈37〉
7	永禄 12	1569. 11. 2	沢登藤三郎	甲斐衆	—	（増分） 23 貫 332 文	〈2〉
8	元亀 2	1571. 3. 13	武田信実	親類衆	—	※ 397 貫 350 文	〈28〉
9	元亀 2	1571. 10. 1	後閑信純	上野衆	—	—	〈70〉
10	元亀 3	1572. 2. 5	下源五左衛門尉	上野衆	—	35 貫文	〈4〉
11	天正 4	1576. 2. 7	小田切民部少輔	信濃衆	—	—	46
12	天正 4	1576. 3. 27	大日方佐渡守	信濃衆	—	—	9
13	天正 4	1576. 5. 2	古屋八左衛門	甲斐衆	—	—	3
14	天正 4	1576. 5. 12	小尾新四郎	甲斐衆	—	—	2
15	天正 4	1576. 5. 12	初鹿野伝右衛門尉	甲斐衆	—	—	8
16	天正 4	1576. 5. 12	大久保平太	甲斐衆	—	—	4
17	天正 4	1576. 5. 19	市川助一郎	甲斐衆	—	—	12
18	天正 4	1576. 5. 25	大滝宮内左衛門尉	信濃衆	—	—	5
19	天正 5	1577. 5. 26	岡部正綱	駿河衆	2465 貫文	968 貫 285 文	〈71〉
20	天正 6	1578. 8. 23	西条治部少輔	信濃衆	1450 貫文	451 貫 300 文	〈32〉
21	天正 6	1578. 8. 23	島津泰忠	信濃衆	（875 貫文）	120 貫 400 文	20
22	天正 6	1578. 8. 23	原伝兵衛	信濃衆	—	49 貫 700 文	〈5〉
23	天正 6	1578. 8. 23	玉井源右衛門尉	信濃衆	—	21 貫文	〈2〉
24	天正 6	1578. 8. 23	勝善寺順西	信濃衆	36 貫文	11 貫 400 文	〈1〉

注：一は記述なし。〈　〉内の数値は軍役定書の総計（後閑信純のみ文書内容の数値）。比率は動員 1 人あたりの貫高との関係を示す。※の武田信実の定納貫高は，同日付の武田家印判状の数値。また島津泰忠の上司貫高は、天正 6 年 7 月 27 日の島津泰忠知行書立目録による。出典のうち，『県外』は『山梨県史』中世資料編県外文書、『戦武』は『戦国遺文武田氏編』を示す。

断定出来ないが、長篠合戦以後の勝頼時代の事例では明確に指摘できる。⑥なお、軍役負担率変動の目安である二〇〇貫文については、武田氏の軍法条目に、定所務（定納）二〇〇貫文を基準にして、替え馬と悴者騎乗の馬を用意させる規定があり（県外六六・一〇二八号）、一五〇貫文の者へは替え馬のみの負担が義務づけられているので（県外七二〇・一〇二八号）、武田氏の軍役賦課率変動の目安は、一五〇〜二〇〇貫文あたりに設定されていたことは間違いなかろう。⑦また一覧表を見る限り、武田氏の本国甲斐衆と占領国の信濃・駿河衆との間に、負担率の格差は存在しない。従って甲斐衆の負担が軽いとの俗説は成立しない。あくまで負担率変動は、定納貫高を基準にしている。

右のほかに、他の史料と勘案して指摘できるのは、騎馬の負担に関する問題である。例えば北条氏では、知行貫高一〇〇貫文につき騎馬三騎、同じく二〇貫文前後の小領主にも本人自身は馬上が割り当てられるのが原則であった（佐脇栄智「北条氏の軍役について」）。これに対して、武田氏の軍役で騎馬が占める割合は、上級家臣の場合、一〇〇貫文につき一騎という傾向が読みとれる。また下級家臣は、二〇貫文を基準に一騎という傾向がある。騎馬負担の目安となる知行貫高は、武田氏も北条氏も同じであるが、若干武田氏の方が、北条氏よりも騎馬動員が少ないとみられる。ところで、騎馬を負担する知行貫高の目安が、二〇貫文という一覧表よりの推計は、武田氏の軍役条目からも裏づけられる。

一、弐拾貫より三拾貫に至りては黒付朱紋金の馬介、三拾貫より上は、惣じて金の馬介たるべきこと

これは元亀四年十一月一日に、勝頼が発令した軍役条目の第九条であるが、これによれば、定納貫高二〇〜三〇貫文の者は、黒付朱紋金の馬介（うまよろい）を、三〇貫文以上の者はすべて金の馬介を用意することが義務づけられていた（『戦武』四二五二号）。そして、ここには二〇貫文以下には、馬介に関する規定が存在していない。つまりそれ以下の知行貫高の者は騎馬で出陣することを、武田氏が想定していないことを示している。ここから、武田勝頼が定めた軍役規

定では、騎馬を義務づけられていたのは、二〇貫文以上の定納貫高を保持する者のみであり、この該当者は騎乗で参陣することになっていたと考えられる（一覧表では、勝善寺順西のみが二〇貫文以下であり、歩兵として参陣する規定であるので、この推定を裏づける）。

このように、武田勝頼の軍役賦課は、御親類衆・譜代家老衆・先方衆と、郷村や宿町より動員される御家人衆、軍役衆に譲歩し、これらを優遇しつつ、中級家臣に過重な負担を担わせることで成立していた。これには、長篠合戦以後、家臣団統制と軍事動員に悩む、武田勝頼の立場が垣間見える。そのため勝頼は、より多くの兵力動員を実現するために、既述のように、領国各地の村々に対して、身分を問わず、十五歳以上六十歳未満の男子を二十日間動員するという異例の政策に踏み切らざるを得なかった。これは、慢性的な兵力不足に悩む武田勝頼の苦肉の策であった。

第4部　武田勝頼の外交政策

Ⅰ　武田勝頼の外交政策

丸島和洋

武田勝頼を評価する際に、最大のマイナス要因のひとつは、その外交政策にあるのではなかろうか。たしかに戦国大名間外交の目的は自家の存続と発展にあったのだから、勝頼の外交政策が結果として失敗に終わったことは否定しようがない。

しかしながら、勝頼とてまったく無原則な外交を展開したわけではない。そこには勝頼なりの考えが存在したはずであろう。勝頼はどのような外交方針を有し、どのような観点から外交判断をくだしていったのか。小稿ではこうした点を念頭に置き、勝頼外交全体を扱うこととしたい。なお紙幅の都合上、史料の典拠は最小限にとどめ、『戦国遺文武田氏編』を『戦武』、『上越市史別編上杉氏文書集』を『上越』と略して文書番号のみを表記した。

一、「御隠居様」信玄の名のもとで

本題に入る前に、元亀四年（一五七三）四月十二日に信玄が死去した段階での外交状況について整理しておく。信玄晩年の外交政策は、将軍足利義昭を支持し、北条氏政・本願寺・朝倉義景・浅井（あざい）長政等と同盟して織田信長・徳川家康と戦うというものであった。武田家の宿敵としては上杉謙信が名高いが、永禄末年に一年弱の和睦が成立し、その後も断続的に和睦交渉が続けられていた（拙稿「甲越和与の発掘と越相同盟」『戦国遺文月報武田氏編』六）。軍事的衝突はほとんどみられなくなっており、比較的落ち着いた関係にあったといえる。

勝頼が最初に行った外交は、父の死を秘匿し、あくまで隠居による家督相続という体裁を取り繕うことであった。勝頼は信玄の署名（生前に準備をしていた）で同盟勢力に書状を出し、遠江における戦勝と病気による隠居を報告している。この結果、同盟国のうち、北条氏政からは同年七月、本願寺顕如（けんにょ）からは九月に家督相続への祝辞を受けることとなった（『戦武』四〇七四～七七）。『甲陽軍鑑』に信玄の遺言として記される「三年秘喪」である。武田氏はこれを真面目に実施しており、天正四年（一五七六）四月の葬儀執行まで、信玄は生きているものとして扱われ続けることとなった。ただし早くも四月末の段階で、上杉謙信は正確な情報をつかんでいるから（『上越』一一五二）、同盟国の対応も多分に政治的配慮を含んだものであったろう。

これは信玄死去による混乱を避けるための処置である。しかし隠居による家督相続という形をとった以上、外交政策を急に転換させることは難しい。勝頼外交には、信玄の政策の維持という制約が存在したといえよう。ところがその前提となる周辺国の状況は、短期間のうちに大きく変化することになる。信玄没後の僅か四ヶ月の間に、織田信長は足利義昭を京都から追放し、朝倉・浅井両氏を滅ぼしてしまった。さらに翌天正二年には、伊勢長島の一向一揆の壊滅に成功する。この結果、勝頼は織田・徳川氏との戦争で支援を期待できる同盟国を一度に失ってしまったのである。

武田領に対しては徳川家康が反攻に転じており、勝頼は長篠城をはじめとする奥三河を失い、駿河にまで侵入を許す状況となっていた。この事態を打開すべく、勝頼が採用したのは積極的な攻撃策である。勝頼は東美濃明智城攻略（天正二年二月）、遠江高天神城攻略（同六月）と織田・徳川領への攻撃を繰り返した。しかしいずれの勝利にも、織

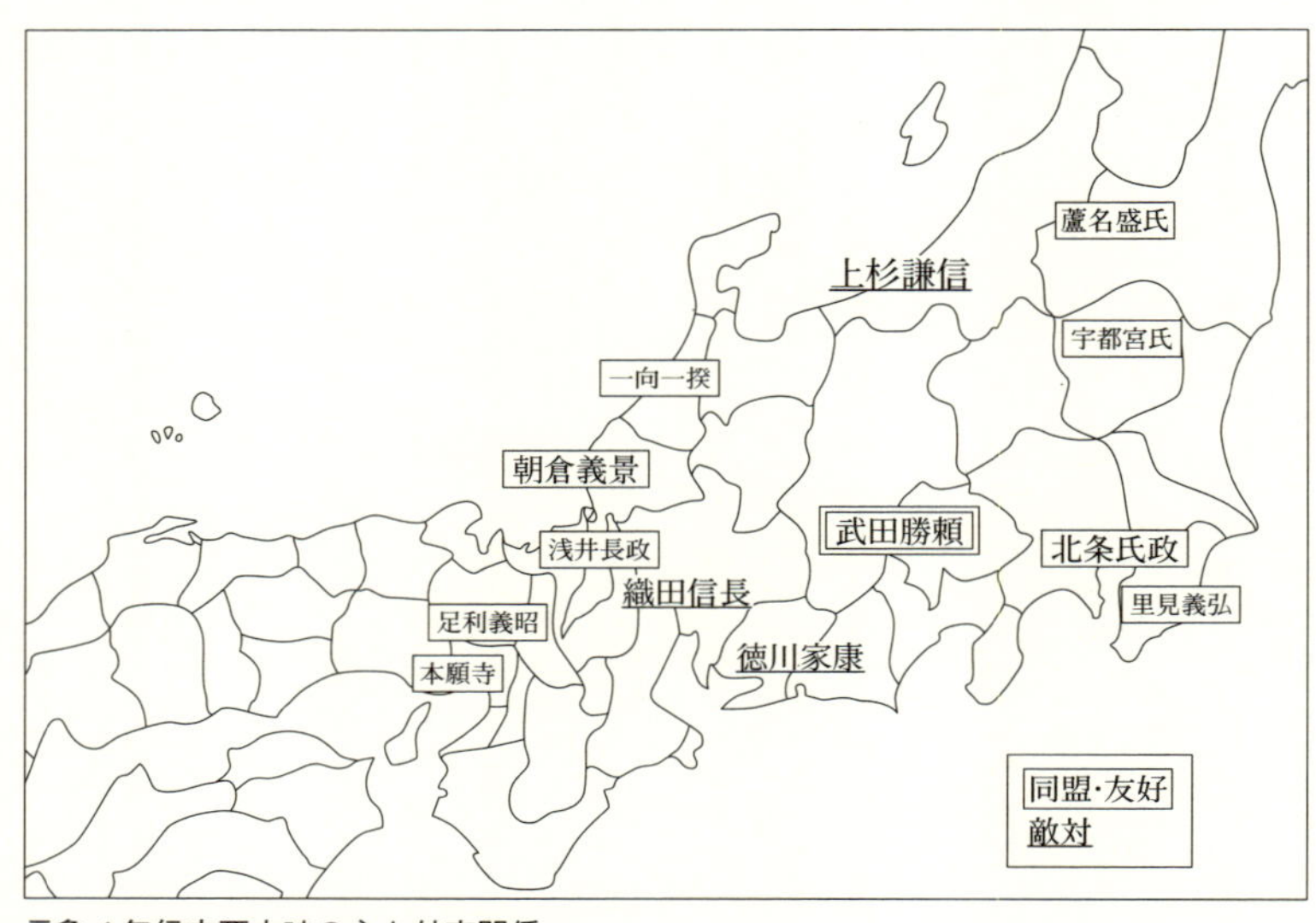

元亀４年信玄死去時の主な外交関係

田信長が積極的な支援を行わなかった結果得られたという側面が存在していた。はじめて信長が主力をもって武田氏と対峙したのが、翌天正三年五月長篠合戦であり、勝頼は宿老の過半を失う大敗を喫してしまう。このことは、武田氏単独では織田・徳川両氏との全面的な戦争が困難であること、外交政策の転換が急務であることを如実に示していた。しかしこの間に勝頼が新たに関係を構築できたのは、義昭を庇護した毛利氏と、丹波国衆の赤井氏程度であり（『戦武』二二六五）、あまりにも遠方という感が否めない。

　こうした状況下において、度々もちあがったのが上杉謙信との和睦である（『軍鑑』）。一般に武田・上杉関係は、一貫して戦争状態にあったとされるが、これは誤解であり、和睦交渉は何度も繰り返されていた。上杉氏と、織田・徳川氏との間で、武田領挟撃が協議されたのは事実である。また信越国境は、猟師の銃声を武田勢の侵攻と誤解するほどの緊張関係が持続していた。しかし謙信の武田領侵攻は結局実現していない。また天正四年には、毛利氏の元に亡命していた足利義昭より、武田・北条・上杉の間で「三和」を結び、織田氏と戦うよう要請があった（『戦武』四〇八一～八四）。この年四月に信玄死去が公表されており、武田・上杉間の和睦が成立しやすい（外交関係の刷新が望める）状況と期待されたのかもしれない。

上杉氏との同盟は外交の手詰まり状況から脱するのに大きな意味を有しており、武田家中にも賛同する声が大きいものがあったという。勝頼自身の考えははっきりしないが、どちらかといえば前向きな姿勢がうかがえる。しかし上杉謙信は「武田勝頼との和睦はよいが、北条氏政とは絶対に応じられない」と回答（『上越』一三一〇）、北条氏政も「三和を妨げているのは上杉謙信である」と応じ、成立をみることはなかった。そこで勝頼のとった選択は、翌天正五年に北条氏政の妹を妻に迎え、甲相同盟を強化するというものである。この時期織田氏は積極的な攻勢には出てきていないから、北条氏との関係強化により、領国を維持することは十分可能と考えたのであろう。結果的に天正五年までの外交政策は、信玄期のそれを踏襲したものとなった。

二、御館の乱の勃発と甲相同盟の崩壊

勝頼の外交政策に一大転換をもたらしたのは、天正六年三月における上杉謙信の急死であった。謙信の死後、二人の養子景勝（かげかつ）と景虎（かげとら）の間に御家騒動が勃発したのである（御館（おたて）の乱）。景虎の実兄である北条氏政から支援要請があったこともあり、勝頼は越後侵攻を開始した。ところが先陣を任された武田信豊のもとに、上杉景勝からの和睦要請という予想外の書状が届けられた。六月七日、勝頼側近であり、筆頭家老でもあった跡部勝資（あとべかつすけ）の名前で肯定的な回答が出されている（『戦武』二九八四）。

これは結果的に甲相同盟の崩壊へとつながり、勝頼外交の最大の失策とよばれる。このため勝頼が何故景勝と和睦

をしたのか、様々な理由が検討されてきた。主要なものをあげると、①跡部勝資・長坂光堅(ながさかこうけん)が賄賂を送られ勝頼を説得した、②奥信濃・東上野割譲という条件が魅力的であった、③景虎が勝利することにより、その実家である北条氏の勢力が増大しすぎることを嫌った、④以前に失敗した甲相越三和の成立を狙った、といったものであろう。

①は『軍鑑』の載せる説で、確かに天正八年四月付で黄金未進を催促する文書が「上杉家文書」に伝わる（『戦武』三三三五）。しかし発給者は跡部勝忠(かつただ)と長坂光堅であり、勝資の名はない。跡部勝忠は勘定奉行だから、これは個人的な賄賂ではなく公式の贈答である。前年秋に勝頼妹が輿入れをしているから、結納金の線で捉えたほうが妥当であろう。比較的信頼性の高い軍記『甲乱記』にも同様の既述があり、無視は出来ないが、事実としても副次的なものである。②にいたってはさらにナンセンスで、このときの奥信濃は容易に制圧が可能だし（実際に成功している）、最終的には協力の見返りとし景虎に割譲を要求すればよいのだから、敢えて景勝と結ぶ必要はない。また東上野は同盟国北条氏の勢力圏であり、割譲の話は甲相同盟破綻の過程で持ち上がったものである（田中宏志「越甲同盟再考」『戦国史研究』五二号）。一方考慮すべきは③④で、どちらも事実の一端を構成している可能性がある。

まず注意したいのは、勝頼は景勝からの和睦要請を受け入れたものの、景虎支援を放棄したわけではないということである。景勝との和睦締結後、勝頼は景勝・景虎の和睦調停が出兵の目的であると繰り返し言明している（『戦武』二九九五他）。勝頼は景勝との交渉担当者（取次）として跡部・長坂の他に小山田氏は元々北条氏との交渉を担当しており、和睦調停を睨んだ人選であったとみられる。

ただしどのような理由をつけようと、景勝との単独講和は北条氏の疑念を招きかねない。このため、景勝との和睦は密約という性格を帯びたものであった。景勝の提示した条件が、奥信濃に僅かに残されていた上杉領の割譲が主軸であったことは事実とみられ、武田勢は上杉領を接収する形で北上している。恐らく北条氏に対しては、軍事的な成果と説明をしたことであろう。一方で西の小谷（おたり）筋から北上した仁科盛信は、越後西浜の根知（ねち）城（現糸魚川市）を服属させるが、この事実は景勝には伏せられていた（後に正式に割譲させる）。また武田方の市川信房に、越後妻有（つまり）城（現十日町市）に対して和睦の結果割譲されたと引き渡しを要求し、景勝を困惑させている（『上越』一五五五）。勝頼は市川の独断とみなしているが、勝頼の黙認があった可能性は否定できない。このように、勝頼は状況を利用して出来る限りの勢力拡大をはかっていたのである。六月末、景勝の黙認のもと進軍した武田勢は越後木田（現上越市）にまで到達し、景虎を支援する態勢をとった（『上越』一五六八）。景勝は家中に対し、内々の約束があるから心配しないようにと説明しているが、勝頼の姿勢が景勝一辺倒であったとは到底いえないであろう。

七月二十三日、ついに春日山に到着した勝頼は、景勝・景虎間の和睦調停に乗り出した（『戦武』三〇〇三）。景勝方の河田長親が「難題」と愚痴をこぼしているから（『上越』一五八八）、勝頼の立場は必ずしも景勝寄りではなかったらしい。八月十九日、両者間の和睦は成立をみせ、勝頼の目的は一応の達成をみた。このとき勝頼は景勝に宛てて起請文を出しているが、婚姻の約束や北条勢の信濃通過制限など景勝の要望に配慮する一方、折角仲介した和睦が不当に破棄された場合は双方への軍事支援を見合わせると述べている（『戦武』三〇〇七）。自身の誓約内容を書き連ねる起請文に、相手の遵守すべき条項を掲げるというのは異例であり、中立という立場を改めて強調したものと理解される。

恐らく勝頼は、本気で景勝・景虎の和陸調停を考えていたのではなかろうか。景虎を支援して軍事介入を行っても、短期間で決着がつくとは限らない。長引けば織田・徳川氏に背後をつかれる恐れがあるし、景虎を奉じる立場をとっている以上、越後における領国拡大はほとんど期待できない。武田氏にとっては、出来る限り早い段階での越後の安定がもっとも望ましいものであった。そのためには軍事介入が長引くよりも、和睦を調停して内乱そのものを終結させたほうが早いと考えたのであろう。筆者は勝頼の考えは、あくまで織田・徳川氏との戦争を視野に入れた越後の早期安定であったと考える。また和睦調停の成功は、北条氏からの支援要請にも一定の成果を示したことになる。何しろ北条勢は、未だに越後侵攻すら果たしていないのである。それに引き替え武田勢は春日山にまで到達したのだから、軍事的成果としても十分に喧伝に値するものであった。

ところが勝頼の思惑は外れ、両者の和睦は十日も保たずに崩壊してしまう。景勝・景虎の対立は、上杉家中の勢力争いを背景とする根の深いものであった。そもそも誰が家督を継ぐのかという根本的な問題の解決は不可能に近く、一時的な停戦以上の意味をもたなかったのである。その上徳川家康の侵攻が現実化したため、勝頼は調停を断念し、八月二十八日に帰国せざるをえなかった（『上越』一六六六）。勝頼の越後介入は、織田・徳川両氏に背後を突かれない範囲でしか行えないものであったのである。

一般に、勝頼は翌九月より上杉景勝への軍事支援を開始したとされるが、これは上杉景勝の一方的な宣伝であった可能性が高い。この月景勝は根拠地である上田に対し、武田勢の来援について繰り返し述べている（『上越』一六五四他）。ところが実際には援軍は一向に姿をみせないし、武田方の書状を見る限り、そのような交渉が行われた形跡すら見出せない。従来軍事支援とみなされていたのは、九月末に行われた妻有城への武田勢入城だが（『上越』一六八三）、これが景勝のいう援軍であったかは疑問符がつく。妻有城は城ごと明け渡されている上、入城した人物は市川信房であったらしく、六月に揉めた割譲要求の帰結と捉えたほうが理解しやすい。もっとも景勝は妻有城引き渡しが上田方面への軍事支援につながると期待したようで、市川等に出兵を要請しているが婉曲な拒絶を受けている（『戦武』三〇四〇）。

つまり和睦調停が失敗に終わった後も、勝頼は中立の姿勢を維持し続けたのである。勝頼としては同盟国北条氏と戦うわけにもいかず、また徳川氏の侵攻に対処するためにも、これ以上の深入りは避けたいと考えたのであろう。しかし勝頼が撤退した直後に、北条氏の越後侵攻が僅かながら動き出したこともあり、北条氏政はかなりの不信感を抱いたようである。また一般的にいって、同盟国への根回しを怠った単独行動は、外交問題に発展することが多い。信玄の今川領侵攻は北条氏との同盟破綻を招いたし、上杉謙信は北条氏と単独講和したために佐竹氏の離反を招いている。勝頼も同様の轍を踏んでしまったのである。外交交渉の難しさを示すものであろう。

翌天正七年正月の段階では、武田・北条間において年始の挨拶が取り交わされており（『戦武』四〇八五）、甲相同盟は何とか維持されていた。一方でこの頃になると、勝頼が景勝寄りの姿勢を強めていったことも事実である。同年三月二十四日、上杉景虎が自害し、上杉氏の御家騒動は景勝方の勝利に帰した。勝頼の望みとは違った形で、御館の乱は早期決着をみたのである。この間、勝頼が上杉景勝に直接的な軍事支援を行った事実は存在しない。しかしながら「景虎支援の約束を反故にされた」北条氏政との亀裂は決定的になり、関係修復は極めて困難なものとなった。両国が正式に「手切（てぎれ）」（同盟破棄）を行い、駿河・伊豆において戦争状態に突入したのは同年九月のことである。

三、甲越同盟と甲佐同盟

御館の乱の結果、勝頼は外交関係の大転換を行わざるをえなかった。最大の同盟国であった北条氏が、突然最大の敵国に転じたわけである。このため、以降の勝頼外交は「いかに北条氏と戦うか」が主軸に据えられることになる（拙稿「甲佐同盟に関する一考察—武田勝頼期を対象として—」〈『年報三田中世史研究』七号〉）。

まず第一に、上杉景勝との和睦の軍事同盟移行がはかられた（甲越同盟）。天正七年秋には妹の於菊を景勝に嫁が

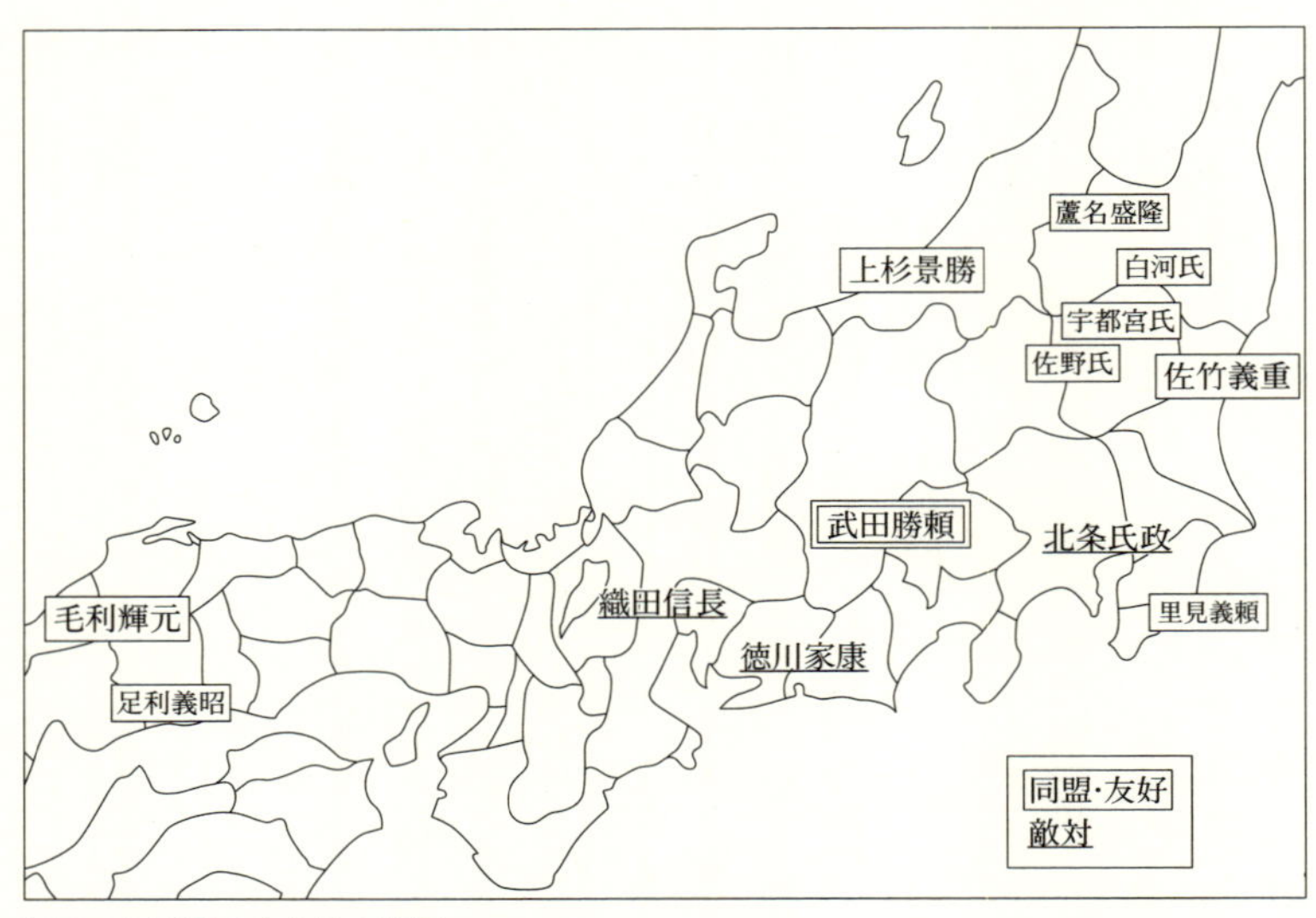

天正８年秋頃の主な外交関係

せ、結びつきを強めている（『戦武』三二六〇）。甲相同盟破棄に際しては、関東方面での軍事協力について協議を行っている（『戦武』三二六五）。ところが御館の乱の結果、越後本国における上杉景勝領は消滅してしまっていた上、上野国における旧景虎方の抵抗はまだ続いていた。北条氏との戦争において、甲越同盟はほとんど効果が期待できなかったのである。この結果、上杉氏は武田氏の上野領有と、離反した上杉旧臣の武田氏服属を承認し、上野から手を引くこととなった。この後甲越同盟は、織田信長に対する軍事協力として機能している。武田氏が織田・徳川氏と戦う際、上杉氏が北陸で織田勢を攻撃してくれれば、それなりの牽制となりうるからである。

そこで勝頼が目を付けたのが、常陸佐竹氏との同盟であった（甲佐同盟）。佐竹義重は長期にわたり北条氏と対立しており、地理的にも北条氏を挟み撃ちにできる。またこの時期の佐竹氏は、宇都宮氏など北関東諸氏（東方之衆）盟主的存在であったから、佐竹氏との同盟は佐竹氏を通じて他の大名・国衆を動かすことをも意味していた。北条氏との戦争を行う上で、最適な同盟相手であったといえるだろう。勝頼は駿豆における北条氏との開戦に際して、背後を突くよう佐竹氏に要請をしており、早くから連絡をとりあっていたものとみられる（『戦武』三一七六）。

翌天正八年、勝頼は上野出陣を意図し、佐竹氏にも「手合」（協同軍事行動）を要請している（『戦武』三四〇四）。これは上野最大の北条方国衆由良氏を挟み撃ちにするという計画であり、武田・佐竹両氏は上野東端に位置する新田領挟撃が可能な状況になっていたのである。結局佐竹氏が小山を攻略した段階で兵を引いたため、勝頼も帰陣するものの、上野の情勢は武田氏有利に展開することとなった。

勝頼はさらに佐竹氏に仲介を要請し、房総の里見氏にも同盟を持ちかけた。佐竹氏自身、甲佐同盟が成立した時点で里見義頼と連絡をとり、同盟に加わるよう打診していたのである。武田・里見間の直接交渉は天正八年に始まり、天正九年には同盟が成立した（『戦武』三五一八）。この動きには里見氏の庇護下にあった小弓公方足利頼淳も関心を示しているから、関東足利氏を利用して北条氏を牽制する手段も取り得たといえる。勝頼は外交交渉を駆使することで、北条氏に対する優勢を確保することに成功したのである。残る問題は、織田・徳川氏との関係であった。

四、甲江和与の模索と破綻

甲相同盟の崩壊により、武田氏は駿河・遠江方面において苦境に立たされることとなった。徳川氏が北条氏と軍事同盟を締結し、攻勢を強めていたからである。一方で、織田氏との間には目立った戦争は発生していない。天正七年初頭、荒木村重謀叛を契機に毛利氏との間で軍事協議を行った程度である（『戦武』三〇六七他）。そこで勝頼が模索したのが、織田氏との和睦（甲江和与）であった。『軍鑑』によれば、信長は上杉謙信との関係が悪化した際、勝頼

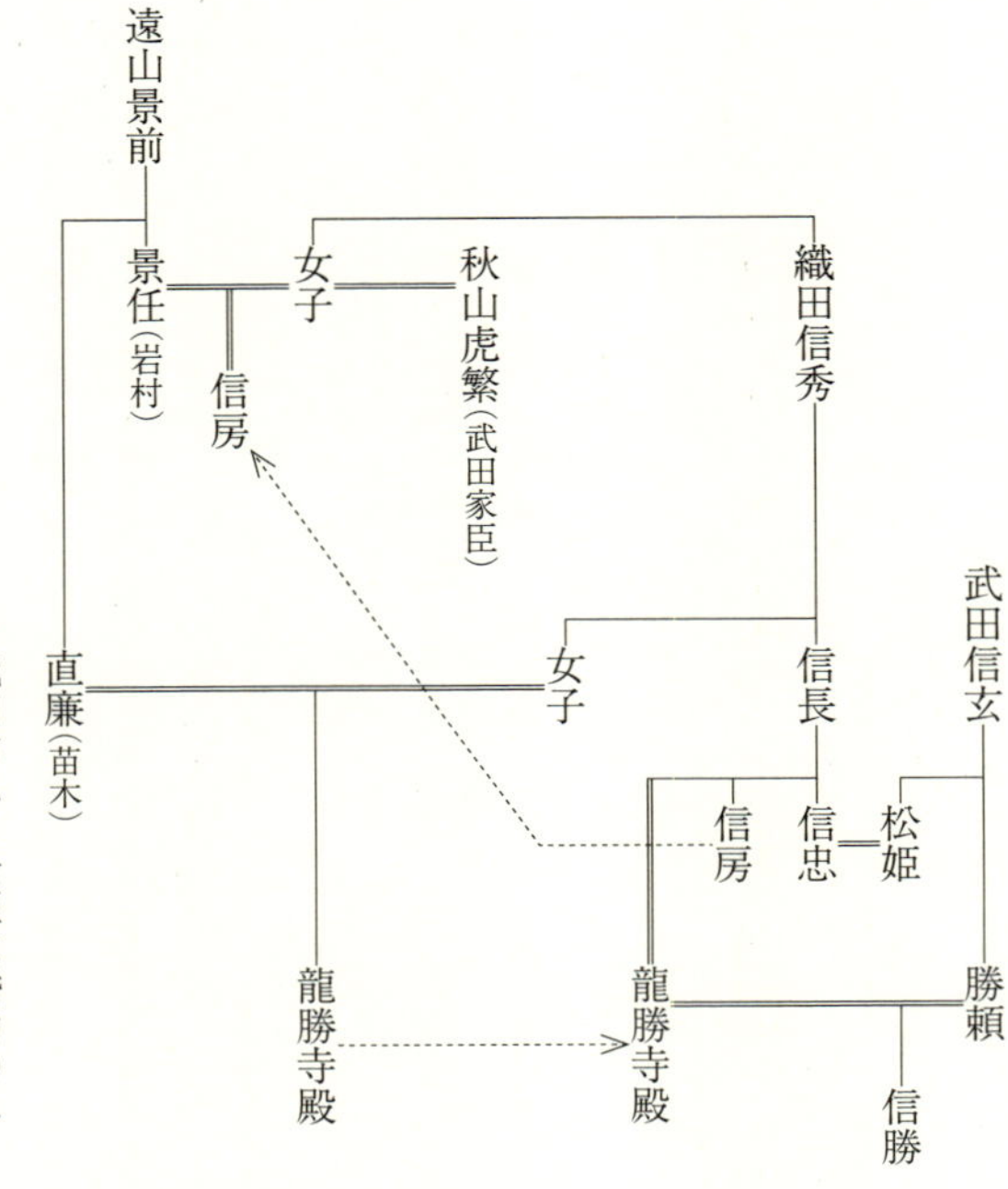

武田・織田・遠山姻戚関係図

に和睦を持ちかけたことがあるという。これはわずか二年ほど前の話であり、この記憶が勝頼に交渉の成功を期待させたのかもしれない。そもそも当時の外交情勢は、一般に思われている以上に流動的なものであり、勝頼の期待も根拠のないものではなかった。甲江和与交渉は、天正七年末から八年にかけ、佐竹義重の仲介で行われた。これは甲相同盟が崩壊した直後にあたり、勝頼が北条氏との戦争に向け、全面的な外交を展開したことを示すものである。また以前の失敗を踏まえてか、交渉の開始にあたっては事前に上杉景勝の内諾を取りつけた。もっとも経過報告が不足したため、一時外交問題化するのだが（『戦武』三二八八）。

この天正七年末というのは、武田家にとって大きな画期となった時期である。ここまで述べてきたような外交政策の刷新だけでなく、内部においても、嫡子信勝の元服や家臣団の官途受領の一斉変更など、様々な施策が打ち出されていた。特に信勝の母は織田信長の養女（遠山氏の娘）であったから、彼の政治活動開始そのものが、織田氏との交渉を視野に入れたものであったとみられる。

甲江和与に際し、武田氏が交渉材料として持ち出したのは、人質となっていた信長の子息の返還であった。『軍鑑』にはある程度具体的な記述があり、信長の子御坊丸に武田信豊の娘を嫁がせ、信長のもとに送り返すことで和睦のきっかけをつかもうというものであったという（ただし天正九年のこととする）。御坊丸は美濃遠山氏に養子入りしていた信長の子息で、武田氏の美濃侵攻の過程で甲府に送られていた。一般に実名を勝長とされるが、正しくは「信房」という。武田氏のもとで元服を済ませており、仮名の源三郎は、実父信長の「三郎」に源氏を冠したもの、実名の「信」は武田氏の通字とみられる。遠山氏との関係から、勝頼・信勝にとっては親近感の持てる相手であったのかもしれない。信房には、織田家中での親武田派という役割が期待されていた。

しかしながら、信房の返還だけでは交渉材料としてあまりに貧弱に過ぎた。勝頼はこの後も信房との音信を続けているが（『戦武』三七三七）、帰国したばかりの信房に影響力があろうはずもない。信長は使者との面会すら応じず、日下宛の尊大な書式で信房帰国に関してのみ謝辞を述べたという（『軍鑑』）。それどころか、信長は北条氏の服を受け入れていた。これにより、織田信長と和睦して背後を安全にし、北条氏との戦争に専念するという勝頼の外交政策は、破綻してしまったのである。その上天正八年閏三月には、本願寺顕如が信長と和睦して石山を退去した。武田氏を取り巻く情勢は、さらに厳しいものになったのである。

甲江和与交渉は天正九年に入っても粘り強く続けられるが、これは逆に武田氏の苦境をさらけ出す結果となってしまう。翌天正十年、織田氏の攻撃を受けた武田氏は、ついに滅亡することになる。武田氏に援軍を派遣したのはわずかに上杉氏のみ。手遅れを察したその動きは、決して早いものとはいえなかった。

五、勝頼外交の意志決定

最後に、少し観点を変えて、武田氏の内部から勝頼外交について見てみることとしたい。戦国大名が他大名・国衆と交渉を行う際には、交渉先ごとに担当者（筆者は取次と呼ぶ）を任命するのが常であった。武田氏の場合、一門クラスの重鎮と、当主側近とがペアを組んで交渉を担当する形が基本である。信玄期においては、一門格からは穴山信君や小山田信茂、側近層からは山県昌景・土屋昌続・跡部勝資等が取次に任ぜられ、各方面との交渉を担っていた。

ところが勝頼期にはいると、この顔ぶれが一新される。まず穴山信君は、担当した大名・国衆のうち、浅井・朝倉・六角氏が滅亡し、徳川氏とは戦争状態に突入してしまった。駿河に派遣されていたという地理的制約もあり、穴山信君の外交面での発言力は大幅に削がれてしまう。わずかに会津蘆名氏などとの交渉を担った程度に過ぎない。かわりに躍り出た人物が、勝頼の従兄弟武田信豊である。幕府との交渉は従来穴山氏の担当するところであったが、天正四年の義昭・毛利氏との交渉は武田信豊が取次を務めている。側近層についても同様で、山県・土屋が長篠で戦死したこともあり、跡部勝資・長坂光堅によってほぼ独占されるようになる。

この武田信豊と跡部勝資がコンビを組んで交渉を担ったのが、甲佐同盟であり、その延長線上に展開した甲江和与であった。並行して行われた上野の上杉旧臣に対する服属交渉も、両名が担当したものであり、一連の動きである。両名とも上野国衆との関係が深く、跡部勝資は和田氏、信豊は小幡氏と縁戚関係を有していた。佐竹氏とのやりとりは上野が窓口となるから、こうしたつながりを活かしたのであろう。

つまり甲相同盟崩壊後の武田氏外交は、その過半が両名の主導下におかれていたのであり（跡部勝資は甲越同盟も担当）、これが相互に関連した外交政策を生み出す原動力にもなっていた。勝頼の外交政策は、前代に比してより集権的な体制によって担われていたのである。

しかしながら、このことは極めて皮肉な結果を生み出してしまう。甲佐同盟の活用により、信豊・勝資と関係の深い上野においては、武田氏有利の情勢が展開していた。一方で、北条・徳川氏の挟み撃ちにあった駿河・遠江の状況はかんばしいものではなかったが、駿河江尻城代として統治の一角を担っていた穴山信君は、外交策定の場から遠ざけられていた。別に武田氏が駿河方面を軽視したというわけではない。しかし取次メンバーがあまりに限定されたことで、勝頼の情勢判断には、偏りが生じやすい面（あるいはそのように誤解されやすい面）があったのではないか。

このような体制は、ひとつの失敗が勝頼とその周辺への不満に直結する危険性も孕む。政策判断を集中させたことによる、マイナス面の噴出である。天正十年二月、諏訪在陣中の小山田信茂は、跡部・長坂が上杉景勝から賄賂を貰っていたという噂を聞き、自分までも同列に見られるのだろうかと不満を漏らしたという（『甲乱記』）。信茂の苦悩は自身が上杉氏担当取次の一員であったことによるが、甲越同盟締結に始まる外交政策の転換が、現在の苦境を招いたという認識が生まれていたこと、そしてそれが「密室外交」への批判という形で噴出したことを示唆するエピソードである。

とりわけ、外交判断の場から疎外された穴山信君の心中に、穏やかならざるものがあったことは容易に想像されよう。天正十年、信君はかつて有していた徳川氏とのパイプを活かして勝頼から離反し、これが武田氏の滅亡を決定づけることになるのである。

Ⅱ　甲相同盟と勝頼

黒田基樹

一、同盟関係の更新

元亀四年（天正元年・一五七三）四月、父信玄の死によって勝頼が事実上、武田氏の家督を継いだ際、唯一同盟関係にあったのが北条氏政であった。勝頼は二十八歳、氏政はそれより八歳年長の三十六歳であった。この頃の北条氏は、相模小田原城を本拠に、伊豆・相模、武蔵・東上野・下総の大部分、上総半分におよぶ領国を形成し、武田氏とは東側国境線を接して存在していた。この北条氏との同盟は、元亀二年（一五七一）十二月に結ばれていたもので、第二次甲相同盟と称している。甲相とは甲斐と相模の略称で、武田氏は甲斐、北条氏は相模、と呼ばれていたことによる。

ちなみに第一次相同盟というのは、まだ勝頼が生まれる前にあたる天文十三年（一五四四）一月に、両者の父にあたる信玄（当時は晴信）と氏康との間で結ばれたもので、永禄十一年（一五六八）十二月に、信玄の駿河侵攻がもとで破談するまで、二十年以上も続いていた。その間の天文二十三年十二月には、信玄の長女黄梅院殿が氏政に嫁ぎ、婚姻関係が形成されている。両者の間には、永禄五年に嫡子氏直が生まれたほか、あわせて四男一女が生まれたらしい。しかし、同十一年の同盟破談によって、黄梅院殿は離縁されて甲府に戻り、翌十二年に死去している。そのため第二次同盟締結時には、両氏の間には婚姻関係は存在していなかった。

信玄の死によって、勝頼が家督を継いだとはいえ、信玄は公式には生存していることとされ、公式の家督相続は、三ヶ月後の元亀四年七月のことであった。信玄は隠居したという体裁がとられていた。北条氏に対しても、このような体裁がとられ、これをうけて新当主勝頼と氏政との間で同盟関係の更新が行われた。そのことに関する史料が一点残されている。七月十四日付けで氏政が、武田氏の外交僧であった甲府長延寺の住持実了師慶に宛てた書状である（「秋山吉次郎氏所蔵文書」『戦国遺文　武田氏編』四〇七四号。以下、戦～と略記）。

そこには「勝頼御家督に就き、猶前々に立ち越して入魂申すべき所、改めて両国誓詞を取り替わし、浮沈共に申し合わせ候」と、勝頼の家督継承にあたり、以前にも増して入魂にしようと、命運を共にするという趣旨を誓約しあった起請文を交換したことが知られる。戦国大名同士の同盟関係は、事あるごとに互いの信頼関係を確認しあうため、起請文の交換が行われていた。実はそれだけ、同盟関係は脆かったということでもあった。

二、援軍派遣の実態

あらためての起請文交換により、武田氏と北条氏の同盟は再確認された。同盟はすなわち攻守軍事同盟であったから、互いに援軍を出し合う、共通の敵には協同して対抗することなどが主な内容であった。勝頼と氏政の場合も同様であった。援軍の派遣については、残された史料から、以下の四例が確認される。

①天正二年（一五七四）八月、東上野厩橋（まやばし）領攻めにおける武田軍の援軍。北条氏が越後上杉方の概橋城主北条（きたじょう）高広を攻撃した際、氏政は勝頼に「手合わせ」（協同での軍事行動）を要請している。北条氏は七月十五日から同領

に侵攻し、月末頃に一旦引き揚げたが、すぐに再度の出陣を予定した。最初の進軍の際には、遠江高天神城攻略から帰陣して間もなかったためか、勝頼は援軍を派遣しなかったが、再度の出陣にあたって、氏政から援軍派遣の催促をうけた。そのため勝頼は、西上野国峰城主の小幡信真に、箕輪城まで参陣し、工藤長門守の指示に従って利根川端まで進軍するよう命じている（「中村不能斎採集文書」戦二三二四）。

②同年閏十一月、東上野河東（かとう）地域への武田軍の援軍。この時、氏政は上杉謙信と利根川流域を中心に、対戦を続けていた。氏政から上杉方の沼田領と厩橋領との間に軍勢を進軍させて欲しいと依頼され、勝頼は近辺の西上野大戸城主の浦野宮内左衛門尉に、箕輪城代内藤昌秀の指示をうけて利根川を越えて河東地域に進軍するよう命じている（「小幡文書」戦二三九五）。

③同四年六月、上杉氏の上野進軍をうけて、勝頼の上野への進軍。勝頼が、六月朔日付けで氏政の弟で武蔵鉢形城主の北条氏邦に宛てた書状で、五月二十六日に氏政は武蔵河越城に着城し、それをうけて勝頼は六月四日に出陣すること、先勢はすでに五日前に信濃・上野国境まで出陣していることを伝えている（『思文閣古書資料目録』戦二八一三）。この時、上杉氏が東上野新田（にった）領に進軍しているから、勝頼の援軍も、同領近辺への進軍であったと思われる。

④同六年五月、越後御館（おたて）の乱における、勝頼の越後への進軍。三月に越後上杉謙信が死去し、養子景虎（かげとら）と景勝（かげかつ）との間で家督をめぐる内訌が生じた。五月十三日に、景虎は春日山城から退去し、府内御館に籠城して対抗した。景虎は氏政の実弟であったから、氏政に支援を求め、氏政はさらに勝頼に援軍を要請した。五月中旬には、勝頼は一門の武田信豊を大将とする先勢を信濃国境まで派遣している（「歴代古案」）。ちなみにその後の行動が、氏政との同盟破棄に展開していくことになる。

史料から確認されるものは、すべて勝頼から氏政への援軍である。ただしいずれも上杉方との対戦におけるもので、最後の御館の乱の場合を除くと、すべて東上野への進軍であった。上野で氏政と上杉方との対戦のたびに、西上野在国の軍勢を中心に、援軍が行われていたとみられるが、それは勝頼にとっても、領国の西上野防衛の意味もあったろう。

これに対して、氏政が勝頼に援軍を派遣した事例は、確認されていない。勝頼の軍事行動は、遠江・三河における織田信長・徳川家康との対戦が中心になっていたから、氏政にとっては、あまりにも遠方であったためであろうか。しかし同様に、勝頼も、氏政の上での房総里見氏との対戦や、下野・常陸での下野宇都宮氏・常陸佐竹氏を中心とした北関東の反北条氏勢力との対戦の際には、援軍を派遣した形跡はみられないから、現実には、互いに遠方への援軍は派遣しなかった関係にあったとみられる。

このことを第一次同盟と比べてみると、そこでは、信玄はしばしば関東に援軍を行っていたし、第二次同盟においても、信玄の生前時には、氏政も信玄の遠江・三河侵攻にも援軍を派遣していたから、大きな違いといえる。しかしこのことからただちに、勝頼の代になって、同盟の内容に変化がみられたのかまでは断言できない。勝頼は、織田・徳川氏との東海地方での抗争で劣勢を強いられていたし、氏政も、上杉氏との対戦に加えて、佐竹氏ら北関東の反北条氏勢力、それらと連携していた里見氏との抗争を不断に強いられていた状況にあった。そのため互いに、自国の防衛には直接に関わらない、遠方への援軍派遣の余裕がなかったとも考えられる。

第一次同盟の際には、駿河今川氏という、互いに隣接して存在した有力な同盟者があり、信玄の軍事行動は、北条氏との協同での上杉氏との対戦に絞られていた状況にあった。第二次同盟の当初では、信玄の仲介によって、氏政と里見氏との関係は、停戦が実現していた状況にあったように、両氏をとりまく状況には大きな違いがみられた。こうしたところからすると、勝頼と氏政との関係は、援軍を派遣したくても、互いにその余裕はなかった、というのが実際であったろう。

三、新たな婚姻関係

勝頼と氏政との同盟の展開のなかで、大きな画期となったのは、婚姻関係の形成であろう。先妻が死去してから正室がいなかった勝頼は、天正五年（一五七七）に、氏政の妹を新たな妻に迎えた。勝頼は三十二歳、彼女は永禄七年（一五六四）生まれで、この時わずか十四歳であった。嫡子信勝が永禄十年生まれの十一歳であったから、新妻はむしろ子の世代にあたっていた。なお彼女の母については、宿老松田憲秀の妹とする伝えもあるようだが、現在、その典拠は確認できていない。

婚姻の時期については、当時の史料によって確認されてはいないが、武田氏側の軍記物『甲陽軍鑑』と、北条氏側の軍記物『北条記』などで、ともに同年のことと記載されているから、事実とみてよいであろう。さらに婚姻の日時について、江戸時代後期に編集された『小田原編年録』では、同年一月二十二日と明記しているが、現在のところその根拠は確認されていない。ただ直後の三月三日に、信濃諏訪下社神宮寺の宝塔を再興した棟札銘（戦二七八〇）に、「様（勝頼）」に並んで「御前様」が記載されており、これが彼女のことと考えられるから、その婚姻日時も信用できると考えられる。

もっともその二年後の天正七年、勝頼と氏政の同盟は、越後御館の乱の対応をめぐる齟齬から破談になり、両者は敵対関係になる。当然、彼女は離縁して実家に戻るべきところであったが、そうしていない。理由はわからないが、いまだ両者は外交ルートを維持しようと考えたのかもしれない。そして同十年三月十一日、夫勝頼らとともに彼女は自害している。享年は十九であった。最後まで夫勝頼に付き従ったかたちになる。なお同年四月、京都妙心寺において勝頼の葬儀が行われ、その後に甲府法泉寺に埋葬された際、彼女も供養されたらしく、法名を陽林院殿華庵妙温大姉とおくられたとみられる。また翌天正十一年には、実家の北条氏でも高野山高室院で供養が行われ、こちらでは法名は桂林院殿本渓宗光とおくられている。

この勝頼と氏政妹との婚姻によって、同盟関係は、婚姻をともなう強固なものにされた。婚姻を結ぶことで、互いは親兄弟同前という関係になり、とりわけ協力しあうべきものと考えられていた。それではこの婚姻はどのような経緯から成立をみたのであろうか。そのことについて伝える当時の史料は残されていないが、『甲陽軍艦』巻十九では、二年前の三河長篠合戦での敗北からの立て直し策の一環として、宿老春日虎綱の献策によるもので、氏政の妹婿になることによって事実上、氏政の旗下に属し、織田氏・徳川氏との抗争に備えようとするものであった、と伝えている。

この時期になってあらためて婚姻関係が成立していることから、この婚姻は、伝えられているように、勝頼側からの申し出によったと考えられる。そして婚姻にともなって、氏政の旗下に属す、という認識があったことからすると、勝頼がそのような立場と引き替えにしてまで、氏政に求めたことは、織田・徳川両氏との抗争において、具体的に援軍をうることであったろう。それまで両者間における援軍は、上野での対上杉氏との抗争に限られていた。そのため勝頼は、遠江における織田・徳川両氏との抗争において、氏政から直接的な支援をえたいと考え、婚姻関係の形成が図られたとみられる。もっともその後、遠江での戦

(武田)信玄
- 勝頼
- 女子

(北条)氏康
- 氏政
  - 某
  - 氏直
  - 氏房
  - 直重
  - 女子(千葉邦胤妻)
- 女子

武田氏・北条氏関係系図

争で氏政から援軍をうるような状況は、結果としてみられることはなかった。

四、両国間の通行保障

同盟関係にあるということは、日常的にはどのような関係にあったのであろうか。残されている史料からみていきたい。まずみられるのが、天正二年（一五七四）七月、「船」朱印の北条氏側への通達である。七月十日付きで北条氏は、駿河駿東郡と伊豆西海岸の村々に、次のような文書を出している。

（「船」朱印）
自甲州到来之船手判也、

右手判、駿州船之手験、従甲州令到来者也、然而彼印判於持来船者、不可有異儀、若紛者不審様子有之者、船を相押可有注進、猶以自今以後、於駿州浦之船者、右手判可持来者也、仍如件、

（天正二年）
甲戌
七月十日（「禄寿応隠」朱印）
四郎殿（北条氏光）
口野五ヶ村

これは駿河駿東（すんとう）郡口野五ヶ村（静岡県沼津市）とその領主北条氏光に宛てて出されたものである（「植松文書」戦二三一〇）。これと同文のものは、現在のところ、伊豆江梨（沼津市）とその領主鈴木丹後（「鈴木文書」戦二三一一）、同子浦（南伊豆町）とその領主八木（「松崎文書」戦二三一二）宛が確認されている。

文書の袖（書き出し部分）には、武田氏の「船」朱印を押捺した紙片が添付され、そこに「武田氏（「甲州」）から示

された船についての印判（「手判」）」と説明されている。本文では、この印判は、駿州船であることを示す験（しるし）として武田氏から示されたものであること、だからこの印判を所持している船については、異議をかけてはいけないこと、もし問題があって不審な様子のある場合には、その船を差し押さえ、連絡すること、今後において、駿州浦の船については、この印判を所持しているはずである、と伝えている。

武田氏では、駿河の各浦の所属船について、そのことを証明するものとして「船」朱印を押捺した手形を交付していたらしい。浦々所属の船すべてについてなのか、武田氏に夫役（ぶやく）などを負担する船に限られていたのかまではわからないが、その手形を所持していることで、武田領国の駿州船であることが証明されるようになっていたことがわかる。そしてこれが北条氏に通達され、北条氏から領国内の浦々に通達されているのは、それら駿州船が日常的に、北条領国の海域を通行していたためと考えられる。おそらく漁船・商船・輸送船などとして、北条領国側に出入りしていたのであろう。

このことを逆にみれば、敵国の船については、無条件で拿捕が認められていたことがわかる。ここでも不審船については拿捕し、北条氏に連絡することが命じられている。大名領国同士は、本質的には敵対関係にある。これを同盟を結び、その条件の一環として、互いの所属船などの通行保障を行っていたことがわかる。そうすることではじめて、両国を結ぶ交流が、恒常的かつ平和的に、維持されたと考えられる。

北条領国の所属船も、武田領国の海域を通行していた。それに関して次の史料がある。

定

其方所持之船壱艘、於駿州諸浦、或漁猟或商買以下之諸役、一切有御免許之由、被　仰出者也、仍如件、

跡部美作守（勝忠）奉之

天正五年四月廿九日（竜朱印）

板部岡能登守殿（康雄）

これは宛名人の所有船一艘分について、駿河海域での漁業や商売の活動について、諸役を免除するものである（「松本文書」戦二八〇四）。一見すると、家臣宛のものとも思われがちだが、宛名人は北条氏の重臣の一人にあたる板部岡康雄である。この文書は、北条領国の駿東郡口野五ヶ村の一つ多比（たび）村の松本氏に伝来されているから、板部岡康雄の所持船一艘というのは、実はその松本氏の所有船であったとみられる。松本氏は、板部岡康雄の被官になったか、奉公関係を結んでいたと思われ、それによってその所有船というかたちをとって、武田氏から諸役免除の特権を認められたのであろう。

これによって北条領国の所属船が、日常的に武田領国の海域で活動していたこと、その安全は同盟関係に基づく相互保障によって、保障されていたことがうかがわれる。さらに、ここでは諸役免除の特権が認められているが、それはその船が、武田氏への何らかの奉公か負担を果たしていたことによると考えられる。そうでなければ、通常の諸役が免除されることはなかったからである。

そうすると松本氏は、北条氏家臣と奉公関係にある一方で、武田氏側とも奉公関係などの繋がりを持っていたことになる。口野五ヶ村はまさに両国の境目にあたっていた。そこに住む人々は、そもそも両国をまたいだ活動を生業としていたであろう。しかしそこが境目になり、さらに敵対関係になると、彼らの生業そのものが成立しえなくなってしまう。双方に繋がりを持つ、というのは、そうした境目に生きる人々の、存続のための知恵であったに違いない。

相互の通行保障は、海上交通だけでなく、陸上交通でもみられた。天正四年二月十四日付きで、武田氏は、駿東郡竹下郷（小山町）・棠沢郷（御殿場市）・沼津（沼津市）それぞれに、伝馬に関する定書を出している（「鈴木文書」「芹沢文書」「沼津駅家旧蔵文書」戦二五八二〜四）。そのなかに「自小田原伝馬、無異議可出之事」という一箇条があり、北条氏（「小田原」）が出した伝馬手形について、それを引き継いで、伝馬を供出すべきことが規定されている。

　伝馬というのは、宿から宿へと荷物輸送にあたる夫馬のうち、大名に一定量の輸送役を負担するものである。輸送業者を管轄していたのが、宿であり、そこではすべての荷物の荷替えが強制された。そして次の宿への輸送は、その宿が管轄する輸送業者によって行われていた。宿が伝馬役を負担したのは、そうした権利をはじめ、宿の平和を大名に保障してもらい、その対価としてであった。

　宿では、輸送にあたっては、一般の輸送よりも、伝馬手形による輸送が優先された。伝馬手形を与えられているということは、優先して移動することができるということでもあった。竹下郷以下の三宿は、いずれも武田領国の駿河側の東端の宿にあたる。北条領国から駿河側への通行にあたって、受取人は駿河に入国して最初の宿にあたるのが、それら三宿になる。そこで北条氏が出した伝馬手形が示されると、宿側は、有賃ではあったが、伝馬を供出することになっていたことがわかる。

　具体的なところでは、天正五年六月一日付けで、北条氏は高野山の僧に、小田原から「駿州」までの各宿から伝馬二疋を給与する伝馬手形を与えている（「集古文書」）。高野山の僧は、帰山するためであろう、駿河へ通行し、おそらく沼津宿でこの手形を示すと、武田氏側から伝馬使用を認められたと考えられる。逆に武田氏が与えた伝馬手形により、北条領国でも伝馬の供出が行われていた。同六年正月、下野天明（佐野市）の鋳物師小島氏は、武田氏から、おそらく北条氏への運送役を命じられたらしく、駿河瀬名（静岡市）から小田原までの伝馬を供出されている（「小島文書」戦二九一六）。小島氏はさらに、北条領国を通行して帰郷するにあたって、北条氏から伝馬使用を認められたと思われる。

このようにして互いの伝馬手形によって、伝馬を供出しあうということが行われていた。これも両国の同盟関係をもとに、円滑な交通の連絡が実現されていたことによる。こうしたことは、武田氏と北条氏の場合、第一次同盟からみられたことであったが、同盟関係にあることで、こうした相互の通行保障が、日常的に機能していたことがわかる。

Ⅲ　越甲同盟再考

田中宏志

越甲同盟は、上杉景勝から武田勝頼への上杉領東上野・信濃飯山領の割譲と、景勝と勝頼妹の婚姻を骨子として、天正六年（一五七八）六月に締結されたというのが通説である。[1] しかし、景勝から勝頼への上杉領東上野の割譲については、『甲陽軍鑑』等を始めとする後世の二次的な記録が根拠である。[2] 領土の帰属問題の解決が軍事同盟締結のための基礎的な要件であることを踏まえると、越甲同盟における領土帰属問題についての議論が二次史料に依拠している現状は、戦国期の軍事同盟とその展開の過程を理解する上で問題があり、一次史料に基づく上杉領の割譲対象地の再検討が求められていると考える。

越甲同盟締結直後の天正六年六月頃、武田勝頼方の信濃国衆市川信房は、上杉景勝方の越後妻有国衆小森沢政秀に対して、政秀が持つ越後妻有の所領明け渡しを要求したとみられる。信房の要求への対応を強いられた政秀は景勝の重臣山浦国清へ書状を出し、国清から政秀の書状を見せられた景勝は六月二十三日に政秀へ書状を出す（「永山祐三氏所蔵文書」『上越市史』別編2　上杉氏文書集二　一五五五、以下『上杉』と略す）。景勝が政秀に宛てた書状には、「今日甲陣へ遣飛脚候、定而別義有間敷候、縦如何様ニ申候共、其地堅固ニ可被相抱候事、簡要候、（中略）此度之儀候間、如何共手堅仕置専一候、此義者市川可為所行候、勝頼へ深申合子細候間、か様之少差を以、大途被違事有間布□（候）」とあり、「勝頼に問い合わせ中だが支障はないだろう、信房が何と言っても妻有の所領は手放すな、これ（信房の政秀に対する妻有の所領明け渡し要求）は（勝頼の意図を超えた）信房の勝手な所行で、勝頼とは深い信頼関係にあるから小さな行き違いで大きな方針が変わることはないだろう」と解釈できる。信房は永禄十年（一五六七）六月以前に、敵対していた上杉輝虎によって本拠地の信濃飯山領市川を追われるまで、市川に隣接する越後妻有にも所領を持っていたから（「吉川金蔵氏所蔵文書」『十日町市史』資料編３　古代・中世　一五二、以下『十日町』と略す）、この信房の行動は、上杉景勝・武田勝頼双方の和睦に乗じて、信濃飯山領市川と越後妻有の信房旧領の回復を意図したものと考えられる。このことについては山田邦明氏の指摘がある(3)。この信房の行動と、御館の乱勃発後の天正六年五月より行われていた上杉景勝方による信濃飯山方面への軍事行動が、同年六月の越甲同盟締結以降にみられなくなることとを勘案すると、越甲同盟締結の条件は、上杉景勝から武田勝頼への信濃飯山領割譲であったと考えられる。

信房の政秀に対する所領明け渡し要求とほぼ同じ頃、上杉氏の上野沼田在番衆上野家成は上杉景勝に味方して沼田城に籠城するが、ほどなく景勝と敵対する上杉景虎に味方した同僚河田重親らに攻められ沼田城から脱出する（「小野寺刑部少輔武功覚書写」『十日町』一八六）。沼田城を景虎方に奪われた家成は片野善助に対して、沼田を取り戻したら後日所領を一つ与える旨の六月二十八日付の感状と、この度の籠城で特に走り回ったことを賞して、運命を開いたら褒美を与える旨の七月三日付の感状を発給している〔補註〕（「片野文書」、註（1）栗原論文の注（20））。さらに家成は景勝へ書状を送り、それを見た景勝は六月二十七日に家臣で越後上田の守将深沢刑部少輔らへ上越国境地域を手堅く守備するよう命じている（「景勝公御書八」『上杉』一五六二）。その後も景勝は七月十二日に深沢らへ「その後の倉内（沼田）の様子が聞きたい」という旨を記した書状を出している（「本間美術館所蔵文書」『上杉』一五七九）。これらのことも山田邦明・黒田基樹・栗原修氏らによって指摘されているが(4)、ここで注目すべき点は、天正六年六月の越甲同盟締結後に上杉景勝方が上杉領上野沼田を確保しようとしていること、そして武田勝頼による東上野への軍事行動の開始は上杉景虎没後の天正七年八月（「北条元一氏所蔵文書」『上杉』一八五九）からであり、越甲同盟締結から約一年二か月の時差が存在することである。これまでこれらの事実はほとんど見過ごされているが、天正六年六月の越甲同盟締結時に東上野の領有権が上杉景勝から武田勝頼に移譲されたという通説が、事実でないことを意味する。

以上の検討から、天正六年六月の越甲同盟締結時における上杉景勝から武田勝頼への上杉領の割譲対象地は、信濃飯山領のみであると考えられる。そして上杉景勝は上野国内の上杉領を武田勝頼に割譲する意志はなかったと推測される(5)。しかし、景勝が上杉領上野沼田の自力での確保に失敗したことと、その後、景勝が上杉景虎没後の越後国内の平定と織田信長による北陸方面への侵攻に対する防備を強いられる状況となった結果、上杉景勝の上野国領有権は事実上放棄されたものと考えられる。

註

（1）藤木久志『豊臣平和令と戦国社会』（東京大学出版会、一九八五年）五・六〇頁、初出一九八三年。丸島和洋A「武田氏の外交における取次」（『武田氏研究』二二、二〇〇〇年）二五頁。片桐昭彦「謙信と川中島合戦」（池享・矢田俊文編『定本上杉謙信』高志書院、二〇〇〇年、三〇二～五頁）等。なおこの通説は、栗原修「越後御館の乱と上野国沼田地域」（『武田氏研究』一四、一九九五年）の注（40）や丸島和洋B「甲佐同盟に関する一考察」（『年報三田中世史研究』七、二〇〇〇年）の注（9）等で、再検討の必要性が指摘されている。

（2）註（1）藤木著書五・七・六〇頁、初出一九八三年。

（3）『川西町史』通史編上巻、一九八七年、三三七～九頁。『十日町市史』通史編1、一九九七年、四九三～五〇四頁。

（4）『川西町史』通史編上巻、三三九～四一頁（山田執筆分）。『十日町市史』通史編1、五〇四～六頁（同）。黒田「天正期の甲・相関係」（同『戦国大名と外様国衆』文献出版、一九九七年、四八七頁、初出一九九一年）。栗原「戦国大名上杉氏の上野国沼田城支

配」（『駒沢史学』四六、一九九三年）七一頁。註（1）栗原論文六一～二頁等。なお、羽下徳彦氏は天正四年に上野家成は越後に帰国し、河田重親のみが沼田に残ったとするが（「沼田城将宛文書の行方」〈同編『中世の地域と宗教』吉川弘文館、二〇〇五年、一〇七頁〉）、上野家成がその後沼田に戻ったことは、ここでとりあげた史料にみえる家成の行動や先行研究の指摘から明らかである。

（5）本稿の指摘と、註（1）丸島B論文七三頁を参照。

〔補註〕本史料（後掲の画像1・2および史料1・2参照）は、天正六年（一五七八）六月の越甲同盟締結後に上杉景勝方が上杉領上野沼田を確保しようとしていることを示す史料であり、『茨城県史料』中世編Ⅱ（『水府志料』より採録、但し上野家成花押2型と充名を欠く）の三五九頁および註（1）栗原論文（のち、「沼田城代河田重親と御館の乱」と改題して、栗原修『戦国期上杉・武田氏の上野支配』岩田書院、二〇一〇年、に再録）の注（20）以外では、各種史料集に採録されていない。

加えて、この上野家成感状で用いられている花押2型は、（天文二十三年〈一五五四〉）三月二十三日付の上野家成書状（「上野文書」『川西町史』資料編　上巻　一三九、以下『川西』と略す）および（永禄十二年〈一五六九〉）三月二十七日付の上野家成等連署書状（「上杉家文書」『川西』一六八）で用いられている花押1型（後掲の画像3参照）とは異なるため、（永禄十二年）三月二十七日から天正六年六月二十八日の九年三か月の間に上野家成が花押1型から花押2型へ改判を行ったことがわかるが、このことも先行研究では指摘されていない。よって、ここに画像を掲載することにより、幅広く江湖の検討に供するものである。

また、上野家成が花押1型から花押2型へ改判を行った契機としては、天正六年四月の上野家成による謙信供養塔（群馬県利根郡みなかみ町の如意寺に現存する）建立に際して心機一転を図ったことがまずは想定されるが、未だ確定し得ない。記して後考を待ちたい。

なお、参考までに、片野善助（画像1では「形野善助」、画像2では「片野善介」と表記が区々であるが、「片野文書」に上野家成感状等と一緒に影写されている北条（藤田）氏邦感状〈『戰國遺文　後北條氏編』二〇七一・二一六八〉では「片野善助」と表記されているので、画像1・2での表記は北条氏邦感状の「片野善助」の音通と判断して、本稿では「片野善助」の表記を採用した）は、「片野文書」に上野家成感状等と一緒に影写された江戸期以降の成立と推察される由緒書によると、片野源左衛門と共に、「沼田ノ内硯田（群馬県沼田市硯田町）ニ居館有リ、八百石ノ所、浦（裏カ）ハしかま（四釜）川、前はうすね（薄根）川、門前にせいれい坂有り、（中略）一、大関御扱ニ而沼田北条殿へ相渡り候、此節地侍故北条へ致出仕候」と記されている。

最後に、画像1・2等が影写された東京大学史料編纂所影写本「片野文書」は、一八八九年四月に文科大学教授星野恒氏が仙臺市在住の片野續氏の蔵本を採訪して、明くる年の八月に影写したものである。そして、なぜ「片野文書」の原本が『水府志料』へ謄写されたのかについては、『水府志料』に記された由緒書にも記載がないために不明である。

【追記】　次頁掲載の画像1・2の上野家成感状の画像掲載に関しては東京大学史料編纂所のご許可を、画像3の上野家成花押1型の画像掲載に関しては新潟県立歴史博物館のご許可をそれぞれいただきました。この場を借りまして厚く御礼申し上げます。

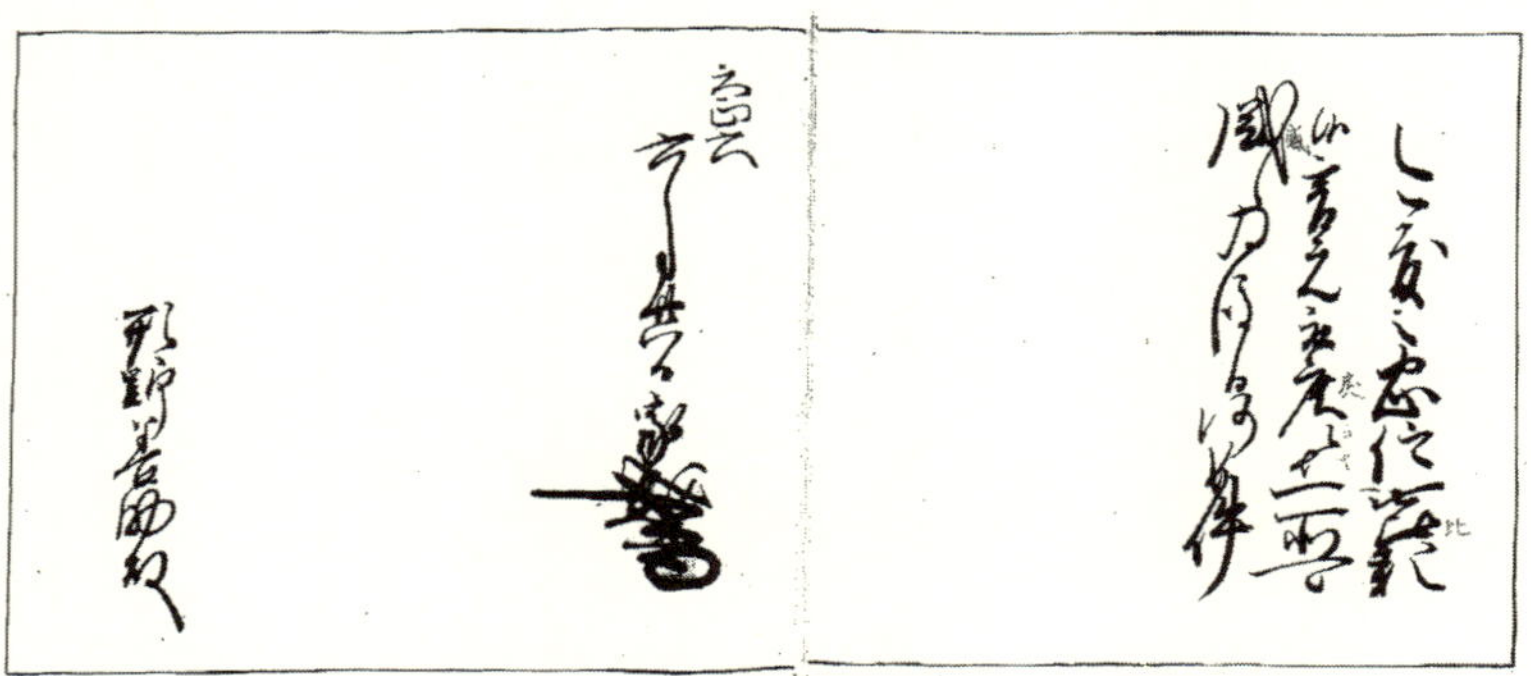

画像1　天正六年六月二十八日付形野善助充上野家成感状および花押2型　東京大学史料編纂所影写本「片野文書」より

【史料1】上野家成感状（切紙）

今度之忠信無比類
候、爰元取戻候者、一所可
感候、為後日仍如件、
天正六
六月廿八日　家成（上野）（花押2型）
形（片）野善助殿

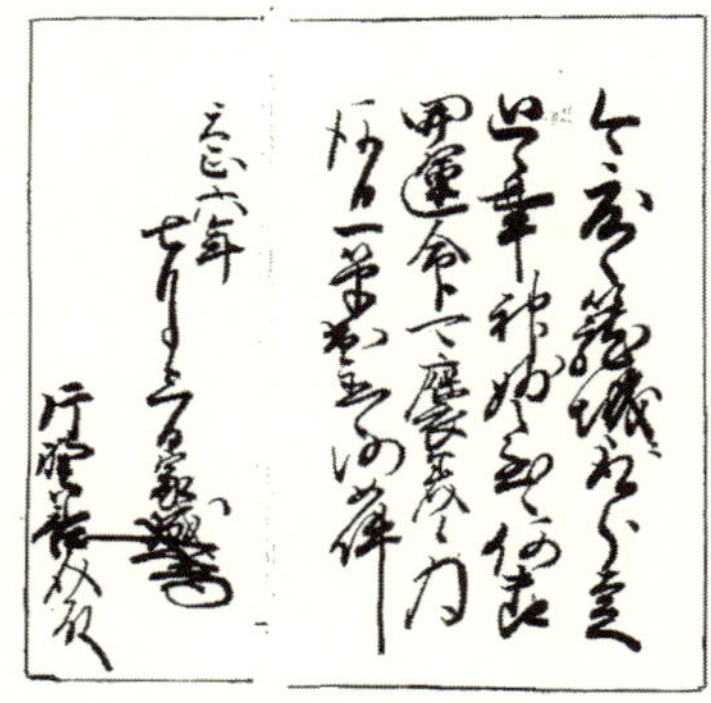

画像2　天正六年七月三日付片野善介充上野家成感状および花押2型　東京大学史料編纂所影写本「片野文書」より

【史料2】上野家成感状（小切紙）

今度之籠城ニ取分走
廻候事、神妙之至候、何様
開運命可褒美候、為
後日一筆出置候、仍如件、
天正六年
七月三日　家成（上野）（花押2型）
片野善介（助）殿

※『水府志料』は、「七月」を「十月」とする。

画像3　（天文二十三年）三月二十三日、続紙、上野家成花押1型　矢田俊文・新潟県立歴史博物館編『越後文書宝翰集　上野氏文書・発智氏文書』（新潟大学、二〇〇九年）より

Ⅳ　御館の乱に関わる新出の武田勝頼書状

海老沼真治

天正六年（一五七八）上杉謙信の急死を契機として、越後では上杉景勝・景虎による家督争い（御館の乱）が起った。この争いに、甲斐の武田勝頼は上杉景虎支援のため北信濃に出陣したが、上杉景勝との交渉を経て、両者の和平のための仲裁を試みるようになったことはよく知られていよう。

最近、山梨県内で、これまで知られていなかった御館の乱に関わる武田勝頼書状写が発見された。まずその全文を掲げる。

其表之鉾楯無際限候条、和策之儀可有如何之由、去比景虎へ以飛脚申候、定可為参着歟、于今無帰参候条、為曖愚存可申達、以龍花・得願両寺申候、宜為馳走祝着候、恐々謹言、

（天正六年）三月廿三日　勝頼（花押）

堀江玄（蕃）葉頭殿

遠山左衛門入道殿

本文書は、上杉景勝・景虎の「和策」について勝頼から働きかけるため、使者として寺僧を遣わし、景虎への取り成しを堀江・遠山両氏に依頼したものである。内容は天正六年のものとみて間違いないが、日付の三月二十三日には疑義がある。景勝と景虎の争いが起こるのは、三月二十四日に景勝が春日山城を占拠してからのことであり(1)(補註)、その前

日にこのような文書が出されることは考えられない。本文の文言に不自然な点は見られないので、日付に誤写があった可能性が高い。写の字形をみると、三月の「三」の字が「六」に近い形に見える。おそらく「三月」は、くずし字の形が類似する「六月」の誤写であろう(2)。

次に宛所の人物についてみておこう。まず「遠山左衛門入道」は、もと北条家臣で越相同盟交渉を担当し、上杉景虎の家臣として越後に派遣された遠山康光であろう。ただし康光を「入道」とする史料は管見では他に確認できない。次に「堀江玄葉頭」については、永禄十三年（一五七〇）に上杉家臣進藤家清が発した書状の宛所に「堀玄」とあり(3)、同じ人物である可能性が高い。堀江玄蕃頭は上杉家臣から景虎に付され、景虎の家臣では遠山康光に並ぶ存在であったと考えられよう。

では、この新出文書からどのような事実が見えてくるか、ここでは本文書の日付が「六月二十三日」であると仮定したうえで考えてみたい。

五月後半に信越国境へと進出した武田勢に対し、上杉景勝は六月一日に使者を派遣した(4)。その後六月七日には跡部勝資が、十二日には武田信豊が上杉方に書状を発し、勝頼・景勝の和平交渉が進められた(5)。この結果、二十四日には勝頼自身が景勝との和議に応じる姿勢を示し(6)、二十九日には勝頼が景勝・景虎の「和平之儀助言」を申し入れている(7)。勝頼が景勝・景虎両者の和平に言及したのは、これが最も早い所見であったが、新出文書からは勝頼がそれより前から和平を提案していたことがわかる。また和平について「去比景虎へ飛脚」を遣わしたとあり、この文書を発する以前に、勝頼から景虎へ和平の働きかけがあったようである。勝頼は景勝との和平交渉と並行して、景虎へ景勝との和平を勧めていたのであろう。

しかし、勝頼が景虎に遣わした飛脚は、いまだに戻ってきておらず、景虎のもとに到着したかも定かではなかった。

そこで、重ねて使僧を派遣することになっている。当初は敵対するはずであった景勝との交渉は順調に推移しているのに対して、支援するべき景虎との連絡が思うように取れていないという事態にあることがうかがえよう。なぜこのように景虎との連絡に支障を来しているのか、その要因は明確にはできないが、景虎を支援するはずであった勝頼が、景勝との和平を提案してきたことに対し、景虎方は不信の念を抱いたのかもしれない。

勝頼と景虎との連絡が円滑に進まなかったことは、後に一度は成立した景勝・景虎の和平交渉にも影響を与えていた可能性があろう。勝頼の媒介による両者の和平は、八月二十日に一応の成立をみるが(8)、その前日に景勝に出した勝頼の起請文には、和平が決裂した際の対処についても記されており(9)、この和平が成立当初から、遠からず破綻するものであったことを物語っている。勝頼が和平を断念して八月二十八日に帰国すると、両者の争いは再燃することとなる。勝頼はその後景勝支援にまわることとなり、翌年三月に景虎は敗北する。

景虎が御館から逃がれた先は、御館の乱当初に景虎方についた堀江宗親の居城鮫ヶ尾城であった。堀江宗親と新出文書にみえる堀江玄蕃頭との関係は明らかではないが、何らかの縁戚関係にあった可能性があろう。

これまで御館の乱については景勝方に残る史料をもとに論じられることが多かったが、景虎方に残されたこの新出文書によって、御館の乱における勝頼・景虎の動向について新たな視点が提供されることとなった。写であり、伝来が未詳という制約はあるものの、その内容は重要なものといえよう。

註

（1）小嶋職鎮宛上杉景勝書状（『上越市史』別編2、一四七八号文書、以下『上越』）ほか。
（2）丸島和洋氏の御教示による。

(3)『上越』八七八号。前嶋敏氏の御教示による。
(4) 小森政秀宛上杉景勝書状（『上越』一五二四号）。
(5) 中条景泰等宛跡部勝資書状（『戦国遺文武田氏編』二九八四号文書、以下『戦武』）、上杉景勝宛武田信豊書状（『戦武』二九八五号）。
(6) 斎藤朝信宛武田勝頼書状（『戦武』二九九二号）ほか。
(7) 上杉景勝宛武田信豊書状写（『戦武』二九九五号）。
(8) 上杉景勝宛武田勝頼書状（『戦武』三〇〇九号）。
(9) 上杉景勝宛武田勝頼起請文（『戦武』三〇〇七号）。

【付記】本稿作成にあたり、所蔵者の佐野礼三氏よりご協力を賜った。また、前嶋敏氏にも多くのご教示を得た。記して御礼申し上げる。

〔補註〕本稿執筆の段階では、景勝が謙信の遺言と称して春日山城を占拠したという、それまでの通説に則った理解をもとに上杉家中の動向を論じた。しかしこの前後に、景勝は天正三年には謙信の後継者に定められていたとする指摘がなされ、現在も議論は続くものの、景勝による春日山城の占拠・乗っ取りという考え方は再考を要する段階にある。謙信の後継者を巡る研究動向については、阿部哲人「上杉景勝」・黒田基樹「上杉景虎」（ともに黒田基樹・前嶋敏編著『上杉謙信とその一族』戎光祥出版、二〇二四年）にその概略が示されている。

V

武田・毛利同盟の成立過程と足利義昭の「甲相越三和」調停
――すれ違う使者と書状群

丸島和洋

天正四年（一五七六）二月、毛利領備後に移座した将軍足利義昭は、織田信長に対抗するため、武田勝頼・北条氏政・上杉謙信の間で「三和」を締結させ、自身の上洛支援を行わせようと試みた（「甲相越三和」調停）。この試みは失敗するが、武田勝頼と毛利輝元の間に同盟関係が成立し、以後両国は連携して、織田信長に対峙していくことになる。

以上の経緯については関連史料が複数知られており、交渉の経緯をある程度復元することが可能である。しかし従来の通史的叙述や史料集においては、関連史料はすべて天正四年のものとされ、義昭による「甲相越三和」調停と、その失敗が語られるのみであった(1)。

そうしたところ、長崎県の大村市立史料館（現、大村市歴史資料館）所蔵「大村家史料」のなかに、武田勝頼と毛利輝元の往復書状の写を見出すことができた。伝来の過程はまったく不明で、付された分類名も「雑」であり、いわば「混入史料」という扱いになっている。

この史料は一巻に成巻されており、そこに五通の書状が書写されている。「感状」という題簽が付されているが、内容は全て武田・毛利両国間の外交書状である。いずれも、両国の最初の接触と、「甲相越三和」調停について記した史料であり、当該期の政治史を整理する上で、見過ごすことが出来ない。おそらく毛利側で作成された写と思われるが、確証がもてないため、便宜的に本史料を「武田・毛利往復書状写」と仮称する。

本稿では、まず「武田・毛利往復書状写」に含まれた新出五点の書状写を紹介する。そのうえで、武田・毛利同盟（甲斐と安芸同盟なので「甲芸同盟」と呼ぶこととしたい）と「甲相越三和」調停の流れについて、以前より知られてきた史料と突き合わせながら、再検討を行うこととしたい。

一、新出史料の翻刻

まず、新出の五点の史料について、翻刻を行うとともに、簡単な内容解説を付そう。なお、本史料の崩し字は全般的に平易だが、ところどころ難読の箇所があり、書写者自身が読めていなかった可能性がある。判読不能の文字が少し残っている点、ご寛恕願いたい。

【史料1】武田勝頼書状写

自大坂（本願寺）如告来者、依芸州之輝元（毛利）忠志、公方様（足利義昭）至于備後国被移
御座之由、寔勝頼大慶満足、難尽筆紙候、御入洛御本意、不可過当秋候、随而去歳以来節々以使者飛脚雖言上候、
或敵国□失、或者自半塗（途）帰参、終　公辺不致参上之条、併可被所勝頼不忠歟、生涯之浮沈不可如之候、無誤之通、
宜御取成頼入之外、無他候、然而向大坂信長（織田）対城数ヶ所取立、絶通路之由候、一段窮屈候、雖然去比自芸州以舴
艋大坂粮米合力、剰信長家僕宗徒勇士船中取乗、支海上防戦候処、芸州兵船無故押寄、敵船悉、撃砕、凶徒数千

余討果之由、吉事簡要之儀共候、以此鉾先、片時早速
公方様令供奉、輝元京表有出勢、御入洛之馳走願望候、雖勝頼小身候、至尾・濃国中御手合毛髪不可有用捨候、
先三日中向遠州動干戈候、委曲近日以使者令言上候条、不能重説候、恐々謹言、

武田大膳太夫
勝頼

八月廿八日
真木島玄番頭殿（昭光）
一色駿河守殿（昭秀）

武田勝頼から足利義昭の近臣である真木島昭光と一色昭秀に宛てた書状である。本書状で注目されるのは、勝頼が足利義昭の備後移座を知ったのは、本願寺からの情報によるものであったということである。勝頼はただちに義昭のもとに使者を派遣したが、ある者は敵方（つまり織田氏）に捕らえられ、ある者は途中で織田領突破を諦めて帰ってきてしまい、なかなか連絡がとれなかったのだという。勝頼はそれを「不忠」「生涯之浮沈」と嘆いている。本書状が「武田・毛利往復書状写」として書写されていることからすれば、この書状はなんとか義昭のもとに届いたのであろう。

文中で述べられている、信長による本願寺包囲は長く続いたものだが、毛利輝元の水軍が織田水軍を討ち破り、本願寺への兵糧補給に成功したという話は、天正四年七月十三日の第一次木津川合戦を指している。したがって、本書状の年次は、天正四年とみて間違いない。

勝頼はここで、戦勝の勢いにのって毛利輝元に上洛戦を敢行して欲しいという希望を記している。そうすれば、勝頼も尾張・美濃に出陣し、挟撃をするというのである。なお同年九月、勝頼はたしかに遠江に出陣している。

【史料２】　武田勝頼書状写

雖未申通候、抛遠慮呈一封候、仍如自大坂（本願寺）被申下者、被対　公儀（足利義昭）、貴国深重之忠憤故、既至于備後国被移御座之由候、寔希代之御忠勲、言□不及之至、感激不斜候、当口之事者、雖勝頼小身候、涯分東国之諸卒相催、御手合不可有猶預（予）候、就中甲相越三和之儀被差下　上使、去歳以来被加御下知候上者、三ヶ国共雖為内々宿意、重畳争可奉違背候哉、無二懸　公命、竭粉骨、可励戦功事勿論候、然而織田弾正少弼（信長）向于大坂筑取出之地利、絶通路之処、以舴艋粮糧被運渡海之由、奇特候、其刻織田於難彼調兵船、雖防戦候、貴国之勇士無用捨押寄、悉撃砕、凶徒数千輩被討果之由、御名誉之至、区顕紙面候、随而大坂永々籠城、一段窮屈候、自然此上不慮之凶事出来候者、可為労而無功御仕合候歟、大坂堅固之内、其御行片時被差急、可被達公私御本意儀肝心候、委曲近日以使者可申達候条、不能一二候、恐々謹言、

大膳太夫

八月廿八日　　勝頼

謹上

毛利右馬頭（輝元）殿

次に書写されているのは、【史料１】と同日付の勝頼書状で、毛利輝元に宛てたものである。冒頭に「雖未申通候、抛遠慮呈一封候」とあることから、これが勝頼から輝元に送られた初信であるとわかる。義昭の備後移座を本願寺から聞いたこと、信長が本願寺を包囲していること、毛利方が海戦で大勝したことを記しているのは、【史料１】と同様である。やはり天正四年に比定して間違いない。

またここでは直截に、「思いがけない凶事が起きれば元も子もない」と、本願寺が持ちこたえているうちの上洛戦

敢行を求めている。勝頼にとって、毛利氏との外交は、織田領挟撃が主眼であったことがよくわかる。

しかし注意したいのは、「甲相越三和之儀被差下　上使、去歳以来被加御下知候」とある点である。義昭が上使を東国に派遣して、「甲相越三和」の調停に乗り出したのは、「去歳」であるという。これは、天正四年に義昭が「甲相越三和」に乗り出したという通説に反しはしないか。「去歳」は「昨年」ではなく「去る年」を意味する場合もあるが、少なくとも「甲相越三和」の呼びかけは天正四年が初めてではなさそうだ。なお義昭は将軍宣下以前に「甲相越三和」を命じているが、さすがにそれを指しているとは考えにくい。

【史料3】武田勝頼書状写

就遼遠、貴国雖未申通候、自大坂(本願寺)如承者、被対　公儀(足利義昭)、輝元(毛利)無二被励忠勲、至于備後国被移申
公方様御座之由候条、不顧遠慮、以飛脚申候、宜預取成候、於自今以後者、貴国当方他于異申談、
公儀御本意可相拵所存候、輝元御同心候様、御馳走可為祝着候、仍織田(信長)向大坂取出数ヶ所相築、既通路不合期之
由候処、自貴国以艀艋粮物渡海之由、奇特候、然則、敵船支海上防戦之処、無猶預(予)被押寄、忽撃砕、凶徒数千余
被討果由、心地好次第候、此上大坂無凶事已前、早速至于京表輝元御出勢肝心候、万乙大坂不慮之儀令出来者、
公儀御入洛可令遅候歟、此所大切候、委細被遂勘弁、諫言可為本望候、恐々謹言、

八月廿八日　勝頼(武田)

小早川左衛門佐(隆景)殿

三通目は、輝元の叔父で、「毛利両川」のひとり小早川隆景に宛てた書状である。冒頭の文言から、やはり初信であることがわかる。内容は【史料1・2】とほぼ同様だが、「於自今以後者、貴国当方他于異申談」とあり、はっきりと同盟締結を求めている。また、隆景に対し、輝元に上洛を促すよう求めている点も興味深い。日付はやはり【史料

1・2】と同じで、天正四年と確定できる。

【史料4】毛利輝元書状写

東西相隔、互聞其名、未申通候処、預御飛札、欣悦満懐、然者
公儀(足利義昭)為御忠義、被催東国之諸勢、御手合不可有猶預(予)之御結構、尤令感入候、将又甲相越三和之儀、去年以来被為
成　御下知之由、如仰、公命之上者、難(ママ)可敢致違背哉、其表深厚之御志、弥肝心之至候、去比凶徒逆乱、公方
様御武運及危難候時、当手之軍勢海陸之両備能調、殊船手之者共、以其道修練之術、励軍功候故、悪党之猛勢不
能得勝利、無程　公方様被移　御座所于備後、某年来之微忠顕然、御遠察之分候、就中、兵粮数十艘渡海之刻、
織田信長兵船以数百艘雖防戦、于難彼浦候、是又件之兵士等并竭粉骨乗執討破敵船、其上撃果数千輩、事々遠聞
之処、無相違候間、敵又可為退屈乎、且又大坂堅固之内、急可有御行之由、小早川(隆景)方御勇之条々、無忘却候、此
段為　公私候間、毛頭不可有疎意候、今一応音信往還以後、挙義兵可令上洛候、其節万端得御意可申承候、恐々
謹言、

右馬頭(毛利)　輝元

九月十二日

武田大膳太夫(勝頼)殿

御報

四通目以後は、毛利氏側からの返書となる。内容は【史料2】勝頼書状を受けたもので、「御手合不可有猶預之御結構、尤令感入候」と述べており、同盟を事実上受け入れた形となっている。注目したいのは、やはり「甲相越三和」調停に関する部分で、「去年以来被為成　御下知」とある。「去年」も「昨年」を意味するとは限らないが、文脈

からみて、素直に一年前と解釈してよさそうだ。つまり義昭の「甲相越三和」調停は、天正三年に始まっていたことになる。

【史料5】小早川隆景書状写

如御音礼、終雖不申通候、固御存念之儀、預示候、然者右馬頭(毛利輝元)以忠義、公方様(足利義昭)被移御座所于備後国、御案堵(安)之趣、被達遠聞、向後可締深重之好之通、為　公儀、無二之御心底不浅御事候、将又織田信長於大坂辺被相催数ヶ所之取出、隔絶通路之刻、当手之兵粮運漕海上防戦、得大利候事、御恐感(カ)之御文章、本望之至存候、就中大坂無凶事已前、早速可令出勢之由、被仰越候、此方無油断伺時宜候故、右馬頭涯分可有心得候間、遮而難尽紙上候、今度□々御結構之事、被対　公儀弥被励忠懃候者、当家不可疎略候、猶以時節遂向顔、何篇之様体可得余察候、恐々謹言、

小早川左衛門佐

九月十二日　　　隆景

武田大膳太夫(勝頼)殿

貴報

最後は小早川隆景から武田勝頼への返書である。内容はここまで紹介してきたものとほぼ同様だが、末尾に「猶以時節遂向顔」とあり、上洛後の対面を期している点が興味深い。

二、天正三年の「甲相越三和」調停

さて、冒頭で足利義昭による「甲相越三和」調停関係史料は、すべて天正四年に比定されていると述べた。しかしながら【史料2・4】を見る限り、義昭の調停開始は「去年」つまり天正三年であったことが明らかとなる。そこで従来知られている「甲相越三和」関係史料を再検討してみることとしたい。

次節で述べるが、足利義昭が「当国移座」つまり備後移座を伝えた上で、「甲相越三和」を武田・北条・上杉三大名に命じている御内書と副状は、すべて六月十二日付となっている。

したがって、他の日付けでまとまって「甲相越三和」を命じた文書が、天正三年のものと考えられる。それは具体的には、次のものであろう。

【史料6】北条氏政書状写(3)

就甲越相三和之儀、被指下大和淡路守、御内書謹致頂戴候、去春以陽春軒被仰出候砌、如及(ママ)御下知之外、不可有之候、此旨可預御披露候、恐惶謹言、

八月六日　　左京大夫(北条)氏政

進上　真木島玄蕃頭(昭光)殿

【史料7】北条氏政書状写(4)

就三和之儀、被指下大和淡路守方候、氏政是非共御下知之外不可有之候、可然之様、御披露頼入候、恐々謹言、

八月六日　　左京大夫氏政(北条)
真木島玄蕃頭殿(昭光)

【史料8】北条氏政書状(5)

就御入洛之儀、勝頼可及行旨、被申上候哉、依之、於氏政も可走廻趣、被　仰出候、尤奉存其旨候、随身之儀、努存無沙汰間敷候、宜御取成可為肝要候、恐々謹言、

八月六日　　氏政(北条)（花押）
真木島玄番頭殿(昭光)

すべて同日付で、北条氏政が真木島昭光に送った返書である。【史料6】は進上書の上に披露状の書札礼をとっており、実質的な宛所は足利義昭となる。(6)まず、この年春に陽春軒なる使僧が派遣されてきたのが最初の和睦命令であったらしい。そして改めて、奉公衆大和淡路守が御内書を携えて派遣されてきている。大和淡路守は、この後武田勝頼のもとに亡命し、武田氏滅亡時に恵林寺で信長に焼き殺された人物である。(7)

ここで留意したいのは、一連の文書に毛利氏の姿がまったくみえないという点である。したがって、義昭が備後に移座する以前の命令である可能性が高い。則竹雄一氏は【史料6〜8】を天正四年に比定するが、(8)三年のほうがよいように思われる。

「甲相越三和」を命じる御内書に対し、氏政は改めて受諾の回答をするとともに、武田勝頼が約束したという軍事行動への参加を表明している。

しかし周知のごとく、「甲相越三和」は成立をみていない。そのため、義昭は繰り返し「甲相越三和」を命じたよ

うだ。

【史料9】一色藤長書状写(9)

就御入洛之儀、甲相越三和之儀、并其表御動為可被差急、委細被仰含信興差越之候、仍被成御内書候、此度被対太守(武田勝頼)被加異見、御入眼段、簡要由、猶得其意可申由被仰出候、御馳走可為尤候、恐々謹言、

　　一色式部少輔入道

　八月三日　　藤長

武田左馬助殿(信豊)

義昭の有力側近一色藤長が出した副状である。八月三日付だから、【史料6～9】とは日付が異なる。派遣された上使も姓未詳の「信興」という人物で、陽春軒でも大和淡路守でもない。後述する翌天正四年の上使とも別人である。本書状の年次は特定できないが、義昭が「甲相越三和」を繰り返し命じていたことを確認できる。

勝頼が一色藤長に出した返書として、次のものがある。ただし、この書状における藤長には「入道」と付されていないから、【史料9】への返書とは断定できない。

【史料10】武田勝頼書状(10)

就相越甲三和之儀、三ヶ国へ上使被指下候之処、或者淹留、或者上洛之由候条、同名甲斐守(武田義貞)儀茂先令帰洛、重而可奉待御下知之旨候之間、任其意候、然而至当口去月出馬行等、任存分候、可御心安候、畢竟公儀(足利義昭)被達本意之様ニ、万方御計略肝心候、勝頼於御手合者、努々不可有猶予候、委曲雇彼口上之間、不能具候、恐々謹言、

　九月廿八日　　(武田)勝頼（花押）

一色式部少輔殿(藤長)

交渉の内容はやはり「甲相越三和」で、勝頼によると、受諾しなかった大名と上洛を約束した大名がいたらしい。「三和」であるからには、どちらかが上杉で、もうひとつは北条となる。この時の義昭の上使は、「同名甲斐守」とあり、具体的には武田甲斐守入道義貞を差す。

武田義貞については、高野山成慶院に宛てた書状の写を紹介したことがある。(11)その際には、「受領名」甲斐守の一致から、穴山甲斐守信風と比定した。これは穴山氏が成慶院の有力檀那であるというだけではない。成慶院の重書目録『檀那御寄進状并消息』に、「第九　武田陸奥守信君法名霊泉寺殿古道賢集御消息」という巻子に収められた書状として「武田甲斐守義貞　一通」という記述があり、(12)近世段階で穴山信君書状と一括成巻されていたことが判明したからであった。

この理解は、『戦国遺文武田氏編』六巻への収録(13)を経て、黒田基樹氏執筆による『山梨県史』通史編(14)や、平山優氏が『改訂南部町誌』における自身執筆分を改稿出版した際にも、(15)踏襲されることとなった。

しかし穴山信風の法名は「竜雲寺殿一株義松大禅定門」つまり「義松」と伝えられ、(16)「義貞」ではない。また穴山武田氏が成慶院と師壇関係を結んだことが明確化するのは天文十年（一五四一）に穴山信友が祖父信懸（信風の父）の供養をしたのが初見である。(17)享禄四年（一五三一）に没した穴山信風が既に成慶院と師檀関係を結んでいたとすることには、やや躊躇するものがあったことは否めない。

そうしたところ、若狭武田氏一門に、武田義貞という人物がおり、内訌で若狭を離れて甲斐に亡命し、その後足利義昭に仕えていたことが明らかになった。(18)したがってこの「同名甲斐守」は、若狭武田氏出身の武田義貞に比定される。義昭は、勝頼を説得するにあたり、ゆかりのある若狭武田義貞を抜擢したのである。なお、義貞というのは実名ではなく、出家号である。

しかし交渉が難航したため、義貞は一端「帰洛」し、義昭の下知を仰ぎなおして出直したいと申し出、勝頼はそれを容れたという。【史料10】が何年のものであるにせよ、義昭の京追放後のものであることは間違いなく、「帰洛」という表現は正しくない。おそらく将軍義昭のもとに帰る、という意味でうっかり用いてしまったのであろう。【史料10】からは、少なくとも武田勝頼は「甲相越三和」に応じ、義昭上洛を支援する軍事行動を起こす姿勢をみせていたことが読み取れる。これは、【史料６〜８】で北条氏政が勝頼を支援すると約束している点とも矛盾しない。

では、「甲相越三和」が成立しなかった理由は何であろうか。

【史料11】北条氏政カ覚書写(19)

覚

一、此度被仰出条々、過分至極、無是非事、

一、三和之儀、甲越両国者速相済、畢竟越国可相極御下知候、於氏政者、抛依所、御入洛成就之儀付者、何様之儀候共、難渋中間敷候事、

一、当表始中終様子之事、

（伊勢兵庫カ）
伊兵

石巻

北条氏政が家臣の伊勢・石巻氏に「甲相越三和」命令をどのように受け止めているかを伝えた覚書とみられる。従来、天正四年に比定されているが、三年にさかのぼる可能性がある。というのは、義昭から御内書を下されたこと自体を「過分至極」と述べているように読め、交渉の初期段階のものと思われるからである。第三条で「当表」の様子を伝えていることからすれば、氏政は出陣中であったのかもしれない。

氏政は「三和」について、「甲越」については速やかに調ったと述べている。『戦北』はこれを「甲相」の誤写とするが、「越」と「相」の崩し字を書き間違えるとは考えにくい。また武田・北条両国に既に同盟済みであれば、「速やかに相済み」と記すのも疑問である。「深く入魂」などと記したほうが自然だろう。以上の理由からこの箇所を誤写とはせずに、甲斐＝武田勝頼と越後＝上杉謙信の和睦は速やかに調ったと読んでみたい。

一方で、氏政は「つまるところ越後への御下知で決まる。氏政自身は、思うところを抛ってご上洛のお手伝いをいとわない」などとも述べてもいる。ようするに、残る北条・上杉間の和睦について、氏政は受け入れる用意があるが、上杉謙信を納得させられるかどうかは義昭様次第、と言上するよう指示しているのである。

この氏政の主張は、上杉側の回答と一致する。

【史料12】河田長親・直江景綱連署条目案[20]

覚

一、謙信(上杉)於心馳者、毛頭不被存油断候、淵底御使者中御見聞之事、
一、今日迄者存分之侭ニ候、三ヶ国無事之儀、是者謙信存分之旨候間、於越甲計者可応　上意候歟、相州於可被差添者、被致滅亡候共、亦得御勘当候共、無二存切候事、
一、此度御入洛至御延引者、末々之御本意不及分別候由之事、
一、西御行於御遅延者、内意之事、
一、手前々々御奉公被仰付、其上真　上意申処可被御覧望由之事、

以上、

九月十五日　景綱(直江)

長親（河田）

これも従来、天正四年とされているものである。「三ヶ国無事之儀」とあり、やはり「甲相越三和」命令に対する謙信の回答を、上杉家宿老河田長親・直江景綱が箇条書きで示している。それによると、「謙信に思うところがあり、武田勝頼（甲斐）との和睦だけなら上意に応じます。しかし北条氏政（相州）をそれに加えるとなると、たとえ滅亡しようとも、また義昭様から勘当されようとも、受け入れることはできません」という。北条側の認識と、見事に符合する。謙信としては、越相同盟を北条氏から破棄されたことへの怨みを忘れていなかったのであろう。

そして平山優氏によれば、天正三年末に、武田・上杉間で和睦が成立しているという(21)。それを示すのが、次の史料となる。

【史料13】梶原政景書状写(22)

晦日之御書中、今六到着披見、越甲可被遂御和内々落着、因茲拙夫子使差越可申由、蒙仰候、先以本望候、雖然、唯今之進退有之、憚多儀候条、太田（佐竹義重）江則刻申述候処に、父子使早々指越可申由候、就之、御双方江義重（佐竹）被及御状候、累年吾等父子事茂、越甲御無為、念願之由申旧候き、被引詰御落着、可為肝心候、委細者老父（太田資正）被申宣候、幾度以脚力雖申入候、通路不自由故、不手透候条、愚札共此度進置候、佐（佐竹義重）・宮（宇都宮広綱）御使、同前に拙夫使僧茂宮中に雖指置候、両度無曲罷帰候、仍彼方に飛脚一人差添候、御様子可預御報候、恐々謹言、

追而、従義重御双方江御状、拙夫使、路次為不罷成候間、此方に指置、何様にも通路承合、以使者申度候、以上、

霜月十四日　梶原　政景

北丹（北条景広）
同芸州（北条高広）
御報

佐竹氏のもとに亡命していた武蔵国衆太田資正の子梶原政景が、上杉家の上野厩橋城代北条高広・景広父子に送った返書である。それによると、十月晦日付書状で北条父子は、梶原政景に上杉謙信と武田勝頼の「御和」つまり和睦が内々に落着したと伝えてきたという。これはかねて太田資正・梶原政景父子が念願していたものであった。書状を受け取った梶原政景は、主家である佐竹義重に返書を出しても構わないか問い合わせ、許可を受けた上で返書を出している。

本書状をここまで提示してきた史料とあわせて考えれば、天正三年八月以前に義昭から「甲相越三和」の命令が出て、九月に上杉氏が「武田氏との和睦は構わない」と回答し、十月に甲越間で和睦が成立したと考えればすっきりする。謙信は七月の段階では、織田信長に対して「武田は古くからの敵であり、鬱憤を晴らしたいので、信長も協力して欲しい」という書状を送り、信長からの信濃出馬要請を受諾していた(23)。わずか二ヶ月の間に、外交政策を一八〇度転換したことになるだろう(24)。

以上から、平山氏の指摘通り、【史料13】は天正三年の可能性が高い。

上杉・武田間の和睦は「内々落着」であったが、謙信は厩橋北条父子に命じて関東の国衆層に伝達をしていることが【史料13】からわかる。梶原政景から報告を受けた佐竹義重は、上杉・武田双方に書状を送ったという。したがって、秘密裏の和睦とはいえ、露顕するのは時間の問題であったのだろう。【史料11】でも、北条氏政が「甲越両国者速相済」と述べている。北条氏と上杉氏は戦争状態にある。武田勝頼が北条氏に無断で謙信と和睦をすれば、同盟協定違反となるだろう。したがって勝頼は氏政に和睦の話を事前に知らせて根回しをしたと考えられる。

ではなぜ氏政は甲越間の和睦に反対しなかったか。それはこの和睦が、足利義昭の命令を受けてのものであったためであろう。内心どう思っていたにせよ、氏政は義昭に対して謙信との和睦を考慮する姿勢を示していたから、勝頼が謙信と和睦することを止めることは、おおっぴらにはできなかったものとみられる。

つまり、天正三年十月の武田・上杉間の和睦成立は、足利義昭の命令を受けてのものであったとみるべきだろう。そして武田勝頼と結んだ上杉謙信は、織田信長との同盟を破棄し、開戦に踏み切ることになるのである(25)。

三、天正四年の「甲相越三和」和睦調停

前節では、天正三年に足利義昭が「甲相越三和」を命じた結果、甲越間で和睦が成立したことを指摘した。しかし、越相間の和睦は、謙信の強硬な態度によって成立をみなかった。それでは、天正四年の「甲相越三和」調停は、どのような経緯を辿ったのであろうか。

まず掲げるのは、足利義昭・毛利輝元から武田勝頼の従兄弟信豊に宛てられた書状群である。このうち一点は原本が伝存しているが、残りは内閣文庫所蔵『古今消息集』のなかに、信豊（武田典厩家）の家伝文書という形で書写されて伝わっている。義昭が「当国（備後）被御移座」と記されるから、【史料1～5】と同じく、天正四年のものと確定して良い。

【史料14】　真木島昭光書状写(26)

今度至当国被移御座、毛利（輝元）出勢之事被仰出処、則捧御請状、既海陸被及行候、委細輝元被申越条、勝頼可有御相

談段、肝要被思食候、仍被成御内書、被差越大蔵院（日珠）候、縦雖御鬱憤繁多候、此節甲相越遂三和、於被励戦功者、
尤可為御感悦旨、対光（武田勝頼）録可被加意見通、猶得其意可申由、被仰出候、恐々謹言、

六月十二日　昭光（真木島）判

武田左馬助（信豊）殿

【史料15】毛利輝元書状(27)

公方様（足利義昭）至当国被移　御座、可致馳走由、被仰出之条、存其旨之通、捧御請文、既及海陸行候、然者此節被抛是非
被遂三和御忠義肝要之旨、被成　御内書候、被対　上意被励戦功候者、於当方茂可為本望候、猶上使大蔵院（日珠）可有
演説候、恐々謹言、

六月十二日　輝元（毛利）（花押）

武田左馬助（信豊）殿

御宿所

【史料16】毛利家宿老連署書状写(28)

「

吉川駿河守

『右之上書ニ』　口羽下野守

福原出羽守

武田左馬助殿　隆景

御宿所

小早川左衛門佐」

公方様(足利義昭)至当国被移御座、輝元(毛利)可致馳走之由、被　仰出候条、存其旨通、捧御請文、既及海陸行候、然者、播州之事ハ、従此方申付候、其外五畿内并隣国之儀、御武略最中候、浦辺者今度警固船差上付而、為始淡路属一味候、仍貴国事、此節可被抽御忠義之由、被成　御内書候、被対申上意、急度境内御出勢肝要候、将又、相州・越州御和睦之儀、被仰操候之条、被応　御下知、於一同之御働者、猶以当方可為本望候、委細上使大蔵院(日珠)可有演説候、恐々謹言、

六月十二日　　　　　　　隆景(小早川)判
　　　　　　　　　　　　貞俊(福原)判
　　　　　　　　　　　　通良(口羽)判
　　　　　　　　　　　　元春(吉川)判

武田左馬助殿御宿所

【史料14】は義昭の側近真木島昭光が出した書状で、義昭御内書に付された副状である。残念ながら、御内書原本は伝存していない。【史料15・16】は、毛利氏がさらに付した副状で、いずれも同内容となっている。すなわち、義昭が備後に移座し、毛利輝元が忠節を誓う請文を出したこと、陸路・海路双方から織田領に攻撃を加えていること、御内書の内容は、甲相越三和にあることを述べている。いずれも日付は六月十二日となっており、使者は大蔵院である。なお毛利家臣の副状は、当時の毛利家の政治体制を反映し、いわゆる「御四人」(29)連署状となっている。しかし封紙に隆景の実名のみが記載されていることから、この案件を司ったのは小早川隆景であったことがわかり、これは「武田・毛利往復書状写」と一致する。つまり、毛利家中における武田氏担当取次は小早川隆景であった(30)。ただし、

毛利氏の場合は、吉川元春・小早川隆景が同時に取次を担う事例が多く、確定はできない。

この時、義昭が北条氏政の弟氏規に出した御内書が伝存している。

【史料17】足利義昭御内書(31)

至当国移座処、毛利令(輝元)馳走、既海陸及行候、委細輝元可申越条、可相談事肝要候、就其差下大蔵院(日珠)候、然者、縦雖為遺恨重畳、此節是非共氏政(北条)遂三和、抽戦功候様、意見可為神妙候、猶昭光(真木島)可申候也、

六月十二日（花押）(足利義昭)

北条助五郎(氏規)とのへ

内容は、【史料14～16】と同様である。副状を出すのは真木島昭光で、毛利輝元からも連絡がいくはずだとあり、使者とし大蔵院を派遣したことがわかる。その書状は、足利義昭御内書・真木島昭光副状・毛利輝元副状・毛利家宿老連署副状の四点でひとまとまりであった。ただし、どちらも武田信豊・北条氏規と大名側の取次宛書状しか残っていない。当然大名宛御内書・副状もあったと想定されるから、実際にはこの四点セットが少なくとも、もうひとまとまりずつあったことになる。

なお上杉謙信に対しては、もう少し早くから御内書が出されていた。というのも義昭の備後移座に触れた七月二十七日付吉川元春書状・八月二日付毛利輝元書状が伝来しており、そこに「六月十一日付けの返書を七月二十三日に受け取った」旨が記されているからである(32)。謙信の返書にあたるのが、次の文書である。

【史料18】上杉謙信書状写(33)

上意(足利義昭)至于其表被成置　御座、御入洛之儀、輝元(毛利)頻而御憑処、則　御請、依之当方迄被凌遠境、馳走可申由候歟、此以前越・賀一和、北国無別儀申付、来秋可打登調略無油断候、此時節不被取遁、輝元被於人幾(畿)内上意供奉被申

御入洛、畢竟旁工夫可有之候、雖未申届、輝元依来札、令馳一翰候、猶彼可有口上候、恐々謹言、

六月十一日　謙信（上杉）（花押影）

小早川左衛門佐（隆景）殿

ここで謙信は、毛利輝元から初めて書状を受け取り、義昭の備後移座を知らされたこと、そしてすでに越中・加賀一向一揆と和睦し、北陸をおさえたので、秋に織田領侵攻を行うと述べている。義昭は上杉氏に対しても、やはり六月十二日に「甲相越三和」を求める御内書を出している。つまり謙信が返書を出したのとほぼ同時に、御内書を下したことになる。こちらの使者は、大蔵院ではなく大館藤安だから、武田・北条両氏とは別ルートを辿ったことになる。あるいは、海路で越後を目指したものか。

【史料19】足利義昭御内書(34)

「　河田豊前守（長親）とのへ」

至当国移座処、毛利（輝元）令馳走、既海陸及行候、委細輝元可申越条、可相談事肝要候、然者、此節是非共輝虎（上杉謙信）遂三和、抽戦功候様、異見可為神妙候、猶申含藤安（大館）候也、

六月十二日（花押）（足利義昭）

河田豊前守とのへ

【史料20】真木島昭光副状写(35)

今度至当国被移

御座之処、毛利（輝元）可致馳走旨言上、既海陸被及行候、此節越甲相被遂三和、被励忠功段、偏被頼思食候、仍被成

御内書候、委細被仰含大館兵部少輔(藤安)被差越候、猶得御意可申入由候、可得御意候、恐惶謹言、
六月十二日　昭光(真木島)
弾正少弼殿(上杉謙信)
人々御中

ただし、真木島昭光が副状を付している点に変わりは無い。毛利輝元副状・毛利家宿老連署副状も付されていたと思われる。なお、【史料20】の宛所である「弾正少弼」は謙信とされているが、「入道」と付されていないことを考えると、養子の景勝の可能性がある。ただし、【史料19】では「輝虎」と呼んでおり、義昭側の認識に混乱があったのかもしれない。

ここで次の史料に注目したい。

【史料21】足利義昭御内書(37)

「　成福院」
藤安(大館)・日珠(大蔵院)馳上、北東和平之儀、謙信(上杉)以無二之覚悟、可一着之段、被聞食訖、尤感悦不浅候、弥頼入之通、可演説候、次英快事、于今滞留辛労候、此表之儀、委細両三人、可申越候也、
六月廿五日（花押）(足利義昭)
成福院

【史料22】六角義堯書状(38)

今度条々被加　上意(足利義昭)之処、以朱印早速被及　御請段、　御感不斜候、　御本意眼前候、弥火急　御入洛之儀、御馳

走頼被　思召之由、以　御内書被仰出候、当表之様体、今村猪介仁申含候、期来信候、恐々謹言、
　八月五日　義堯（六角）（花押）
　不識庵（上杉謙信）
　　玉床下

いずれも『上越』は天正四年のものとするが、義昭が派遣した使者への返書が毛利領に届いたのは七月二十三日であり、タイミングがあわない。おそらく天正五年のものであろう。

【史料21】の宛所の成福院は、義昭の使僧である。越後に派遣されていたのであろう。使節のうち、大館藤安と大蔵院日珠が帰国し、謙信が「北東和平」を受諾したことを報告したという。この当時、義昭が謙信に要求していたのは北条氏政との和睦だから、これは北条氏との和睦に前向きな姿勢を見せたことを指すのではないか。あるいは「北東」は「北条」の誤記かもしれない。

次の【史料22】は、義昭が協議事項を記した条目を謙信に送ったところ、謙信が要請を受諾するという意味で朱印を捺して返送してきたというものである[39]。義昭の要求は直接的には上洛への軍事支援だが、その前段階として、北条氏との和睦問題が協議された可能性がある。

謙信の関東侵攻（越山）は、天正四年を最後とし、天正五年には梶原政景・里見義弘からの越山要請[40]に応じていない。この時期、謙信は北陸侵攻に傾注しており、北条氏と戦う必然性はなかった。したがって、義昭から出された北条氏との和睦命令に柔軟姿勢をみせる余地はあったといえる。

もっとも天正六年正月に関東出兵の陣触れをしており[41]、北条氏と和睦したわけではなかった。周知の通り、この出陣は謙信の急逝により実現せずに終わっている。

四、甲芸同盟の成立とすれ違う使者

ここまで「甲相越三和」について述べてきたが、武田・毛利間の史料をみると、いささかおかしな点がある。それは「武田・毛利往復書状写」によれば、武田勝頼は天正四年八月二十八日にはじめて毛利輝元に書翰を出したと述べているのに（【史料2】）、毛利輝元は同年六月十二日に義昭御内書に副状を付す形で武田信豊に書状を送っている（【史料15】）という点である。

前者によれば、勝頼が義昭の備後移座を知ったのは本願寺顕如からの書状によるものであったという。しかし後者では、輝元自身がそのことを勝頼に伝えている。いちおう確認しておくと、前者は毛利家ないし義昭関係者が関連文書を整理した巻子の可能性が高く、後者は武田信豊家（典厩家）「家伝文書」からの流出文書と位置づけうる。したがって、どちらの書状も相手の手に届いていることは間違いないようだ。

この背景の一端を教えてくれるのが、天正四年に比定できる六月二十二日付本願寺坊官下間頼充宛勝頼書状である。[42]それによると、勝頼は「芸州毛利方、奉対　公儀励忠節、近日御入洛、可令馳走之旨」を五月二十七日付で、六月十六日に届いた下間頼充書状で教えてもらったという。したがって、たしかに義昭が備後から出した御内書が届くより前に、勝頼は本願寺経由で義昭の所在を知った。問題は、その後の対応である。

勝頼は、下間頼充に対し、「ただちに本願寺から毛利輝元に催促をして、早々に京表に出陣し、信長を包囲するよう計らって欲しい」と要請している。ところが、実際に勝頼自身が輝元に同様の要請をしたのは（【史料2】）、八月に入ってからなのである。

この間勝頼は、ただ手をこまねいていたわけではない。

【史料23】武田勝頼条目(43)

条目

一、雖未申通候、被奉対　公儀(足利義昭)、一途ニ御忠節之由候之条、自今以後、貴国当方異于他為可申合、以八重
■■■■(森因幡守)申候、御同意為可為本望之事、
一、向大坂織田(信長)取出之地利、数ヶ所相築取詰之由候、自然至彼地不慮之儀出来者、慥　公儀御入洛之障妨眼前候
之条、大坂堅固之内、至京表御動座被指急、御執持極此一件之事、
付、於当方者、御一左右次第、至尾濃三遠、可令張陣之事、
一、去頃大坂へ兵糧米被相移候之砌、船軍御勝利御武勇之至、無是非候事、
一、越甲相三和之事、
付、条々、
一、対貴国大友(宗麟)方辜負之由其聞候、縦雖為御宿意、重畳先被閣御野心、有和陸、御入洛御馳走専一ニ候之事、
一、向後者、相互行調儀等、都鄙一同ニ可被相定事、
已上、
九月十六日　(龍朱印)(武田勝頼)
芸州江(毛利輝元)

勝願が九月十六日付で毛利輝元に送った覚書である。外交書状の付属文書で、協議事項を一つ書きで記し、交渉の円滑化を図るために作成された。勝頼は、ここでも「今までご挨拶をしたことがありませんが」と述べ、「今後は貴

国と格別な関係を結びたいので八重森家昌を派遣しました。御同意いただければ本望です」と続けている。
「雖未申通侯」というのは、初信でしかみられない文言である。しかし勝頼は八月二十八日付の書状でまったく同じ文言を既に用いている。これは何故なのだろうか。

【史料24】武田勝頼書状[44]

謹言上仕候、仍八重杜因幡守（家昌）下着、演説分者、至中国被移御座之由候条、度々以脚力雖申上候、凌遠処之敵国、或於半途躊躇徒帰国、或於敵地得誅戮之難験、不致参上之由候、誠相似存疎意候歟、生涯之浮沈不可如之候、随而御備之様子承合、御手合等為可得御下知、重而以八重杜愚存達上聞候、此等之趣、宜預御披露候、恐々謹言、

九月十六日　勝頼（武田）（花押）

一色式部少輔（藤長）殿

【史料23】と同時に、八重森家昌が携え、備後に送られた書状である。宛所は義昭側近一色藤長だが、披露状の形式を取っているから、事実上義昭宛となる。

ここで勝頼は【史料1】とは少し違う説明をしている。それは、八重森家昌が帰国したので報告を聞いたところ、義昭が中国地方に移座されているということだった。そこでたびたび使者を派遣したのだが、遠国である上に敵国が立ちふさがり、ある者は途中で躊躇して帰国してしまい、ある者は敵に捕らえられて処刑されてしまった。このため、派遣した使者が誰も御前に参上していないという事態になってしまった。これは義昭様を疎略に扱っているようにみえるかもしれないし、勝頼の生涯の浮沈がこのようにあってはならない。そこで毛利家の軍備の様子を知り、信長に対する共同軍事作戦を実施する下知を得るために、改めて八重森を派遣する。このように勝頼は述べている。

八重森家昌は『甲陽軍鑑』「甲州武田法性院信玄公御代惣人数事」によると、「諸国へ御使者衆」のひとりであり、主に西国への使者を担当していた人物である。(45)

八月二十八日付の【史料1～3】と、九月十六日付の【史料23・24】では、わずか二〇日しか空いていない。甲斐と備後の距離、およびその間に織田領国が立ちはだかっていたことを考えると、この間に使者が往復した可能性は低い。本願寺の使者ですら、摂津から甲斐に辿り着くのに二〇日ほど要しているのである。より参考になるのは毛利輝元が三月十六日付で、北条氏政のもとに送った書状で、使者が小田原にたどり着いたのは五月九日のことであった。(46)二ヶ月弱を要したことがわかる。

【史料1】で勝頼が行っている弁明と、【史料24】のそれは非常に似通っている。つまり勝頼は、六月十六日に本願寺から義昭の備後移座の一報を得るや、何度も使者を毛利領に派遣した。しかしその使者は途中で逃げ帰ってしまったり、復命すらできずに行方不明になってしまったのである。

一方で、義昭の上使大蔵院は甲斐に到着し、「甲相越三和」の再度の命令を無事伝えたのであろう。彼は、その後甲斐に留まり、武田氏の使僧として活動している。(47)そうしたなか、西国に派遣していた八重森家昌が本願寺からの情報を裏付ける情報を伝えてきた。そこで勝頼は、八月二十八日に派遣した使者が備後に到着したか確かめることをしないまま、西国の地理に通じた八重森家昌を足利義昭・毛利輝元のもとに派遣したのである。

八月の使者は、無事毛利領国に到着していたが、勝頼はそれを知らなかった。知りようもない。使者が帰ってくるまでには相当の時間を要するのだから、当たり前といえるだろう。そこでもう一度、初信という体裁の書状を出し直したのである。

このように、同じ相手に同様の書状を持たせた使者を何人か派遣する事例は他にも見いだすことができる。永禄十一年（一五六八）十二月、北条氏照は、宿敵上杉謙信に和睦・同盟を求める書状を送った。しかし翌月にいたっても返事は来ず、改めて送った書状で「遠境与云、深雪之時分候条、参着難量候間、幾筋茂令申候キ、参着候哉、如何無御心許候」と述べている。(48)つまり最初の使者は、氏照の居城武蔵滝山城から越後春日山城へ派遣された。途中上杉氏の拠点沼田城の城将たちに用向きを伝えたはずだが、それでも遠境である。さらに雪が深い季節であるため、氏照は果たして使者が無事に届くか心配になった。そこで何人もの使者をしたてて越後に送ったというのである。

このように遠境の大名とのやりとりは、使者が無事に届くか怪しいものであった。【史料13】でも佐竹義重が上杉謙信・武田勝頼のもとに派遣した使者は、敵国である北条領を突破できず、梶原政景の居城小田城で足止めを受けている。ではなぜ梶原政景の使者が上杉領上野まで辿り着けているのに、義重の使者は動けずにいたのか。それは義重の使者がそれなりの身分の人物で、危険を避けたためだろう。飛脚程度のものなら危険を冒せても、重臣を派遣する場合には慎重を期したのである。武田信玄が敵対する織田領を突破して、朝倉義景のもとに書状を届けた日向宗立に対し、七〇貫文もの加増を行っているのは、(49)敵領通過の危険性を如実に現している。

しかも中国地方の毛利領国までとなると、そうやすやすと使者は辿り着けなかった。勝頼が何度も使者を派遣する羽目になった背景には、こうした事情があったのである。

おわりに

天正四年に結ばれた「甲芸同盟」は、上杉・北条を含め、諸大名と提携する形で、織田領国を狭撃する形を整えた。天正三年の長篠合戦で宿老の過半を失った勝頼だが、足利義昭の助力もあって翌年までに新たな外交関係を構築し、信長に対峙していくことになるのである。

その過程で、中国地方を制圧した毛利氏との同盟がひとつの柱となるが、あまりに遠方である上、敵国織田領を通過する必要があったため、使者がうまく毛利領にたどり着くことができず、意思疎通の円滑さを欠くこととなった。そのため、「初信の挨拶」を記した書状が、複数残されることとなったのである。

大名の外交書状は、しばしば同じ内容の書状が書写されて伝わることがある。その多くには異同が存在し、従来は書写する過程での誤写と捉えられてきた。しかし本稿で述べたように、遠国との大名との外交に際しては、同時に複数の使者を仕立てたり、使者の復命を待ちきれずに書状と新たな使者を派遣する場合がある。したがって、ほぼ同じ内容を持つ書状が複数届けられることもあったであろう。

そうであるならば、それら細部に異同のある外交書状の写は、一通の文書を写し間違えたのではなく、もとから複数の書状が存在し、それをそのまま書写した可能性があるのではないか。文書の伝来を考える上で、考慮にいれる必要があるだろう。

なお、今回見い出した「武田・毛利往復書状写」などにより、勝頼期の外交政策は、諸大名間の動静を踏まえて、改めて整理する必要が生じたと考える。この点については、別稿を期したい。

註

（１）筆者自身の見解として、拙稿「武田勝頼の外交政策」（柴辻俊六・平山優編『武田勝頼のすべて』新人物往来社、二〇〇七年）を挙げておく。

（２）「大村家史料」七〇〇―二（『大村市立史料館所蔵史料目録』）。

（3）『南行雑録』（『戦国遺文後北条氏編』一八六五号、以下『戦北』と略記）。
（4）『南行雑録』（『戦北』一八六六）。
（5）「小田原城天守閣所蔵文書」（『戦北』一八六四）。
（6）当時の書札礼については、拙稿「外交書状の作られ方」（同著『戦国大名の「外交」』講談社選書メチエ、二〇一三年）で概説した。
（7）『甲乱記』（『続群書類従』二一輯上〈合戦部〉。なお拙稿「色川三中旧蔵本『甲乱記』の紹介と史料的検討」（『武田氏研究』四八号、二〇一三年）を参照のこと。
（8）黒田基樹編『北条氏年表』（高志書院、二〇一三年）。
（9）『古今消息集』（『戦国遺文武田氏編』四〇八四号、以下『戦武』と略記）。
（10）「高橋琢也氏所蔵文書」（『戦武』二七二五）。
（11）拙稿「『武将文苑』所収「成慶院文書」について」（『年報三田中世史研究』一二号、二〇〇五年）。
（12）拙稿「史料紹介　高野山成慶院『檀那御寄進状并消息』（平山優・丸島和洋編『戦国大名武田氏の権力と支配』岩田書院、二〇〇八年、三七四頁）。なお本史料について、筆者は『武将文苑』より早く存在を確認しており、前掲註（11）論文は、それを踏まえて記している。
（13）桜池院・成慶院所蔵『武将文苑』（『戦武』四三一五）。
（14）黒田基樹「穴山氏・小山田氏の支配」（『山梨県史』通史編2中世、二〇〇七年）。その後、「甲斐穴山武田氏・小山田氏の領域支配」と改題のうえ、『戦国期領域権力と地域社会』（岩田書院、二〇〇九年）に再録。
（15）平山優「穴山氏歴代とその系譜」（同著『穴山武田氏』戎光祥出版、二〇一一年）。
（16）『甲斐国社記・寺記』第三巻八六頁（山梨県立図書館）。
（17）香取神宮所蔵『古案』（『戦武』九四）。
（18）山県系図奥書「光山及父祖伝併記」（『群書系図部集』第三―二〇五頁）他。なお詳細は、拙稿「武田義貞」（柴辻俊六・平山優・黒田基樹・丸島和洋編『武田氏家臣団人名辞典』東京堂出版、二〇一五年）を参照のこと。また、別稿においても検討をする予定である。

(19)『南行雑録』（『戦北』一八八六）。

(20)「楢崎憲蔵氏所蔵文書」（『上越市史』別編上杉氏文書集一三一〇号、以下『上越』と略記）。

(21)平山優「武田氏滅亡　第７回　東美濃の武田領国崩壊」（『歴史読本』二〇一三年一月号）。

(22)『謙信公御書集』（『上越』一二七二）。

(23)『諸州古文書』（『上越』一二五九）。

(24)天正三年十月の甲越一和成立により年次比定の再考が必要となる文書を指摘しておく。足利義昭が上杉家臣河田長親に対し、「甲越無事」を命じた七月七日付の御内書は、天正四年ではなく、天正三年以前のものだろう（「長岡市立科学博物館所蔵文書」『上越』一二九八）、なお、「弾正少弼入道」ではなく、「弾正少弼」宛となっている文書については、上杉景勝宛の可能性がある。

(25)栗原修「上杉・織田間の外交交渉について」（所理喜夫編『戦国大名から将軍権力へ―転換期を歩く―』（吉川弘文館、二〇〇〇年）は天正四年五月～六月頃の加賀・越中一向一揆との和睦成立により織田氏と断交したと見なしている。しかしその前提は、前年末には成立していたといえる。

(26)『古今消息集』（『戦武』四〇八一）。

(27)「三浦周行氏所蔵文書」（『戦武』四〇八二）。

(28)『古今消息集』（『戦武』四〇八三）。

(29)「御四人」体制に関する専論として、中司健一「毛利氏「御四人」の役割とその意義」（『史学研究』二四五号、二〇〇四年）がある。ただし同氏が毛利氏が「御四人」という人格的支配体制を構築した理由に、毛利領国の不均一制を掲げている点は首肯できない。戦国大名領国に国衆領が散在しているのは、何も毛利氏に限ったことではなく、一般的な事象だからである。

(30)戦国大名の外交を管掌した取次については、拙著『戦国大名武田氏の権力構造』（思文閣出版、二〇一一年）、前掲註（６）拙著を参照。

(31)神奈川県立歴史博物館所蔵「北条家文書」（「戦北」四四七一）。

(32)「上杉家文書」(『上越』一三〇一・一三〇二)。
(33)『福山志料』(『上越』一二九一)。
(34)『庄内日報』昭和六十三年四月七日版掲載文書(『上越』一二九二)。
(35)『歴代古案』(『上越』一二九三)。
(36)謙信の上杉景勝後継者指名と官途名弾正少弼譲渡については、片桐昭彦「上杉謙信の家督継承と家格秩序の創出」(『上越市史研究』一〇号、二〇〇四年)を参照。
(37)「上杉家文書」(『上越』一二九五)。
(38)「上杉家文書」(『上越』一三〇三)。
(39)条目という外交文書については、黒田基樹「戦国大名外交文書の一様式」(『山梨県史のしおり』資料編4、一九九九年)を参照。また、送られて来た条目に印判を捺して返送した事例としては、蘆名氏の印判が捺された上杉景勝条目がある(「上杉家文書」『上越』二一二二)。
(40)「上杉家文書」(『上越』一三二〇)、「吉川金蔵氏所蔵文書」(『上越』一三二二)他。
(41)「仁科盛忠氏所蔵文書」(『上越』一三七四)他。
(42)「岡家文書」(『戦武』二六七九)。
(43)山口市歴史民俗資料館所蔵「万代家手鑑」(『戦武』二七二二)。
(44)「大東急記念文庫所蔵文書」(『戦武』二七二三)。
(45)『甲陽軍鑑』(酒井憲二編『甲陽軍鑑大成』第一巻本文篇上一八三頁)、『甲陽軍鑑末書』(『甲陽軍鑑大成』第二巻本文篇下四八三頁)。
(46)「長府毛利家文書」(『戦北』一八五一)。
(47)拙稿「武田氏の対上杉氏外交と取次」(前掲註(30)拙著、初出二〇〇〇年)。
(48)「上杉家文書」(『上越』六三七)。
(49)記録御用所本『古文書』(『戦武』一九九三)。なお、拙稿「外交の使者」(前掲註(6)拙著所収)を参照のこと。

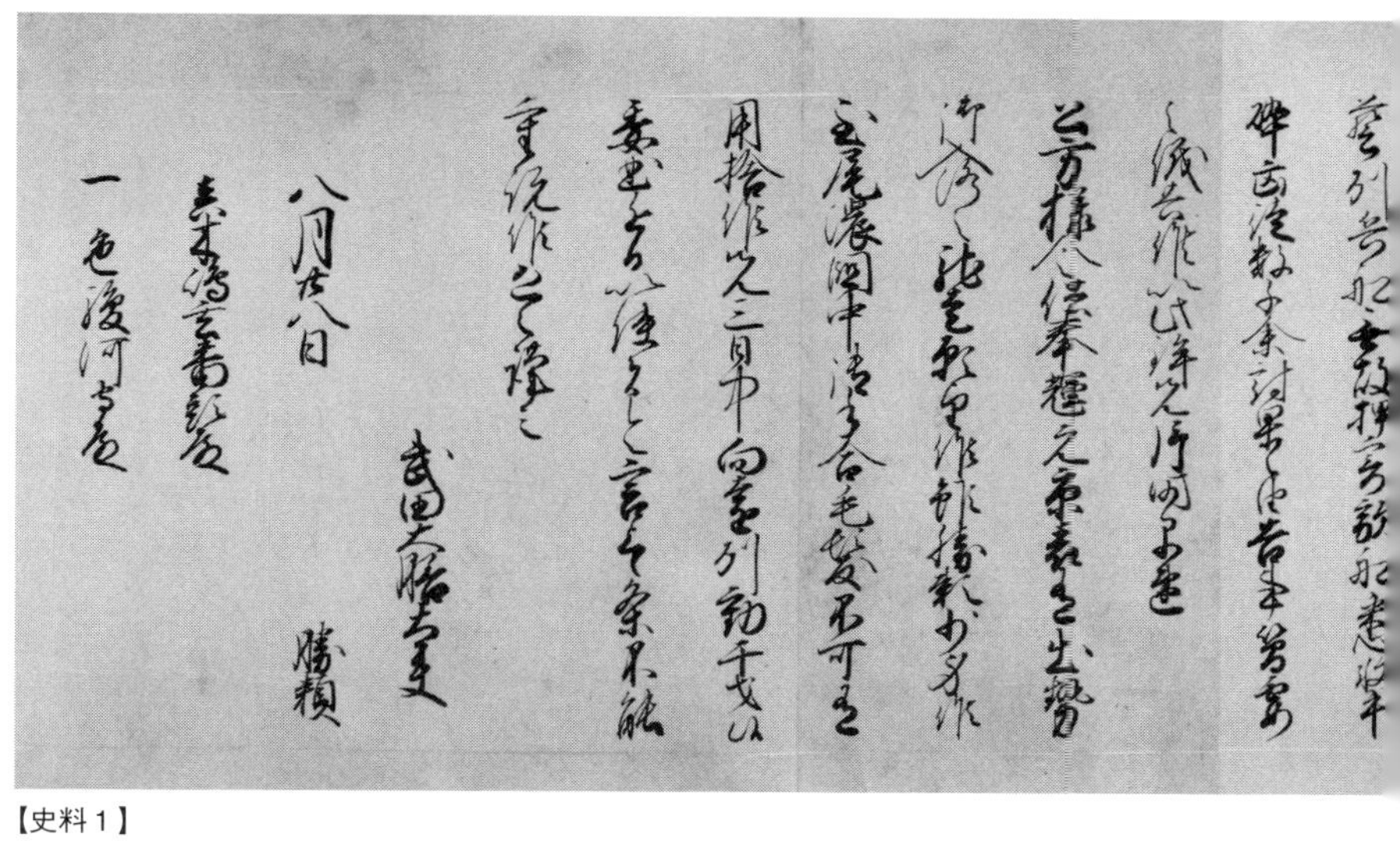

【史料１】

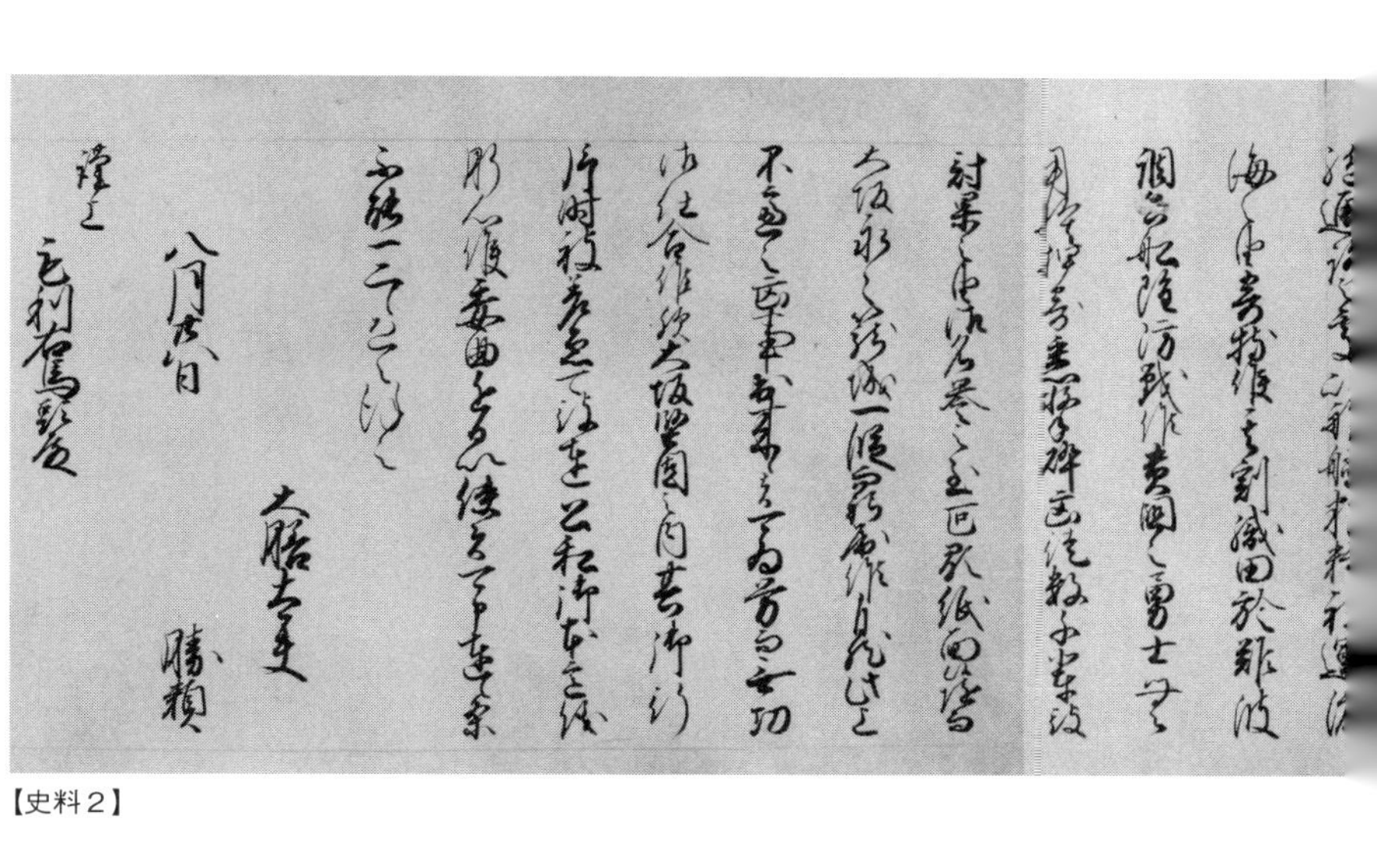

【史料２】

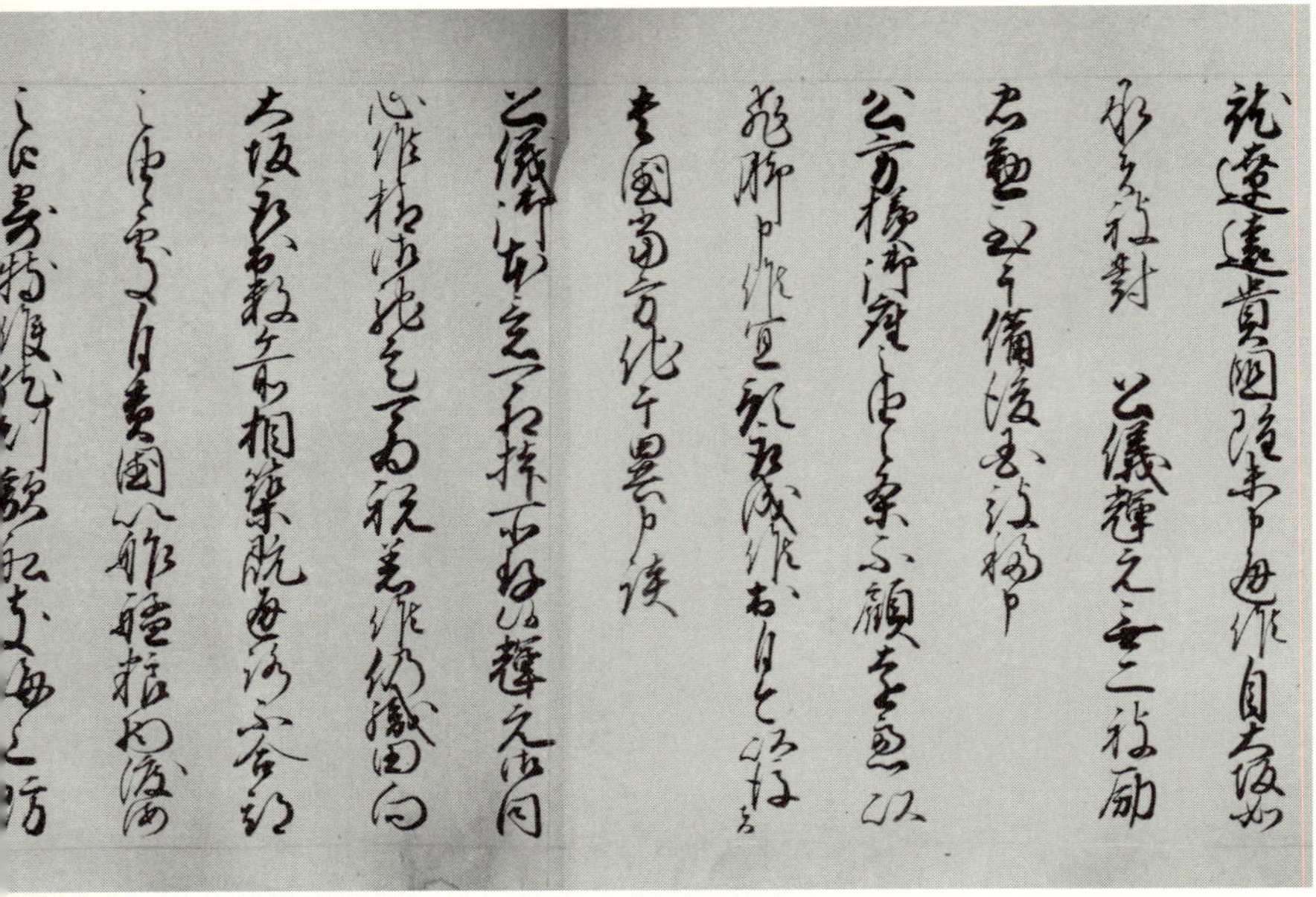

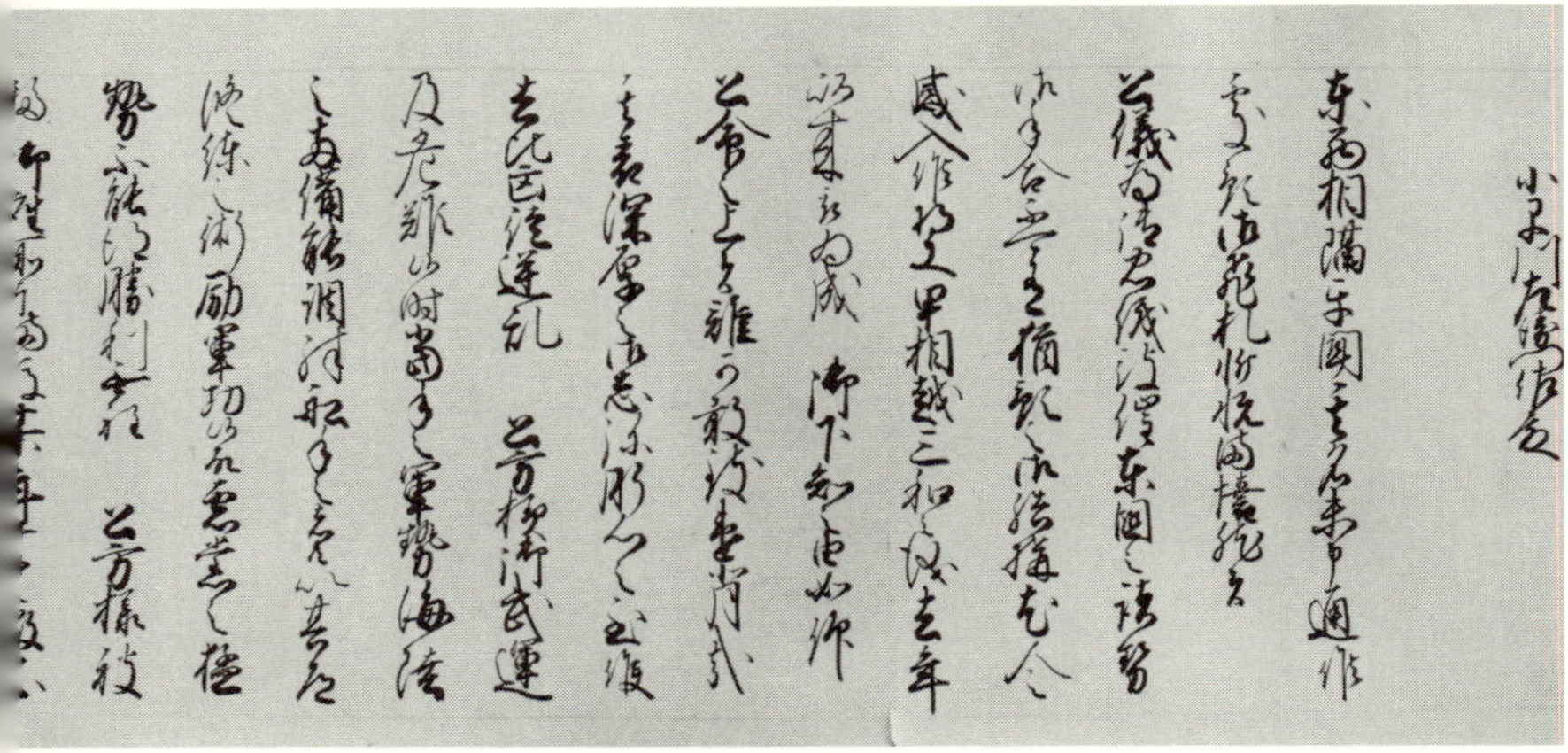

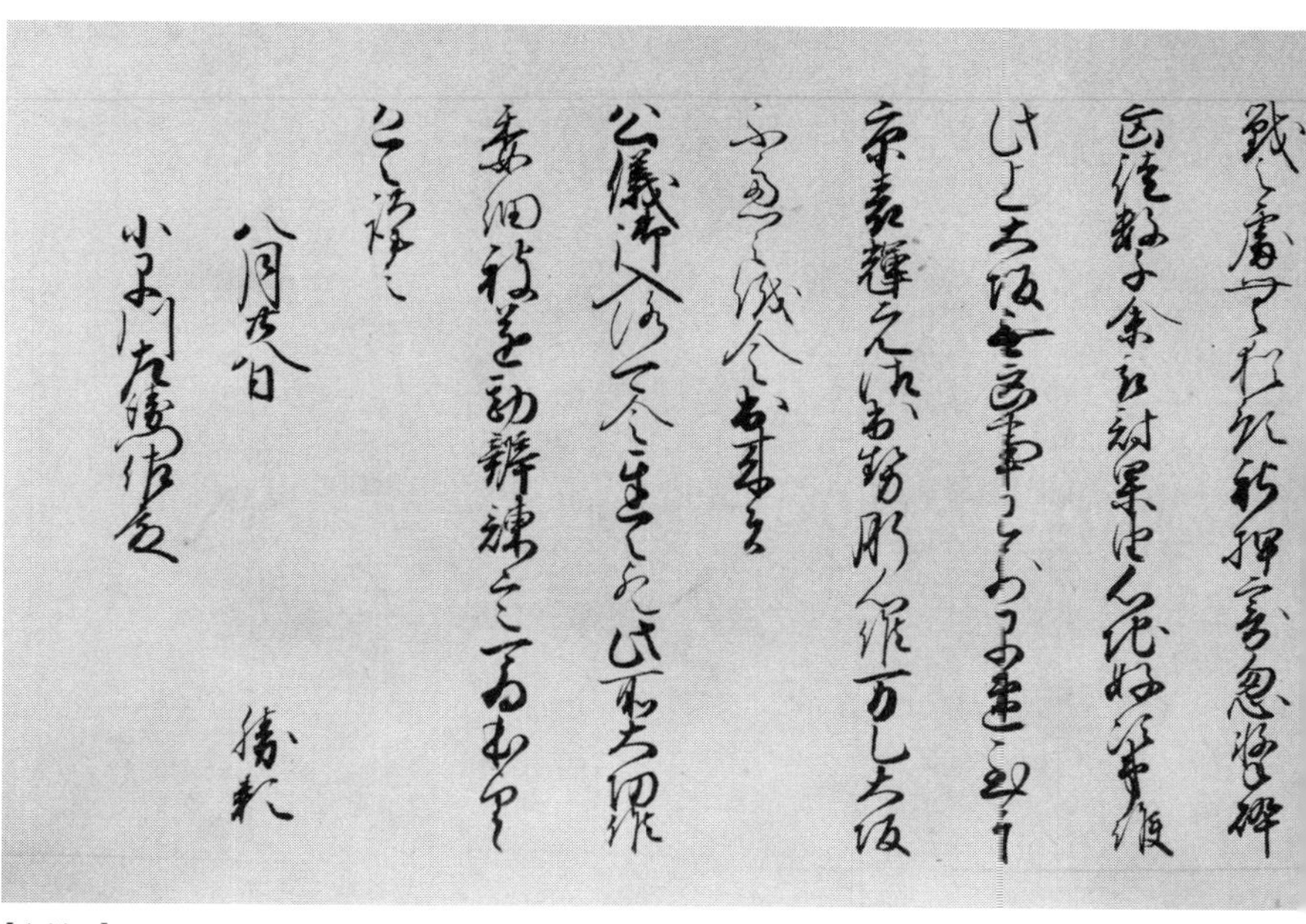

【史料３】

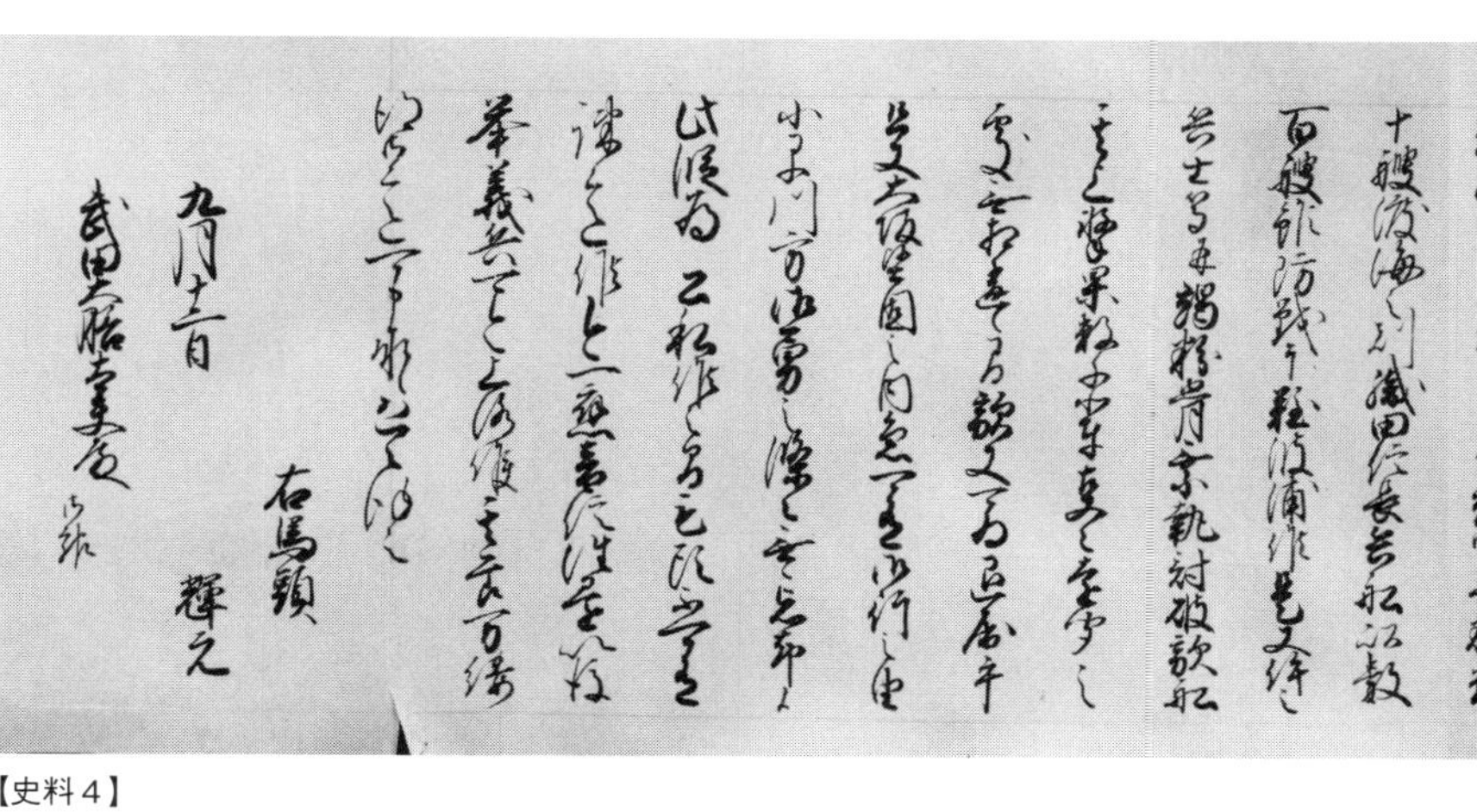

【史料４】

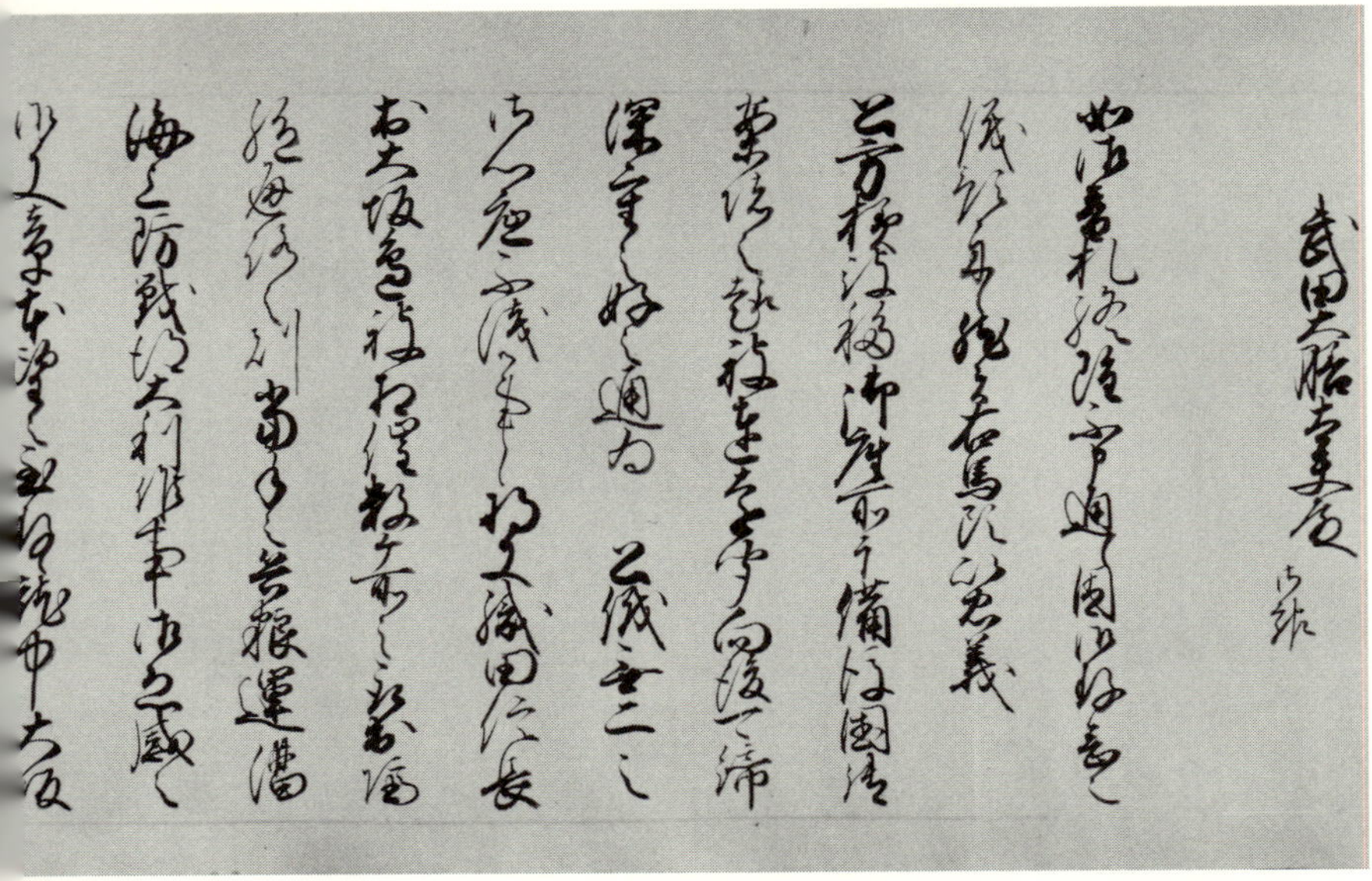

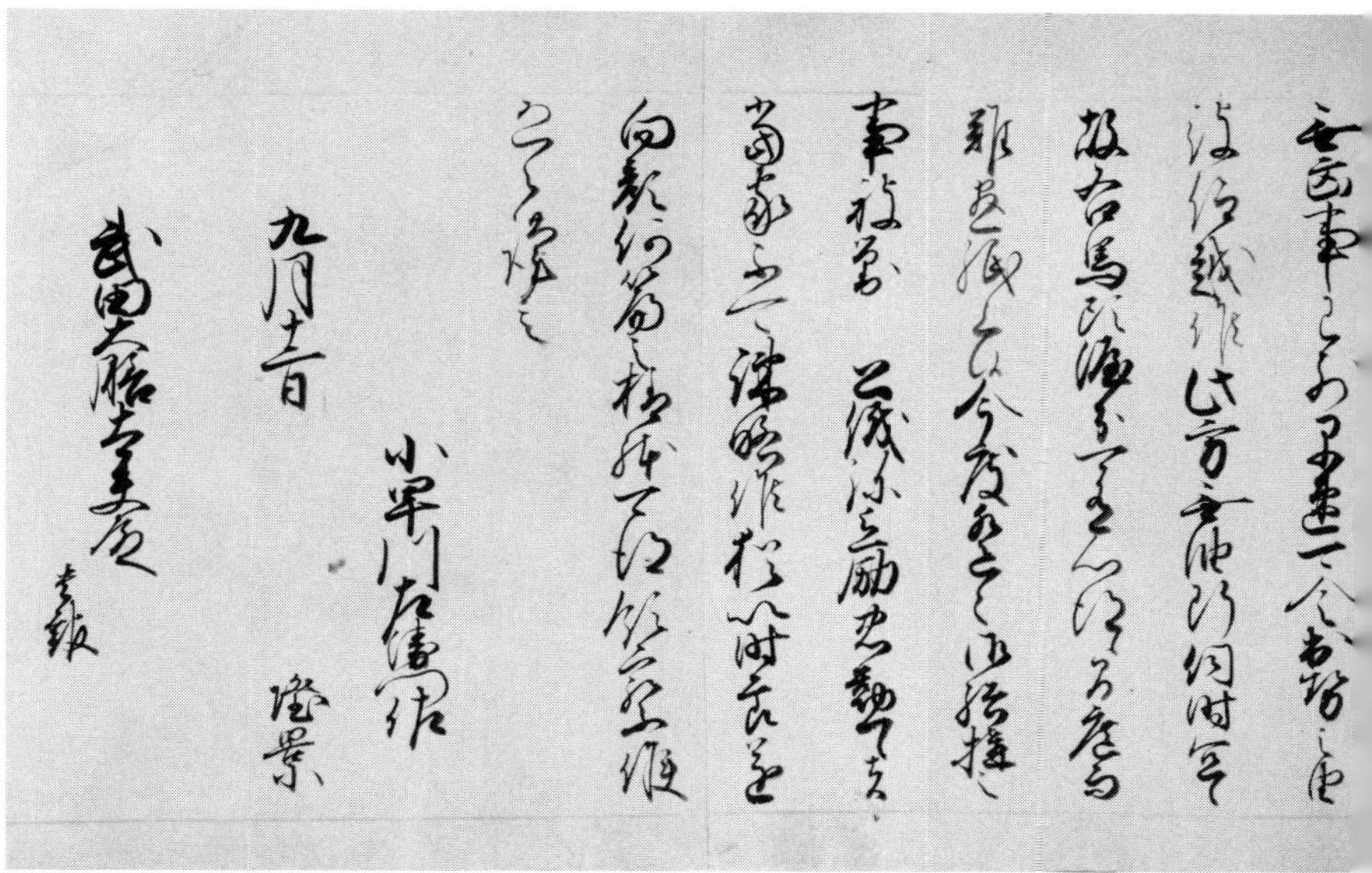
九月十二日

小早川左衛門佐

隆景

武田大膳大夫殿

【史料５】

第5部

武田勝頼の合戦と城郭

Ⅰ　長閑斎考

平山　優

まず初めに、新出の武田氏朱印状写を掲げよう(1)。

条目之上御朱印有

条目

一其地為番手大室・川田・真嶋指越候事
一中村弥左衛門尉帰国之事
一曽祢九郎左衛門尉・同弥兵衛尉参府之事
付、条々
一曽祢同心壱人も不漏如此間、懇在城之事
一番所今福長閑斎意見之事
付、曽祢九郎左衛門尉・同弥兵衛尉番所可請取模様之事
以上
五月八日
長閑斎

久能在城衆

これは、武田氏が駿河国久能城の在城衆に宛てた指示である。その内容は、①久能城の新たな番手衆として大室・川田・真嶋（信濃国川中島衆）を派遣すること、②中村弥左衛門尉を帰国させ、曽祢九郎左衛門尉虎盛・同弥兵衛尉を甲府に寄越すこと、③曽祢を甲府に召還したので、残留する曽祢の同心衆を懇ろに扱うこと、④曽祢の「番所」は今福が請け取り管理すること、⑤またその引継ぎ確認を武田氏に報告すること、などである。

ここで注目されるのは、久能在城衆の統括を今福氏が行っていることであり、その人物は「今福長閑斎」と明記されている。この「今福長閑斎」は、今福浄閑斎のことと推定される。彼が久能城に在城していたことは、駿河国臨済寺の鉄山宗鈍による『仏眼禅師語録』に「駿河久能之城主今福長閑斎」とあることから確実であり、[2]『甲陽軍鑑』の記述「今福浄閑、駿州くの（久能）に在城」を裏付ける。今福浄閑斎は、その後、天正九年五月十五日に死去している。なお、久能城には、引き続き今福浄閑斎の子丹波守虎孝が武田氏滅亡まで在城したが、徳川家康の攻撃を受けて開城し、城下の村松で自刃している（『甲乱記』等[3]）。

さて、この武田家朱印状写の年代であるが、久能城を武田氏が占拠するのが永禄十一年であることと、[4]翌十二年に当初の在城衆として配備されたのが板垣信安であることなどから、[5]元亀元年以後のものであることは間違いない。また今福浄閑斎の没年から、この文書の下限は天正九年である。さらに、曽祢虎盛は、永禄末から天正期の人物という事実と、[6]川中島衆の駿河在番を考慮すると、天正七～九年のものと推定される。

ここで注意を喚起したいのは、天正期に駿河国久能城に城主として在城していた今福浄閑斎が、確実な史料では「長閑斎」と明記されている事実である。現存する同時代史料の『仏眼禅師語録』に三ヵ所記載されている彼の呼称は「今福長閑斎」であって、「今福浄閑斎」ではない。「今福浄閑斎」と記述している最も古い史料は、管見の限り

『甲陽軍鑑』でしかない。

このような事実に気づいた時に、想起される重要な史料がある。(7)それは、長篠合戦前日の、天正三年五月二十日、戦局を憂慮した「長閑斎」が武田勝頼に飛脚をもって見舞状を出したことへの返書である。かつて高柳光壽『長篠之戦』（春秋社、一九六〇年）は、この勝頼書状を根拠に、長閑斎が勝頼側近長坂釣閑斎光堅のことであり、彼は場所は不明ながら武田領国の城に在城していて、長篠合戦に参加していなかったと論じた。そし合戦前夜に、長坂釣閑斎が跡部勝資とともに、勝頼に決戦を献策したという『甲陽軍鑑』のくだりは虚構と断定し、『軍鑑』の信憑性は極めて低いと指摘したことは、あまりにも有名である。これに対し、黒田日出男氏は、勝頼書状の信頼性に疑問を呈することで、高柳説を否定している。(8)

しかし、勝頼書状の宛所である「長閑斎」は、果たして長坂釣閑斎のことなのか。そこで、長坂釣閑斎の史料を渉猟してみると、長坂という名字ないし光堅という諱を伴うものはすべて「釣閑斎」と明記されており、例外は一点も存在しない。(9)

これに対し、「長閑斎」と明記された文書は、前述した勝頼書状を含めて四点確認できるが、何れも駿河関係の内容に限定されている。(10)つまり、「長閑斎」＝長坂光堅とする根拠は薄く、逆に駿河国久能城主今福長閑斎のことを指す可能性の方が高い。同時代史料をみる限り、武田家中で「長閑斎」とは今福長閑斎のことを指し、長坂光堅は「釣閑斎」なのである。長篠前日の勝頼書状は、今福長閑斎に宛てたものであったのである。

しかしながら、長閑斎＝今福長閑斎、釣閑斎＝長坂釣閑斎光堅という明確な区別があったとの結論に達した時、新たな難問に出くわす。それでは、今福と長坂がともに「ちょうかんさい」と号していたにもかかわらず、なぜ『甲陽軍鑑』は、今福には「浄閑斎」、長坂には「長閑斎」の字をあてたのであろうか。私は今、この問いへの返答に窮している。

註

(1) 静岡県「岡部文書」。
(2) 『静岡県史』資料編8、一〇四二・一三九三・一三九六号。
(3) 今福浄閑斎とその子今福虎孝・昌和・昌常については、『戦国人名辞典』(吉川弘文館、二〇〇六年)参照のこと。
(4) 『日本城郭体系』九巻。
(5) 「森田文書」(『戦国遺文武田氏編』一三九七号)。
(6) 「曾根昌世」(『戦国人名辞典』)参照。
(7) 「神田孝平氏旧蔵文書」(『戦国遺文武田氏編』二四八八号)。
(8) 黒田日出男「『甲陽軍鑑』をめぐる研究史―『甲陽軍鑑』の史料論(1)―」(『立正大学文学部論叢』一二四号、二〇〇六年)。黒田氏はこの勝頼書状を写本と判断し、場合によっては、偽文書の可能性をも指摘している。なお筆者は、かつてこの文書を拝見する機会に恵まれた際に正文と判断した。
(9) 紙幅の関係ですべてを紹介できないが、『戦国遺文武田氏編』第六巻の人名索引をもとに検索し、検討した結果である。
(10) 『戦国遺文武田氏編』一三四一・三八五〇・三八九五号。

Ⅱ　長篠合戦における織田方の首注文

木下　聡

天正三年（一五七五）の長篠合戦において、織田信長は戦後京都や各地の大名に対し、どれだけの数の敵を討ったかを報じている。

例えば『兼見卿記』天正三年五月二十一日条は「武田令敗北、数千騎討死云々」、『多聞院日記』同年五月二十四日条には「甲斐国衆千余討死在之」、そして「中原師廉記」五月二十一日条では「かいのくにしうはいくんト云々、すにんうちとらる、と云々、のふなか殿きけん、ちうしんのしゆいん今日のひつけにて、廿四日のひむら井処へのほる也」とある。記述日にばらつきがあるのは、京都へは二十四日に情報がもたらされたが、兼見と師廉は、それを二十一日に遡らせて記しているためである。

また細川藤孝に対しては、五月二十一日付書状[1]で「□(不)残敵討捕候、生□□(捕已)下数多候間、仮名改首注文自是可進候」、同二十六日付書状[2]で「数万人討果候、四郎首未見之候、大要切捨、河へ漂候武者若干之条、其内ニ可有之歟、何篇甲・信・駿・三之軍兵さのみ不可残候」と伝え、越後の上杉謙信には、六月十三日付書状[3]で「悉討果候、四郎赤裸之躰ニて一身北入候と申候、大将分者共さへ□に死候、此外之儀は不知数候」と述べている。

これらには戦死者の数は記載されていても、具体的に誰を討ったかの記述はない。勝頼を討ち洩らしたこともあり、まず伝えられるべきは、誰をでなく、どれだけの敵を討取ったかが重要とされたからであろう。そして日にちが経つと、数が水増しされて大勝利の度合いが拡大されて喧伝されている。

ところで右の藤孝宛五月二十一日付書状では、「仮名改首注文」をそちらに送ると述べており、この首注文は藤孝だけでなく、村井貞勝の許にも届けられている（右の「中原師廉記」引用最後の部分）。従来この首注文については、存在していたとは認識されていたが、それが具体的にどのようなものかは、写本もなく不明とされてきた。(4)

実は「宣教卿記」(5)（中御門宣教の日記）天正三年五月二十一日条に、右の記録・文書と違い、唯一討ち取った人々が詳しく記されている。それが以下の文である。

一、於三川、甲斐武田信長合戦在之、尽打死云々、信長ハ従気見云々、首注文在之、大方如此、

しやうやうけん（しんけん弟）　やまかた三郎兵衛　武田三郎（むまのかミ弟）　つちや宗蔵　おきつ　なはふすけ　あまり　にな（しんけんはつし）　よこた

ひつちうの守　ばゝミのゝかミ　かわくほ兵庫助（しんけん弟）　さなたけんさへもん　ちくうん　杉原ひうか

「首注文在之」とあり、かつ仮名書きである。これこそが藤孝・貞勝に届けられた信長からの首注文そのものであり、朝廷にも同様に注進され、それを見た宣教が写し取ったのである。

この首注文に挙がっている人名をそれぞれ比定すると、逍遙軒＝武田信廉、やまかた三郎兵衛＝山県昌景、武田三郎、つちや宗蔵＝土屋昌恒、おきつ＝興津、なはふすけ＝名和無理助、あまり＝甘利、にな＝仁科盛信、よこたひつちうの守＝横田康景、ばゝミのゝかミ＝馬場信春、かわくほ兵庫助＝河窪信実、さなたけんさへもん＝真田信綱、ちくうん＝竹雲、杉原ひうか＝杉原直明となる。『信長公記』にある長篠合戦で討死した武田の諸将の交名と比較すると、小幡・高坂又八郎・恵光寺・根津甚平・土屋備前守・和気善兵衛が新たに加わり、明らかに誤情報である武田信

廉などが削除されている他は同一で（仁科・土屋はそのままだが）、太田牛一がこの首注文を下書きにして、後年得た情報をもとにして書き加えていたことが想定される。

実際には討死していない土屋昌恒（討死したのは兄の右衛門尉昌続）や仁科盛信（同じ武田一門の望月と混同か）、武田逍遥軒信廉などがこの仮名首注文にあるのは、信長も合戦直後に申し出のあった軍功をそのまま記したため、実態をよく把握できていなかったことを示している。あるいは武田信廉などは逃れる途中で誰かが身代わりになって討死したため、報告もそのようになされた可能性があるだろう。

なお武田三郎は、脇に「むまのかミ弟」とある。武田右馬頭弟という人物は、当時の武田家中には見当たらないが、これを右馬頭の唐名である典厩弟とすれば、武田左馬助信豊の弟で望月家の養子となり、長篠合戦で討死した望月左衛門尉がいる。信豊は天正十年に殺された時、信長の京都への注進には、「典厩」か「右馬頭」とあったようで『兼見卿記』・『言経卿記』にはそのどちらかで記されている。おそらく当時の京都近辺では、典厩というと細川典厩家がまず連想され、典厩＝右馬頭（細川典厩家代々の官途）という図式があったため、武田典厩＝武田左馬助ではなく、武田右馬頭と誤認していたのではないか。また望月左衛門尉は、諸系図に望月太郎とある人物で、その兄の望月三郎（武田三郎、系図には実名信頼とある）は永禄七年（一五六四）九月二十一日に死去している[6]。ただ兄の早世で左衛門尉は望月家に入ったので、そのまま亡き兄の仮名三郎を引き継いでいた可能性がある。首注文で武田三郎とあるのは、その可能性を補強するものと言えよう。

註

（1）「細川家文書」（『織田信長文書の研究』五一一号）。

（2）「細川家文書」（『織田信長文書の研究』五一二号）。

（3）「上杉家編年文書」（『織田信長文書の研究』五一八号）。

（4）例えば平山優『長篠合戦と武田勝頼』（吉川弘文館、二〇一四年）など。

（5）原本は早稲田大学図書館所蔵、また謄写本が東京大学史料編纂所に架蔵されている。

（6）「高野山引導院過去帳」（『甲斐叢書　第八巻』二一三頁）。

Ⅲ　高天神攻城戦と城郭——天正期徳川氏の付城を中心に

土屋比都司

はじめに

城跡は静岡県掛川市（旧大東町）土方嶺向と下土方畑ヶ谷とに跨る鶴翁山にある。「高天神を制する者は遠江を制する」といわれたこの城は、武田信玄と勝頼二代による攻城戦がみられ、武田方の持城となってからは、徳川家康が七年の歳月をかけて攻落とした堅城であった。

高天神城の攻防について取り扱った先行書としては、地元出身で幅広い方面から論じた藤田鶴南編『戦国史城高天神の跡を尋ねて』（昭和四十三年刊＝以下『戦国史城』と略す）、先祖が筆写した『高天神記』に基づき昭和十年に刊行したものを復刊した増田又右衛門・同実編纂『高天神城戦史』（昭和四十四年刊）、古城踏査の経歴から独自の見解を述べた見崎閑雄著『古城を尋ねて二遠州高天神城』（昭和五十四年刊）、本間本『高天神記』に基づく本間清定著・鵜藤満夫訳『遠州高天神実戦記』（平成五年刊）、地域で学習していくための教科書として編纂された小和田哲男著『高天神城の総合的研究』（平成五年刊）、がある。本稿では城の創築から永禄期以前までについては論じていないので、この書を参照していただきたい。その後、国史跡指定に伴い『史跡高天神城跡保存計画策定報告書』（平成八年）が刊行され、小和田哲男・千田嘉博・鬼沢勝人氏らが執筆されている。

第1図　中世後期の菊川入江想像図と城郭位置図

このほかに天正期の武田・徳川両氏の攻防について論じたものに大塚勲「武田・徳川、攻防の推移」[1]、と小川隆司「武田・徳川両氏の攻防と城郭」[2]があるが、どちらも付城戦には言及しておらず、見崎氏と小和田氏の著に一部と鬼沢勝人氏の稿にみられるのみである。

また、城主小笠原氏助について文献史学から論じたものに黒田基樹「遠州高天神小笠原信興の考察」[3]がある。黒田氏が本文でも指摘しているように軍記物では小笠原長忠とあるが、一次史料には「氏助」とあるためこれに従った。武田方となってからは「信興」と改名している。この他に、高天神を中心とした戦国時代の法意識・法秩序を紹介した重松一義氏「中世高天神城の石牢趾考」[4]がある。

高天神攻めの付城について先行調査されたのは鈴木東洋氏で、静岡古城研究会『古城』に精力的な発表がみられる[5]。そして、静岡県文化財調査報告書第二十三集『静岡県の中世城館跡』（昭和五十六年刊＝以下『城館跡』と記す）にても付城に関する記述がみられ、本稿調査のための所在地調定に大いに役立ったが、本文での記載には現状と矛盾していたり添付図も明確性に乏しく、踏査が空振りになったものもいくつかある。

なお、踏査による砦跡については極力その縄張現状図を作成し、砦跡の基準については削平地は勿論のこと、堀または土塁が併設されていることを条件としたため、『城館跡』に載っていても削平地だけのもの、あるいは遺構のないものは除外している。

本稿は、高天神周辺の城砦群を調査することにより、徳川方がどのような包囲戦を展開したかを考究するものである。それにはまず、この辺の地形と菊川入江の旧状から説明しなければならない。

一、周辺の地形と菊川入江の旧状

今回高天神城と旧大東町内の城砦を歩いて感じたことは、小笠山や高天神を代表格として、山や尾根の片方それも北から東の方角にかけて、急崖となる地形が多いことである。

小笠山は、古大井川が運んだ砂礫や泥を堆積した河川平野と渚が隆起してできた丘陵で、礫層・砂泥互層・泥層などで構成されているため、風雨に浸食されやすい地質である。しかも小笠山は北東を尻に南西に傾き、北東側は切り立った崖が多く、浸食されてできた垂直な谷が多いのが特徴である。このような地形をケスタ地形と呼び、小笠山のように大規模でみられる所は日本でも数少ないという(6)。

『高天神記』巻之二(7)の中に、次のような地形に関する記述があるので記してみよう。

斯テ信玄高天神ヨリ辰巳ノ方塩買坂ト云所ノ原ニ段々備旗ヲ立ラル、高天神ヲ見玉ヘハ其間二里半程有、其間ニ城東郡川有、其下ニ大キ成ル沼地湖水満満ト湛タリ、此地ノ下南浜ノ方ニ国安村ト云所ニ渡リ有、亦池ノ上北ノ方ニ可渡所見ユル、

信玄は塩買坂（菊川市高橋と御前崎市新野に跨る）から高天神を望見すると、その間は川の下に大きな沼地湖水が満々と湛えていたという。その後、塩買坂の西方地続きの突端の国安（第1図参照）へと移動して、この池（湖沼地）の上に北の方へと渡れる所があったと記している。

「北の方へと渡れる所」については、現在国安の西側三俣より新川を通って川久保の亀惣橋付近までを「陣街道」と呼ぶそうだから、この道のことであろうか。また、三俣の鹿島神社より西へ南大坂の惣兵衛山近くに至る道も「陣

街道」と呼んでいる。この道は、天正二年に徳川方の小笠原清有が、国安に居た武田勝頼を攻めた時の道かもしれない。入江の中に道があるということは何とも理解しがたい面もあるが、河口部だけが開いていてこの部分は船で渡り、堤防のような突き出た道があったと解釈したい。また、中村砦の西南方四〇〇メートルの終末処理場の辺りを「三倉」（三舟）といい、昭和六・七年頃の菊川改修の時三隻の川舟が発見され、昔この辺は船着場であったらしい。

次に湖沼地について考察してみよう。

大坂の地（第1図21の三井山砦辺）は、今川水軍の将興津氏の所領であったことが、文書により確認される。[8]永禄五年（一五六二）正月十一日の今川氏真判物写（三―三〇二＝以下『静岡県史』資料編中世の巻数と史料番号をこのように記す）により、興津摂津守は遠州大坂之内知行浜野浦に係留中の新船一艘分については、どこの浦湊であっても諸役・船役が新給恩として免除されている。

さらに、今川家没落後の永禄十二年（一五六九）正月二十日の小笠原清有宛徳川家康判物写（三―三五八七）には、「参百貫文大坂西方・同浜野村舟共」とあって、大坂の地は浜野浦（第1図参照）まで含まれ、船が繋ぎ置かれていた港であったことがわかる。この前年十二月の武田信玄による駿河乱入により、駿府を追われた今川氏真は掛川城に籠城し、これを援けようと北条氏は同月二十八日に船でもって数千の加勢を送るが（三―三五四八）、このときの港となったのは浜野浦であろう。

また永正十七年（一五二〇）八月六日の高松社神田注文（三―七五四）には、今川家家臣の矢部将監信定らが「鼻連崎」と「くにかの」にあった高松社神田の検田をして、神主に注進している。これは新田開発と推測されるが、「くにかの」は国包、「鼻連崎」は国包の北方一キロメートルの菊川にかかる花面橋の辺りと考えられている。[9]現在の海抜をみると、花面橋辺りで五メートル前後、国包北側の最低部で六メートル代であり、永正十七年当時の新田の海抜を一メートル代で一メートル位の土砂堆積があったとすると、菊川東岸では三～四メートルの土地隆起があったことになる。

一方、菊川西岸の浜野浦をみると、天文二十年（一五五一）十二月二十三日に今川義元が興津信家と斉藤六郎衛門との村岡西方内の砂地相論に下した裁許状（三―二〇八九）には、「浜野村後之砂地」とか「東西砂地明鏡之切」という地形に関する記述がある。これにより浜野浦の東西は砂地になっていたようで、現在西側に一〇メートル代の少し高くなる所があるから、当時はこの部分が南側の砂山と繋がって入江のようになっていたものではなかろうか。浜野浦は浜野新田となってかなり盛り土されている。仮に三メートルの盛り土をしたとすると、前記一〇メートル代の「東西砂地」の海岸の海抜が当時二メートルであるならば、菊川西岸は五メートルの土地隆起があったことになる。

次に、湖沼地であったのが現在は陸地となってしまった例として、高天神に対する向城として[10]築かれた横須賀城（掛川市横須賀）をみてみよう。第２図のように城の南と西は「内海」、北は「入江」に面した水城であったものが、宝永四年（一七〇七）の東海大地震による隆起で「内海」は干上がり、横須賀湊は港湾としての機能を失ってしまった。

（中島未明氏所蔵「横須賀城絵図」をもとに作成）

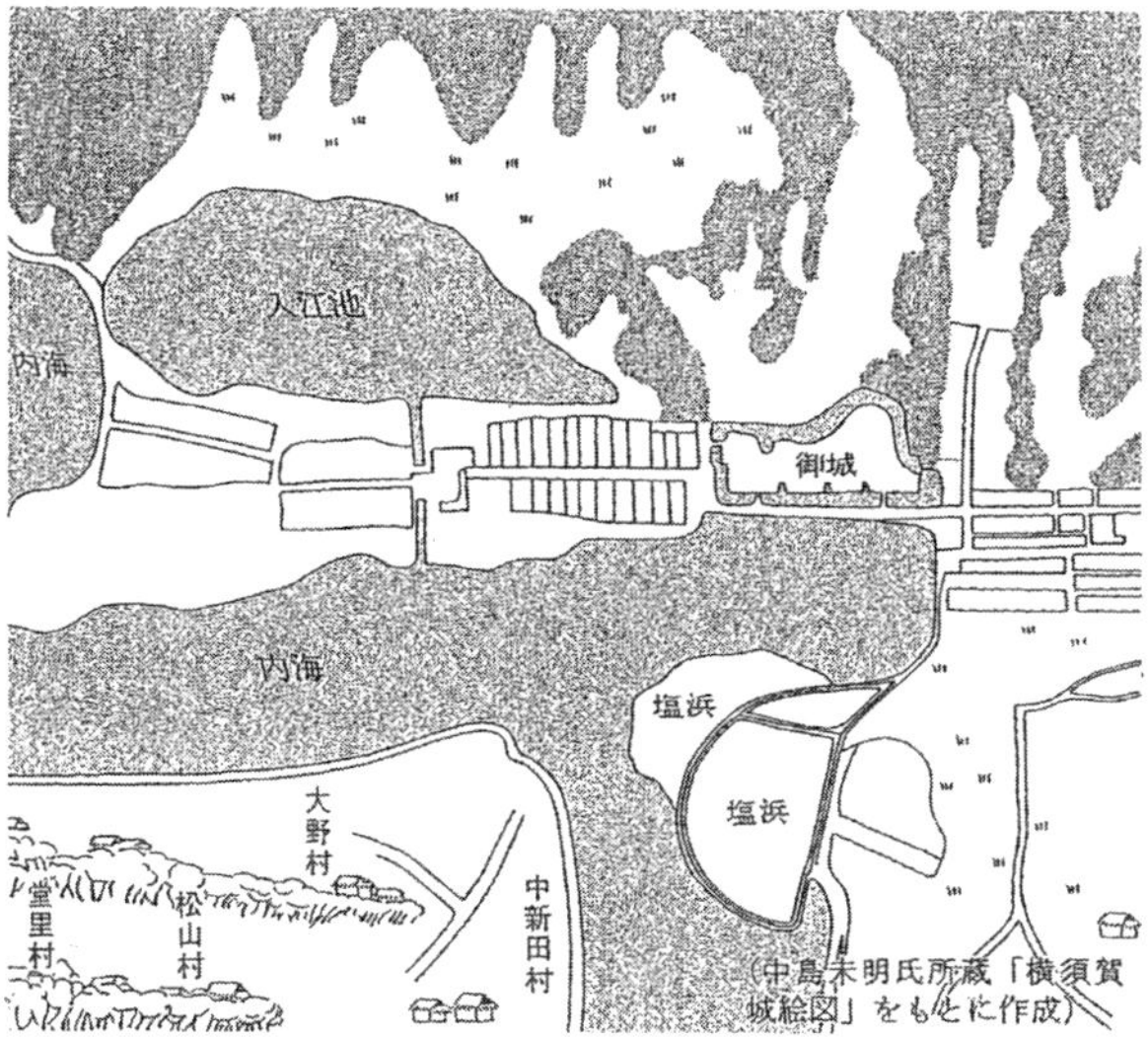

第２図　江戸初期の横須賀城周辺　大野村と松山村の位置が逆になっている

その後の地震や新田開発により、陸田となったもので、城の南側の海抜は現在四メートルである。戦国時代末期に「内海」の水深が何メートルだったかは判らないが、仮に土地が四メートル隆起して、新田などのため三メートル盛り土したとすると、水深は三メートルになる。

菊川入江の方を二五〇〇分の一都市計画基本図によって調べると、海抜四メートル代は菊川と牛淵川との交点とその東北方、両川に挟まれた中村砦東方の水田地帯、それに菊川河口菊川橋東側でこの辺が一番低い。五メートル代では菊川と与惣川との交点辺と、中村砦からその西方諏訪神社辺りまで。六メートル代では大坂小学校周辺と三俣地区、国包・国安の北側、それと中村砦の東北積水ハウス工場から獅子ヶ鼻にかけてと、獅子ヶ鼻東方一・五キロの牛淵川と丹野川合流点辺り。七メートル代は、兼政山から川久保の本勝寺西南の釜田地区、岩滑東南の低地と菊川市新道地区。八メートル代で菊川右岸の浜野浦地区と左岸の高松川辺りがみられ、この両所の南側には海抜二〇メートル以上の砂礫層の山が防波堤となっている。

この菊川入江の海抜を参考として、獅子ヶ鼻砦辺りから南は九メートル、それから北と東は一三メートルのラインを戦国期の入江と想定して作成したのが第1図である。現在の海抜が九メートルの所でも、五メートルの土地隆起があり、三メートルの埋め立てにより陸田となったと考えると、当時の海抜は一メートルである。中程より北側を一三メートルにしたのは、下流部よりも上流部のほうが堆積は大きいのではないかと考えたからである。筆者は地質学の専門家ではないのでご批判は甘んじて受けるが、大方この辺りでよいのではなかろうか。

獅子ヶ鼻砦東方一キロメートルの黒田家住宅は、戦国時代にも存在していてその周囲の海抜は九メートルであるから、往時は菊川と牛淵川・丹野川との中洲であったと考えられる。

高天神城南側大手口の標高（海抜）は四〇メートル代後半であり、北側搦手口は四〇メートル代前半であるため、城の近くまで入江であったという結果は得られなかった。もしもここまで入江であったとすると、搦手口の東北方七〇〇メートルにある渥美源五郎屋敷跡の標高は三五・五メートルであるから水没してしまう。『家忠日記』の天正八年（一五八〇）十月十九日には「大坂すかニ陣取り」の記述があるが、これは三井山砦南側の浜野にある矢柄神社（海抜一二・八メートル）辺りに陣取ったものであろう。矢柄神社は勧請年代不詳ながらも、建久四年（一一九三）再造営の古棟札のある古社で、戦国時代にもこの地にあったと思われる。

二、高天神攻城戦の概要

武田信玄の高天神攻め

永禄十一年十二月の信玄による駿河侵攻により、今川氏は掛川城に移って没落した。この頃徳川家康は、三州幡豆城主小笠原新八郎安元等に命じて高天神城主小笠原与八郎（氏助）と馬伏塚城（袋井市浅羽町岡山）主小笠原美作守（氏興）を味方にするよう画策した。与八郎氏助は信玄に属しようとしていたのを、安元の説得により徳川の麾下に属した（三—三五二三）。翌十二年正月十六日には、小笠原与八郎以下の高天神一党が徳川家康の掛川城攻めに従い、青田山砦（掛川市上張）に陣を構えている（三—三五七八）。

元亀二年（一五七〇）三月に武田信玄が遠江に侵入し、高天神城を攻めたことが『甲陽軍鑑』等により通説となっていたが、鴨川達夫氏と柴裕之氏の論考はこれを否定している。鴨川氏は、元亀二年に行われたとされる武田氏の三河侵攻に関する諸史料は、天正三年の長篠合戦に関する内容であることを明らかにし、[11]柴氏は武市通弘氏所蔵文書（四—五三五）のなかの「三ヶ年之鬱憤候」の意味と、天野氏と山家三方衆の武田氏への従属時期の検討から、元亀三年十月以前には武田氏の遠江・三河侵攻はなかったとして、現在では広く支持されつつある。[12]

元亀三年十月の武田信玄遠江侵攻については、三日に徳川方と戦って勝利し（四―五二五）、十日には武田勝頼が石雲院（牧之原市榛原坂口）を放火して（四―五二九）、塩買坂に旗を立て、[13]十九日には高天神北方三・四キロメートルの華厳院（掛川市上土方落合）に禁制を出している。そして二十一日には、前記武市通弘氏所蔵文書の「当城主小笠原悃望候間、明日国中へ進陣」により、高天神の小笠原氏助から降伏の申し出があったことが明らかであるが、最終的な降伏合意には至らなかったようである。二十八日には可睡斎（袋井市久能）に禁制を掲げているから、軍勢の二俣への移動がみられる。

なお、『高天神小笠原家譜』（続群書類従第五輯下）によれば、信玄はハタカヤ（畑ヶ谷＝城の南側）ロホッチカノ山（不明）に旗を立て、勝頼は茶臼山（大手口より東南二〇〇メートルほどの小山）に旗を立て、両所から人数千騎を揃え大手的場構に押し寄せたと記している。

この時の武田信玄本陣は、『浅野文庫蔵諸国古城之図』に高天神本城の東北東に「天神ノ台ヨリ八丁信玄陣取」とあり、北と東に川が記されている。この位置を現状から推考すると、本城の北東に下ってから延びる裾野が「城下」辺りでさらに東北東へと続いて延び、下小笠川近くまで達している。北側には矢本川が流れていて、この尾根山を「御前山」と呼んでいる。信玄の本陣はここであろうが、遺構らしきものは見当たらない。「御前山」突端の東北裾に「堀の内」、東南部に「外堀」の地名がある。この「堀の内」は、応神天皇の孫土方君がこの地に土着して土方氏を名乗った子孫の館跡らしい。

武田勝頼の高天神攻め

天正元年十月、武田勝頼は遠州に出陣して家康を挑発して後、諏訪原城（島田市金谷菊川）を築いて遠江侵攻の足場とした。

翌二年五月三日に勝頼は甲府を発ち、諏訪原城・小山城（吉田町）を経て、九日には牧之原市相良大江の平田寺に禁制を出し（四―七五五）ている。そして塩買坂より西方地続きの国安に陣を進め、中村の公文に大文字の大旗を立ててから（中小学校南三〇〇メートルに大旗橋あり）、後詰の押えとして惣勢を高天神東方一・一キロの毛森村山上へ移した（惣勢山本陣＝第16図）。十二日には高天神の諸口を取り詰め（四―七六七）、その数二万とも二万五〇〇〇ともいう。

城主小笠原氏助は直ちに浜松へ通報し、家康は在京中の信長へ援軍の要請をした。信長はこの時期、越前一向一揆との戦に忙殺されていて兵を割く余裕がなかったため、家康は三方ヶ原の敗戦もあって出陣しように出来ない状態であった。

武田方の猛攻に対し、和平の申し入れは五月二十二日以前には小笠原氏助の方からあったようで、二十三日には勝頼が氏助の求めによって誓詞を草し、穴山信君にその伝達を命じている（四―七五七）。

そして二十八日の某宛勝頼書状では、高天神の本曲輪・二の曲輪・三の曲輪の塀際まで攻め寄せて、あと十日もすれば落ちて近頃はいろいろと降伏の申し出があるが受け入れられないと述べている（四―七五九）。また六月十一日の大井高政宛勝頼書状では、前日十日に塔の尾（堂の尾）曲輪を乗っ取り本曲輪と二の曲輪のみになったため、三日の内には攻略できるだろうといっている（四―七六七）。この時点で高天神城は、高天神社のある西の丸域が武田方に占拠され、井戸曲輪を挟んで相対したのであった。

現在の二の丸は、神社のある西の丸の北側で堂の尾曲輪との間にあり、本丸と三の丸（与左衛門曲輪）は東城域にある。ところが前掲二点の勝頼書状にしたがえば、二の丸も東城域にあったことになる。

高天神城は「別城一郭」（一城別郭ではない）の縄張といわれるが、攻撃方の難易性からすれば東城域が本城で西城域は出城である。天正二年当時は、東城域に本曲輪・二の曲輪・三の曲輪があったものが、武田の持城となってからは「別城一郭」の考えを捨て、鶴翁山全体を一つの城として縄張したため現在のような呼称となったのであろう。東城域での二の曲輪とは、御前曲輪であることは論を俟たない。

かくして六月十七日に和談が成立して開城し、城兵は徳川家へと戻る者・武田家へと仕える者とに分れて退いた。その二日後には、武田家が華厳院へ濫防狼藉を禁ずる高札を掲げている（四―七六八）。高天神の援軍として駆けつけた織田信忠は、二十一日に某への書状で、落城により五三日中に帰陣を余儀なくされたと申し送っている（四―七七二）。

この合戦時の武田方の付城について一切記録はないが、伝承として「惣勢山」のほか、高天神北北西一・五キロの今滝寺と日吉神社中間の半円状の谷戸を「ジンガマ」（陣構?）と称して、武田軍の陣跡と伝えている（『大東町の地名』）。

また、城の東麓下の御前山近くに「天岳寺」と呼ぶ所がある。ここは小笠原氏助の父氏興（氏清）の戒名を「天岳寺殿清巌泰翁大居士」というから氏興の菩提寺と思われるが、武田方の兵火により焼失したという。同じように岩井寺も、信玄か勝頼か不明だが武田方の放火を受けているから、岩井寺砦は武田勢により攻落とされたと考えられる。『高天神記』には、堂の尾曲輪の大将本間三郎八郎を、穴山梅雪の臣西嶋七郎左衛門という鉄砲の名手が「林ノ谷向山ノ井楼ノ上ヨリ」放った弾丸が命中して落命させたというから、武田方は高天神西方の峰続きからも攻めていたようである。

今回筆者は、林ノ谷砦を高天神西の丸馬場平の南西方一五〇メートルの標高一四〇・七メートル地点とした（第20

図参照）。武田方にしろ徳川方にしろ、高天神攻めには必須の場所と考えたからである。そして、この林ノ谷砦から堂の尾曲輪までは直線距離で二八〇メートルある。火縄銃の射程はその機種にもよろうが、普通強烈なダメージを与える有効射程は約一〇〇メートル位で、三〇〇メートルは届くがその威力は漸減する。

井楼を設けたという「林ノ谷向山」を林ノ谷砦の西北側から北北東に突き出た尾根上と考えれば、堂の尾曲輪までの距離は二〇〇メートルで射撃に無理はない。『城館跡』には林之池西方の尾根上を林ノ谷砦とするが、この地は全くの自然地形であり、堂の尾曲輪の西方五〇〇メートル地点であって、鉄砲の射程外であるためここを砦跡とするには無理がある。

徳川家康の高天神攻め

高天神を奪われた徳川家康は、その年八月に馬伏塚城を修築して武田方に備えた。翌天正三年五月二十一日の長篠の戦で武田勝頼が大敗北を喫したため反撃に出た家康は、同年六月に光明城（浜松市天竜区大谷）を落とした。この報に接した勝頼は、田中城（藤枝市西益津）に居たと思われる山県昌満（昌景の子）に諏訪原城・小山城・高天神城の要害を固めるよう命じた（四―九一二）。

徳川勢はその後、犬居谷の天野氏を没落せしめてから諏訪原城を攻め、八月二十四日に開城させてより、牧野城と改めさせた。また、六月以来徳川勢に囲まれていた二俣城（浜松市天竜区二俣）は、十二月十四日に七ヶ月に及ぶ籠城を解いて開城し、人質交換により城将依田信蕃は高天神城に移ったという(14)。

天正六年六月十四日、勝頼は高天神番衆の差し替えをするので、当番衆を高天神根小屋まで送り届けるよう岡部元信に指示している(15)。この年七月三日より、高天神の向城として横須賀城の普請が開始され同月十五日に完成している

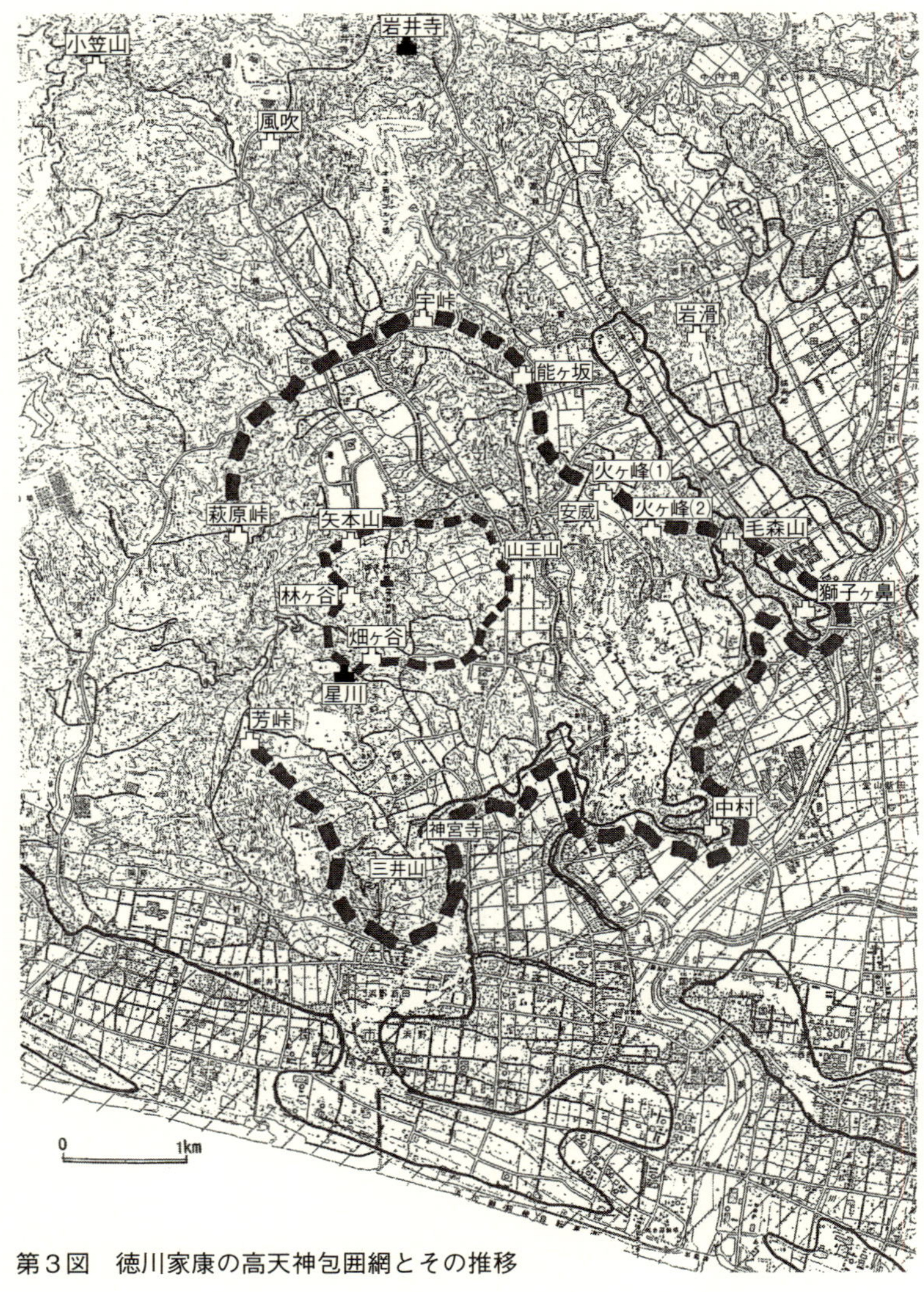

第３図　徳川家康の高天神包囲網とその推移

（四―一一四二）。同年十一月三日、勝頼は横須賀城近くに迫ったが様子を伺っただけで高天神に入り、十二日に城を出て田中城から甲府へと向った（四―一一六五・一一六六）。

天正七年四月二十五日に勝頼が高天神東方の国安に陣取ったため、家康は馬伏塚城まで出陣した（四―一一九八）。同年七月頃、小山城の岡部元信が高天神城に移り、信州先方衆の栗田鶴寿・足軽大将の江間右馬助・目付の横田甚五郎らが、同番衆として高天神城に入っている（『甲陽軍鑑』）。

九月に入ると、越後御館の乱による甲越同盟の結果、甲相同盟は破棄されて北条氏が信長と家康に接近したため、駿遠の武田領は東西から脅かされることになった。九月十五日には信長の意により家康嫡男信康が生害されるが、同月には家康は駿河に進出して当目砦（焼津市浜当目）を落とし、用宗城（静岡市駿河区用宗）に迫った。十一月二十七日松平家忠は、勝頼が昨日高天神に入ったとの注進を受けて見付（磐田市）まで出陣したが、勝頼はその日国安から退却した（四―一二六五）。

天正八年になると高天神攻めは付城戦略により活発化してくる。三月十三日に松平家忠は高天神取出普請の命を受け、十八日に大坂（三井山）の取出場に入り、二十日より普請にかかり、二十五日には大坂（相坂と記している）の普請途中であったが、中村取出に行き二十八日に完成させている。その後に大坂の普請を再開し、閏三月四・五日には家作、七日に堀普請をしている（四―一二九三）。

六月十一日より獅子ヶ鼻取出に入って十七日に完成させているが、この日には高天神根小屋へと放火働きに出ている（四―一三一七）。八月二日には何者かが大坂にて「地やき」を行い船にて退去している。十月十九日には大坂の海岸辺りに陣を取って、二十・二十一日と柵の木切りをしている。

十月二十二日からは、いよいよ高天神城際へと陣を寄せて総攻撃の体制に入り、堀普請・塀普請・柵付け等を翌年二月まで継続して行っている。その間十一月十二日には搦手口方面の橘ヶ谷、十二月十五日からは萩原峠の普請、同月二十五日からは萩原口東の普請で、年が替わってからも萩原峠の普請は続いている（以上『家忠日記』）。

また『三河物語』[16]には、高天神城仕寄について次のように記している。

然間、天正八年庚辰の八月より、高天神へ取寄給ひて、四方に深く広く堀を掘らせ、高土居を築き、高塀をかけ、同塀にハ付もがりを結ひ、堀向にハ七重八重に大柵を付させ、一間に侍一人づゝの御手当を被成、切つても出バ、其上に人を増し給ふ御手立を被成けれバ、城中よりハ鳥も通わぬ計なり。後にハ、後詰のためと被成て、広く深く大堀を掘らせ給ひて、城之ごとくに被成けれ共（後略）

このように城の周りを堀・土塁・柵・塀・虎落などで囲んで、蟻の這い出る隙もない包囲網を展開したのである。天正八年からは武田勝頼の遠江出陣はなく、高天神在城衆から度々の後詰要請が出されているが、勝頼は北条氏との対戦に追われそれどころではなかった。翌九年正月二十五日に織田信長は、矢文をもって降伏を申し入れてきた城兵に対し、滝堺城（牧之原市相良片浜）・小山・高天神三城の受け渡しを条件に応ずるよう指示したが、とうてい受け入れられる内容ではなかった。三月二十二日、もはやこれまでと覚悟した城兵は、戌刻（夜八時）に城から打って出て、そのほとんどが討死し頸数六百余という。翌日には残党狩りが行われている。

徳川家康の付城戦略

一般に、徳川方による高天神攻めの付城を「六砦」といい、小笠山・能ヶ坂・火ヶ峰・獅子ヶ鼻・中村・三井山の各砦を指している。『三河物語』には「中村に二つ」とあって火ヶ峰が載っていない。元和八年（一六二二）の年貢皆済状（雑賀文書）には「中村四ヶ村高二千三百十四石余」がみえ、この中村四ヶ村とは現在の公文・海戸・毛森・

下方であって、火ヶ峰砦或いは毛森山砦は中村の内であったと理解できるから問題はない。

ところが、現在火ヶ峰砦と称する所は二ヶ所ある。毛森・中方・下北に接する山頂＝火ヶ峰砦(1)と、毛森・中方・西ノ谷の境に接する丘陵部＝火ヶ峰砦(2)である。地元では(1)の方を「ヒガミネトリデ」と呼んでいて、(2)の方は砦の呼称はないが遺構はよく残っている。

獅子ヶ鼻の西南六〇〇メートルにある八坂神社の北側字前岡に「飯盛山」と呼ぶ所がある。『高天神城戦史』には、天正二年の武田勝頼のときに兵糧を山上に積み立て味方の糧豊富なることを城兵に示した所とあるが、ここは『大東町の地名』に記すように炊き出しをした跡であろう。徳川方の包囲砦の中間点といってよい場所で、炊飯物はここから陸路と海路で運んだものと思われる。

徳川方の付城配置から考察すると、東側と北東側に多いが、これは武田方の幕営地が東南の塩買坂であるため、各砦の縄張りも東向きといっていい。塩買坂より高天神に向うには、西方地続きを進み国安に出るか、相良・掛川往還（信州街道）を上内田から分岐して小貫の能ヶ坂に至る古道があるから、この両面を意識しての配置である（第３図の点線外枠ライン）。そして、この北東ラインの中間の核となるのが安威砦である。この砦はラインの内側にあって、『城館跡』には家康はこの砦を本陣にしたという記述がある。その根拠は不明であるが、一応頷ける。

また家康本陣は、『三河物語』には「小笠・懸河・諏訪の原。南ハ大坂・横須賀にハ上様之御座候へバ」とあって、大坂（三井山砦）を総攻撃前に本陣とした時期もあったらしい。

総攻撃の体制に入った十月二十二日以降は、その包囲網は東西・南北共一・二キロメートル位にまで狭められている。『高天神城戦史』によれば城の北側「嶺向」には昭和十年頃まで、天正九年包囲の際の掘割の跡が残っていたという。また、城の東方一キロメートルの素我神社裏を「陣場山」、南側の杉森利夫氏宅屋号を「陣馬」といい、城の南方七五〇メートルの神明神社西側にも「陣場池」と呼ぶ所がある。

そして城の南西方二〇〇メートルの林ノ谷砦、今回削平地のみの遺構しかなかったため縄張図を載せていないが、攻城戦の重要拠点と認められる矢本山砦がある。これらの包囲網の核となるのが山王山本陣であり、畑ヶ谷砦の縄張は北向きに造られていて、各陣場と砦を結ぶと第３図点線内枠ラインのようになる。このライン辺りに堀・土塁・柵・塀などを設けて完全包囲したのである。

『戦国史城』によれば、着到櫓南台地の小山を茶臼山といい、最後の合戦の際に家康はここまで来て大手口の戦況を監視した旨が記されていて、この茶臼山は同書の「栗田氏古図高天神城図」にも描かれているが、地元ではその場所を伝えていない。本章第一節で述べた、武田信玄による高天神攻めの時には勝頼の陣所となった所で、城の東南東二百メートルの台地と思われるが茶畑になっている。これにより家康の本陣の移動は、小笠山→安威→三井山→山王山→茶臼山ということになる。

天正九年正月四日、織田信長は横須賀の城御番手として水野監物忠元・水野宗兵衛忠重それに尾州大野衆を指し遣わしている。高天神包囲網の徳川方配備の模様は、南方三井山の砦から大手門に向かっては酒井与四郎忠世、中村・安威・獅子ヶ鼻・火ヶ峰の四砦は大須賀康高、能ヶ坂砦は本多豊後守広孝、風吹峠と小笠山の砦は石川長門守康通、北の方は水野国松勝成、東の方は鈴木喜三郎重時、大手池の段よりは松平康忠、乾の方林ノ谷口を大久保七郎右衛門尉忠世が、それぞれ各方面からの主将として配置された。また城兵の逃亡者追討の任として、内藤三左衛門信成・菅沼次郎右衛門定治は国安に陣を敷いた（『戦国史城』）。

三、各城砦と遺構について

高天神周辺を踏査してみると、「六砦」どころではなく二十近い砦（付城）を確認することができた。添付した縄張現状図には「未調査」と記したところがかなりある。これは時間的制約によるものではなく、笹竹が密集して行く手を拒まれたためと理解していただきたい。また、高天神城の周りには何ヶ所か家臣団の屋敷跡とつたえるところがあるが、本稿では付城とは無縁のものとして対象外としている。

高天神城（第4図・第5図）

掛川との分水嶺となる小笠山脈の南に延びる山系は、竜今寺山（標高一二〇・六メートルで家康もここから高天神を望見したという）から東へ支脈を分岐し、約一キロメートル行った先端が高天神山である。別名を鶴翁山ともいい、鶴が羽ばたいている形状から鶴舞山ともいう。

標高一三〇・八メートルの東峰と同じく一二八・二メートルの西峰からなる高天神山は、北及び北東面が切り立ったような絶壁で、南側の尾根も急崖となる所が多くまさしく要害の山である。東峰の南面が比較的緩やかな勾配で下るためここを大手口としている。大手を南東方向としたのは、やはり入江の水運と関係したからかもしれない。

土塁の向きをみると、西城域は全て西方向にあり、南続き尾根から「下池」に張出した小曲輪のみは南の大手を向いている。東城域では本丸と御前曲輪が西向きで、的場曲輪は北から西と南にある。この向きから考えると、西城域が先に敵の手に落ちるであろうことを想定しての対処といえよう。

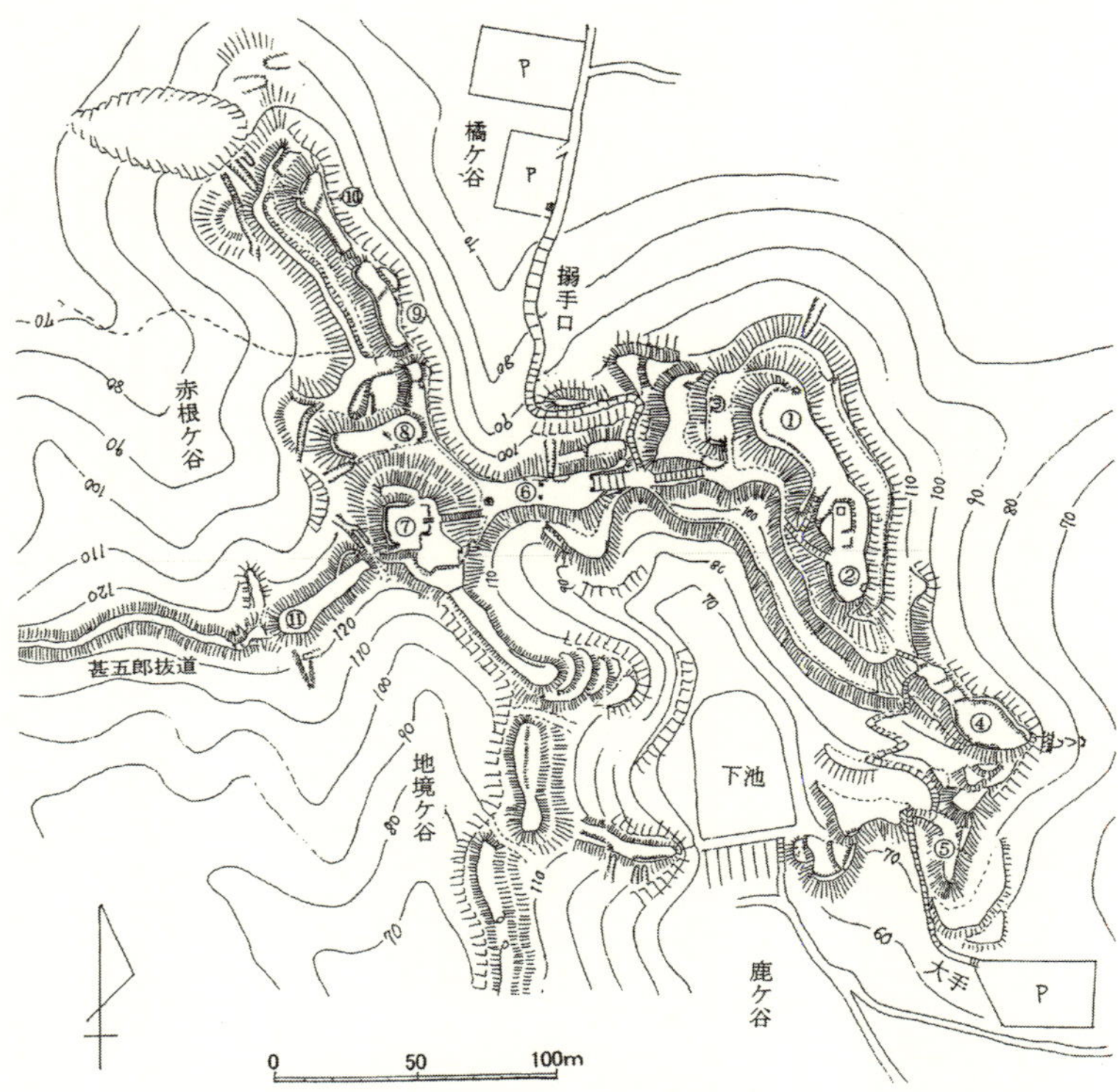

①本丸　②御前曲輪　③的場曲輪　④与左衛門曲輪（三の丸）　⑤着到櫓　⑥井戸曲輪
⑦西の丸（高天神社）　⑧二の丸　⑨堂の尾曲輪　⑩井楼曲輪　⑪馬場平

第４図　高天神城　標高：東城 130.8 m / 西城 128.2 m　比高：100 m　H20.10.15･16
土屋比都司作図

三の丸（与左衛門曲輪）は周囲に土塁を廻らすが、ここは大手方向のみならず東方からの攻撃にも備えていて、東に突き出た小尾根の基部には堀切がある。『諸国古城之図』には、前章第一節で信玄陣所とした「御前山」より、御前曲輪の東裾から三の丸北西部に達する登り道が描かれているから、この道が今川氏時代の大手道であった可能性もある。[17]

南駐車場より大手に入ると、道は着到櫓の腰を通り正面の大手馬出曲輪と北西の池曲輪からは、土塁が大手方向を向いて射撃目標となっている。着到櫓の上段の伊賀曲輪からも狙うことができる。大手道の杉の大木のある先には大手門があって、昭和十年三月二十四日に道路修理の際、西側の礎石一個を発見した。縦八寸横二尺二寸厚さ一尺の花崗岩（『高天神城戦史』）で、現在も斜面に埋め込まれたように残っている。

三の丸から上は御前曲輪に登る小路と、そこから分岐して本丸の東側から北へ廻り、的場曲輪に至る帯曲輪が現在でも僅かに認められる。この辺は安政の大地震による崩壊があった所で、大河内正局（まさもと）石窟もこの地震で埋まり明治になって掘り返されている。

平成十九年度発掘調査では、本丸と御前曲輪の東裾を廻る帯曲輪は南北二段となり、北側では粘土を用いた土塁の存在が明らかになった。また、帯曲輪全体に礫による石積みの排水溝がみられ、中程には角度をもって崖の方へと落としていたらしい。積み方も北側は上端が平になるように揃えているが、南へと三段積、二段積・一段となるに従って揃えるようなことはなくなっている。[18]

御前曲輪からの眺望はすばらしく東方一帯が見渡せ、昭和九年に鶴翁閣という模擬櫓がここに建てられたが、同二十年の落雷により焼失し現在はその基礎だけが残る。この北側にある元天神社は、西の丸の高天神社が以前この地にあったもので、享保九年（一七二四）に移転している。『諸国古城之図』ではこの地に描かれている。御前曲輪は前述したように、「別城一郭」であった天正二年以前の二の曲輪であった。

本丸は、千畳敷ともいって城内一番の広い曲輪であり、家康は落城後にここで検視をしたという。的場曲輪の北東より登り道があり、本丸北側に虎口土塁の残欠がある。平成十五年度発掘調査では、本丸北西部から掘立柱建物跡と礎石建物跡とが、直角に交差する形で検出された。掘立柱建物跡は六間×二間で、その内部からは多数の石敷き遺構がみられた。礎石建物跡は四間×一間であるが、北西の礎石推定位置に石敷きが存在し、その隣の礎石推定位置には掘立柱建物跡の柱穴が存在することから、礎石建物跡の後に掘立柱建物跡を建てた可能性が高い。

的場曲輪西側の土塁は、平成十七年度調査では北側の半分しか検出されず、曲輪南側から現れた石敷き遺構は南の土塁下部にまで入っていた。この石敷きの内外からは礎石建物の存在が判明したが、規模などは判別できなかった。南側の土塁はしっかりした形状でここに虎口門が推定され、その南下の井戸曲輪より上ってきた所には、平成十八年度調査で七十に及ぶ検出ピットから屈折した二ヶ所の平行の柵列が確認され、その間隔は二メートルであった。

的場曲輪西下の腰曲輪は、北西の二段の三角平場とともに搦手口を押える要地である。この腰曲輪南端には、発掘により石敷きと礎石数点が確認されている。搦手は城の北側橘ヶ谷口のことで、『諸国古城之図』によれば、谷の入口には東西に土塁が迫り、その北側（外側）には東西に長い二つの堀があって、下の堀は鍵形に曲がり虎口のように描かれ、その内部には井戸がある。東城域と西城域の中間にある井戸曲輪からは搦手がよく見渡せ、北下の三日月井戸寄りに曲輪と竪堀がある。

西の丸高天神社の北側には小郭があって、二の丸はこの下に東西に長くある。その山裾部にある小溝は排水路であり、西へと下る竪堀は崩落であることが発掘により分った。二の丸は西に高く土塁のある所が上段で、中段と下段からは多数のピットが検出された。このピットはなかなか連結性がみられないが、今のところ中段は台所のような施設、下段は火薬庫のようなものという(19)。

二の丸から北へつづく袖曲輪と堂の尾曲輪との間の堀切には、二ヶ所の橋脚ピットが検出され、その西南部に畝と幅三メートルの小堀が確認された。袖曲輪西下の馬出曲輪（本間・丸尾兄弟の墓あり）からこの堀切への侵入を阻止している。しかし、堂の尾曲輪と井楼曲輪との間の堀切にはなにも検出されていない。馬出曲輪西側の土塁と堀はもっと北へ延びていて、堂の尾曲輪西下の南北に横堀とは狭い土橋で繋がれており、西側の赤根ヶ谷からここに至る登道はまっすぐこの土橋に入るのではなく、一旦南へ十メートルほど湾曲して馬出曲輪の西側より土橋に達していたらしい。

井楼曲輪西側の横堀は、対岸土塁の頂部から三メートル掘り下げた所で堀底に至り、その形状は箱堀であった。そして土塁上には柵列・ピットの検出はなく、土塁の上を通路としていたことが判明した。

西の丸の西南方は堀切を隔てて馬場平というが、馬場とは関係なく番場平であって「番する場」として、峰続きを守る重要地点という意味である。この先を甚五郎抜道といって、落城時に武田方の軍監横田甚五郎尹松がこの道から抜け出して甲州へ戻ったと伝えている。馬場平の先端下には小堀切があるが、この堀切だけではこの峰続きを守るには心もとない。そのためこの堀切の先十数メートルには、低くなった所を南北から切岸を入れて道を湾曲させ、「一騎駆」ならぬ「一人駆」の小道にして射撃の標的にしている。小堀切より北へと突き出した細長い曲輪も馬場平口を守る重要地点である。

西の丸より南へ延びた尾根は、大手に対する備えであるが、その先は南に大きく台地状になり「遠見山」と呼んでいる。この台地へは二つの大きな堀切を入れるが、さらにその先には今川時代と思われる小さい堀切も残る。この遠見山が乗っ取られると西城攻撃の足場となる。

ここで、天正六年六月十四日の武田勝頼書状（戦武二九八七）と同八年六月十七日の『家忠日記』にでてくる「高

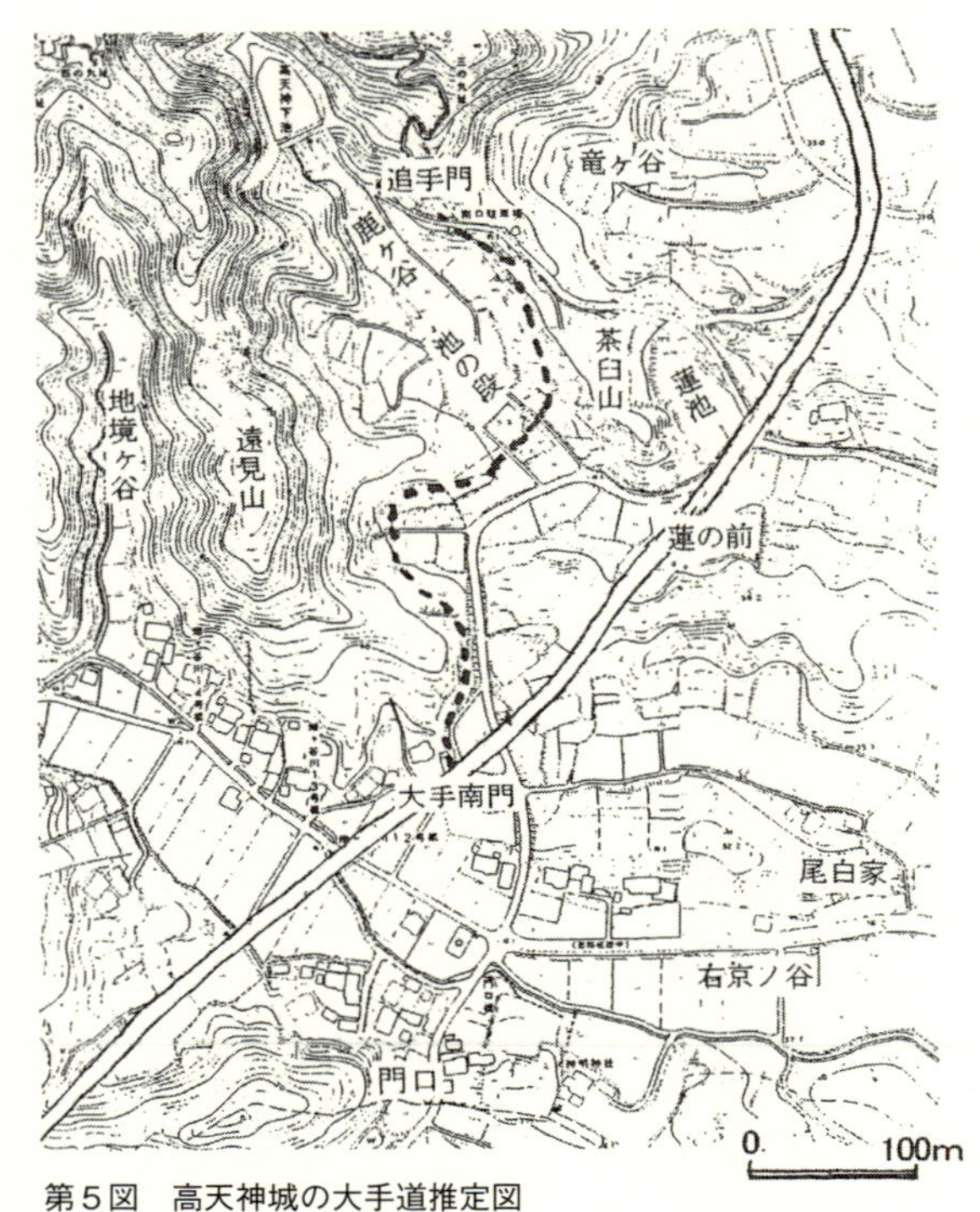

第５図　高天神城の大手道推定図

天神根小屋」とはどの辺りなのか考察してみたい。城の大手に近い比較的要害な所を考えると、東方の下小笠川に囲まれた以西であって、その南側には畑ヶ谷地内に「門口橋」があり、杉森貢氏宅屋号を「門口」といい大手総門を置いた所と伝えている。この場所は三俣から大坂を経て高天神への塩汲道の到達点と考えられるが、大手総門が事実だとすると畑ヶ谷全体を外郭として取り込んだ、総構があったのではなかろうか。

総構について　城北の「嶺向」の東側には渥美源五郎屋敷跡があり、この近くの「馬場通り」と呼ぶ所は、将士が騎馬を引具して住居した居宅が建ち並んでいた所という（『戦国史城』）。城東には渡辺金太夫屋敷跡、城南には小笠原右京屋敷跡がある。[20]また上記書によれば、「右京屋敷跡の西方山中に黒沢の水源地があって渇水を知らない泉地であり、城内より山中の坂道を掘り下げて人影を隠した、用水運搬の水汲道が壕をなして現存している」と記している。この現状は未確認であるが、この記述にも総構の郭内であったことを予感させる。

星川砦は高天神の支城と考えられるから、この畑ヶ谷外郭を守る目的のものであろう。しかしこの総構は、家康が総攻撃体制をとった包囲網の所とほぼ同じ塁線と考えられるが、未完成であったかもしれない。

大手道の考察　高天神大手口にいたる大手道は、現在の主要地方道に面した「追手門址入口」からの道ではない。「門口」から北へ行くと杉森要一氏宅東側には、南に突き出した土塁とその東にも並行に土塁がある掘割道となって北に上り、「遠見山」下から東へと延びる尾根上に達する古道がある。この東下に尾根を切り開いた新道が南北に通っている。この掘割道部分は幅も狭く人道と考えられるが、その南側には荷物道も沿ってあり、途中からは合流して広い道となって尾根に上っている。

尾根の北側は茶畑となっているが、古道は山裾を湾曲して東北へと進み、「鹿ヶ谷」を横切る分厚い台地上から茶臼山西南裾にでて、それから緩斜面を北へ上って大手口へと達したものであろう。茶臼山台地はこの大手道を見下ろせる位置にあり（第5図参照）、「鹿ヶ谷」では攻城戦に際し幾度となく激戦が行われたという。「鹿ヶ谷」を横切る分厚い台地が現存することから、「下池」からこの台地まで、往時は段々状の水堀になっていたと考えられる。この階段状の水堀（池）が、本来の「大手池の段」という呼称の謂われであろう。そして杉森要一氏宅の所には大手南門があって、現在でもこの辺が畑ヶ谷の集落地であり、「高天神根小屋」とはこの大手南門周辺のことであろう。

小笠山陣城

小笠山脈の主峰である小笠山は、東城部で標高二四九・六メートル西城部で標高二六四・二メートルあり、掛川市と旧大東町それに袋井市とに跨っていて、東南方の入山瀬より小笠神社駐車場まで車で行くことができる。

城跡は、永禄十一年十二月に徳川家康が掛川城を攻めた時に西陣城が築かれ、高天神攻めの時に東陣城がその隣に築かれたという。東陣城からは、直線距離にして四・八キロメートルの高天神城が望まれる。『小笠郡誌』によれば、家康がしばしば本陣を置いたため村民は離散し、小笠神社も大いに荒らされて古文書類は全て散逸したという。『武徳編年集成』によれば、永禄十一年十二月二十一日に家康は六人の侍大将を掛川に向わせ、「神君御旗ヲハ入山瀬ニ立ラル左右ノ両備ハ本多平八郎榊原小平太ナリ時ニ両将トモニ二十一歳ト云々」とあって、この入山瀬は小笠山のことで所在地名である。

天正五年十月、松平家忠は小笠山に一日交替の在番をしている。翌六年十一月三日には、勝頼が横須賀城近くまで出てきたため、家康も横須賀近くへ備えを出すと勝頼は高天神へと退いたため、翌日に家康は小笠山に入っている。また同八年十二月二十日には織田信長の陣中見舞いの使者が来たため、各国衆は小笠山まで出迎えに赴いている。

高天神攻めのために築かれた東陣城について、『三河物語』の天正五年条には、大坂山に取出を構へ小笠山の取出と二つになったが小笠山はこれ以前に取給ふと記している。いわゆる「六砦」のうち一番最初に築かれたもので、永禄十一年末に西陣城が築かれ、その後天正五年以前に東陣城が築かれたといえる。高天神攻めの際には、石川長門守康通の持口であったという。

小笠山東陣城（第６図）

駐車場より絶壁直下の険しい道を登って小笠神社まで出ると、南方を眼下に見下ろすことができる。神社よりビジターセンター一帯の平地は、西城も含めて一番広く百人位の駐屯が可能である。

埋められた空堀を過ぎると右側櫓台段上から側射を受け、櫓台西下の堀切は南斜面にも延び、三メートル下がった所からは横堀が六〇メートル続いて、本城部南側を防御している。堀切を西に上った右側からも横堀が東から北へと廻り、北尾根の堀切となって終わっている。

最高部は銀杏の葉形をして、西側の空堀を隔てて対面する大きな土塁がある。この空堀の北には繋ぎの土塁があり、その北の通路は切り開かれたものであろう。この辺の土塁と空堀の縄張は、規模は小さいが三井山砦の牛切沢に面した所にも似た遺構がある。大きな土塁の西北側は、長さ二五メートルの長方形で北に土塁がある。小笠山の古名を笹ヶ峰といったため、ここに「笹峰御殿跡」の説明板が立っている。ここより西北西へ幅二メートルの絶壁道を行くと西陣城である。

小笠山西陣城（第7図）

東城に比べ西城の方が手の込んだ縄張りである。東城寄りの多聞神社のある一郭は、東西に三段になり東と北西に櫓台を設けている。西城域の最高部は西方の三角状平場であるが、この多聞神社の一郭（多聞曲輪と仮称する）が本城とみてよい。

多聞曲輪の西側は峰続きを二重に掘切っているが、西側の小堀切は土塁のある曲輪への登り道となっている。その先は屈折した一騎駆で繋いで、三角状平場（前述の最高部）を主郭とした出城を形成している。その西側尾根は堀切を隔てて二段になり、北と西の腰部に横堀を設けている。多聞曲輪の西南下は、南側からの侵入に対し三本の竪堀と二つの空堀で道を狭め、南に延びた曲輪からは登り道に対して横矢の構である。

以上東西両陣城に共通する横堀からして、この二城は同時代のものとして、本来一緒に取り扱うべきかもしれない。一緒にしてみても、多聞曲輪が小笠山陣城の主郭であることに変わりはない。

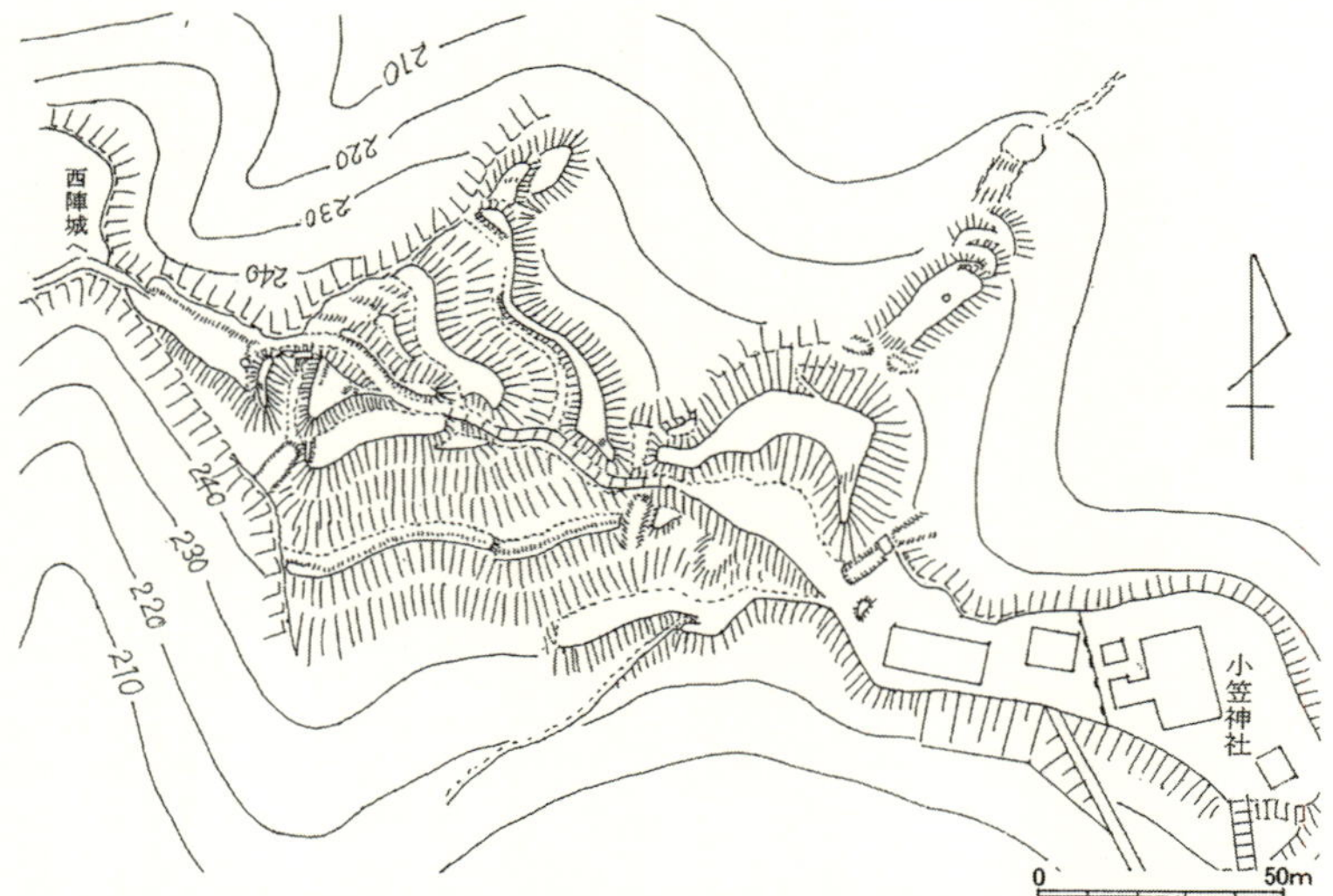

第６図　小笠山東陣城　標高：249 m　H20.10.22　土屋比都司作図

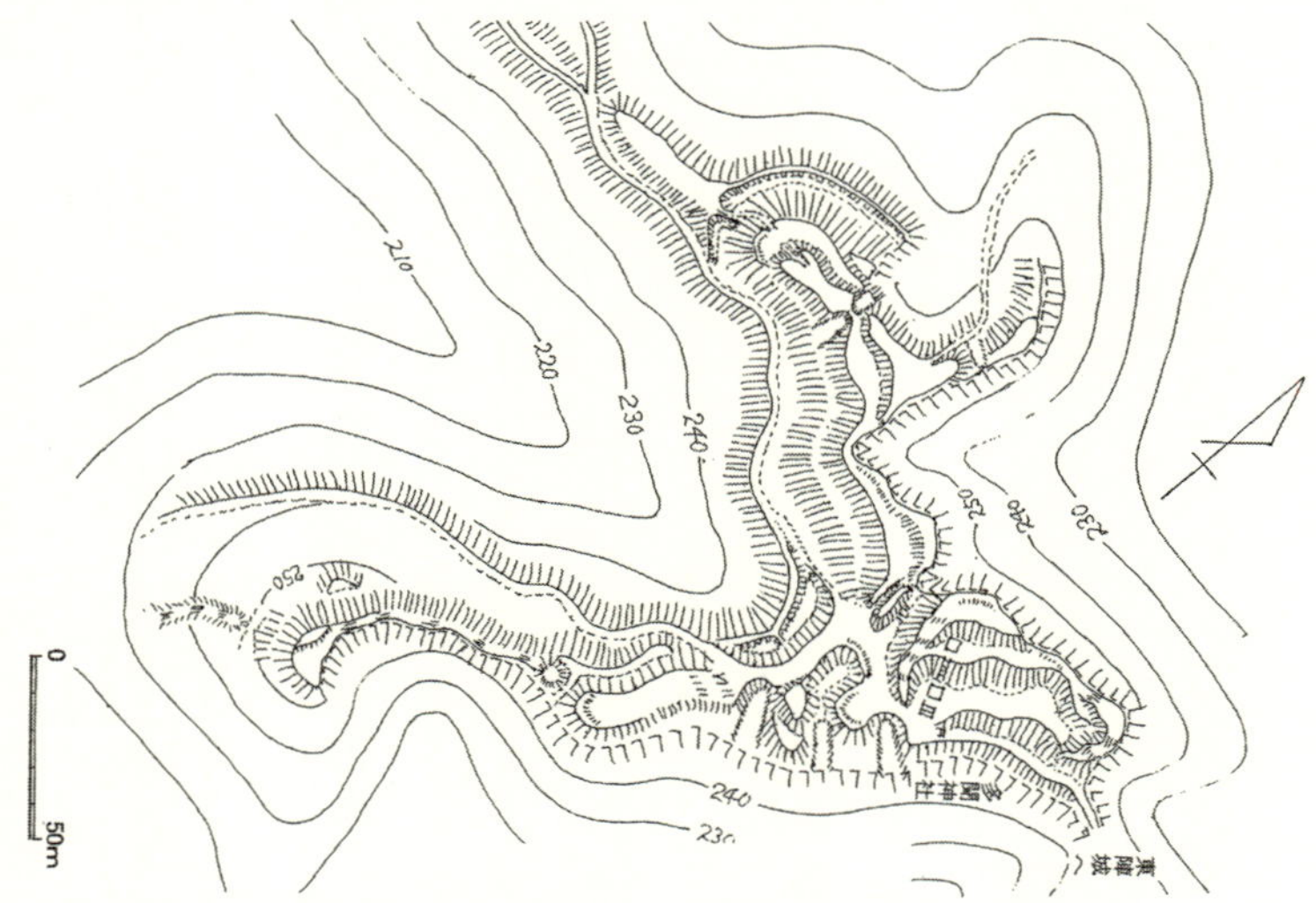

第７図　小笠原西陣城　標高：264.2 m　H20.10.22　土屋比都司作図

岩井寺砦（第8図）

旧大東町に近い掛川市岩井寺にあって、その寺ガンショウジ所在地が城跡である。寺は聖武天皇の勅願により、天平十三年（七四一）に創建され開山は行基菩薩と伝える。

小師帳（乾坤院蔵）によると、延徳二年（一四九〇）十月十日の尾張国乾坤院（愛知県知多郡東浦町）での授戒会に「岩井寺二郎兵衛」（道永）が列席していたから[21]、この岩井寺氏の城であったかもしれない。『小笠郡誌』によれば武田方の兵火により寺は焼失したことが記されているから、砦は武田勢のために落城したものであろう。南東部にある観音堂は大須賀康高の寄進である。

城は、寺のある一帯と西方「未調査」と記したところまでで、東西二〇〇メートル南北一〇〇メートルほどである。主郭は寺の三方を土塁で囲んでおり、北の二ヶ所の切通しは後世のものであろう。そして観音堂との間の堀切は搦手口と思われる。北側には帯郭があって東北部の尾根を堀切で切断している。西側には谷戸が北へ堀状に大きく喰い込み、その延長線上には西へ上る続き尾根の基部を幅一五メートルにわたる空堀が認められる。「未調査」部分は主郭部より高く西方防御の拠点であり、その南東側には谷戸から来る敵に備えた一郭がある。

この城は、土塁が北を向いているため高天神の支城であって、掛川方面から風吹峠を抜けて高天神領に入る道が砦の西方を通るから、この道を押える目的の城である。

風吹砦（第9図）

『家忠日記』天正六年十一月八日条に「風吹江三日番ニ」、同十日条に「風吹江番ニ越候」、同十四日条に「風吹よ

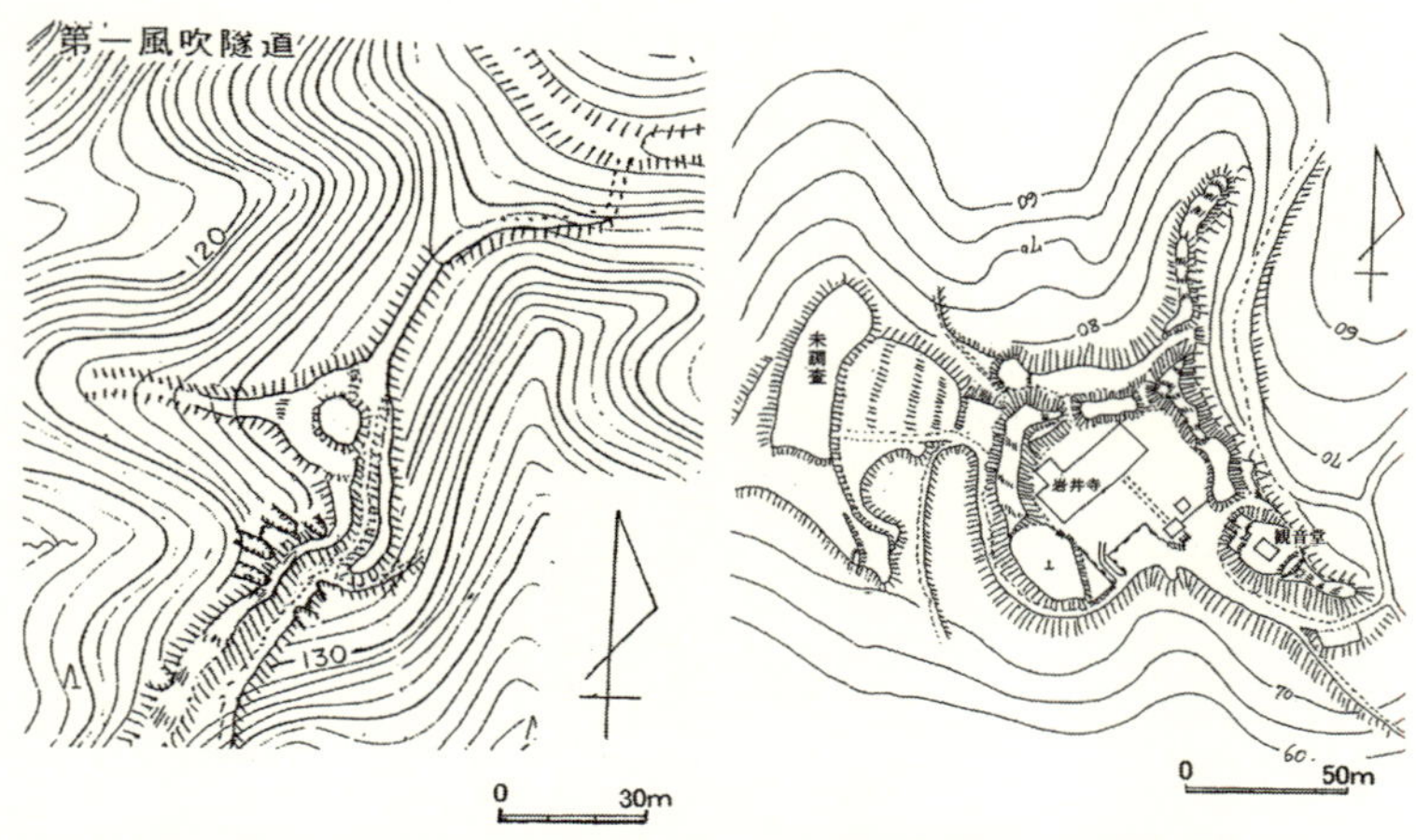

第９図　風吹砦　標高：142.7 m
H21.3.23　土屋比都司作図

第８図　岩井寺砦　標高：87 m
H20.10.22　土屋比都司作図

り懸河益田迄越候」とあって、風吹には高天神付城があったと考えられるがその所在地ははっきりしない。『城館跡』及び『静岡県の地名』にも風吹砦は載っていて、まるで遺構が存在するような記述であるが誤りである。

明治二十二年測量の二万分の一地形図によると、入山瀬より掛川に至る風吹峠越えの道は、現在の合戸橋近くの山喜製茶組合裏より山稜に入り、第二風吹隧道（廃道となる）を左にみて上り、峠に出ると右折して尾根を東進し標高一七四・三メートルの山の北裾から東北へ岩井寺の方へ向っている。この辺りの山には遺構らしきものはない。ただ一点、第一風吹隧道（消滅）の南東で峠に近い南側に第９図のような小砦をみたが、この縄張は付城としてのものではない。この砦は、入山瀬より風吹峠越えで掛川領内に入ってくる敵に対する備えである。

こうなると風吹砦と岩井寺砦とは、同じ領界道を押えることから同時代に存在したとはいえず、風吹砦は岩井寺砦が高天神の支城となった以前に存在していた古い砦ということができる。また同時代に存在したとすれば、風吹砦は岩井寺砦を本城とする支城であった時代ということになろう。峠へと登って来る道に沿って延びる尾根は、道の側射攻撃を意図しており、空堀道に入る手前には竪堀を入れて道を狭めている。主郭は直径一〇メートルほどで、その周囲の二の郭も二〇メートルほどである。

この砦は付城として造られたものではないが、以前にあったものを利用した可能性はある。それは、この上にある峠の尾根は比較的幅広い平坦地で、東方の標高一六五・五メートルの山辺りにも張陣はできるから、一部隊をこの小砦に置いて警固したことも考えられる。

宇峠砦（第10図）

落合橋の東北方四〇〇メートルにある標高一〇〇・八メートル比高四〇メートルの宇峠山（ダルマ山）にあって、上佐東小貫地内になる。落合から小貫を抜けて菊川に至る鎌倉往還が城の南側宇峠を通っていたが、現在は大きく掘り起こされた車道になっている。

最高部は南北に長く東と北は斜面となり、西側は削られたような五メートルの絶壁となる。南側は近くまで削り取られて、峠に臨む曲輪は消滅してしまった。最高部の東側は、四メートル下がって真平な曲輪があり、その下は三メートル下がって東の小丘に至る細長い曲輪となる。小丘の標高は九一・八メートルで基部には幅二メートルの堀切があり、小丘上は不明確な三段の先に小堀切がある。

最高部の西側は斜面であるが、上段は南北に長い平坦地となる。駐屯スペースとしてはここのほか、北側下に西へ低い三段の削平地があって百数十人程度の駐留は可能である。最高部より北へ延びた曲輪の東面はケスタ地形による急崖であり、この城の南東側は尾根山により能ヶ坂砦と結ばれていたようである。

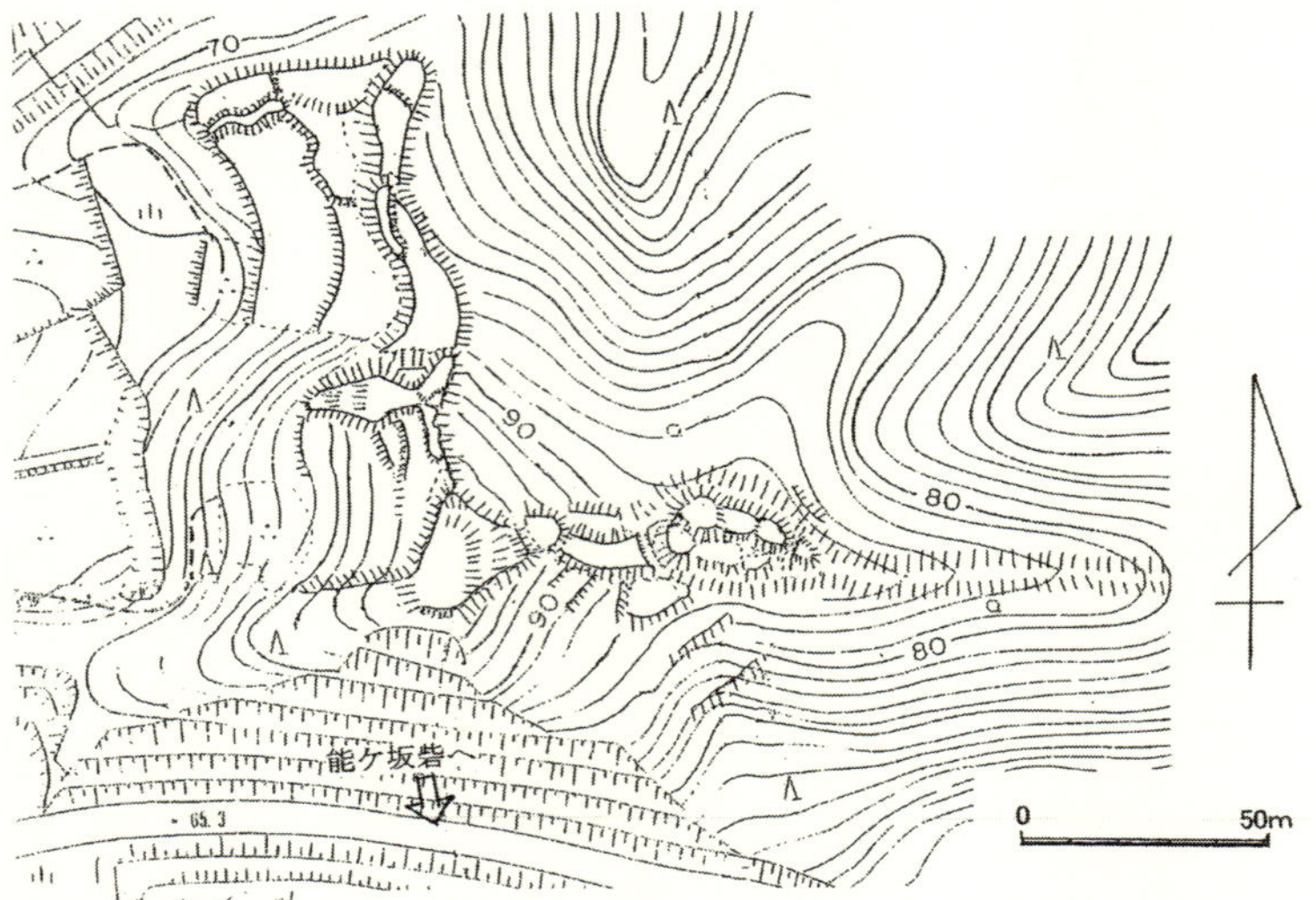

第 10 図　宇峠砦　最高所標高　100.8 m　東小丘 91.8 m　H21.3.24　土屋比都司作図

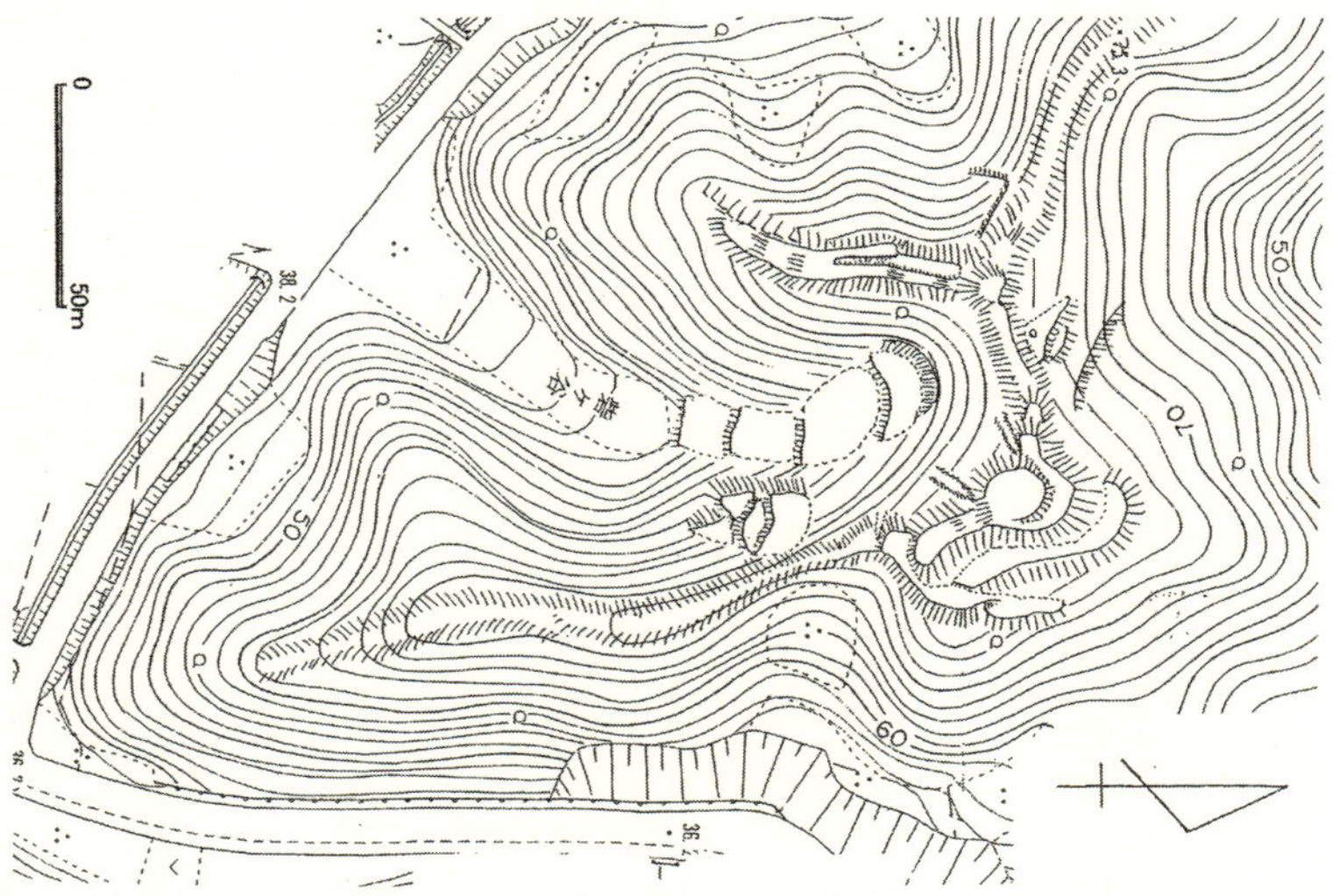

第 11 図　能ヶ坂砦　標高 79.7 m　H20.12.3　土屋比都司作図

能ヶ坂砦（第11図）

城東中学校の北方三〇〇メートルで標高七九・七メートル比高四〇メートルの山上にあって、宇峠砦の南東八〇〇メートル火ヶ峰砦(1)まで南南東一・一キロメートルの距離である。相良・掛川往還の上内田より分れて、高天神から大坂に至る古道がこの砦の東側を南北に通っており、この坂を「能ヶ坂」と呼んでいる。現在は車道として拡幅されている。

馬蹄形に囲まれた南の谷戸を「砦ヶ谷」と呼んで、階段状の駐屯スペースとなっている。西南三〇〇メートルに「番場池」、中学校の東側を「番場ヶ谷」、南側には「番場口」と呼ぶ所がある。

最高部は削平されて南側に竪堀があり、北から西へ廻る二段目の西下にもある。最高部より東南へやや斜面のある細長い曲輪の南下は、北から東へと廻る帯曲輪の末端であるが、この南下にも尾根に対して片堀切を入れている。西南西の出丸に続く尾根の北側には井戸跡のような一郭がある。出丸の南側は南北に土塁が延び、高くなった所からは小堀を入れた意味不明の構造がある。後世の造作であろう。

この砦は、本多豊後守広孝の持口であったという。

岩滑砦（第12図）

宗禅寺の東北方三〇〇メートルにあって、標高五七・三メートル比高二五メートルほどの小山である。最高部は卵型でその南に一段下がって長方形の曲輪がある。西南方へと下った所には幅二メートルの堀切があり、その底からは北へと平地が延びて、最高部西側下の帯曲輪となっている。南側には一段、東と北側には二段の腰曲輪を設けている。西側の出丸に至る尾根の南面にも小曲輪があり、出丸には北向きに長さ七メートルのしっかりした土塁が残っている。駐屯スペースは出丸の南側と、その東側の谷戸状のところである。

この砦は、能ヶ谷砦と同様に北から来る敵に対したもので、徳川方の付城の一つと考えてよいだろう。岩滑地区は、宗禅寺の北側から廻ってこの砦より南南東へと尾根山が菊水寺まで、延々二キロメートルに亘って釣針状に延びるが、八ツ谷線道路の西側に「城山」と呼ぶ所がある。ここは茶畑整備地区東南部で、尾根山から南に下がる台地の先端部分（墓地あり）であり、鎌倉から室町時代にかけての古い館城を思わせ、付城とは無縁のものである。

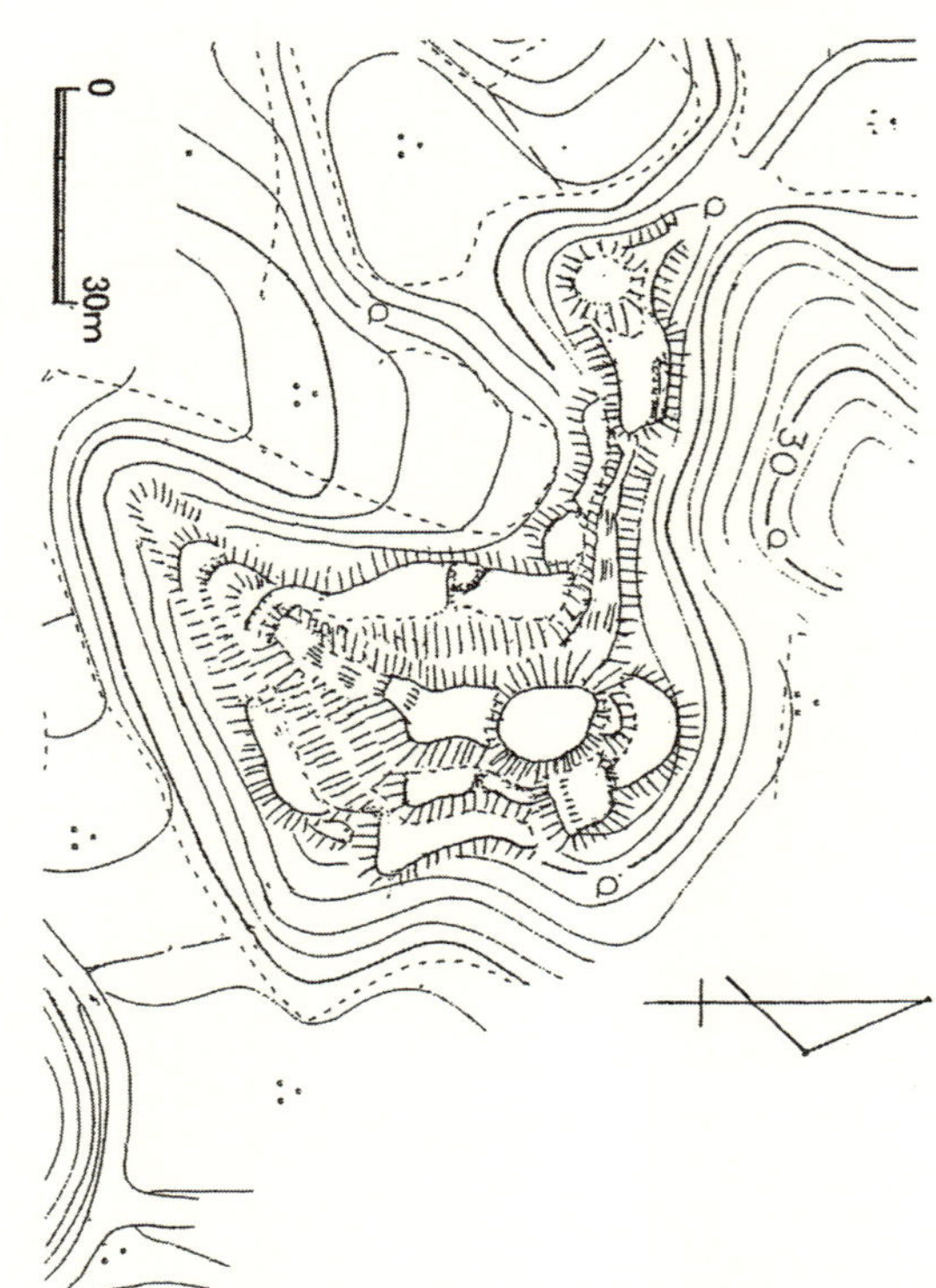

第12図　岩滑砦　標高57.3ｍ　H21.3.23　土屋比都司作図

火ヶ峰砦⑴（第13図）

二ヶ所ある火ヶ峰砦のうち、地元ではこの⑴を「ヒガミネトリデ」と称している。古老は「ヒャーガミネ」というらしいが、『戦国史城』には「樋ヶ峰」が元の名であるという。毛森・中方・下北が接する安威砦北続きの先端で、標高七三・三メートル比高三〇メートルほどである。

南京豆形をした最高部の西側は二段になり、その南西続きは徐々に高くなっているが、茶園整備のため削られてしまった。もしかすると、この削られた部分の方にもっと高い主郭があったかもしれない。以前は西北西に延びた尾根山が、道路辺りで窪んでから高くなり、西北の吉岡弥生記念館裏山まで続いていた。最高部の北側も削り面に接して平場があるが、以前はここから北へ一〇〇メートル尾根が延び、更に下って左カーブに百数十メートル行った先は、近江ヶ池の東で小山となっていた。

最高部の南東面は三段になり、二段目からは未調査部分の平地に繋がっていて、安威砦との間は峠道になっていたらしい。未調査西側部分も大きく削られて旧形を存していないが、駐屯スペースはこの辺りにあったと考えたい。この砦は大須賀康高の持口であったといい、西南西方向に山王山本陣を望むことができるから、天正八年十月以降の総攻撃体制に入ってから、火ヶ峰砦⑵をこの地に移したとも考えられる。

火ヶ峰砦⑵（第14図）

火ヶ峰砦⑴の東南五〇〇メートルの毛森・中方・西ノ谷三地区が接する標高六三・六メートル比高二五メートルほどの所である。南方の㈱松下商会の方より上ると楽に登れる。

最高部の真中は仕切ったような小堀状となり、その北下には堀切があって西側にも北から南へと空堀を入れている。西南方は二段の小曲輪の下は広い帯曲輪が廻り、その下は尾根を平らにした先に堀切がある。

東南方は徐々に下った先が曲折した空堀を入れ、西に接して幅三メートルの空堀を鍵形に落としている。空堀の東側は二段になって南東へ延び、下段の先はすごいブッシュのため調査を断念した。

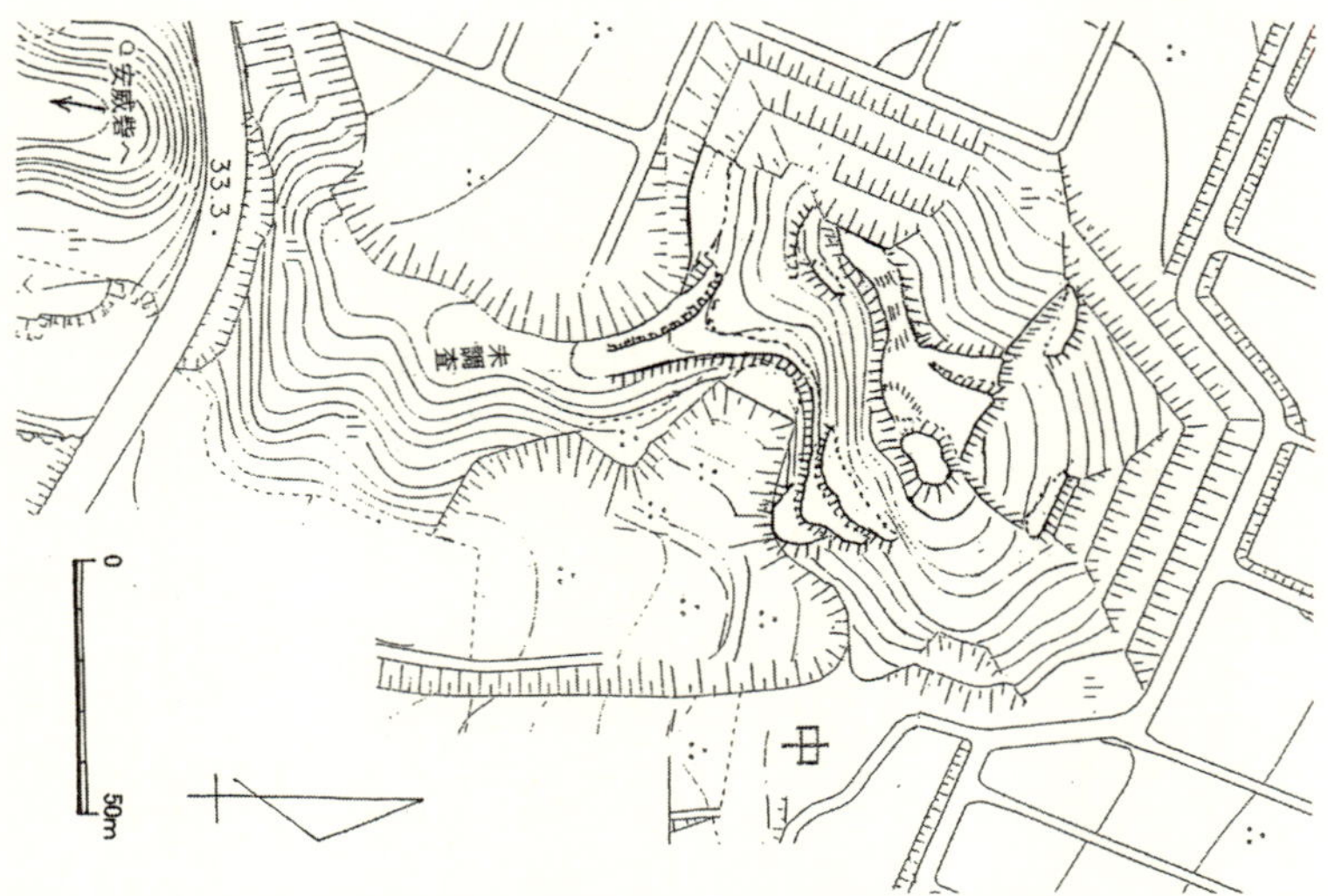

第13図　火ヶ峰砦（1）　標高：73.3 m　H21.4.2　土屋比都司作図

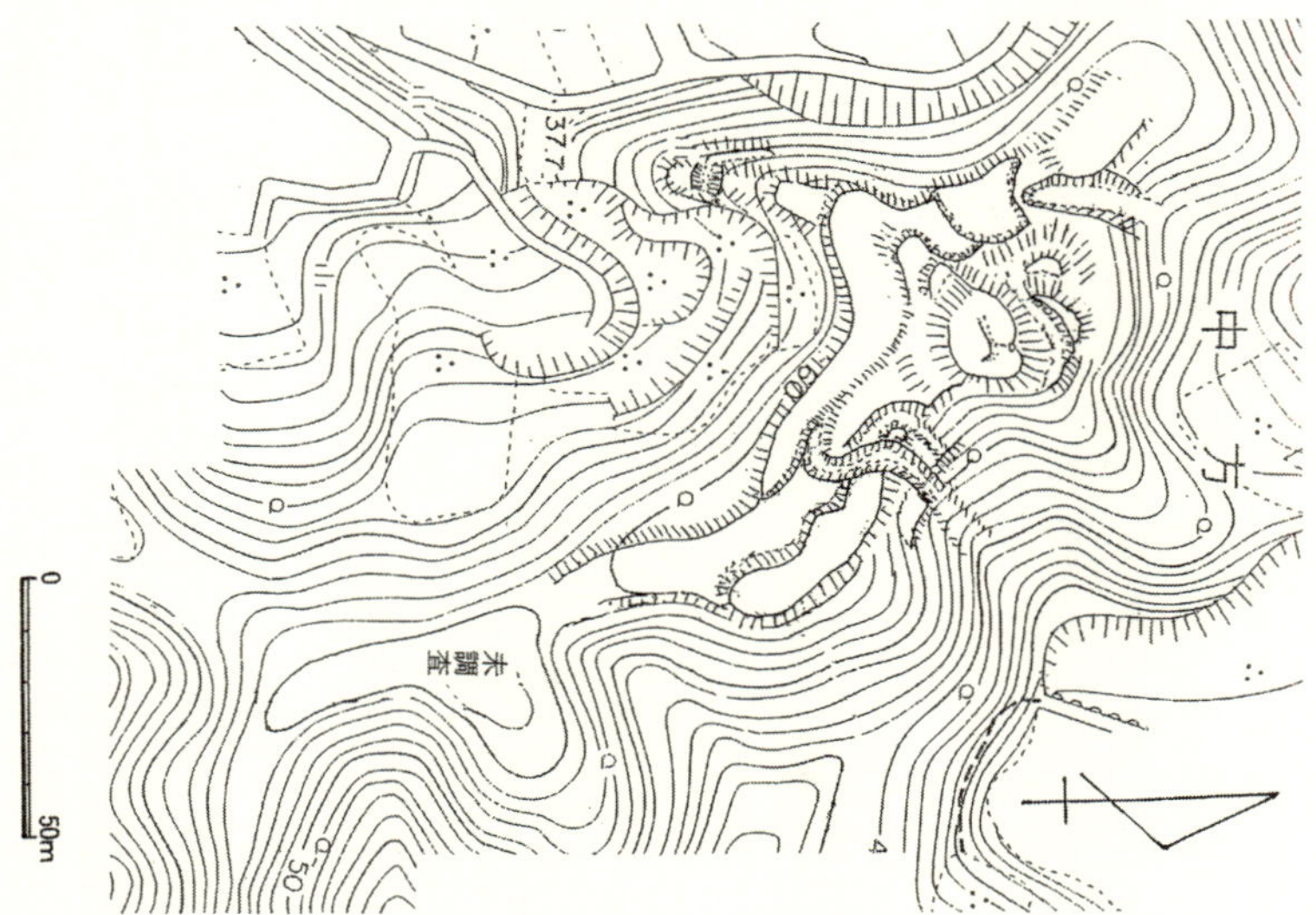

第14図　火ヶ峰砦（2）　標高：63.6 m　H20.12.23　土屋比都司作図

安威砦（第15図）

『横須賀根元記』によると、天正七年徳川家康が高天神城包囲六砦のほかに、土方丸の内に大須賀康高の持口として砦を構築したことが記され、また家康はこの砦を本陣にしたという（『城館跡』）。

惣勢山の北側で梅枝庵の裏山は、北に標高六二・七メートル南に六〇・七メートルの二ヶ所のピークがあるが、安威（やすたけ）砦跡はこの北のピークにある。比高は三五メートルほどで、城域は東西五〇メートル南北二五〇メートルである。

最高部の北側には、東端に土橋を残して西へ下る幅五～七メートルの空堀がある。その対岸には三角形の小曲輪があって、西側に備えている。空堀の東北方は、小曲輪の先に一段下がってから三〇メートル平場が延び、その先は未調査である。最高部の南側は西へ大きく開いた空堀状になり、その南は二段になってから下段はさらに南へ延び、ここから南東へ下るから城域はここまでとなる。この砦のように片方に土橋（土塁）を残す片堀切は、小笠山東陣城をはじめ三井山砦などと多くにみられ、徳川氏空堀の一特徴と考えられる。

この砦は東方向きの縄張であり、宇峠・能ヶ坂砦・火ヶ峰砦⑴・同⑵・毛森山砦・獅子ヶ鼻砦を結ぶラインの内側にあって、これらの統括本陣として武田勝頼の後詰に対する備えとしたものである。

惣勢山本陣（第16図）

西側を亀惣川と接する標高四八・九メートル比高三〇メートルの惣勢山は、天正二年に武田勝頼が高天神を攻めた時に、惣勢をここまで進めて対陣したところと伝えている。亀惣川は今は下小笠川の分流のようになっているが、本来は下小笠川の本流であったと考えられる。現在のようになったのは、江戸時代初期にその流路を川久保から新川に

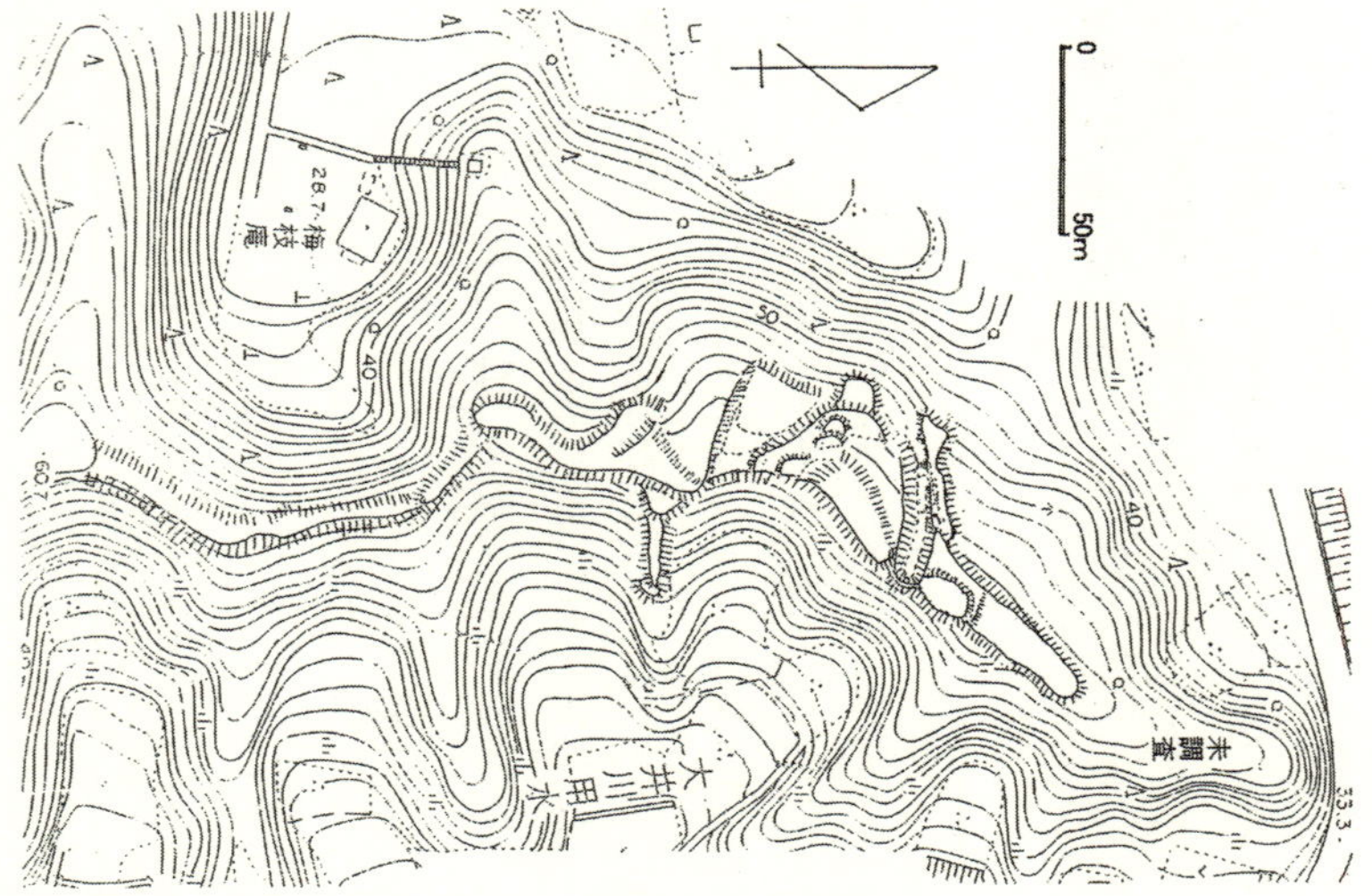

第 15 図　安威砦　標高：62.7 m　H20.12.26　土屋比都司作図

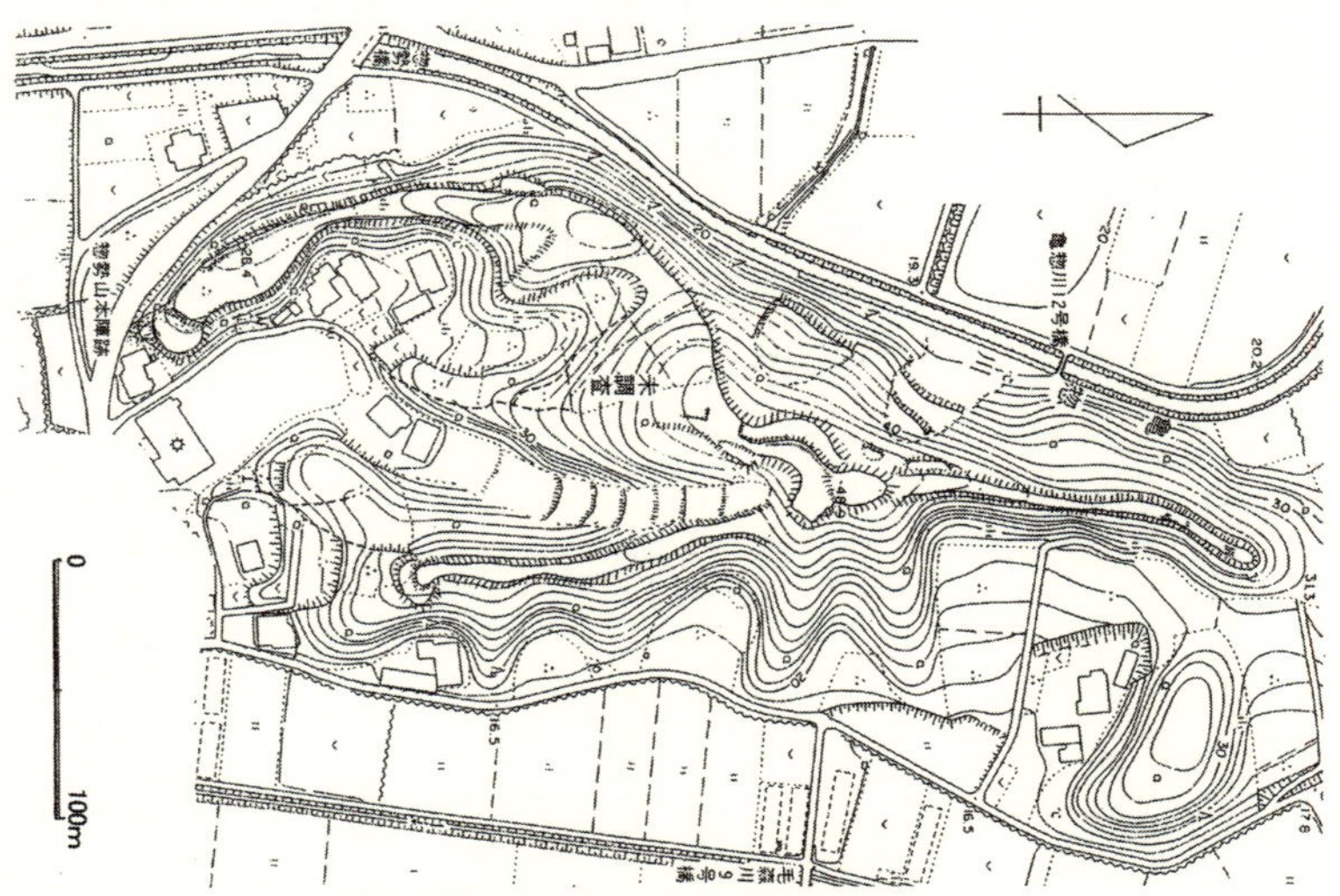

第 16 図　惣勢山武田勝頼本陣　H20.12.24　土屋比都司作図

付け替えたためであるという。[22]

東西一〇〇メートル南北四〇〇メートルのこの山の南半分が二俣に分れており、この谷戸の階段状にはかなりの軍勢の駐屯が可能である。最高部は卵型をしていて、その南に下がった部分は二俣の基部となる曲輪であるが、西側に土塁を設けている。東の方から南へは尾根が一三〇メートル延びて、先端は二段になっている。土塁の西側にも曲輪があり、尾根は西南方へと弓なりに二七〇メートル南下して、南の広くなった部分の西側にも土塁がある。最高部の北側は、やはり一三〇メートル延びて削平された尾根曲輪となっている。

毛森山砦（第17図）

獅子ヶ鼻砦より西北へ続いた尾根である毛森山は三ヶ所のピークからなり、真中の最高所標高は四四・八メートルで比高は三五メートルほどである。『日本城郭大系』には、農業振興の基盤整備による造成工事のため完全に消滅したように記すが、これは誤りである。

この砦は、岩滑より西ノ谷に至る二ヶ所の道を押えるための砦で、城域は東西四五〇メートル南北四〇〇メートルに及ぶ。東側の峠道（左衛門坂）に面して南北二段の平場があるが、道に接してもう一段あったかもしれないが拡幅のため削られている。この一郭の北西下には幅四メートルの堀切があって、その上から鉄塔のある平場まで曲折して土塁状に延びている。鉄塔の近くには土塁の残欠がある。ここからは、北及び東面が切り立ったケスタ地形が続く急崖となっている。

最高部はほぼ東西の中間点にあって、西南尾根下の先端部は削平された平場である。西北方へは二メートル下がってから四〇メートルほど尾根曲輪を行くと、三メートル高くなった西のピークになる。西側が三〇センチ低いこの三角状曲輪の一郭は出城形式となっている。西へと延びた尾根曲輪の北側には土塁が認められ、この土塁は岩滑より進んでくる道の方向を向いている。その西側も峠道（岩滑坂）に向って四段の平場を設けている。さらに、西北の峠道を挟んだ向かい側にも四段の削平地があり、両側から道を押えたものと思われる。駐屯スペースとしては砦内のほか、山の南側谷戸部が考えられる。

獅子ヶ鼻砦（第18図）

毛森山より東南へ延びた尾根山の突端を獅子ヶ鼻（あるいは鹿ヶ鼻）といい、家康の「六砦」の一つといっている。『家忠日記』によれば、天正八年六月十一日から「高天神取出場し、かはな取出候」と普請を始め、同月十七日に完成した旨が記されている。獅子ヶ鼻には菊川への渡船場があったというから、この方面の押えとして構築されたもので、大須賀康高の持口という。

保健センター「小菊荘」の裏山にあって岩滑と旧小笠町との境になり、標高四四メートル比高三五メートルほどである。城域は東西三三〇メートル南北七〇メートルで、東側の堀切以東は破壊されてしまった。

最高部は遊具が置いてある所と、西北へ少し窪んでから盛り上がった長さ九〇メートル幅四〇メートルのほぼ蝶花形で、この南半分には西から南に帯曲輪とその下に腰曲輪を備え、西下対岸の四段の平場とともにこの谷戸の防備をしている。西北方は削平された尾根が続くが、その突端近くには直径八メートル高さ四メートルの櫓台があって、この方面の監視をしている。この南下側は広い平坦地で宿営地となりうる。

最高部の東側は六段の小曲輪が階段状に並び、その下の小菊荘よりの登り道は堀切跡である。この東側は二段の小山であるが、その先の遺構は削土により消滅してしまった。『日本城郭大系』によれば、ここにも堀切と平坦地があ

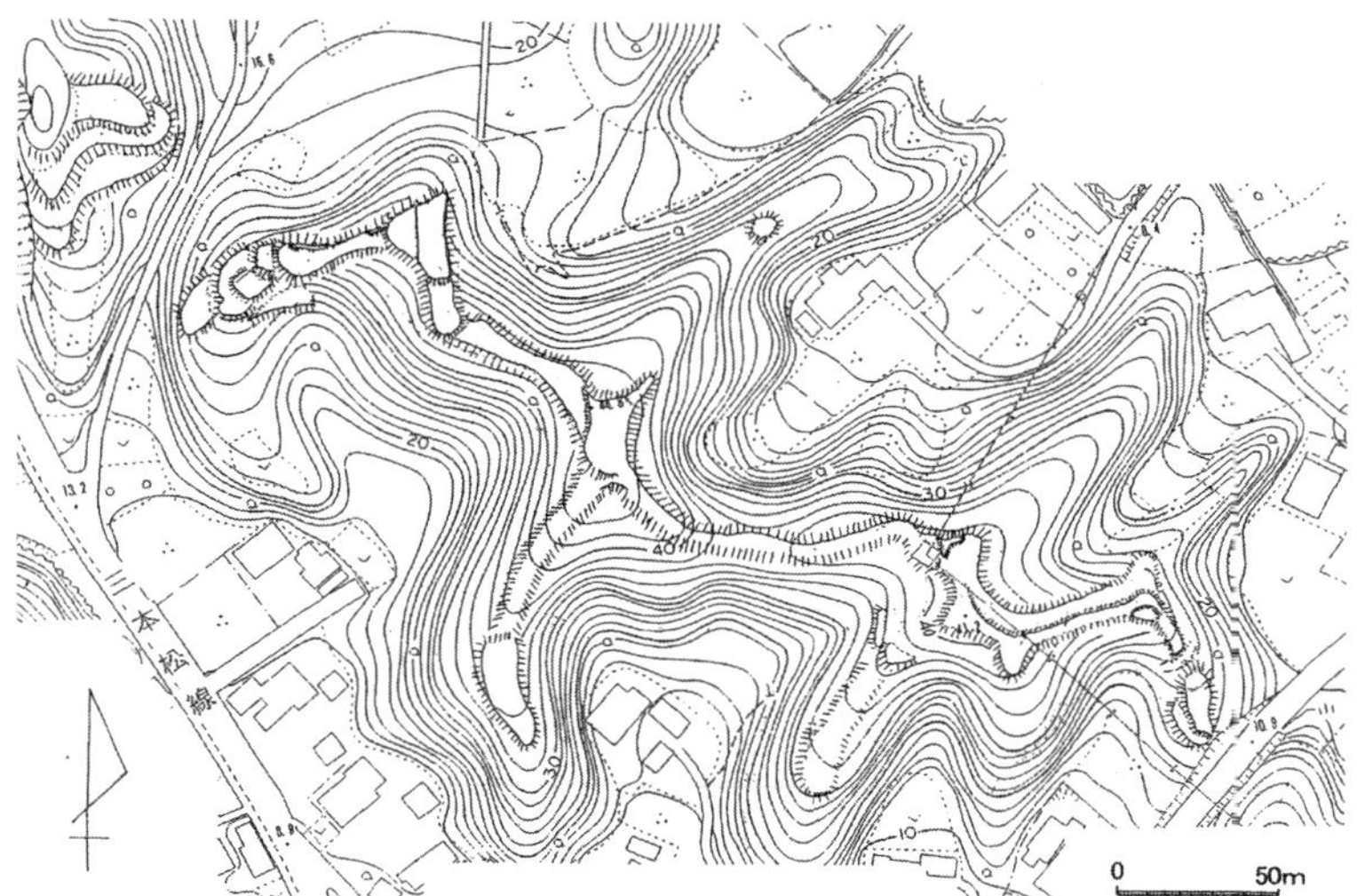

第 17 図　毛森山砦　標高：44.8 m　H20.12.24　土屋比都司作図

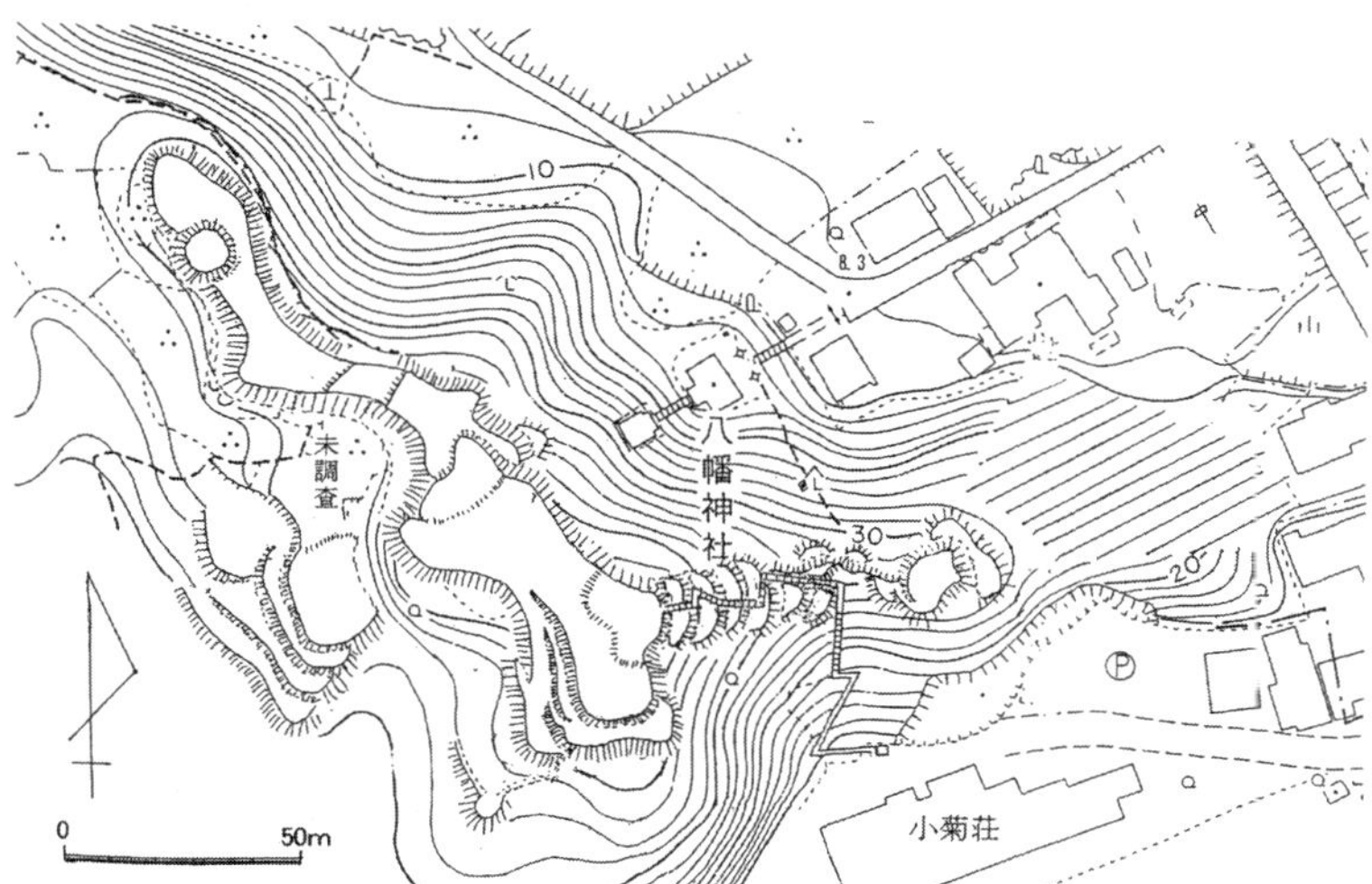

第 18 図　獅子ヶ鼻砦　標高：44 m　H20.12.19　土屋比都司作図

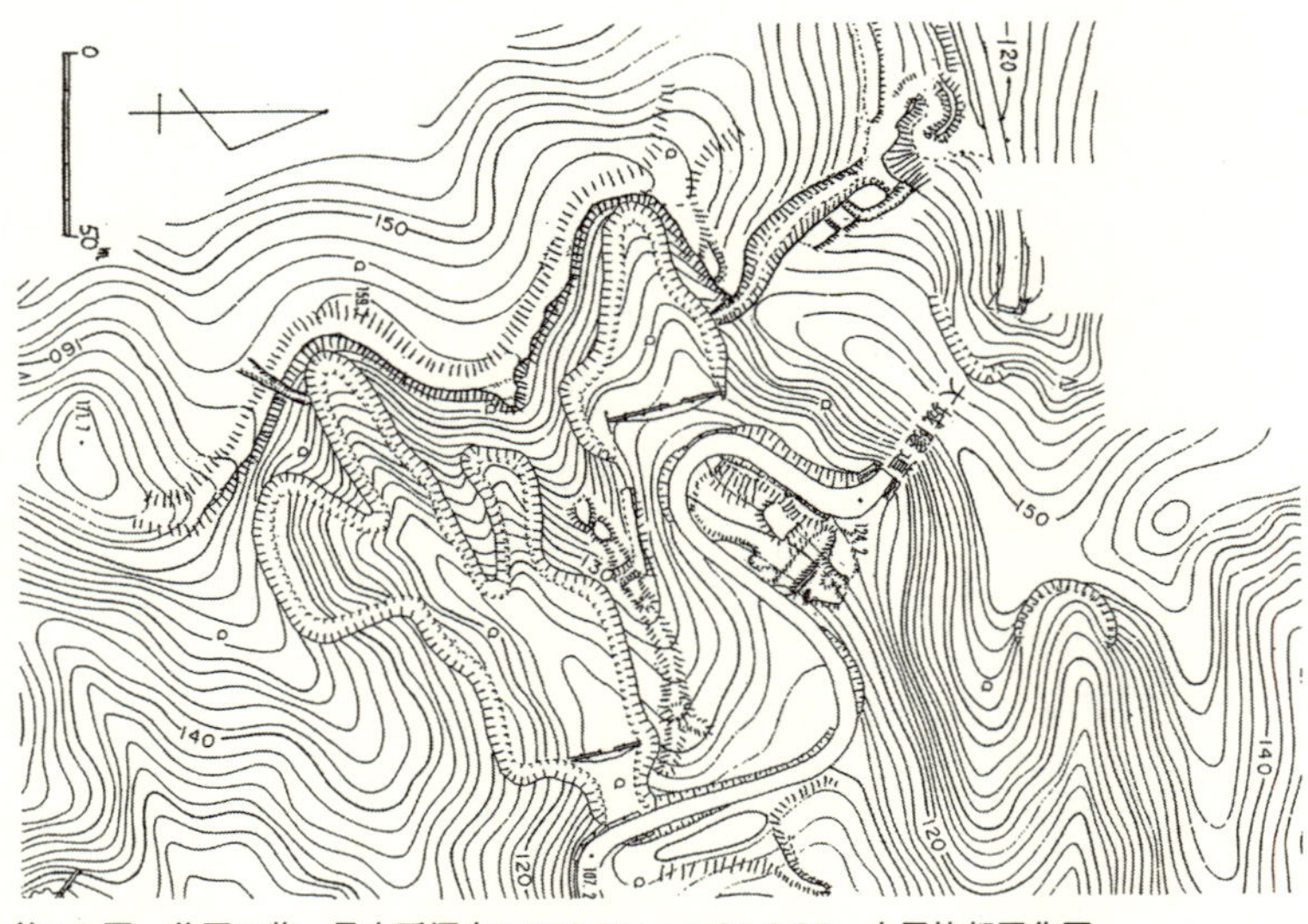

第19図　萩原口砦　最高所標高：163.7 m　H21.3.27　土屋比都司作図

ったようである。

萩原口砦（第19図）

天正六年十一月三日、武田勝頼は横須賀城向いまで出陣したが、様子を伺っただけで退却し高天神城に入っている。このとき勝頼はこの萩原口を通っている。『家忠日記』によれば萩原峠の普請は、天正八年十二月十五日に始まり、同月二十五日からは萩原口東の普請に取り掛かっている。そして翌九年正月六日からも萩原筋の普請にかかり、同月二十八日と二月十日・十一日そして二十七日にも萩原普請は行われている。

現在の峠越えは大城隧道を通るが、旧道はその五〇メートル南西側に残っている。幅四～八メートルの切通しと空堀道で、その西北部には湾曲した土堤があり、道は旧大須賀町大渕から東へ現在の道を上り来て、隧道の手前五〇メートルから右へ入り、湾曲土堤に沿って二度カーブして上ってから空堀道に入るようになっていた。緊急時にはこの道を塞いでしまうつもりでいたものである。空堀道の南方一二〇メートルには幅三メートルの堀切が尾根を長く切断しているから、ここまでの尾根上に兵を置いて警固していたものである。

空堀道の東側は治水工事のために削られてしまったが、隧道東下にある空堀に突き当たってから東の谷戸をほぼ直線に進んでいたようである。その先には尾根が北へ延びて道幅を狭くした所があるので、ここに門を構えてこれより城内と考えたい。

砦の中間より東北へと下る尾根の中腹には、二つの小郭の下に幅五メートルの堀切があり、その堀底よりつながる東西に細長い曲輪が北向きにあって、峠道へと入ってくる者に備えている。『家忠日記』の萩原口東の普請とは、砦門推定地よりこの辺りのことであろう。この砦は林ノ谷砦同様に、大久保七郎右衛門尉忠世の持口であった。

矢本山砦

この砦は、土塁・堀切の類はなく削平地のみのため添付図は作成していないが、その位置から高天神付城として利用された可能性が高い。

竜今寺山（山頂は削平されている）より東北へと突き出た尾根の先端を矢本（谷本）山といい、高天神城の西北方五〇〇メートルの所である。標高一一〇・二メートル比高五〇メートルで、山上から北側と東尾根北面にやや広い平坦地がみられるが、そのほかは自然地形で遺構らしいものはない。萩原峠口から高天神に入るにはこの砦の北下を通るため、天正八年十月からの高天神包囲網の一環として、砦に採用したものと思われる。

この方面は大久保七郎右衛門尉忠世の持口であり、『三河物語』によれば、林ノ谷砦は狭いのではるかに隔たった遠くに陣を取ったと記されているが、おそらくこの矢本山に陣を敷いたものと推測される。『家忠日記』の天正八年十一月十二日には、高天神の北方の「橘ケ谷」で普請をしたとあるが、この橘ケ谷は矢本山か、あるいは北駐車場より北正面の小山（別荘あり）辺りと思われる。昭和十年まで嶺向に残っていたという空堀も、この頃に造られたものである。

林ノ谷砦（第20図）

高天神城馬場平より甚五郎抜道の尾根を一五〇メートル行ったところが林ノ谷砦であるということは、天正二年に穴山信君の家来が、堂の尾曲輪の本間三郎八郎をこの場所か、この西北から北北東に突き出た尾根から射撃して、その射程距離内であることを理由としたが、このほかにも根拠はある。

『三河物語』によれば、林ノ谷砦は急峻で陣を敷く広さもないので大久保忠世は隔たった所（前述の矢本山）に陣取っていたが、林ノ谷には六人交替の番衆を置いておけばよいという、家康からの仰せがあった。高天神城兵が二手に分れて打って出た当日は、大将岡部丹波守と軍監横田甚五郎が林ノ谷へと進んできたため、大久保忠世は弟の平助忠教に十九騎を添えて林ノ谷の応援に差し向けたということである。この後に岡部丹波守を忠教が太刀で切りつけ、寄子の本多主水が首を取ったが、岡部が名乗らなかったために、寄子に首を取られたことを悔やみ、忠世が遣わした応援が到着した頃には戦は済んでいたと記されている。

これにより林ノ谷砦は家康も以前に検分していて、六人の番兵がいれば充分の地勢であり、合戦時の援兵十九人を足しても二十五人で守ることができた要害の地であったことがわかる。

この砦は、標高一四〇・七メートル地点の尾根道を塞ぐ自然地形を利用した砦であり、高天神よりの道は両側が切り立った連続で、砦近くは更に狭い切岸にしている。ここから登った最高部は東西に長く、北側は低い土塁状となる。その東側斜面には五本の連続竪堀を入れ、この東尾根は狭く五〇メートルほどあるが、二〇人位の駐屯は可能である。

この連続竪堀は自然地形に手を加えたもので、蒲原城（静岡市清水区蒲原）の小峰曲輪南側の連続竪堀と類似している。最高部の西側は一度下って一山越えてまた下がり、幅三〇メートル近いケスタ地形が道近くまで迫っていて、ここから砦内と考えたい。南斜面には畑ヶ谷方面からの登り道が堀状に残っている。

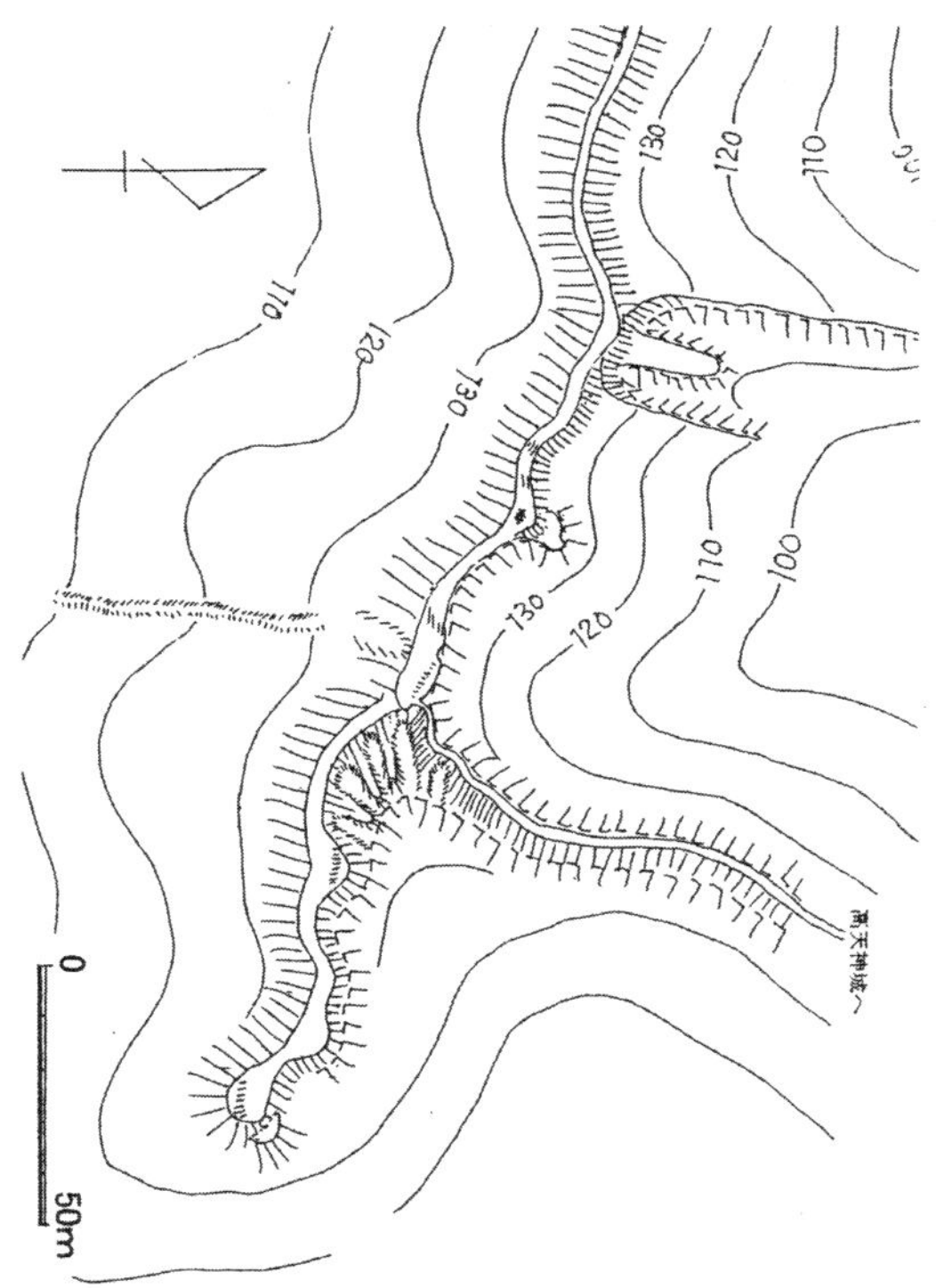

第20図　林ノ谷砦　標高：140.7 m　H20.10.23　土屋比都司作図

山王山本陣（第21図）

『諸国古城之図』の高天神城図には、その東側で信玄陣所の南に「与左衛門郭ヨリ五丁権現様陣城」と記されている。この場所を現状からみると、「御前山」の南にあって山王神社裏の「山王山」ということになろう。主要地方道掛川大東線に面した「高天神城址追手門入口」の道標の建つ北側の山である。付近には東北方二〇〇メートルに戦死者を葬った千人塚、そして西南方三〇〇メートルに平塚刑場跡がある。

標高四六・六メートル比高二〇メートルの最高部は、北と東が斜面になり、西側には一・五メートル下がって南北に幅二メートルの空堀を落としている。その西は広い斜面であるが、北側は平坦になって東から入る食い込みの先は、東西にやはり幅二メートルの空堀が残っている。この北の平場は東北下にもう一段あるが、北側と西側は削られてしまっている。

最高部の東側は、弓なりに下って山王神社上の平坦地に至るが、その南側斜面近くには井戸のような跡がある。南には頂上が削平された丸山があり、最高部との間は階段状の平坦地で駐屯スペースとなっている。

畑ヶ谷砦（第22図）

高天神城の南方八〇〇メートルで畑ヶ谷集会所の西方にあり、西北に延びる尾根の先端部に遺構を残すが、地元ではこの山の名を伝えていない。畑ヶ谷は古名は「旗ヶ谷」であったといい、標高五〇・八メートル比高は一五メートルほどである。

最高部は三方を向いて尾根があり、西北方へ八〇メートル延びた北半分の西側は削られたようである。この尾根は削られたところまでは北向きに土塁状となり、その北東斜面には二条の横堀を入れている。上の横堀の北端近くは土塁幅が広くなり、そこから派生する小尾根には二段の堀切を設けている。

上段の横堀は最高部下で東北尾根に沿って下る竪堀となり、その北西にはもう一本の竪堀を入れている。二段目の横堀の東南端はこの竪堀に交差して終わる。この北西先は一旦途切れてから七〇メートル三段に細長く延び、ここの最高所東北下には東に土橋を残した片堀切が残る。

最高部の南側は、西よりの平場から東南方へ片堀切として入り、その先は西に高い二段の尾根が続く。この先南下は七メートルの急崖で広い平坦地となり、西側にも尾根に沿って三段の平場があるが、この一段目が一番高く曲輪の

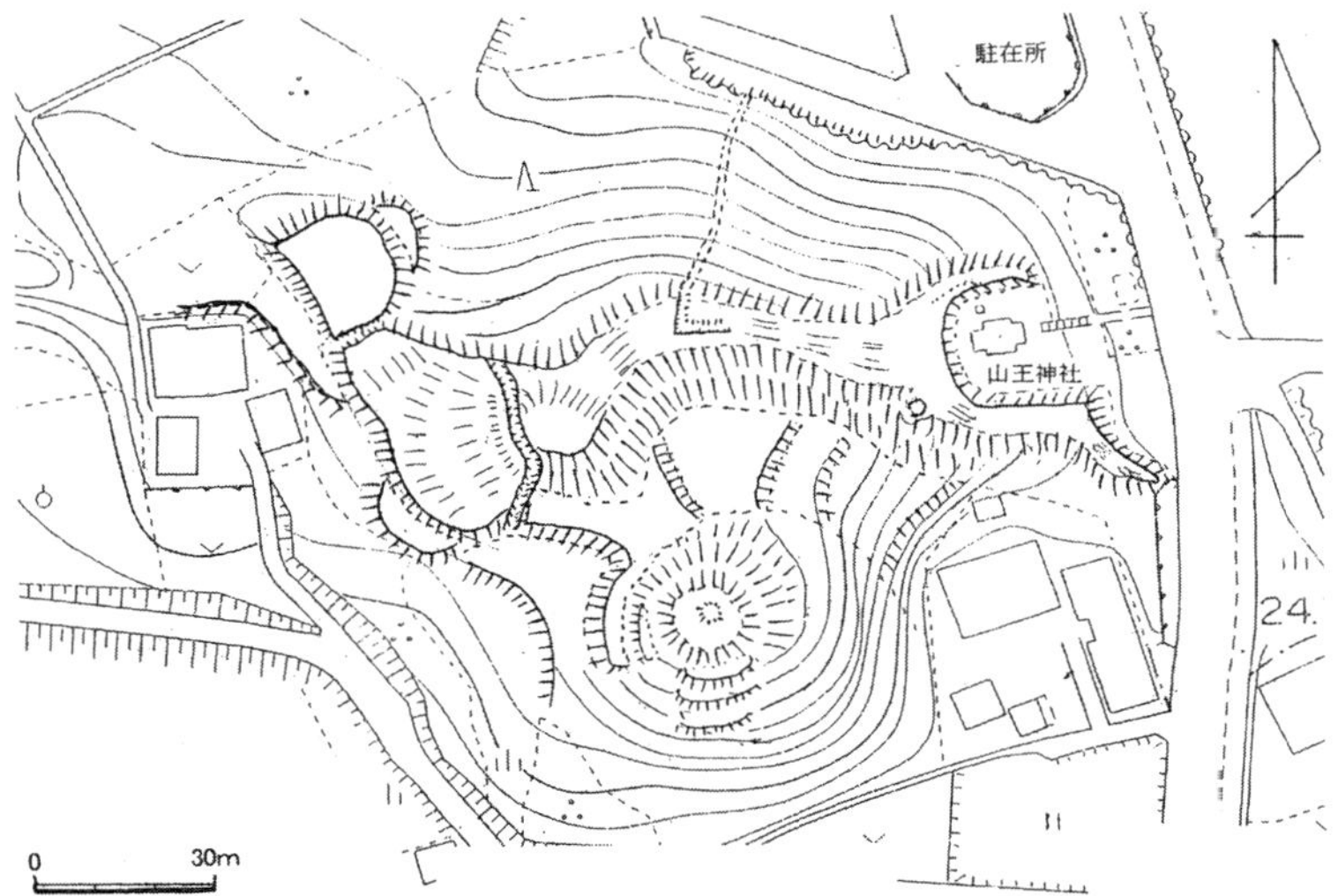

第 21 図　山王山本陣　標高：46.6 m　H21.4.2　土屋比都司作図

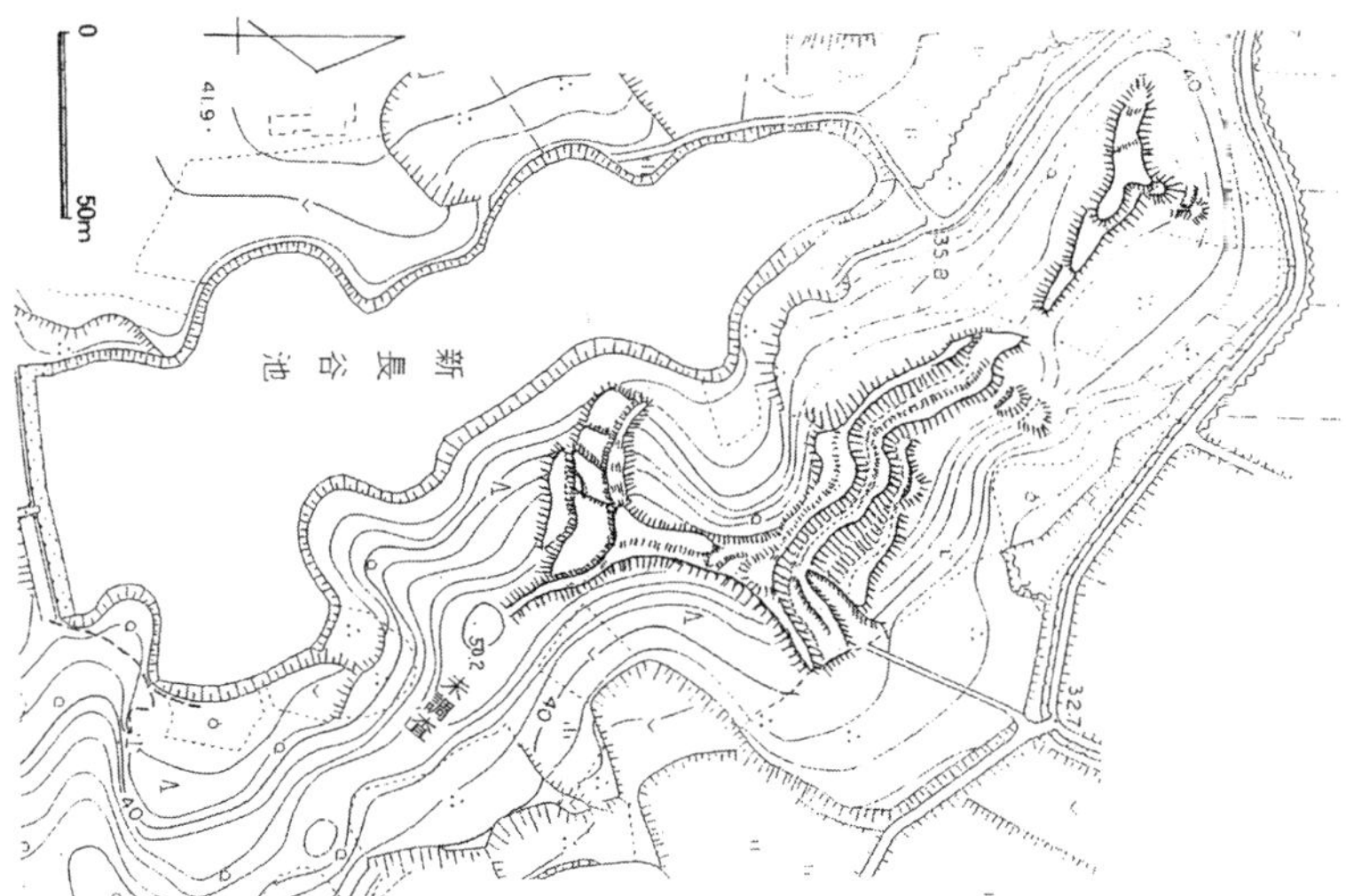

第 22 図　畑ヶ谷砦　最高所標高：50.8 m　H21.3.24　土屋比都司作図

南には土塁があり、その下にも平場があって百人近い兵の駐屯が可能である。その南東続きは未調査である。

この砦は堀と土塁が北を向いて造られ、駐屯地が南側にあるところから、徳川氏の付城であることは間違いないが、『家忠日記』にはみられない。総攻撃体制に入ってからの構築であって、大須賀康高の持口であったというから康高の築城とも考えられる。

中村砦（第23図）

元和八年（一六二二）には、中村は毛森・中方・公文・海戸四ヶ村の総称であったが、慶応四年（一八六八）には毛森村・公文村・下方村・海戸村に分かれ、明治九年にこの四ヶ村が合併して中村となった。徳川家康の「六砦」の一つである中村砦は、この旧下方村にある。

満勝寺の南方三〇〇メートルにある標高二七・五メートル比高二〇メートルの小山を城山と呼んでいる。城山の南側には「城前」、東南部に「城の堀」、東北部に「馬場」、そして東方には「太鼓山」さらに東に「城台」と呼ぶ所がある。若宮神社の後ろからは、尾根が湾曲して満勝寺の裏山（雑賀城跡）に繋がっていたが、破壊されてしまった。

城域は東西一三〇メートル南北五〇メートルと小さいが、東方に延びる二つの尾根の間は海抜十メートル代の平坦地であり、往時ここは船が上陸できる海岸であったと思われる。

最高部は南北二段の三角形で、北側の西面には北下の曲輪に下る道に接して土塁がある。その先の東尾根は中間が掘り切られ、先端は低い土塁が囲んでいる。最後部の東側尾根は五段に削平され、西側は二段に下ってから尾根で若宮神社裏の小山に繋がっている。

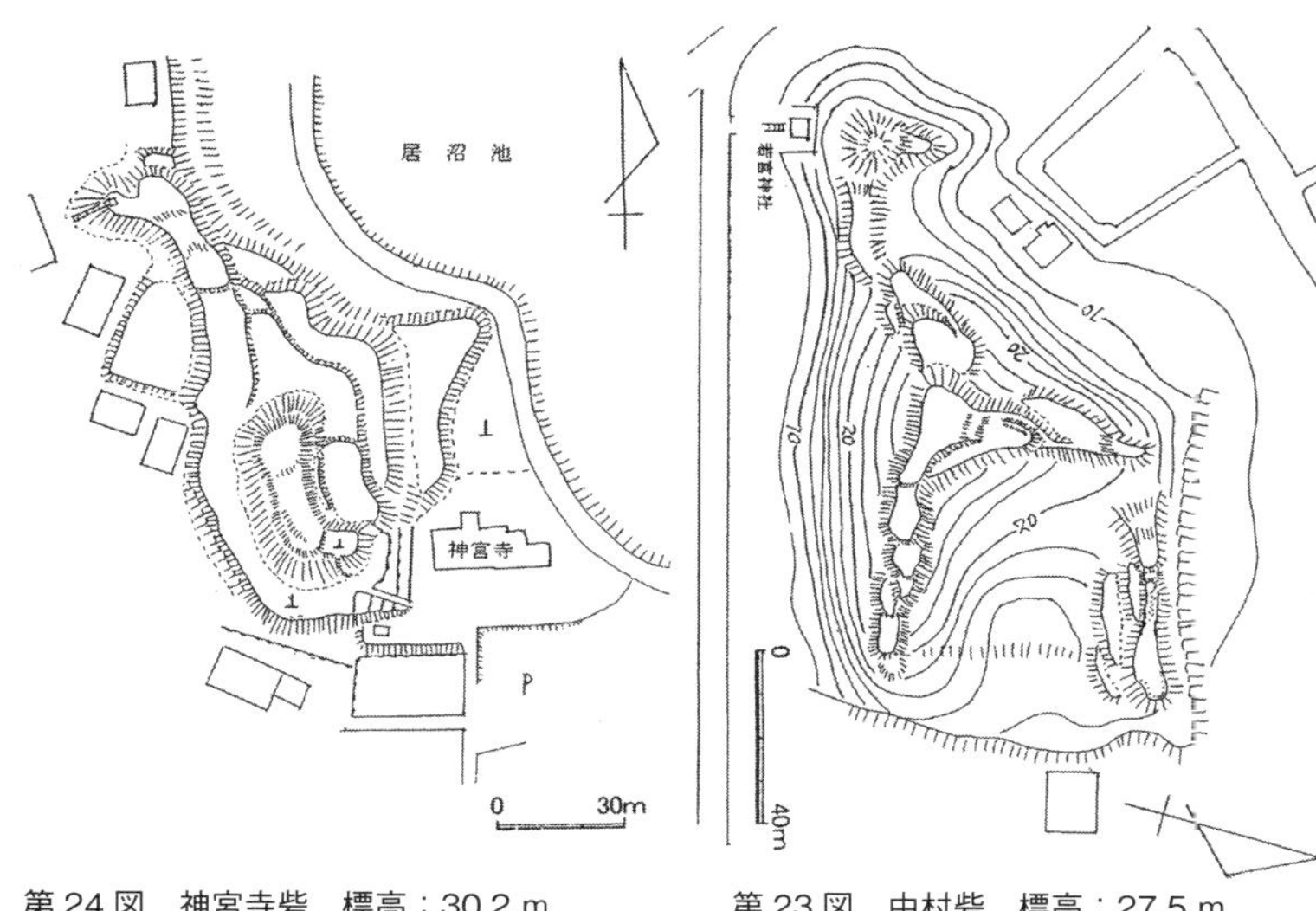

第24図　神宮寺砦　標高：30.2 m
H20.11.23　土屋比都司作図

第23図　中村砦　標高：27.5 m
H20.11.8　土屋比都司作図

神宮寺砦（第24図）

三井山砦の北北東三三〇メートルの神宮寺裏山にあって、標高三〇・二メートル比高は一五メートルほどである。城域も東西八〇メートル南北一〇〇メートルと小さく、最高部は南北に長い南京豆形であるが全面切岸による角はみられないため、この主郭部は古墳を利用したものと思われる。ここの東下には犬走り状になってから二の曲輪があり、その北側に続く曲輪は二段になってから、東へ七メートル下って居沼池に接して三角形の平場がある。この居沼池まで往時は入江があったであろう。

最高部の南から西そして北へと帯曲輪が廻り、その先は一段上ってから櫓台のようになっている。帯曲輪の西南側には削れた面がみえ、三井山から東北へ延びた尾根がこの砦の西南方一七〇メートルのところで終わっているが、往時は土堤で繋がっていて海岸線に沿っていたと考えられる。従ってこの砦は、三井山砦の支砦とみてよいだろう。

この砦に関する文献はないが、この地より居沼池の東北にかけて長い海岸線であったため、この方面の監視のための砦であった。

三井山砦（第25図）

『家忠日記』によれば、天正八年三月十三日に吉田左衛門尉より高天神取出のため、十六日に出陣するよう連絡を受けた。その日に浜松へ行き打ち合わせの上、大坂取出場（三井山）まで来て二十日より砦の普請を始めている。同月二十四日まで続けてから一旦中止し、二十五日から二十八日までかかって中村砦を仕上げてから、翌閏三月二日・三日と再度相坂＝大坂の普請にかかっている。

また同年八月二日には、三井山砦で何者かの放火により地面を焼く火事があり、船にて逃走したことが記されている。『三河物語』は年次比定に矛盾がみられるが、家康の「六砦」のうち中村の二つ（中村・火ヶ峰）と鹿ヶ鼻（獅子ヶ鼻）・能ヶ坂の四つの砦は天正七年に築かれたが、大坂はその前年で、小笠山はもっと以前にあったとある。また同書には、三井山砦に一時期家康の本陣が置かれたことも書かれている。

大浜公園の東側にある三井山は、東方の山王山（烏帽子山）と惣兵衛山を合せて三峰山と呼ばれている。三つの井戸があったからその名があるが、現在その井戸はみられない。標高九〇・三メートル比高は南側で六〇メートルほどで、城域は東西一八〇メートル南北四〇〇メートルと広大で、南側には牛切沢が北へ深く入り、東へは風呂ノ谷が東へ大きく食い込んでいる。

城跡は大きく三段になっていて最高部が北にあり、その南側にある土塁で囲まれた遺構は南に段差をつけている。このため、城内の三分の二は広い平坦地の駐屯スペースとなるが、ブッシュがひどく未調査部分が多い。

西側大浜公園よりの接続部は自然の谷戸を削った堀切道になっており、現在は陸橋で中段のやや広い曲輪に出ることができる。その下は二段であり、上の方五段目が最高部であるから、この堀切道に面して七段の帯曲輪が向いていることになる。最高部北側の西面には土塁があり、その南は西下からの虎口であったような遺構がある。さらに西南

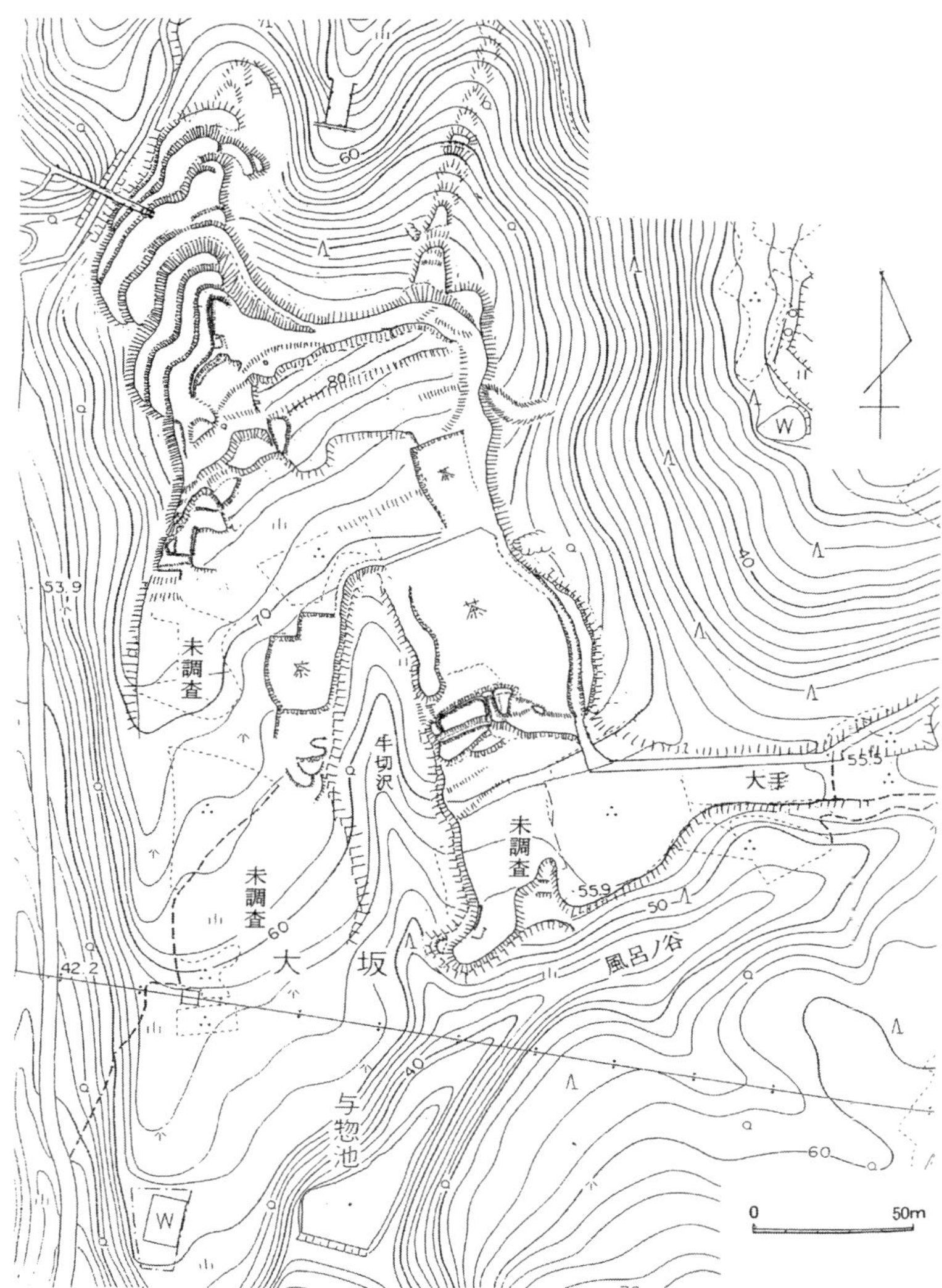

第25図　三井山砦　標高：90.3 m　H20.11.23　土屋比都司作図

に延びる土塁の東下には、小堀切が沿ってある。

最高部には、現在大手方向にある大日堂がこの地にあり墓石が集積している。現在の大日堂と観音堂との間には、以前岩岳寺という寺があったが、そこに移る前は最高部南側にあったらしい。最高部東側は下がってから東から南へと大きな土塁状でカーブして、北側へ延びる尾根には一ヶ所堀切を設けてから延々と神宮寺砦の手前まで延びている。最高部南側の東半分は自然の傾斜地であるが、西側は数段に削平され、南南西に突き出た細尾根は切断されている。この残り尾根南側に空堀があり、切断部東側にも南北に小土塁がある。

昭和四十一年発行の『大浜町誌』掲載の「三井山付近旧跡図」によれば、最高部の西北堀切道との間に「三日月池跡」、東側に「池跡」、南側に大きく「三日月堀跡」、牛切沢西北部に「堀跡」を記すがいずれも現在は確認されない。牛切沢には以前屠殺場があって北の隅から泉が湧き出ていたらしい。

牛切沢の東側は南に延びる自然の大土塁があって、その先端は七メートルの空間を設けてから、東西に長い土塁で囲まれた曲輪と、東には北に土塁を付ける片堀切を挟んでさらに三角状平場と、その先には残欠土塁を存している。この縄張状況をみると、この部分は牛切沢に面した搬入口であって、南方の浜野浦から荷揚げされた物資は大八車のようなもので、与惣池（山王池＝後世の灌漑用水）から牛切沢へと運び、ここから城内へと搬入したものと考えられる。この東方は風呂ノ谷により狭められた大手口であり、その先の矢崎部品㈱の所は海抜九・三メートルであるから、この近くまで菊川入江があったことになる。

大手口は、この入江より観音堂（太田集会所）の前から南側を西へ、大日堂への階段を上ってから堂の南を西へと進んだ（現在は消滅）もので、大坂製茶工場西南から上る農道は切り開かれたものである。

芳峠砦（第26図）

芳峠は北と南と二ヶ所ある。北の峠は畑ヶ谷から西方へ途中星川からの道と合流して、林ノ谷砦の南から東大谷へ抜け出る道で、南の峠は三井山から北西へ行ってから北上して北の峠からの道と合流している。どちらも緩い登り道であるが、北峠には山峡がなく砦跡はみられないが、南の峠には山峡部分に道を塞ぐ砦遺構が認められる。しかし、明治二十二年測量図をみると、北の峠は畑ヶ谷よりほぼ直線的に進んでいるが、現在はかなり曲折して切り開かれているから、旧道に沿って調査すればみつかるかもしれない。

南の峠道は砦下（北側）で標高約一〇〇メートルであり、砦の最高所標高は一一四・四メートルの自然地形であるが、宿営地とはなりうる。最高所より東北へ三メートル下がった、尾根を平らにした一郭が主郭であり、その西北には土橋を残す片堀切があって、その先は東北側を土塁状にした一四メートルの尾根で終わる。この北下には峠道に沿って細長い腰曲輪を三五メートル付設している。

西側は下り尾根で、その南側には空堀が途中まで東へと上っているが、以前にはこの空堀は土橋のある堀切のところまで達していたものであろう。主郭の東側は大きく三段になり、この東へ下がったところにも峠道に接するやや菱形の曲輪がある。そして、東南部の谷戸も駐屯スペースとなりうる地勢である。

星川砦（第27図）

城跡は、高天神城の南南西八〇〇メートル畑ヶ谷砦の西方六八〇メートルの字星川の山頂にあって、標高一〇四・二メートル比高は五〇メートルほどである。城山は、東に下って一三〇メートルの尾根を派生していて、こちらの標高は約七一メートル比高は二五メートルほどである。

最高部より西側には、尾根があと六〇メートルくらい続いていたのが土砂採取のため削られ、また東下曲輪との間も上土方工業団地線道路延長工事のため分断されてしまった。鈴木東洋氏の図(23)によると、削られた両方の部分には堀切があったようである。最高部は南に高い斜面であり、その北の突き出し尾根は大きく八段に削平されていて、西下の北向き谷戸に対して西側対岸にも二段の平場がある。

東下曲輪は細くなって、一旦途切れてから先は南へ三段になり二段目には東西に空堀がある。三段目のやや広い平場の南には長さ十メートルの土塁があって、その先はだらだら下りの尾根である。三段目の東側は一段下がって虎口の土塁があり、道は南の谷戸へと下りているからここが大手口であろう。東下曲輪の最高所（一段目）は東北へ下った尾根が東へ延びて、大手登り道を正面から狙える位置にある。その北下にも平場を設けている。現在は北側にだけ茶畑があるが、以前はこの反対側南斜面も茶畑であって、この両茶畑部分の遺構は破壊されたが大手口が残ったのは幸いであった。

この砦は山の北側に平場を設けているが、最高部の北側が土塁状である点と、大手口より東下曲輪に入ってから山上へと登ったことを考えると、南に対して備えた砦ということができる。この砦からは、北側の山が邪魔して高天神城を見ることはできないから、徳川方の付城ではない。従って高天神の支城として、高天神根小屋防衛のための砦と考える。

まとめとして

徳川氏の高天神城に対する付城は二段階になっている。天正三年の長篠合戦で勝利した徳川氏は攻勢にでて、同五

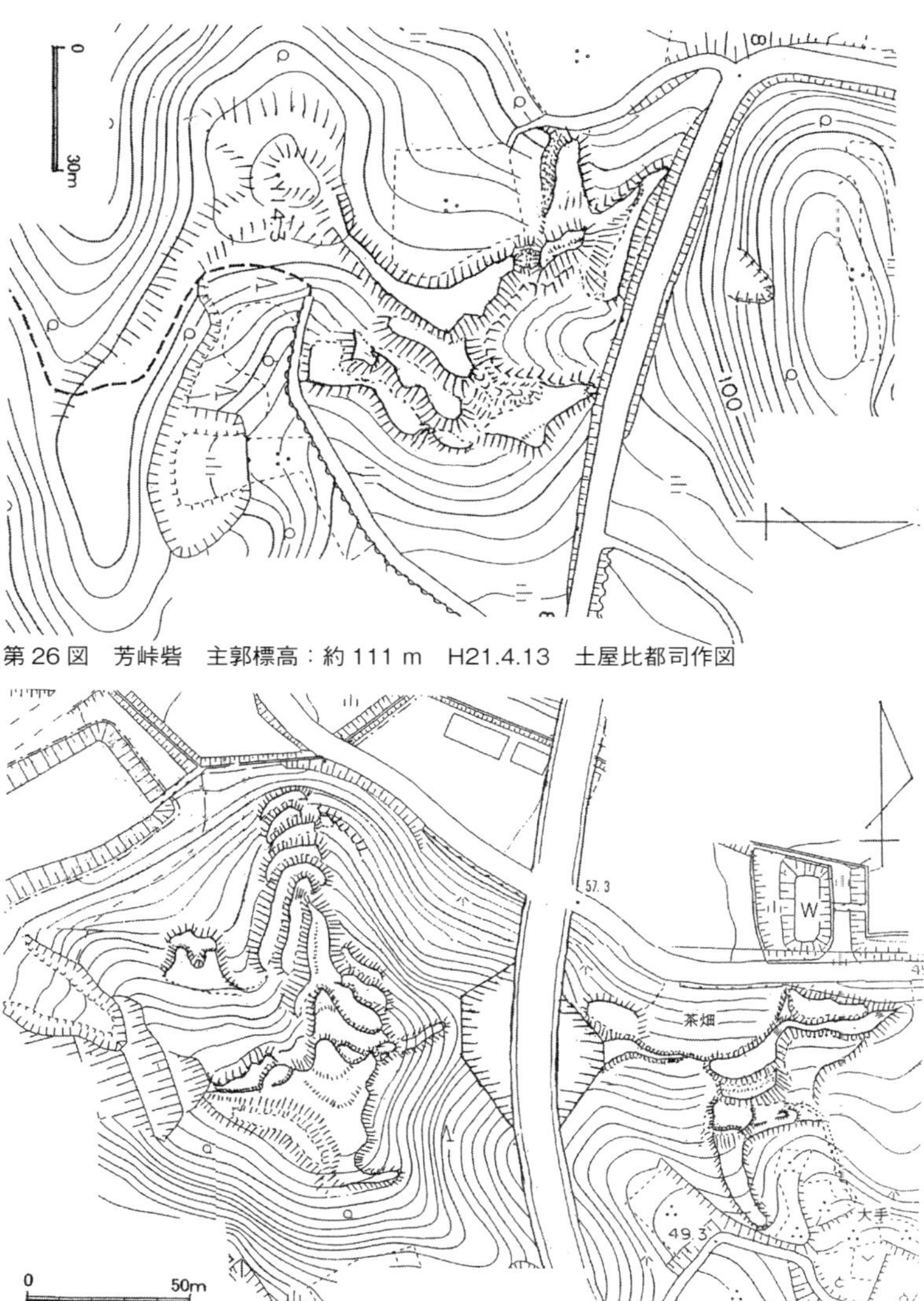

第 26 図　芳峠砦　主郭標高：約 111 m　H21.4.13　土屋比都司作図

第 27 図　星川砦　標高：104.2 m　東下尾根標高約 71 m　H21.4.23　土屋比都司作図

年頃から付城を構えるようになるが、その縄張は多分に、武田方が後詰の際に幕営地とする東方の塩買坂を意識したものであった。塩買坂と高天神の中間にあって、宇峠・能ヶ坂・火ヶ峰(2)・毛森山・獅子ヶ鼻・安威・岩滑・三井山の各砦は、東及び北を向いて造られている。これには当地特有のケスタ地形が選地に幸いしたところもあったろう。

天正七年までは、武田勝頼の積極的な後詰がみられたが、甲越同盟による甲相同盟の破棄によって事情は一変してくる。翌八年十月から家康は武田氏が北条氏との抗争に手一杯で、遠江侵攻はないとみて高天神仕寄を狭めて強化に乗り出す。林ノ谷は既に、天正二年の武田氏による高天神攻めにも使用されていたが、そのほかに畑ヶ谷・山王山・矢本山の各砦を構築して直径一・二キロメートルまで接近包囲し、堀・土塁・柵等で繋いで鳥の通いもできない状態にしたのであった。

岩井寺砦と星川砦については、その位置と縄張から高天神支城としたが、このほかにも、徳川方の付城とした砦のなかには同じ支城であったものもないとはいえない。支城であれ、天正八年十月以前の付城であれ、東及び北を向いて築かれたのは同様だからである。

この頃の徳川氏付城に共通する縄張の特徴に、片面に土橋（土塁）を残した「片堀切」があげられる。小笠山・三井山・能ヶ坂・芳峠・畑ヶ谷・安威・火ヶ峰(2)で確認され、獅子ヶ鼻の堀切も明瞭ではないがそれに該当するかもしれない。

この度、高天神周辺の踏査により本報告のような成果を得たが、個別の砦についてはまだまだ未発見のものも多々あることであろう。また今回、『城館跡』に載っていても遺構がなかったため取り上げなかったものに、日向・中河原・釜田・帝釈山の各砦、一帯がブッシュのため踏査ができなかったものに田ヶ谷砦、全壊されていたものに西ノ谷砦がある。そして、八相寺館・高瀬城山・雑賀館については、高天神城とは無縁のものとして取り上げなかった。

高天神付城については今後とも研究対象としていきたいが、広く関係する皆様方のご教示とご指摘を仰ぐ次第であります。

註

（1）大塚勲著『駿遠中世史雑考』（旭出版、二〇〇六年）。この稿は『地方史静岡』第二六号に発表したのを訂正加筆したものである。
（2）『藤枝市史研究』第二号、二〇〇〇年。
（3）黒田基樹著『戦国期東国の大名と国衆』岩田書院、二〇〇一年。
（4）日本法律家協会機関誌『法の支配』第七八号。
（5）第四号「仮称毛森山砦」（一九七六年）、第六号「小笠郡小笠町の古城、館址」（一九七七年）、第一二号「高天神を囲む城砦群」（一九八〇年）、第一四号「高天神を囲む城砦群㈡」（一九八一年）、第一九号「高天神城ゆかりの武将の「館」」（一九八三年）、第二四号「高天神を囲む城砦群補遺―星川砦」（一九八六年）、第三〇号「高天神城的場曲輪虎口門柱穴遺構について」（一九八九年）などがある。
（6）ふるさと双書④『大東町の地名』（大東町教育委員会、一九九七年）。本書は地名についてよくまとめられており、本稿が依拠するところ大である。
（7）『浅羽町史』資料編一第2部第2章、系図・家譜・記録所収。
（8）興津氏を水軍としたのは、大石泰史氏の「興津氏に関する基礎的考察」（所理喜夫編『戦国大名から将軍権力へ』吉川弘文館、二〇〇〇年）であった。この中で大石氏は、後世高天神城が重要拠点として伝えられたのは、武田時代の合戦における堅固な城という点のみならず、交易が活発に行われて富が集中する笠原荘を支配していたからではなかろうかと述べている。卓見と思われる。
（9）『静岡県の地名』（日本歴史地名大系⑴、平凡社、二〇〇〇年）。鼻連崎が現在の花面橋とするのは同音のため問題ないと思うが、ここにすると中村砦との間が五〇〇メートルと狭くなるため、実際は菊川改修前でもっと南側にあったと考えられる。

(10) 榎原雅治著『中世の東海道をゆく』(中公新書、二〇〇八年)。
(11) 鴨川達夫著『武田信玄と勝頼』(岩波新書、二〇〇七年)。
(12) 柴裕之「戦国大名武田氏の遠江・三河侵攻再考」(『武田氏研究』第三七号、二〇〇七年)。
(13) 『高天神記』等に記す元亀二年の状況は、同三年十月のものとみてよいだろう。塩買坂の陣場については静岡古城研究会『古城』第五一号の増田誠「武田軍の塩買坂陣場の全容」を参照されたい。
(14) この辺の武田・徳川の争いについては註(1)書掲載の「依田記」を参考とした。
(15) 土佐国蠹簡集残篇七『戦国遺文』武田氏編二九八七号。『静岡県史』資料編中世四―一三一八では、これを天正八年としている。
(16) 『岩波日本思想大系』第二六巻、一九七四年による。
(17) 筆者はこの道に挑戦してみたが、途中のすごいプッシュで断念した。
(18) 一連の本丸ゾーン発掘調査報告については、成稿時に報告書が未刊であったため、掛川市文化財係前田庄一係長にお願いして説明をうけたものである。記して謝意を表したい。
(19) 本件は平成十七年度静岡古城研究会研究成果発表会での鬼沢勝人氏の発掘調査成果報告に基づいている。
(20) 『戦国史城』によれば、小笠原右京進氏義の後裔が現在の尾白卓也氏宅といい、屋号も「右京ヶ谷」というとあるが、この屋号は現在尾白家の西南六〇メートルの杉森正春氏の屋号となっている。この畑ヶ谷平野部は、「門口」の西南四〇〇メートルに畑ヶ谷古墳(消滅)があったことからも、古くからの集落であったことがわかる。
(21) 註(9)による。
(22) 註(6)による。
(23) 註(5)の第二四号星川砦の図による。

Ⅳ　武田勝頼と新府城

山下孝司

一、新府築城と勝頼

武田勝頼によって新府城が築かれたのは天正九年（一五八一）のことである（「出浦右近助昌相伝真田昌幸書状」『長国寺殿御事蹟稿三』所収文書、真田宝物館蔵）。天正元年（一五七三）武田信玄の跡を継いだ勝頼は、天正三年（一五七五）に三河の長篠城（愛知県新城市）攻略において、織田・徳川連合軍と攻防を繰り広げ、設楽原（愛知県新城市）に敗戦する。この長篠の戦い後勝頼は天正五年（一五七七）に相模の北条氏政の妹を娶り同盟を結び、天正七年（一五七九）には上杉謙信亡き後の相続争いで主権を握った越後の上杉景勝に妹を輿入れさせ、北信・西上野を割譲せしめ甲越同盟を結ぶなど、近隣諸国と積極的な外交政策を展開する。しかし、景勝との相続争いに敗れた上杉景虎は北条氏政の弟であったことから、結果として甲越同盟は甲相関係に亀裂を生じさせることとなり氏政は徳川家康と結び勝頼に敵対するようになる。さらに天正八年（一五八〇）には織田信長と対立していた本願寺光佐（顕如）が信長側と和睦し、信長の矛先が武田氏に向けられるようになり、勝頼は関東を制覇する北条氏政、東海の徳川家康、甲信侵攻を狙う織田信長たちに直接対峙しなければならなくなってくる。このような情勢のなか、新府築城は断行された。

新府築城にかかわる史料は非常に少なく限定されており、武田勝頼が新府城を築いた理由を追究することは困難であるが、『甲陽軍鑑』の品第五十七には、「一、其年七月穴山殿御異見に、信長・家康次第にふとり、遠州きとうぐんもはや当三月家康にとられ給ふ。其上北条氏政敵にて候へば、以来は信長・家康・氏政ひとつになり、働申候はゞ諸方の御敵蜂起いたし候はん事疑なし。左様に候はゞいづれの敵に向ひ給ふ事も成まじく候。越後と御一和にても謙信の時ならば信長・家康・氏政三人にも勝なさるべく候へ共、今景勝は若候間、なきも同意ニ候。当方によき御城を一ツ御構あるべく候。信玄公御武勇私ならざる故、御座敷構迄にて御座なされ候。甲州四郡の内に御城無之候儀は、信玄公御武勇と申内に戒力ヲもつて如件。乍去信玄公御憶意にも一とせ輝虎と信長と家康と氏康存生の時、小田原より使をまはし給ひ、四人申あはせたるときこしめし、駿河に久能、甲州郡内にゆり殿、信濃にあかつま三処の名城を信玄公御覧じ立られ候は、御籠城有べきとの事なり。其時謙信武弓取故、四人組て信玄一人を倒ても、信玄は四人かけと末代までいはれてはとて、謙信無事を破候に付而何事なく候。次ノ年氏康他界也。今は輝虎の様なる弓取諸方の大将にも無之候と穴山殿御らるゝに付、勝頼公尤と思召、同年七月より甲州にら崎に新府中を取立給ふは、武田の家滅却のもと也とは後こそしられたれ。」と、穴山信君の進言に勝頼が決断して新府を築いたことが書かれている。

しかしながら、信君は天正十年（一五八二）に亡母南松院殿の一七回忌法要の際に、「且本州ノ太守勝頼公、在其位巳十歳、常用讒人乱、不聴親族諫、去歳秋之孟、壊古府、欲築新府、古府已破、新府未成、今茲春之季、敵軍雲如起遍四辺、吁呼天乎、一族士卒、不動干戈、一時離散、主亦出奔、雖高々峰頂、主不露頂、重義軽命之士、箭鋒相拄欲討之、守無路潜蹤、終自殺亡国者守也」と、勝頼に対する批判を行っており（「南松院十七遠忌之香語」『甲斐国志』巻之百二十一　附録之三）、讒臣を用い親族の忠告を聞かずに新府を築いたと言っている。

新府築城の要因を勝頼に同調する家臣らによるものとするのは、『甲陽軍鑑』品第五十七の別の箇所にもみられ、

「勝頼公此新府中を取立給ふ事、甲州一国の内に能城のなき事、信玄公御無分別にて堀一重の屋敷構に御座候とて、日本にはゞかり唐国まで御覚ゆ、しき大将の法性院信玄公を非に御覧ぜられ、勝頼公を始奉り長坂長閑・跡部大炊ノ助・秋山摂津守・典厩各信玄公の是ばかり御過なりなンど、御譏なされて此城を取立、半造作と有て爰を捨給ひ、古府中へ御帰ある事弓矢取ての悪名なり。」と、勝頼や長坂釣閑斎・跡部大炊助らが信玄を非難し、甲斐国内によい城がないことから新府城を取立てたと書かれている。

奸佞の臣の言動によって築かれたとする『甲陽軍鑑』の主張は、その後に影響を与えたようで、享保十七年（一七三二）成立の『甲州噺』と宝暦二年（一七五二）成立の『裏見寒話』では長坂・大炊両氏の伝言を受け、天明六年（一七八六）ころ成立の『甲陽随筆』では穴山氏の意見、嘉永三年（一八五〇）成立の『並山日記』では勝頼の思い立ちによって新府城が築かれたとしている。

これらの文献は「南松院十七遠忌之香語」を除くといずれも近世のもので武田氏滅亡後のものであり、新府築城の要因に関してどれほどの信憑性があるのか疑問ではあるが、勝頼は家臣の意見などによって俄かに築城を開始し、それがために武田家は滅亡に追い込まれたとする見方となっている。

一方、同じ地誌類でも『兜岩雑記』（作者成立年代不詳）は様相を異にしている。そこには、「偖天正九年夏四郎勝頼御親類中を城内に被召寄被仰出ける様、尊父信玄兼て被仰置候並（韮カ）崎之城の事、早速築可然と被仰けれは、御一門中も誰か壹人否申者なく、然へく由各々相談相究りける、依て其年御普請始り、年内中に館一棟御建被成、同年極月廿四日に御移徙有けるなり、明れは天正十年新玉の年立帰り、猶々御普請可有旨夫々に被仰付ける、一門の面々承知有て皆帰城に及びける、…（略）…長閑斎進出て申上けるは、如此櫓一ヶ所無之城にて大軍を防ん事中々思ひも寄らす御評義被遊候共無益の事也」と、信玄が以前より指図をしておいた韮崎城というふうに出ており、新府建設は信玄の時に計画され勝頼の代になって実施されたことになっている。『兜岩雑記』だけは、新府築城は信玄時代に計画があり勝頼がそれを実行に移したという図式で描かれているのである。

この記事が確実性のあるものかどうかは定かではないが、武田領国全体を見渡した場合、甲斐一国だけの府中であれば躑躅ヶ崎館（武田氏館跡、山梨県甲府市）で十分であろうが、甲斐・信濃（長野県）・西上野（群馬県の西側）・駿河（静岡県）さらに遠江（同）・三河（同）を含めた広域的な範囲を統治するためには、新しい府中の建設は武田氏にとって不可欠であったと思われる。

実際は新府築城以前には、勝頼は天正四年（一五七六）に武田氏の本拠躑躅ヶ崎館の詰の城である要害城（甲府市）の修築を帯那郷（同市上帯那・下帯那）に命じ（三枝家文書『山梨県史』資料編４中世Ⅰ　七〇六号文書）、また天正七年（一五七九）には、留守を預かっていた跡部勝忠らに要害城の用心に念を入れることを陣中より指令（「甲州古文書」『甲府市史』史料編第一巻原始・古代・中世　六八六号文書、同六八七号文書）するなど、本拠地甲府の防備の要となる城郭の再整備や防御体制の強化を推し進めていたので、信玄の段階で新府の構想があったかどうかわからない。けれども、この時期には織田信長による安土城の建設が行われており、勝頼は天正四年（一五七六）に着工され同七年（一五七九）に完成した安土築城を知り、防御上・戦略上・領国経営上などの観点から、武田領国の中心となる新しい城を築くに至ったとは考えられないであろうか。信長は新府城建設を情報として知っていたよう（「徳川黎明会所蔵文書」『甲府市史』史料編第一巻原始・古代・中世　七六四号文書）なので、勝頼もまた敵城の情勢を把握していたことは想像に難くない。

二、新府城跡

新府城は山梨県韮崎市中田町中条字城山に所在し、八ヶ岳からのびた七里岩台地南端西縁の「西の森」と呼ばれた小山（小円頂丘）上に占地する。標高は五二四メートルで、西側は釜無川によって浸食された崖となっており、比高差一二九メートルの崖下には旧甲州道中が通り祖母石の集落が形成される。東側の台地上つづきには原路と呼ばれた脇往還が南北に走り、中条上野の集落が広がっている。城は山頂の本丸を中心に山麓にかけて各所に遺構がみられ、ほぼ全山が城郭として整備されている。

本丸は東西九〇メートル、南北一五〇メートルの規模でまわりを土塁が囲み、土塁の数箇所には開口部があって腰郭や他の郭に通じており、特に南西隅は「蔀の構」と呼ばれる虎口空間となっている。中央東側には江戸時代に祀られた藤武神社が鎮座し、その東側の山腹には石段の参道がある。

本丸の西側に位置する二の丸は土塁に囲まれた東西七〇メートル、南北五五メートル程の広さで、東側が約二〇メートルの幅で一段低い。西端は七里岩の急崖で、二の丸の南と北側には一段低く郭が付設されている。本丸と二の丸の間には土塁で画された東西二〇メートル、南北五〇メートルの長方形の郭が南北に二つ並んでいる。

本丸から南側に一〇〇メートル程離れた中腹にある三の丸は、南北一〇〇メートル、北辺の東西一三〇メートル、南辺の東西七〇メートルの台形状の郭で、南北方向にのびた中央の土塁によって東三の丸と西三の丸に分断されている。西三の丸の西側五メートル下には東西四〇メートル、南北五〇メートルの三角形状の平坦な郭がある。

東南端の中腹には大手があり、内側が高く大きな土塁で外側は低い土塁がコの字形に向かい合い虎口にズレのある

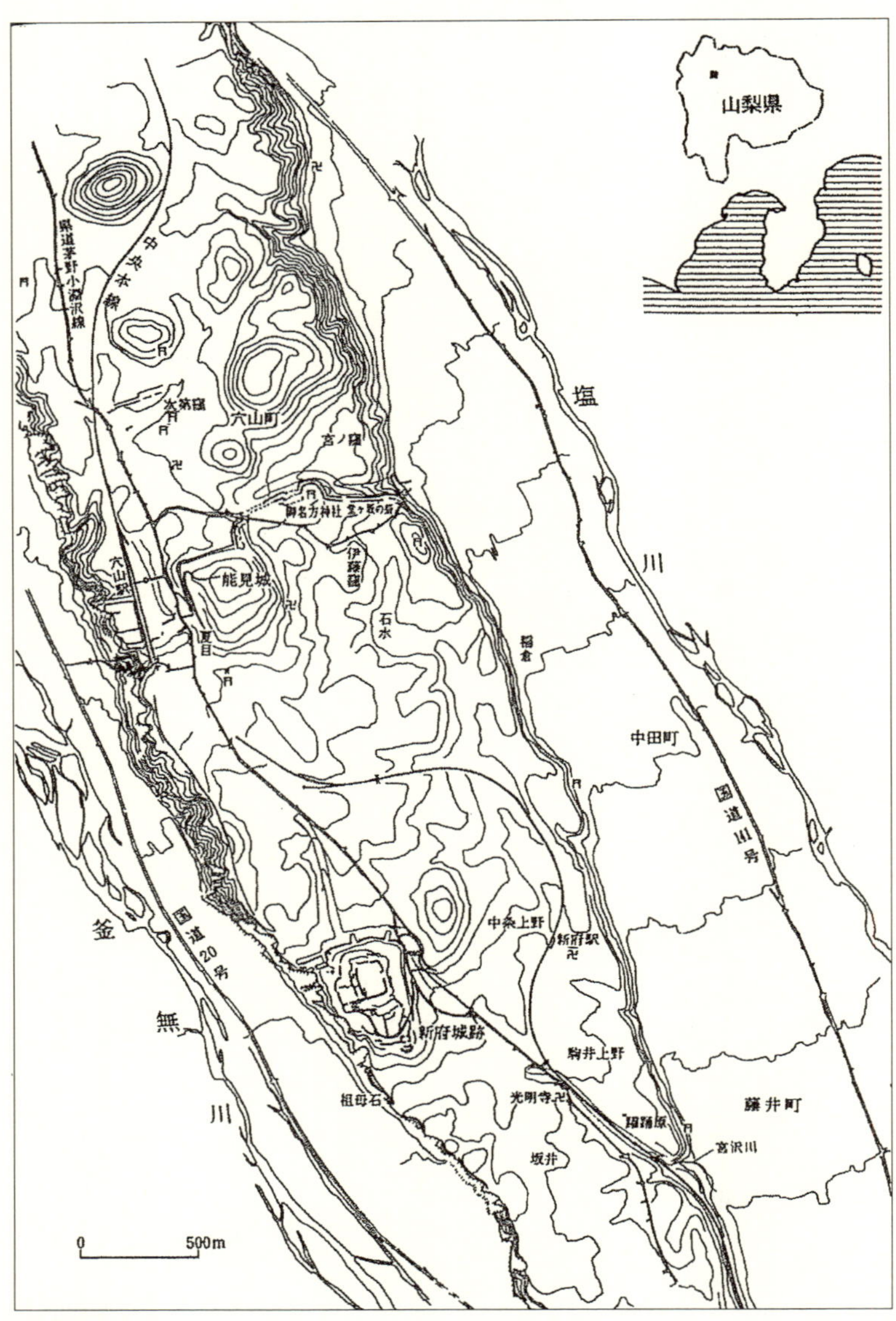
山梨県
県道茅野小淵沢線
中央本線
穴山町
次第窪
宮ノ窪
御名方神社
伊藤窪
穴山駅
能見城
夏目
石水
稲倉
塩
川
中田町
国道141号
中条上野
新府駅
新府城跡
駒井上野
釜
国道20号
無
川
祖母石
光明寺
藤井町
宮沢川
坂井
0
500m

新府城跡位置図

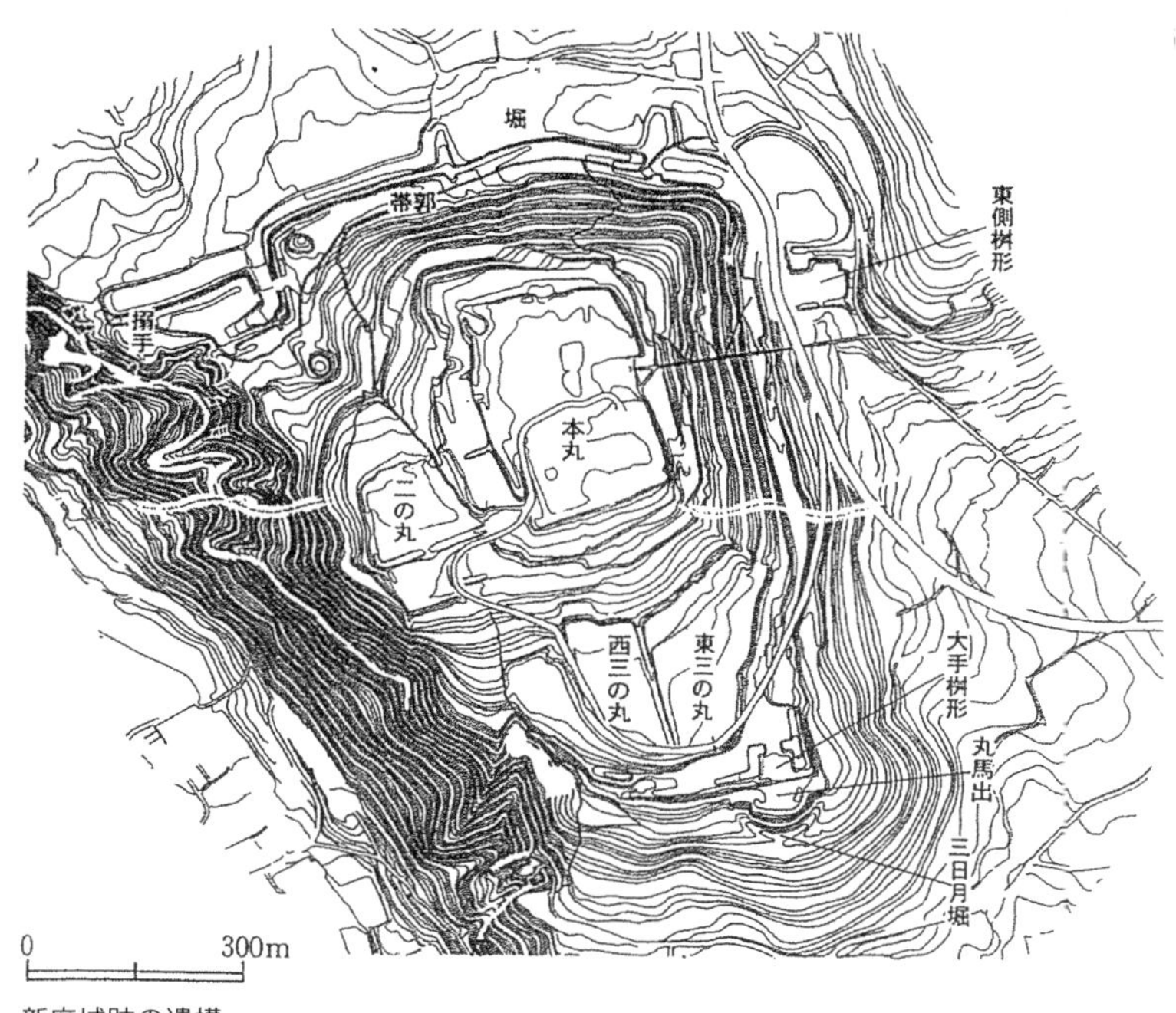

新府城跡の遺構

東西二〇メートル南北一四メートルの空間をもった桝形と、東西三〇メートル南北一五メートルの広さで外側に低い土塁のめぐる丸馬出、さらに約一〇メートルの比高差で長さ六〇メートルあまりの三日月堀で構成されている。

北西隅にある搦手は、一三メートル四方程の空間をもった、大手桝形と同様内側が高く大きな土塁、外側が低い土塁で囲まれた不定形な桝形で、大手のような馬出などの施設はみられないが、水堀と七里岩の断崖とに挟まれた土橋で城外と結ばれている。搦手桝形の城内側は、土塁と水堀が北側を、水堀から鉤の手に入り込んだ空堀が東から南側を取り巻いた東西六五メートル、南北二〇メートルの広さの郭となっている。

北側から東側の山裾には土塁と堀によって囲繞された帯郭がめぐり、水堀は現状では北西のみであり、その他は不明瞭であるが、北側の堀跡には二箇所「出構」と呼ばれる土手状の盛土遺構がみられる。

堀に突出した「出構」は新府城に特有の施設で、橋頭堡的な鉄砲陣地とか、堀に水を溜めるダム的役割を果たしていたなどと考えられているが、その用途は不明である。東側にまわりこんだ堀は、現状ではダム状の土塁に遮られ池となり、そこから南側は大きな段差をもった地形となってしまい、南東にむかって堀としてはつづかずに傾斜地となってしまう。城跡にはそれら大きな郭や特徴的な施設のほか、いくつかの小規模な郭や井戸などの遺構がみられる。

なお、現在の新府城跡にのこる遺構の名称である本丸・二の丸・三の丸・大手・搦手等は、近世以降に絵図や地誌類のなかで表されてきたもので、通称として用いられているにすぎず、築城当初の呼称は明確ではない。

新府城跡の遺構の全体的な配置をとらえると、主郭部（本丸・二の丸）とそれに付設される郭（三の丸）と独立した虎口郭（大手枡形・搦手の郭）、という三区分の構成によって構築されているとみることができる。城郭の三区分構成は白山城（山梨県韮崎市）において到達した中世山城の縄張（郭の配置・構造）の極致と評価され、この郭配置は近世城郭の空間構造に受け継がれていくとされる（村田修三「近世城郭の成立について」『中世城郭研究』第一一号、一九九七年）。武田氏最後の居城となった新府城は、近世城郭につながる空間構造の構成要素をもち武田氏の築城技術を集大成して築造されたものと考えられる。

三、武田氏の築城技術と新府城

新府城にみられる武田氏の築城技術を示すものとして、大手の桝形・丸馬出・三日月堀があげられる。これらは武田領国の重要な城や拠点的な城郭に設けられている。

丸馬出しに付設される三日月堀は、これまで山梨県内では新府城だけに設けられていたと思われてきたが、平成十八年（二〇〇六）に甲府市の躑躅ヶ崎館（武田氏館跡）の大手の発掘調査で、三日月堀が確認された。遺構は大手の前面に構築された石塁（角馬出）の下部から検出されており、堀と虎口の間の空間が馬出となると思われるが、虎口部分からの広さを考えると内側に土塁が築かれていたと推測できる。堀には石が投げ込まれており、武田氏滅亡後の館改修にともなって埋められて石塁が設けられたとみられ、武田氏時代に構築された三日月堀である可能性が高い。

丸馬出は、武田氏の信濃侵攻によって形成され、各地につくられた拠点城郭に用いられることによって発展してきたと考えられている（萩原三雄「丸馬出の研究」『甲府盆地―その歴史と地域性』、一九八四年）。それ故武田氏の本拠である躑躅ヶ崎館にはみられず、新府城の丸馬出はその技術的集大成によってつくられたものとみられていた。しかし、今回の発見によって躑躅ヶ崎館でも武田氏時代には三日月堀（丸馬出）が構えられていたことになる。

馬出に関しては『甲陽軍鑑』（品第二十五）に城取りの極意として出ており、山本勘助が信玄と語り合うなかで、馬場美濃守に伝授する様子が描かれている。勘助は天文十二年（一五四三）に甲斐に入国しており、それ以降武田氏の軍略に大きな影響力をもったものと考えられ、近世には武田氏の用兵戦術は軍学の隆盛とともに甲州流兵法として説かれ、武田流・信玄流・勘助流などとも呼ばれた。武田氏の丸馬出（三日月堀）は勘助が武田家臣に入ってから採用されたものとみることも可能であろう。

新府城跡では平成十年（一九九八）度から史跡整備事業にともなう発掘調査が行われているが、大手の施設以外に武田氏の築城技術の一端を物語る遺構が確認されている。それは平成十七年（二〇〇五）に調査された搦手桝形の門跡で、六個の礎石を配したものである。

礎石六個を使用する門といえば、方形あるいは間口に対して奥行きが狭い形で礎石の配された四脚門の形態が一般的であるが、新府城跡で発見された門跡は、六個の礎石を三個ずつ平行に並べ、間を平石でつなぎ間口に対して奥行きが長い形態（二・四メートル×二・八メートル）となっていた。これは躑躅ヶ崎館の西曲輪北側の桝形虎口で検出された門礎石（甲府市教育委員会『史跡武田氏館跡Ⅳ』一九九九年）と同一形態であり、新府城と爆躅ヶ崎館で同じ手法による門が構えられていたことになる。搦手桝形の門は火災によって倒壊した状況であり、新府城は天正十年（一五八二）三月三日に火が放たれ落城しており、門は勝頼の築城によることは疑いないので、躑躅ヶ崎館の遺構も武田氏時代ととらえられよう。『史跡新府城跡保存整備基本設計』報告書（山梨県韮崎市、二〇〇六年）によれば、奥行きの長い門のつくりは、平入りとは異なった妻入りの形式と想定され、切妻妻入門あるいは唐破風の唐門、前面に門扉の付く高麗門といった形状の門などが候補としてあげられている。更なる検討の必要があろうが、武田氏は一般的な門とは異なった形式の門を採用していたことが窺え、新たに発見された搦手桝形の門の礎石も武田氏の築城技術を示す特徴的な遺構ということになろう。

四、勝頼と新府城

丸馬出・三日月堀さらには桝形虎口、あるいは妻入り形式の門といった武田氏の城郭に特有な装置が構築されているのであるが、新府城にはもうひとつ「館造り」という大きな郭構成上の特徴がある。それは本丸とその西側に長方形の郭を間にして二の丸が置かれる構造が、躑躅ヶ崎館の主郭部と西曲輪の配置と類似し、本丸から離れ独立したような東三の丸と西三の丸の様子が、躑躅ヶ崎館の御隠居曲輪の構成に似通っていることである。方形単郭の守護居館の発展した躑躅ヶ崎館の伝統的形態を引き継いだ基本構造で新府城はつくられているのである（数野雅彦「甲斐における守護所の変遷」『守護所から戦国城下へ』一九九四年）。

新府築城にかかわる当時の文献をみてみると、そこには「新館」「新御館」「館」などと書かれている。そもそも中世の館とは、在地支配の拠点であり政権執行の公的施設・公の場であった。甲斐国内では守護武田氏の居館だけが「館」・「屋形」と呼ばれており、躑躅ヶ崎館は政権を執行する領国支配の拠点であったのである。遺構的に把握される「館造り」ではあるが、躑躅ヶ崎館が「館」と呼ばれていたように、新府城もそれを踏襲していたことになる。武田領国の政庁として機能する場・空間であるが故に新府城は「館」と表現されたのである。

勝頼による新府築城の意図は明らかではないものの、『信長公記』・『甲陽軍鑑』には「新府」「新府中」という表現もみられることから、武田領国経営の中心となる首都建設の構想を読み取ることが可能であるが、その核となる新府城は「館」でなければならなかったのであろう。勝頼は、守護武田氏の政庁としての「館」の意識を伝統として受け継いだに相違ない。

天正七年（一五七九）に完成した安土城は天主の聳え立つ城であり、信長の天下布武の本拠は、勝頼が「館」とする新府城とは異なった、権力と権威の誇示にかかわる信長の政治に基づいた独自の思想によって築かれたとみることができる。城館について言えば、勝頼は中世的社会から脱却しきれない存在ではあったのだろう。城に対する意識からは、勝頼ひいては武田氏の戦国大名としての限界が見え隠れする。

織田軍の侵攻を前に、新府城は火焔につつまれ落城し、勝頼は郡内の岩殿城（山梨県大月市）をめざすが、天正十年（一五八二）三月十一日に自刃し武田氏は滅亡する。新府城は武田領国の府中の本拠として定着することなく、勝頼自らの廃城によってその機能を終える。

Ｖ　「隠岐殿」という地名と遺跡
――隠岐殿遺跡出土の戦国期のかわらけに関する予察

閏間俊明

はじめに

武田勝頼が築城した新府城の北東方向に「隠岐殿」という地名がある。(1)「殿」という文字が使用されていることから人物地名であることは容易に想像がつく。隣接する地名を眺めてみると、新府城のある「城山」、同城と接する「丸山」その他に、「日向」・「上野」・「中原」・「日影林」・「藤塚」などで、特定の人物の示す地名は皆無であり、地名「隠岐殿」は異彩を放つ。本稿では、地名「隠岐殿」と当地名を付す遺跡について考察をおこなうことを目的とする。

一、「隠岐殿」という地名と人物像について

（一）地名「隠岐殿」の地理的環境

地名「隠岐殿」の地形的な特徴等を示しておきたい。「隠岐殿」と南の「丸山」との境界は東流する沢地形によるもので、境界は道である。南東の「中原」との境界も沢地形によるが、途中から「日影林」に向かって狭い舌状台地の中央を横切るような境界となる。「田向」と「城山」とは甲州街道（原路）を境界とし、「田向」については新府城

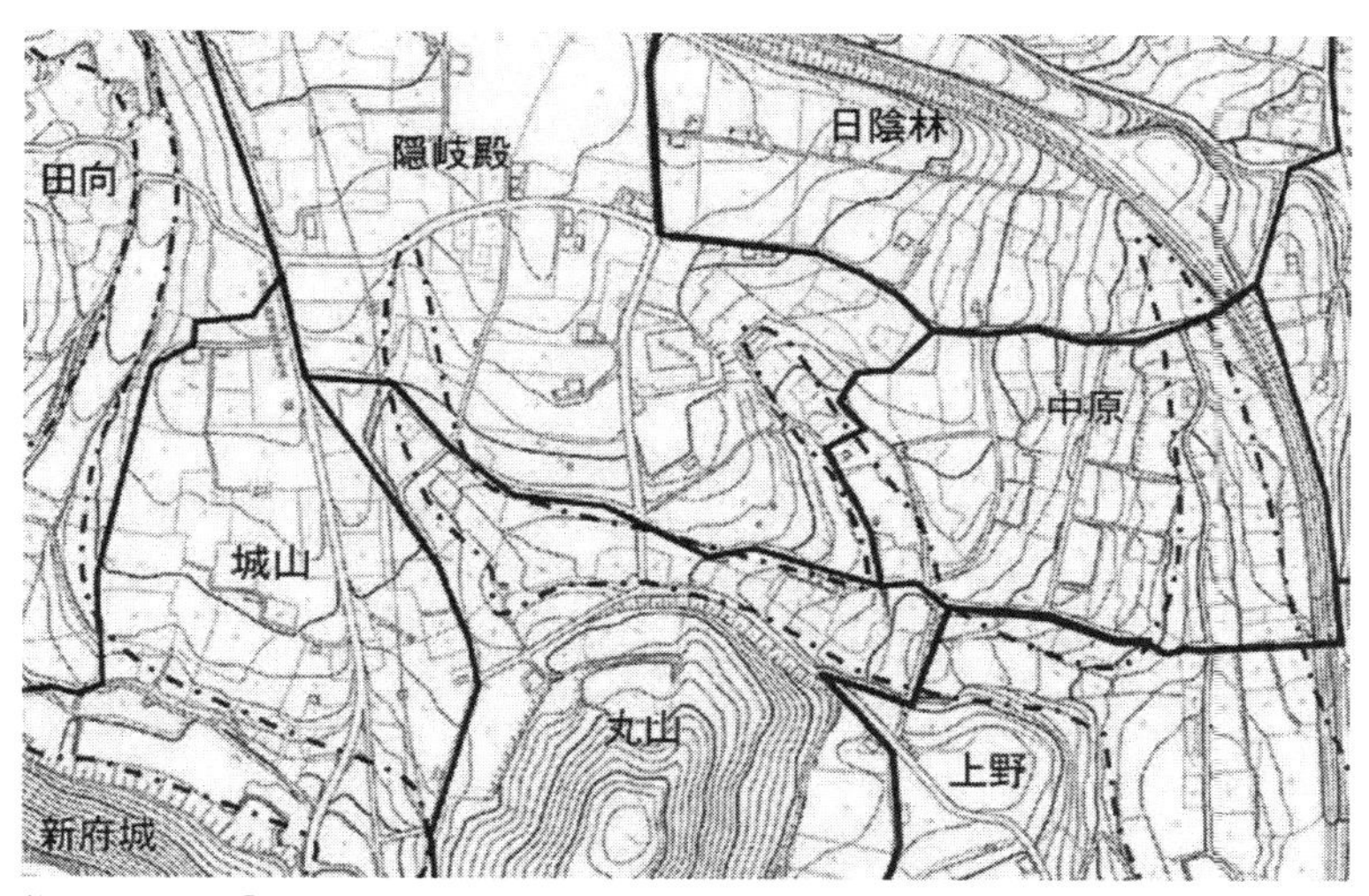

第１図　地名「隠岐殿」周辺地形と地名区分図（実線：地名区分、破線：沢地形）

の北堀や出構に流れ込む沢の右岸が境界に影響していることも想定できる。このようにみてくると、「隠岐殿」と他の地名との境界は次のようにとらえることができる。南（丸山）と西（田向・城山）は概ね地形の変化するところに設けられた道である。東（中原・日影林）は地形に左右されている部分も見受けられるが、南や西ほど明確ではない。また、地籍図を確認したが、方形区画などの特異な地割を確認することはできない。

（二）「隠岐」を名乗る人物像

甲斐国で「隠岐」を名乗る人物としては、真田隠岐守信尹（加津野市右衛門・真田源次郎・真田昌春と呼ぶ時期があるが、統一して以下「真田信尹」とする）を挙げることができる。真田信尹は、真田幸綱の四男であり、昌幸の弟にあたる。『甲斐国志』（以下『国志』とする）や『寛政重修諸家譜』では甲斐国で隠岐を名乗る人物として唯一である[2]。このことから、地名「隠岐殿」は隠岐守を名乗った真田信尹を意識して付されたものと想定できる。その一方で、地名が付された時期については、「隠岐守」と名乗って以降であろうが、地名成立時期については不明である。

(三)「隠岐守」を名乗っていた時代

真田信尹が隠岐守を名乗っていたのはいつなのか。[3] 八代家文書の中に天正七年六月二十五日に発行された二宮神社に諸役免除を加津野市右衛門尉が伝達した文書がある（史料１）。これには「隠岐守」とは記されていない。史料２の日本大学法学部所蔵算所村国一大夫文書には、竜朱印状の奉者として妻籠の在番衆に対し、国一大夫十三人の一行の通行を許可する手形を同八年十月に奉じたものがある。そこでは「加津野隠岐守」とある。この二点から、天正七から八年の間に隠岐守を名乗るようになったことがうかがえる。

【史料１】武田家朱印状[4]

定

於于居住之屋敷門内、如前々諸役有御免許之由、被仰出者也、仍如件、

天正七己卯年　六月廿五日

加津野市右衛門尉　之奉

二宮神主

【史料２】武田家伝馬手形[5]

彼拾三人、無異儀可令勘過者也、仍如件

辰　十月　　加津野隠岐守　奉之

妻籠在番衆

次にいつ頃まで隠岐守を名乗っていたのか。本多正信が逸見筋の一万五〇〇〇石を屋代氏・三枝氏・真田氏に知行

することを伝えた慶長十九年発行の書状（史料3）や寛永元年の書状（史料4）に真田隠岐と記されている。

【史料3】本多正信書状写（慶長十九年〈一六一四〉正月）⑹

尚以百姓以下迷惑致候ハぬ様ニ可被仰付候、已上、追而御知行わけ相済候上、御朱印之儀、可令遣候旨ニ候、

已上

急度申入候、甲州逸見筋ニ而壱万五千石之所、両三人へ被下候間、御相談候而、能様ニ御分可被成候、御知行在所付之儀も遣候間、如其能様ニ御分尤ニ候、恐惶謹言

本多佐渡守

（慶長十九年）寅

正月廿七日

屋代左衛門佐殿

三枝平右衛門殿

真田隠岐殿

人々中

【史料4】徳川忠長領地引渡江戸幕府奉行人連署書状案（寛永元年〈一六二四〉八月）⑺

一 高弐拾三万二千六百七拾三石　甲斐国

此他

二千石　郡内高不足ニ引

三千四百七石　寺社領ニ引

三千石　　真田隠岐守知行分引

（以下略）

以上のことから、真田信尹が隠岐守を名乗ったのは、天正七、八年から慶長十九年であることは史料から確実であり、実際には亡くなる寛永九年までということになろう。

（四）「隠岐守」の屋敷地と知行地

ここで、隠岐守の屋敷地や知行地が地名「隠岐殿」と関連する可能性について検討を加えておく。『国志』には「真田隠岐守ノ宅跡大蔵村　今本村ノ神主某居ル之ニ」という記述がある。現地に土塁が現存していることをもとに、その縄張りについてもこれまで報告されてきた(8)。『国志』の編纂された文化年間で伝えられていた真田隠岐守の屋敷跡の遺構は現存する。その遺構が真田隠岐守と深く関係することは、『国志』以外にも、次に示す慶長年間の『甲斐國四郡古高帳』に大蔵地内の五百七拾五石八斗八升を知行地として認められていることも証左となろう。

【史料５】「甲斐國四郡古高帳」（抜粋）慶長年間(9)

一　高三百四拾三石七斗八升　眞田隠岐知行　長坂上条（長坂）
一　高三拾三石壱斗八升　同　大井ヶ森（長坂）
一　高五百五拾八石三斗七升　眞田隠岐知行　村山北割（高根）
一　高六百参拾九石六斗七升　眞田隠岐知行　小倉（須玉）
一　高六拾九石弐斗九升　眞田隠岐知行　中丸（長坂）
一　高五百七拾五石八斗八升　眞田隠岐知行　大蔵（須玉）

一　高九拾弐石六斗九升　　眞田隠岐知行　松向（長坂）

一　高六百拾石二斗七升　　同断　黒澤（高根）

一　高参百八拾石壱斗　下條東割（韮崎）

　　此内　百石　　　　　　屋代越中知行

　　　二百三拾九石壱升　三枝土佐知行

　　四拾壱石　　　　　　眞田隠岐知行

一　高四百弐拾三石　上条東割（韮崎）

　　　同

一　高五百七拾七石五斗四升　上条中割（韮崎）

　　此内　弐百弐拾壱石七斗七升　御蔵入

　　　百六拾六石九升　　屋代越中知行

　　　百七拾七石壱斗参升　三枝土佐知行

　　　拾弐石五斗五升　　眞田隠岐知行

一　高九百三拾七石八斗壱升　　上條北割（韮崎）

　　　同

此内　弐百弐拾壱石七斗七升　御蔵入

　百六拾六石九升　　屋代越中知行

百七拾七石壱斗参升　　三枝土佐知行

拾弐石五斗五升　　　　　　眞田隠岐知行

一　高六百七拾弐石六斗三升　藤田（櫛形）

　　内　弐百石ハ　　　　　　屋代越中守

　　　　四百弐拾四石六斗三升　三枝土佐知行

　　　　四拾八石ハ　　　　眞田隠岐知行

＊（　）内の地名加筆

真田隠岐守は、合計で十三村、三〇七八石二斗三升の知行地を有している。釜無筋では現在の南アルプス市域に一村、韮崎市域に四村、逸見筋では北杜市域で八村（長坂四村、高根二村、須玉二村）である。韮崎市域の四村は、下条東割・上条東割・上条中割であり、現在の旭町・大草町・竜岡町にあたり甘利と称される一帯である。地名「隠岐殿」は逸見筋の韮崎市域にあたるが、知行地としては有していない。地名「隠岐殿」と知行地とに関連性を見出すことは困難である。

二、隠岐殿周辺の歴史的環境

江戸時代、徳川氏の家臣としての隠岐守の居住地や知行地と、地名「隠岐殿」との直接的な関係を見出すことはできないことは前述したとおりである。では、徳川氏の家臣時代と限定せず、隠岐守と名乗っていた期間ということで、地名「隠岐殿」周辺を現存する遺構で地名「隠岐殿」と関係性を見出すことができるかを見ておく。

『国志』の新府城の項では、「天正九年武田勝頼ノ所築ナリ古府ヨリ西北ニ当リ四里余韮崎宿ノ北一里許中条村ノ西片山ノ七里岩ノ上ニ在リ北ハ穴山村南ハ駒井村ノ界ニ跨ガリ諸士ノ宅迹等多ク存シタリ（線加筆）」とあり、山県氏宅迹、長坂氏宅地、大学屋敷、甘利氏宅迹、穴山氏宅地、青木氏宅地などが規模を含めて取り上げられている。『国志』記載のものは遺構としても現地で確認できるものが多く、また記載されていない遺構もある。それらを以下に概観する（第２図）。

新府城跡

本城は武田勝頼が築城し、勝頼及び武田氏滅亡後の天正壬午の乱による徳川氏により、天正年間に使用されたといわれている城郭である。史跡整備に伴う発掘調査がこれまでに実施されている。出土遺物では、本丸で十六世紀後半から大量に流通する漳州窯系の碗・皿などが確認されるものの、本丸を含め他の郭での主体は十五世紀後半から十六世紀中頃に相当する陶磁器が多い。武田氏により新府城が使用されたのは、天正九～十年であり十六世紀後半であることから、四半世紀程のずれが生じている。この点については、躑躅ヶ崎館からの移転と共に搬入され、新府城落成にあわせて新調されたものではないという解釈で落ち着いている。

真田家が普請に関わっていた文書が存在しているものの、「隠岐殿」と直結はできない。

能見城跡

本城は新府城跡の北側に位置し、能見城山を中心として七里岩台地上の東西に土塁と堀がめぐっている。西端の郭は七里岩断崖に接し、天然の要害である。北側に空堀と土塁で構成される防御施設がみられる。この土塁と堀がこの郭から東へと続いている。空堀の西側から郭内に続く虎口状の空間がある。郭内のほぼ中央に土塁がみら

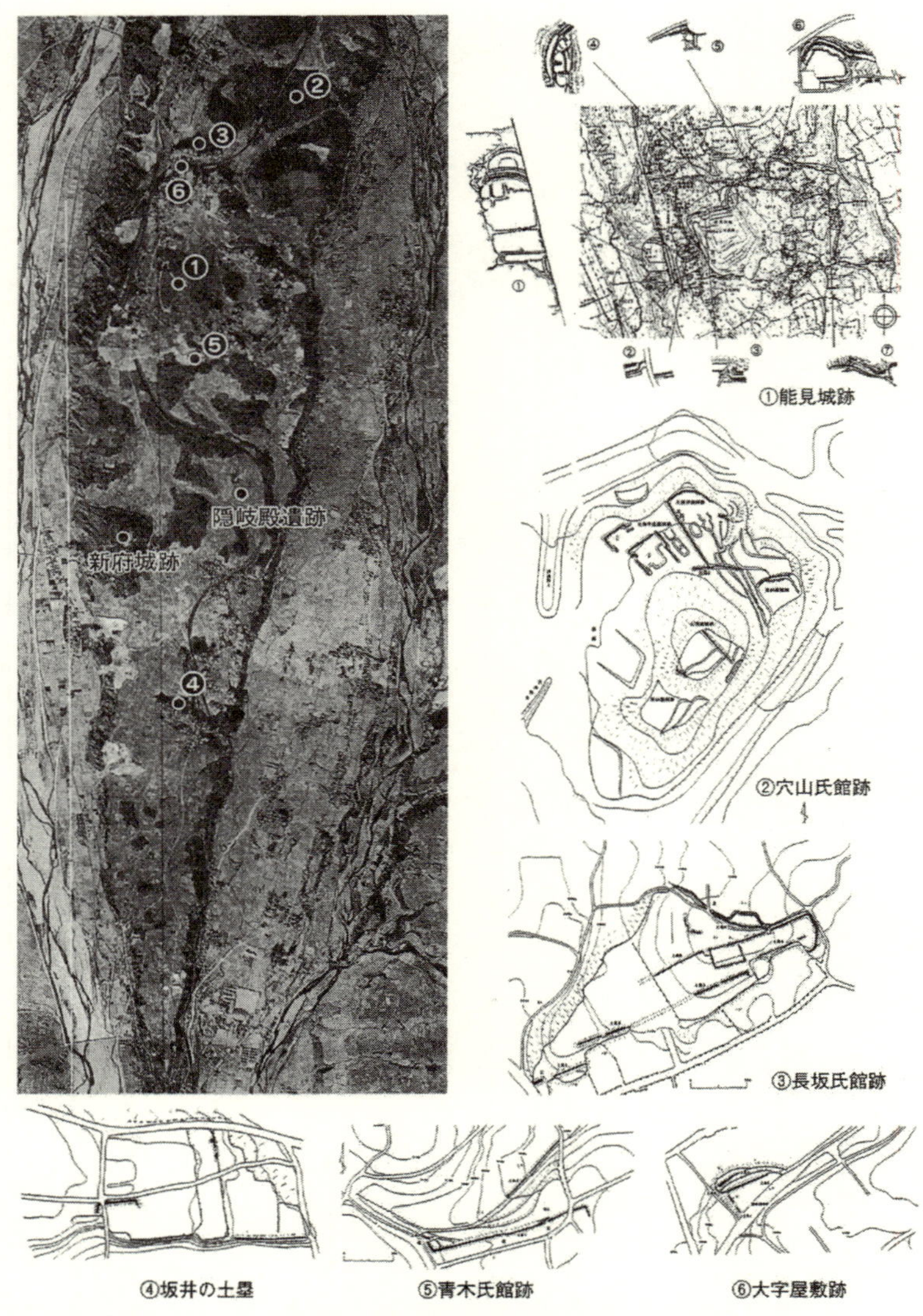

第２図　「隠岐殿」周辺の七里岩上の遺構位置と縄張り図（縮尺任意）

れ、発掘調査で土塁の南側に堀の存在を確認している。

七里岩の断崖に接する西側の曲輪の発掘調査が実施され、箱堀であることなどが確認されているが、城郭に関連する遺物は検出されていない。

築城主体者の問題が解決できず、築城年代の特定ができていないため、新府城の築城との関連性は不確定であり、隠岐殿と関連付けて語ることは現段階できない。

穴山氏館跡

『国志』では「穴山氏宅地　穴山村　次第窪重久ノ間桟敷場ト云処ニ東西四町計南北三町ノ地アリ」とある。

標高五八五メートルの小山を中心に平坦面が複数あり、その一部は土塁で囲まれている。東側は七里岩の斜面、北西から北東及び南西から北東にかけて沢が入り込み堀状となり、独立した空間を保っている。曲輪の一部には、中世後半以降とされる枡形虎口が見られ、現況の遺構は穴山氏が当地に居を構えた時期ではない可能性が高い。穴山氏はもとより隠岐殿と関連性を見出すことはできない。

青木氏館跡

『国志』に「青木氏宅地　東西二町南北一町余アリ」とあるが、現在この周辺に青木姓はなく、また『国志』の人物部などでも穴山地域に青木氏がいたことを示す記述はない。

能見城山を水源とする石水集落内を東流する沢の右岸に位置し、東西一六五メートルの土塁を中心にした遺構である。土塁の東端は南に、西端は北に折れている。三箇所の虎口状の遺構がある。

長坂氏屋敷

『国志』に「長坂氏宅地　穴山村次第窪　東西二町南北一町許」とある。峰山から延びる東西三〇〇メートル、南北一五〇メートルの二等辺三角形をした舌状台地に土塁等が広がる。南と北西に沢があり、比高差四メートル前後の天然の堀地形である。峰山へ続く北東辺は幅五〇センチメートルの堀によって区切られている。城館内は東西方向に走る三本の土塁により大きく仕切られ、さらにその内部を方形に仕切る箇所もある。

大学屋敷

『国志』に「大学屋敷　穴山村次第窪　東西一町南北半町許姓氏ヲ不伝小山田大学ヲ云乎」とある。兜山から西に延びる緩やかに傾斜する台地の北西端に占地し、弧状に突起した形態である。小山田大学助の屋敷地と推定されている。

青木氏、長坂氏及び大学屋敷については、これまで発掘調査の経過がなく、遺構の時期を知るための情報は現段階でない。

坂井南遺跡

新府城から南に約一キロメートルに位置する。これまでの調査で、大窯2段階の遺物の出土した集石土坑や竪穴状遺構などが検出されている。また、断面形態が薬研の堀跡と想定される溝跡が確認されているが、出土遺物がなく時期の特定は出来ていない(10)。

集石土坑や竪穴状遺構の出土遺物は十六世紀中～後半のものであり、新府城跡で出土する遺物とほぼ同時期である。一方、薬研堀と考えられる溝については、新府城跡や能見城跡で確認された堀の形状が箱堀である点で異なる。

坂井の土塁跡

『国志』などの地誌類などで取り扱われてこなかったものであり、伝承等も伝えられていない。発掘調査の経過はないが、現坂井集落の北側に存在する土塁である。現在の宅地の北側背後にあり、東西七〇メートル、南北八〇メートルのT字状のものと、東西三〇メートル、南北一〇メートルのL字状のものである。この他、土塁は見られないが、高低差によってテラスが認識できる。形態の類似した遺構として、穴山町の長坂氏宅地跡を挙げることができる。

以上のとおり、『国志』で取り上げられている屋敷跡の多くはその記録にほぼ忠実に現在も残っている[11]。『国志』編纂時段階で確認できる遺構は完全ではなかろうが、ほぼ網羅して記録されているという印象を受けると同時に、遺構の所有者（屋敷居住者）の特定の裏付けを知る手立ては記録されていない。また、『国志』の新府城の項には地名「隠岐殿」に関わる遺構などに関する記述はない。

三、隠岐殿遺跡とそのかわらけ

前述のとおり、『国志』の記録や現地において、隠岐守の屋敷などに関わるものは地名のみであった。平成二十二年に地名「隠岐殿」を含めて広がる隠岐殿遺跡の発掘調査が行われ、戦国期の礎石建物跡などが発見された。調査内容を概観し、そこで出土した特徴的なかわらけについて検討する。

（一）隠岐殿遺跡の概要

新府城跡から北東約九〇〇メートルに位置する縄文時代から戦国時代末の遺跡である。二段のテラスがあり、上段に二棟の礎石建物跡（南北約一七・五メートル・十一個の礎石×東西六・五メートル・五個の礎石、南北約八メートル・六個の礎石×東西約四・六メートル・四個の礎石）、下段に一棟の掘立柱建物跡（南北約六メートル×東西約九メートル）、建物跡を囲うようにピット列（南北約一九メートル×東西約八メートルのＬ字形）が確認されている（第３図）。いずれの建物跡も建替えなどの痕跡はない。建物跡に伴う出土遺物は十六世紀が主体であり、破片数で約六〇〇点を数え、最大個体数としては約二七〇個体が確認されている。白磁皿Ｃ１群、青磁碗Ｂ４類、染付皿Ｂ１群や大窯２～３段階の国産陶器などがあり、貿易陶磁器が約六割を占める。

（二）隠岐殿遺跡出土のかわらけ

次に隠岐殿遺跡の出土資料のうちかわらけについて検討を加えておく。隠岐殿遺跡からは形状の把握可能なかわらけが九点出土している。これまで山梨県内で出土したかわらけと比較して特異な点を見出すことができる。

かわらけは形態等な特徴から次のように分けることができる。

一類　口縁部に回転台による指ナデ、底部から体部にかけてやや力をかけて口縁部との境界を明瞭にした整形。内面見込み部は、窪むものと窪みの中央で突起するものがある。右回転の糸切りが見られる。器厚は六～八ミリメートルとやや厚みがあり、どっしりとした印象を受ける。胎土は粗く、赤色粒子や金色雲母が含まれている。山梨県内では報告例が管見ではない。口径は八センチメートル程度と一〇センチメートル程度の大小二つがある（第4図1～4）。

二類　一類に類似しているが、体部の二段の境界が明瞭ではない（同図5）。

三類　製作手法は一類に類似しているが、口唇部内面に明瞭な指ナデが施され、口唇部断面形状が三角形となる。また、器厚は五ミリメートルとやや薄い点で異なる（同図6）。

四類　製作手法は一類に類似しているが、口唇部外面に明瞭な指ナデが施され、器厚は五ミリメートルとやや薄い。また、胎土に金色雲母が見られない。一類に見られる体部の明瞭な境界はない（同図7）。

五類　底部から口縁部がやや内湾し、体部に指ナデが二段あることを確認できるものの一類ほどの明瞭な境界はなく、滑らかな整形。胎土はやや細かく、赤色粒子や金色雲母が含まれている（同図8）。

六類　口縁部に向かってやや外反する指ナデ整形を行っている。器壁が四ミリメートルと他のものと比較して薄い。胎土はやや細かく、金色雲母が含まれるが、一類としたものと比較して、その量は少ない。

このように細部では六種類に分けることが可能で、一・二類は類似性が極めて高く、三・四類も製作手法として類似性を認めることができる。かわらけの総数自体少ないものの主体を占めている。その一方でこのようなかわらけは山梨県内では類例を見出すことはできず、異質な存在である。

県外に類例を求めると、武田氏家臣飯富虎昌が城主となり武田氏滅亡後には真田氏の支配地域に位置する塩田城跡（長野県上田市）、上田城の戦いにおいて真田氏配下の丸子三左衛門が城主であった丸子城跡（同上）、江戸時代初期にかけて真田氏の沼田地域支配の拠点であった沼田城跡（群馬県沼田市）で見出すことができる。

丸子城のものは、「底部から内湾しながら立ち上がる。内面の底部と体部の境に強いロクロナデが施され、凹みがつけられている。また、底部中央部分はロクロナデのまま中央部が盛り上がっている。底部は回転糸切されてい

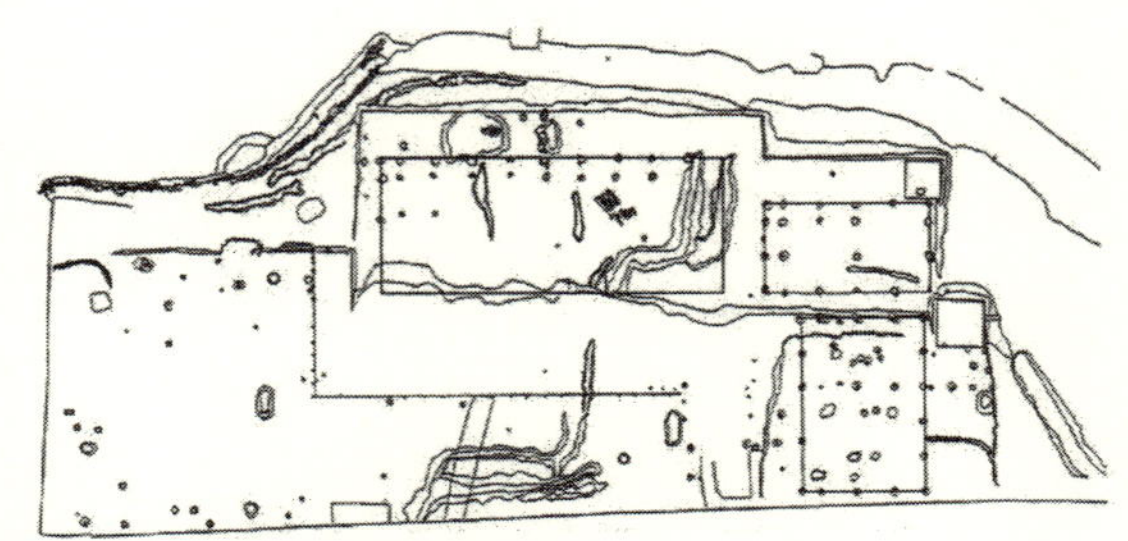

第３図　隠岐殿遺跡遺構図面（縮尺任意）

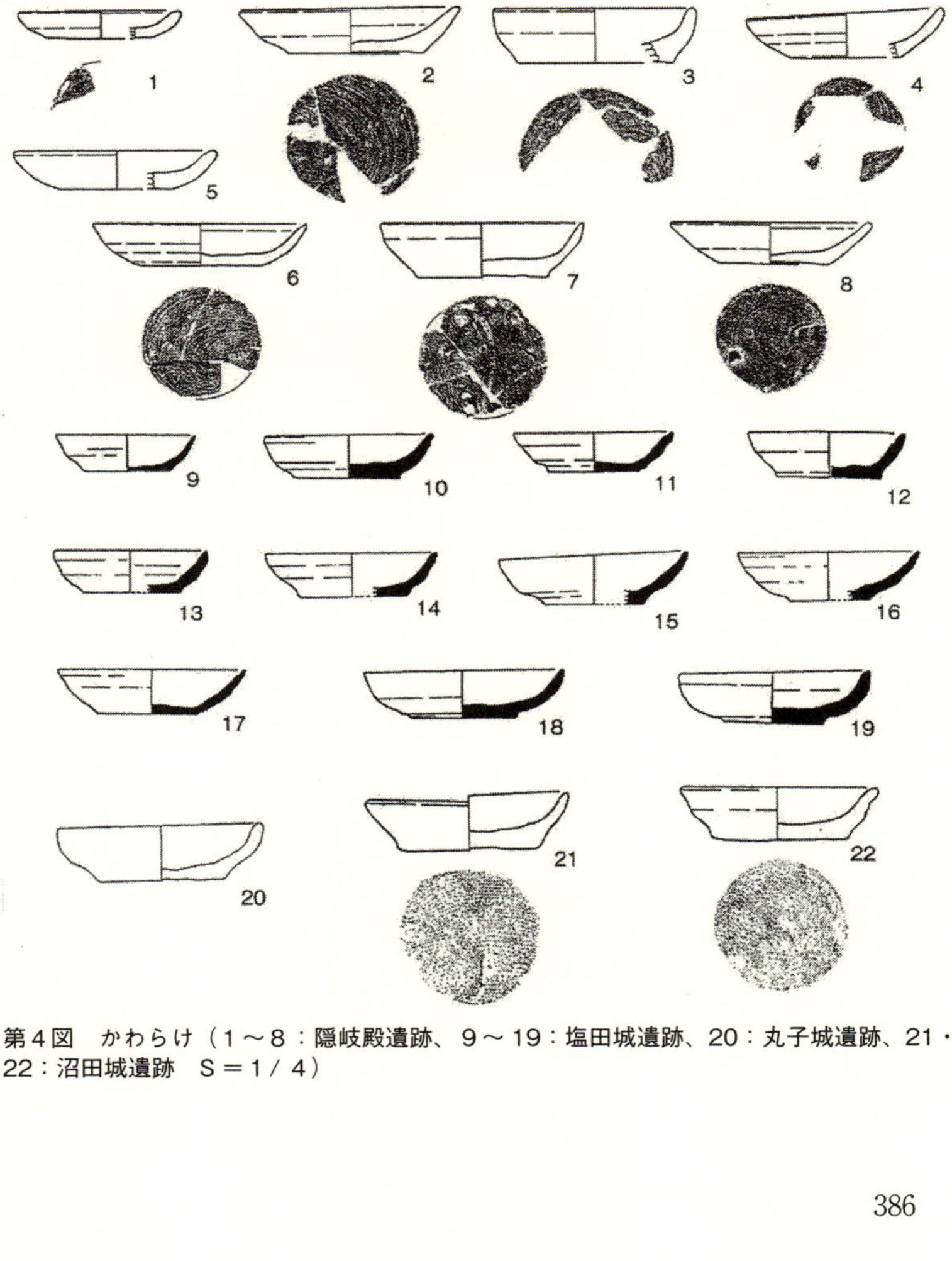

第４図　かわらけ（１～８：隠岐殿遺跡、９～19：塩田城遺跡、20：丸子城遺跡、21・22：沼田城遺跡　S＝1／４）

る。」と報告されている。隠岐殿遺跡の一類とした特徴とほぼ一致しているが、胎土や左回転糸切りである点で異なる。他の出土資料の年代は十六世紀代であり、「丸子城が整備の必要に迫られた時期としてもっとも可能性の高いのは、天正十二〜十三年の時期」と推定されている（同図20）。(12)

塩田城跡のものも同様な成形を行っており、隠岐殿遺跡の一類と類似するが、丸子城同様に回転方向や胎土に違いがみられる（同図9〜19）。(13)

沼田城跡のものは体部の境界があるものの他例と比較すると明瞭ではない。これは他例よりも後出の可能性を示唆し、当城と真田氏との関係が江戸初期であることとも齟齬はない。なお、左回転糸切りもしくは静止糸切りである点でも異なる（同図21・22）。(15)

隠岐殿遺跡の一類と一類に類似する二〜四類は、前述した県外の資料と比較すると、回転台の回転方向、胎土や体部境界の明瞭性が異なる。これらの相違点が、かわらけ製作上の何を反映しているのかは今後の課題だが、成形手法や製品として形状は強い共通性があるものと指摘できる。

おわりに

地名「隠岐殿」を通じて、隠岐殿遺跡出土のかわらけの位置づけを目的に検討した。隠岐殿遺跡の出土したかわらけは課題はあるものの真田氏が拠点とした地域との関連性を十分示唆するものである。(16)ただし、今回の形態のかわらけを真田氏という権力層を反映して製作されたものなのか、権力と直接は関連しない地域性とみるかについてはさらに慎重に検討すべき課題と考えている。

想像をたくましくすれば、出土した特徴的なかわらけ、礎石建物や青・白磁などの貿易陶磁器を有する隠岐殿遺跡は、隠岐守を名乗った真田信尹の屋敷跡と考えることも無謀ではなかろう。また、「隠岐殿」という地名は、隠岐守が武田氏に組していたもしくは武田氏滅亡後の天正壬午の乱の頃の名残りとして、呼ばれるようになったものと捉えることができよう。

本稿の特に後半部分のかわらけについては内陸遺跡研究会の県外調査に参加することによって得られた知見であり、研究会員の方々に謝意を表したい。

註

（1）「隠岐殿」という地名の起源については少なくとも明治時代にまでさかのぼることを地籍図で確認したが、それをさかのぼるものについては検地帳等を含め検討していない、今後の課題としたい。

（2）真田信尹については、『武田氏家臣団人名辞典』（柴辻俊六・平山優・黒田基樹・丸島和洋編、東京堂出版、二〇一五年）で丸島和洋氏が「加津野隠岐守信尹」の項でまとめている。なお、『国志』中の記載は次のとおりである。

「同（加津野）市右衛門ハ大宮神鳥奉納ノ記及ヒ他ノ印書ニモ多ク見エ勝頼ノ代ニ専ラ近侍セリ末木ノ慈眼寺蔵ム元亀二年未十一月御祈禱奉行ノ内ニ同次郎右衛門アリ未ダ知ラ詳カニハ軍鑑ニ市右衛門ハ鑓奉行三人ノ内騎馬十五足軽十人一徳斉ノ末男也御一家加津野ノ名迹ニ成サルトアリ滋野世記等ノ諸記ニ四男後ニ真田隠岐守信尹トイフ者即チ市右衛門ノ事ナリトアリ亦彼ノ伝ニ委シ」

海野氏―真田弾正忠幸隆の紹介の中では、

「四男真田隠岐守信尹初メ源次郎ト云フ軍鑑ニ永禄十二年駿州深沢城ニテ北条左衛門大夫ガ地黄八幡ノ差物ヲ捨テタルヲ源次郎ニ賜フトアリ難波戦記ニ隠岐守ハ黄色旗ニ八幡ト書タルヲ差スト乃是也加津野市右衛門ト更メ名ヲ加津野氏ノ跡目トナル加津野氏ノ伝ニ記ス壬午ノ後復シ本氏ニ幕府ニ奉仕シテ小田原・大坂等ノ役ニ御使番ヲ勤ム」。

（3）註（2）同など。

（4）『山梨県史』中世一資料編四、文書№一四五〇（山梨県、一九九九年）。
（5）「日本大学法学部所蔵算所村国一大夫文書」（丸島和洋「『戦国遺文武田氏編』補遺」〈『武田氏研究』第四五号、二〇一二年〉）。
（6）「静岡県清水市屋代忠雄家文書」（『山梨県史』近世一資料編八、山梨県、一九九八年）。
（7）国立公文書館内閣文庫「東武実録」第十一（『山梨県史』近世一資料編八、山梨県、一九九八年）。
（8）宮坂武男『甲斐の山城と館　上巻　北部・中部編』（戎光祥出版、二〇一四年）などがある。
（9）廣瀬廣一・赤星重樹「慶長年間甲斐國四郡古高帳」（『甲斐叢書』第七巻〈甲斐叢書刊行会、一九三五年〉収録）。
（10）宮澤公雄『坂井南遺跡Ⅳ藤井町北下條字大原二三八一番地の一地点』韮崎市教育委員会、二〇〇七年。
（11）拙稿「七里岩台地の戦国時代終末の様相」（『山梨県考古学協会誌』第二〇号、二〇一一年）。
（12）『丸子城跡―長野県小県郡丸子町丸子城跡発掘調査報告書』（丸子町役場都市計画課・丸子町教育委員会、一九九二年）。
（13）『長野県史考古資料編　主要遺跡（北・東信）』（長野県史刊行会、一九八二年）。なお、塩田城跡出土資料については、底面の情報が報告されていないが、尾身智史氏のご協力により丸子城跡資料と共に閲覧し、左回転であることや胎土が異なる資料の存在を確認する機会を得た。
（14）『沼田城跡　沼田公園長期整備構想に伴う沼田城跡発掘調査報告書（平成十二年の調査を中心として）』（沼田市教育委員会、二〇〇一年）。
（15）この他にも、岩櫃城の近年の調査で同様な形態のものが出土していることを東吾妻町教育委員会の吉田智哉氏からご教授いただいた。
（16）出土資料から人物を特定することは考古学的には極めて困難であり、検証すべき課題も多い。特に、隠岐殿遺跡が、地名「隠岐殿」地内ではなくあくまでも隣接する「中原」地内であることや、隠岐殿遺跡の機能時が武田氏時代（新府城機能時の天正九年前後）だとすると、隠岐守を名乗っていたにせよ、それはあくまでも加津野氏として名乗っていることなども、解決しなければならない課題であると考えている。

【初出一覧】

総　論

平山　優「総論　武田勝頼の研究」（新稿）

第1部　武田勝頼像の変遷

Ⅰ　徳富蘇峰「武田勝頼」（田中春巌編『武田勝頼公と法泉寺』法泉寺、一九三五年）

Ⅱ　山路愛山「勝頼決して侮るべからず」（田中春巌編『武田勝頼公と法泉寺』法泉寺、一九三五年）

第2部　信濃諏訪と武田氏

Ⅰ　小林純子「戦国時代の諏訪湖の漁業と諏訪社―「船別銭」と「網渡銭」を中心にして―」（『信濃』四二巻一一号、一九九〇年）

Ⅱ　小林純子「武田勝頼の諏訪社再興政策」（柴辻俊六・平山優編『武田勝頼のすべて』新人物往来社、二〇〇七年）

Ⅲ　長谷川幸一「天正六年の諏方社造宮事業と造宮帳作成について」（『駒沢史学』七六号、二〇一一年）

第3部　武田勝頼の領域支配と軍事力編成

Ⅰ　黒田基樹「武田勝頼の領国経営」（柴辻俊六・平山優編『武田勝頼のすべて』新人物往来社、二〇〇七年）

Ⅱ　柴　裕之「武田勝頼の駿河・遠江支配」（柴辻俊六・平山優編『武田勝頼のすべて』新人物往来社、二〇〇七年）

Ⅲ　栗原　修「武田勝頼の上野支配」（柴辻俊六・平山優編『武田勝頼のすべて』新人物往来社、二〇〇七年）

Ⅳ　丸島和洋「戦国大名武田氏の西上野支配と箕輪城代―内藤昌月宛「在城定書」の検討を中心に―」（『地方史研究』三六九号、二〇一四年）

Ⅴ　平山 優「武田勝頼の軍事力編成」（柴辻俊六・平山優編『武田勝頼のすべて』新人物往来社、二〇〇七年）

第４部　武田勝頼の外交

Ⅰ　丸島和洋「武田勝頼の外交政策」（柴辻俊六・平山優編『武田勝頼のすべて』新人物往来社、二〇〇七年）

Ⅱ　黒田基樹「甲相同盟と勝頼」（柴辻俊六・平山優編『武田勝頼のすべて』新人物往来社、二〇〇七年）

Ⅲ　田中宏志「越甲同盟再考」（『戦国史研究』五二号、二〇〇六年）

Ⅳ　海老沼真治「御館の乱に関わる新出の武田勝頼書状」（『戦国史研究』六五号、二〇一三年）

Ⅴ　丸島和洋「武田・毛利同盟の成立過程と足利義昭の「甲相越三和」調停―すれ違う使者と書状群―」（『武田氏研究』五三号、二〇一六年）

第５部　武田勝頼の合戦と城郭

Ⅰ　平山 優「長閑斎考」（『戦国史研究』五八号、二〇〇九年）

Ⅱ　木下 聡「長篠合戦における織田方の首注文」（『戦国史研究』七一号、二〇一六年）

Ⅲ　土屋比都司「高天神城攻城戦と城郭―天正期徳川氏の付城を中心に―」（『中世城郭研究』二三号、二〇〇九年）

Ⅳ　山下孝司「武田勝頼と新府城」（柴辻俊六・平山優編『武田勝頼のすべて』新人物往来社、二〇〇七年）

Ⅴ　閏間俊明「『隠岐殿』という地名と遺跡―隠岐殿遺跡出土の戦国期のかわらけに関する予察―」（『武田氏研究』五五号、二〇一七年）

【執筆者一覧】

総論

平山優　別掲

第1部

徳富蘇峰　一八六三年生。故人。ジャーナリスト。評論家。歴史家。

山路愛山　一八六五年生。故人。評論家。歴史家。

第2部

小林純子　一九六八年生。現在、諏訪市教育委員会事務局生涯学習課長。

長谷川幸一　一九八一年生。現在、大本山永平寺学術事業推進室主任調査研究員。

第3部

黒田基樹　一九六五年生。現在、駿河台大学教授。

柴　裕之　一九七三年生。現在、東洋大学・駒澤大学非常勤講師。

栗原　修　一九六五年生。現在、江東区文化財主任専門員。

丸島和洋　一九七七年生。現在、東京都市大学教授。

第4部

田中宏志　一九七一年生。現在、曹洞宗文化財調査委員会調査員。
海老沼真治　一九七八年生。現在、山梨県立博物館学芸員。

第5部

木下　聡　一九七六年生。現在、東洋大学教授。
土屋仁都司　一九四五年生。現在、静岡県地域史研究会会員。武田氏研究会会員。中世城郭研究会会友。
山下孝司　一九五七年生。故人。元、甲府市教育委員会生涯学習文化課文化財係職員。
閏間俊明　一九七〇年生。現在、韮崎市教育委員会文化財担当。

【編著者紹介】

平山 優（ひらやま・ゆう）

1964年生まれ。現在、健康科学大学特任教授。

2016年放送のNHK大河ドラマ「真田丸」、2023年放送のNHK大河ドラマ「どうする家康」の時代考証を担当。

主な著作に『武田氏滅亡』『戦国大名と国衆』『徳川家康と武田信玄』（いずれも角川選書）、『戦国の忍び』『小牧・長久手合戦』（いずれも角川新書）、『天正壬午の乱【増補改訂版】』『武田信虎』『図説 武田信玄』（いずれも戎光祥出版）、『武田三代』（ＰＨＰ新書）、『新説 家康と三方原合戦』（ＮＨＫ出版新書）、『徳川家康と武田勝頼』（幻冬舎新書）など多数。

共編に『戦国武将列伝4 甲信編』（戎光祥出版）などがある。

シリーズ装丁：辻 聡

シリーズ・中世関東武士の研究 第三九巻
武田勝頼（たけだかつより）

二〇二五年四月一日 初版初刷発行

編著者 平山 優
発行者 伊藤光祥
発行所 戎光祥出版株式会社
東京都千代田区麹町一－七
相互半蔵門ビル八階
電 話 〇三－五二七五－三三六一(代)
ＦＡＸ 〇三－五二七五－三三六五
編集協力 株式会社イズシエ・コーポレーション
印刷・製本 モリモト印刷株式会社

https://www.ebisukosyo.co.jp
info@ebisukosyo.co.jp

ISBN978-4-86403-570-5